立憲主義という企て

井上達夫

東京大学出版会

The Project of Constitutionalism
Tatsuo INOUE
University of Tokyo Press, 2019
ISBN978-4-13-031193-9

まえがき

　「立憲主義」という言葉は，従来，主として憲法学・法哲学・政治思想史といった分野の研究者の間で使われる専門用語であった．国家権力の統制に関わる重要なキーワードであるにも拘らず，残念ながら，一般社会には，これまで馴染みが薄かったようである．

　大正デモクラシーの台頭期においては，「立憲政治」や「憲政」という言葉が，藩閥政治に対抗して，政府を議会が統制する政党政治の確立を求めるスローガンとして政界においても使われた．しかし，当時，「民本主義」の憲政を唱道した吉野作造によれば，「立憲思想と全然相容れざる専制的議論は，今日しばしば公然として在朝在野の政客の口に上るを見る」ばかりか，「我が国のいわゆる識者階級間に，立憲思想に関する理解の極めて不明瞭・不徹底なることを遺憾とする」と嘆くべき有様であった［吉野 2016 [1916]: 11 参照］．

　戦後日本では新憲法の理念として，平和主義，国民主権，基本的人権が一般社会でも大いに称揚されたが，より基底的な立憲主義の原理は，いわば「講学上」の概念とされ，社会的関心を惹くことはなかった．しかし，近年，憲法改正論議の波が寄せては引きを繰り返しながら，うねりを徐々に高めてくるにつれて，「立憲主義」はいまや，政治家同士の間の論争主題となる言葉，政治家が有権者に訴える立場のシンボルとなる言葉へと，その流通範囲を拡大しつつある[1]．

　いま立憲主義の言説は，「立憲主義の危機」が叫ばれ「立憲主義の擁護」が

---

[1] 象徴的事例は，立憲主義擁護の大義を党名に掲げた「立憲民主党」の誕生である．第二次以降の安倍政権が，「一強多弱」の優位を梃子に，憲法9条を焦点に置いた改憲の動きを強めるのに対抗して，護憲派・反安倍政権勢力が従来のように「九条の平和主義の危機」を叫ぶだけでなく，問題を「立憲主義の危機」として拡大再定義した．安倍政権に対抗する野党勢力の再編過程の中で2017年に生まれた最大野党が，このような問題意識を有権者にアピールするために「立憲民主党」を自らの党名に掲げたのは，「立憲主義」の言説がアカデミズムの垣根を越えて現実政治の世界に進出したことを顕著な仕方で示している．

要求されるという形で広がっている．しかし，危機にある立憲主義とは何か，擁護されるべき立憲主義とは何かが，現在の日本で，本当に理解されているか，と問うならば，残念ながら答えは，吉野作造が一世紀前に大正デモクラシー時代の日本に対して出した答えと同様，ノーである．

　与党の権力中枢にいる政治家たちの多くは，立憲主義擁護を唱える野党勢力に対して，「日本国憲法」という名の法典があるのは知っているが「立憲主義」なんか知らない，そんな学術的概念は現実政治に関係ないと，依然，嘯いている．しかし，それだけが問題なのではない．より深刻な問題は，立憲主義擁護を掲げる護憲派や野党勢力が，しかも政治家や運動家たちだけでなく，護憲派の憲法学者・政治学者などの知識人たちまでもが，立憲主義を擁護するどころか，自分たちの政治的選好を実現するのに便利なら，恥じることなく憲法を歪曲濫用し，立憲主義を蹂躙していることである．

　このことが明白に顕れているのが，いわゆる「九条問題」である．「日本国憲法9条は1項で「戦争放棄」を謳うだけでなく，2項で「戦力の非保有」と「交戦権の非行使」を明示的に定めているにも拘らず，日本は60年以上にわたって，自衛隊という武装組織——いまや軍事的実力では世界七位か八位，非核保有国では韓国軍とともに世界最強クラスとランク付けられる武装組織——を保有し，世界最強の戦力たる米軍と軍事的に協働するために米軍常駐基地を提供する日米安保体制を保持してきた．戦力の現実と憲法との，このあからさまな矛盾を放置した結果生じている日本の立憲主義と安全保障体制の歪みをいかに是正すべきか．これが「九条問題」の核心であり，問われて当然の問いのはずである．しかし，「六十年安保闘争」終焉以降の日本においては，この問いと真正面から向き合うどころか，戦力の現実と憲法との矛盾の存在を隠蔽糊塗し，あるいは矛盾を認めながら開き直ってその存続を政治的に是認することにより，歪みを正すことが拒否されてきた．さらには歪みが拡大されてさえきた．「九条問題」とは，この問題それ自体だけでなく，この問題を隠蔽し滅却しようとする政治的・イデオロギー的諸力の歪みをいかに正すかという問題をも含んでいる．

　私は，この九条問題をめぐる論議において，右派の改憲派だけでなく護憲派も立憲主義を蹂躙している点では同罪であること，「護憲」を標榜しながら立

憲主義を裏切っている点では護憲派の罪の方が深いことを，論壇誌の論説や学術論文で指摘してきただけでなく，近年では一般市民向けの書物や新聞テレビ等のメディアを通じて広く社会に訴えてきた．しかし，この過程ではっきりと見えてきたのは，日本の市民・政治家だけでなく知識人の間でも，立憲主義のまっとうな理解が浸透しない根本的な理由は，立憲主義の基礎にある「法の支配」の理念の的確な理解が浸透していないことである．

「法の支配」とは，自分が「正しき法」とみなす規範を，「人の支配」を超越した原理として神聖化して他者（政敵）に押し付けることではない．また，何が「正しき法」かについての「コンセンサス」が社会に存在するという虚構を掲げ，自己の論争的価値判断をこの虚構に隠して批判者に押し付けることでもない．むしろ，何が「正しき法」かをめぐる対立が人間社会に執拗に存在しているという事実，特に，人々が自由に自己の利益や価値観を主張できる健全な民主社会ではこの対立が先鋭化・深刻化せざるをえないという事実を直視して初めて，法の支配の存在理由が明らかになる．

「正しき法」をめぐる政治的対立が不可避であるがゆえに，それを裁断するために反対者をも拘束する集合的決定としての政治的決定が必要となる．人々がこのような政治的決定に対し，自分が正しいと思う場合にだけそれを尊重するという態度をとれば，政治社会は無政府状態（自然状態）に回帰するだろう．それを避けるには，人々が，自分が不当とみなす政治的決定——「悪法」を産出するとみなす政治的決定——に対しても，新たな政治的競争のラウンドでそれを覆せるまでは，自分たちの政治社会の公共的決定としての規範的権威を承認することが可能でなければならない．この規範的権威は，政治的決定が産出する法の「正当性（rightness）」と異なるため，それと区別して法の「正統性（legitimacy）」と呼ばれる．法の支配は，法を産出する政治的決定の「正当性」についての特定の党派的イデオロギーを対立者に押し付けることを合理化する理念ではない．それは，対立競合する政治勢力に対し公正な政治的競争のルールの制約を等しく課すことによって，かかる政治的決定の「正統性」を保障することを要請する理念である．

立憲主義とは，以上のような法の支配の理念を憲法規範に具現して統治権力を統制する企てである．しかし，右派改憲勢力のみならず，護憲派も，自己の

党派的イデオロギーを実現する手段として，すなわち「政争の具」として憲法を歪曲濫用している．いずれも，政治的決定の「正当性」ではなく「正統性」を保障するための公正な政治的競争のルールとしての憲法を蹂躙することにより，立憲主義を蔑ろにしている．これは，彼らが立憲主義の根幹にある法の支配の理念をまともに理解していないからである．

　「九条問題」とは「正しい安全保障政策が何か」という問題だと，いまだに多くの人が思っているだろう．しかし，それは誤解である．安全保障政策につき，厳しい対立が存在するからこそ，それに関する政治的決定は，立憲主義が要請する公正な政治的競争のルールに基づいて裁断されなければならない．しかし，安全保障政策で右派改憲勢力と対立している野党・護憲派も，いまや憲法9条2項の明文に反して世界有数の武装組織たる自衛隊と日米安保の存在を解釈改憲で容認し，あるいは違憲状態凍結論で政治的に是認している．さらには，この矛盾を解消し軍事力を明示的な憲法的統制の下に置く抜本的な憲法改正を拒否するだけでなく，かかる改正の是非を国民投票で国民の審判に付すこと自体を拒否している．彼らも，憲法9条2項を公然と蹂躙しているだけでなく，正規の憲法改正手続を定める憲法96条も無視して，自分たちの政治的都合に合わせて憲法を実質的に改変している．護憲派は，安倍政権が正規の憲法改正プロセスをバイパスし，解釈改憲拡大で集団的自衛権行使を解禁する安保法制を通したと批判するが，彼らも自分たちの政治的選好に従って解釈改憲を行っている点では，安倍政権と同罪である[2]．両者の欺瞞の具体的検証を私は

---

[2]　憲法9条2項を温存したまま自衛隊を明記する，いわゆる「安倍改憲案」が2017年5月以降，安倍政権下で浮上してきたが，これは戦力の保有・行使を禁じた9条2項と自衛隊の矛盾という現状を追認するだけで改憲案の名に値しないどころか，この矛盾を憲法自体に承認させることで憲法を論理的自殺に追い込む憲法破壊案である．問題はそれだけではない．護憲派は，このような安倍改憲案に対抗するまともな改憲案——たとえば専守防衛・個別的自衛権の枠内で戦力の保有行使を承認するという9条2項明文改正案はその一つで，これは護憲派の政治的本音を憲法に明記することを主張するため，「護憲的改憲」ないし「立憲的改憲」と呼ばれる——の提示を拒否するだけでなく，そのような代替的改憲案自体をつぶそうとしており，それによって，安倍改憲案しか改憲の選択肢が国民に示されないという，安倍政権にとってまことに好ましい状況を保持することに加担し，結果的に「安倍改憲」推進の「意図せざる共犯者」になっている．

　さらに言えば，護憲派は，安倍改憲案が憲法を論理的自殺に導こうが，ともかく9条2項を温存させてくれるので，護憲派の欺瞞を正して9条2項明文改正を主張する「立憲的改憲」よりも安倍改憲案の方がましだと本音では考えているのかもしれない（護憲派寄りの連立パートナーである公明党との妥協の結果，安倍改憲案が打ち出されたという政治的背景を考えるなら，この

これまで様々な著作で行ってきたし，本書でも行うが，ここで確認したいのは次の一点である．

　九条問題とは，安全保障政策の問題である以前に，あるいはそれ以上に，「正しい安全保障政策」をめぐって対立する左右の諸勢力が，自己の党派的イデオロギーを実現する手段として憲法を歪曲濫用しているという状況をいかに正し，政治的決定の「正統性」を保障する立憲主義をいかに救済するか，という問題である．戦力という最も危険な国家の暴力装置に対する憲法9条の明文の禁止でさえ，その空文化が左右の政治勢力によって容認されている実態は，9条以外の憲法条文の規範性の無力化がいまの日本ではさらにたやすいことを含意している．実際，「法律は破っちゃいけないけれど，憲法は守らなくてもいいんでしょう」という市民の声が巷で公然と発せられている［山尾 2018: 10 参照］．この意味でも，九条問題は安全保障政策論議を超えている．それは，統治権力を律する憲法全体の規範性の溶解にいかに対処すべきかという問題，すなわち，立憲主義自体をいかに救済すべきかという問題である．「立憲主義の危機」を叫び，「護憲」を標榜する勢力が立憲主義の危機を深刻化させているという事態は，問題の根深さを示している．

　本書は，日本の「立憲主義の危機」の実相に関する以上のような問題意識を根底に据えて，現代日本における立憲主義の理解の歪みを哲学的・原理的に正し，その実践の歪みを政治的に正すことを目的とする．九条問題に関する危機感が本書の主要な実践的動機になっており，この問題に関する立ち入った論考も含むが，本書の考察の主題は立憲主義の法哲学的基礎と実践的含意の探究である．したがって，本書は単なる「九条論」ではなく，それより原理論として深く，かつ実践論としての射程も広い．この本書の主題に応じて，論述は以下の二部構成をとる．

　第Ⅰ部「立憲主義の法哲学的基礎」では，立憲主義理解の歪みを正すために，立憲主義という理念をその法哲学的基礎に遡って再検討する．立憲主義の基礎をなすのは，「法の正統性」を保障する原理としての「法の支配」の理念だが，

「本音」の想定はあながち的外れとも言えまい）．そうだとすれば，護憲派は，「安倍改憲」の「意図的共犯者」ですらあることになる．この問題については本書第4章第4節参照．

この「法の支配」の理念を解明するには，「法の正当性」と「法の正統性」の区別に関わる法概念論の根本問題に立ち入らなければならない．そこでまず，第1章で，現代法哲学の法概念論争の批判的再検討を通じて，「法の正当性」をめぐる政治的対立が解消不可能な状況において，公共的秩序としての法がいかにして存立しうるのか，を問い，この問いに答えるために「法の正当性」と区別された「法の正統性」の条件を遵法義務との関連において解明することが法概念論の課題であること，この課題を引き受けることによって，法概念論は不毛な本質主義的独断の衝突を超えた建設的な論議の場になりうることが示される．法概念論のこのような再構築は，立法の法理を探究する「立法理学（legisprudence）」の法哲学的基盤の確立に不可欠であることも併せて指摘される．

　この法概念論的基礎の上に立って，第2章で，法の支配の理念を再検討する．「法の支配」が「人の支配」を隠蔽合理化するイデオロギーだとする懐疑からこの理念を救済するには，この理念の存在理由が，「勝者の正義」を超えた法の正統性保障に求められるべきであることを示し，この観点から，従来の形式化・実体化・プロセス化を超えた私の「理念化」アプローチに基づく法の支配の再定位の意義を解明する．法の支配についてのこのような理論的分析を踏まえた上で，日本の憲法学において現代日本社会の構造改革の指針として近年影響力を強めてきた理論図式，すなわち，コモン・ロー的な「法の支配」の観念とドイツ型「法治国家」思想との二項対立図式を批判的に検討し，その学問的誤謬を剔抉するとともに，日本の構造改革指針としての不的確性を明らかにする．

　「法の支配」という一般的理念を，立憲民主国家の実定憲法体制に具現して発展させるのが立憲主義の企てである[3]が，この企てが可能であることを示す

---

3) 立憲主義は立憲君主制においても存立できるから，立憲民主国家に固有の原理ではないと反論されるかもしれない．しかし，統治権力に対する民主的統制が欠損した状況で，統治権力を立憲主義的統制の下に実効的に服せしめることは，論理的に不可能ではないとしても，現実的にはきわめて困難である．「半民主制」的な大正デモクラシーも葬られた後，「立憲君主としての自己規定」を守ろうとした昭和天皇が軍部の暴走を許してしまった戦前・戦中の歴史を考えれば，このことは明らかだろう．もちろん，「多数の専制」の問題が示すように，民主主義も立憲主義的統制を突き破って暴走しうるから，民主制は立憲主義の十分条件ではない．だからこそ，単なる民主制ではなく立憲民主制の必要が説かれる．しかし，このことは民主制が立憲主義を実効化す

には，実定憲法を他の法律の正統性の根拠として援用するだけでなく，実定憲法自体が政治的対立状況における公共的秩序としての「正統性」をもつことはいかにして可能かが示されなければならない．第Ⅰ部を総括する第3章では，この問題を考察することを通じて，立憲主義をそれに対する根源的な哲学的懐疑から救済することを試みる．これはまた，法律を尊重する義務の根拠を立法権の授権根拠たる実定憲法に委ねて済まさずに，実定憲法自体を尊重する義務の根拠を問い直すことによって，第1章で提起された遵法義務問題に対して，根本的な解答を与える試みでもある．

　第Ⅱ部「立憲主義の実践」では，立憲民主国家としての憲法体制をもつ現代日本国家の「憲政」の実態が孕む問題を，第Ⅰ部で示された法の支配とそれに基づく立憲主義の理念に照らして解明する．中心論題になるのは，もちろん「九条問題」である．第4章ではこの問題を考察する．まず，改憲派・護憲派双方の欺瞞に対する私の批判を，具体的な論者の言説にも論及して徹底させる．それとともに，「九条削除論」という私の代替的立場を，その法哲学的根拠をなす私の「法の支配」論・立憲主義論に遡って，明確化し発展させる．また，九条問題について，法の支配と立憲主義の観点からの分析に加え，世界正義論の課題たる「戦争の正義」の観点からの検討も補充する．

　第4章の最終節では，九条問題解決のための一般的指針を示すだけでなく，具体的提言も行う．まず，「九条が戦力を縛っている」という護憲派の主張の虚妄性を暴き，戦力が存在しないとする憲法9条の建前ゆえに憲法は戦力統制規範を含みえないことを指摘する．そして，憲法9条を削除した上で，それが排除してきた戦力統制規範を憲法に盛り込むのが「九条削除論」の狙いであることを明らかにし，どのような戦力統制憲法規範が必要かについて，具体的な条文改正案とその段階的実現戦略を示す．併せて，九条削除論は理論的に「最善の選択肢」だとしても，現時点では国民にとってラディカルすぎるという現

るための必要条件であることを否定する理由にはならない．立憲君主制は「立憲民主制マイナス民主制」ではなく，立憲主義体制としても未熟な「半立憲制」にすぎない．さらに，本書第3章第2節5 (2) ⟨ⅲ⟩で論じるように，公正な政治的競争のルールの保障として立憲主義を捉えるなら，原理的次元においても，政治的競争の勝者と敗者の地位の現実的な反転可能性を保障するための民主制が要請される．以上の理由により，本書においては，立憲民主国家体制を立憲主義体制の基本型として位置付けて，これに考察の焦点を置く．

実主義的批判に対応するために，次善，三善の選択肢も示す．

　第II部の中心論題は九条問題だが，第I部で示した法の支配と立憲主義の法哲学的再編の実践的含意を敷衍するために，さらに二つの問題について論じる．一つは裁判員制度導入と前後して昂揚した厳罰化や死刑制度の是非をめぐる論議が孕む刑罰権力と法の支配との関係の問題であり，第5章でこれを論じる．刑罰権力は戦力に次いで危険な国家の暴力装置の発動であり，それを法的に統制するための刑事司法における被疑者・被告人の人権保障については刑事法だけでなく憲法が多くの規定を置いている（31条〜40条）から，この問題は現代日本の「憲政」の各論的テーマとも言える．しかし，本書でこれに論及する理由はこういう形式的連関だけではない．刑罰制度・刑事政策の「正当性」をめぐって対立する人々の党派的情熱が，刑事立法や刑の執行の「正統性」を保障する法の支配の要請を無視させるという九条問題と構造的に同型の根本的問題がそこに見られることが実質的な理由である．現代日本における法の支配の病理を解明するという本書の狙いに基づき，この問題も併せて検討する．

　第II部で敷衍するもう一つの論題は司法改革である．法の支配と立憲主義の番人とも言うべき司法のあり方を検討しないのは，本書の主題からして「画竜点睛を欠く」ことになろう．そこで，最終章たる第6章で，21世紀初頭に行われた司法改革の批判的検討により，この問題を考察する．立憲主義の確立発展にとって違憲審査権をもつ裁判所の役割はきわめて重要だが，司法改革は裁判員制度など刑事司法の部分的改革はもたらしたものの，立憲主義と法の支配を担保する上での日本の司法の欠陥を是正するという主要課題には手をつけなかった．法科大学院制度など法曹養成制度改革に至っては法曹のギルド的寡占権益に抜本的に手をつけず，また制度改革としての理念的・機能的な整合性も欠き，最初から破綻を予想させるもので，実際，いま多くの法科大学院が統廃合の対象になっている．

　司法制度改革審議会の最終意見書が出された時点で，私は日本の司法改革論の貧困を批判する論考を発表していたが，私の議論は現時点で妥当性を失わないどころか，現実の展開により実証されており，あるべき司法改革の理念と方法を再考する指針を提供していると考えるので，本書で再呈示する．もっとも，司法改革の産物としての裁判員制度にはいろいろ欠陥はあるとはいえ，トクヴ

ィルが米国の陪審制に見たように，立憲民主主義体制を担う市民の資質の陶冶につながる面もある．最終章は司法改革を批判するだけでなく，その積極的な遺産の再評価と発展継承の方途の考察も含んでいる．

　以上，本書は，きわめて高度の哲学的抽象性をもつ論考から，政治的荷電量の高い具体的な現実問題についての考察まで含むが，著者の狙いは次の一点に収斂している．日本がまともな立憲民主国家へ成熟するのを促すことである．そのためには，国民が統治の客体から主体に転換し政治参加意識を高めることは必要不可欠だが，それだけでは十分ではない．国民の政治的能動化は政治的対立の激化を当然含意するが，これが自然状態の「仁義なき闘争」に転化しないためには，公正な政治的競争のルールとしての法の支配と立憲主義の要請を理解し，自己の党派的情熱を「政敵への公正さ」の配慮によって制御することを学ばなければならない．
　しかし，現代日本で，法の支配と立憲主義についての学習が最も必要なのは，一般国民以上に，権力抗争や政治運動の力学に惑溺して独善化し，政治的御都合主義で憲法を歪曲している左右の政治家や知識人のようなエリートたちである．なかでも特に，「国民よ，統治の主体になれ」とお説教しながら，国民を愚民視して，憲法改正の是非を問う国民投票で国民に主権者としての審判を仰ぐのを阻止しようとしている護憲派知識人のような「自称立憲民主主義者」たちである．本書は彼らに対する厳しい批判を含んでいるが，それは彼らを敵視するからではない．彼らにこそ，自己欺瞞から目覚め，日本をまともな立憲民主国家にするための企て，本当の「立憲主義という企て」のパートナーになってほしいと切に望むからである．私は知的廉直性こそ学問の生命と考えるため，彼らに対する批判の舌鋒は仮借なきものになっているが，これは「愛の鞭」と心得られたい．
　本書は，日本における立憲主義の理解と実践の歪みを正すことを目的としているが，同時に，法哲学の歪みを正すことをも目的としている．本書第Ⅰ部を読んでいただければ明らかなように，戦後の主流派法哲学は，「立憲主義とはそもそもいかなる企てなのか」を理解するための前提として必要不可欠な，法の正当性と正統性の区別の可能根拠という法概念論の根本問題を無視ないし軽

視して，法概念論を些末化した．そのため，法の正統性保障という法の支配の理念の存在理由を的確に解明することができなかった．さらにその結果として，憲法の「正当性」をめぐって先鋭な対立が不可避な状況において憲法の「正統性」を確保することがいかにして可能かという，立憲主義のアキレス腱とも言うべき問題にも十分な解明の光を与えられなかった．

　近年，遵法義務論への関心の復活と相まって，主流派法哲学のこの欠陥を是正する試みが始まっているが，本書はこの試みを，旧著『法という企て』［井上 2003a］で示した「正義への企てとしての法」という私自身の法概念論的立場に立脚して発展させることにより，法哲学の歪みを正すという課題に貢献する企てである．それはまた，この課題に貢献しうるように，私自身のこれまでの法哲学研究を再編統合し，さらに発展させる試みでもある．

目　次

まえがき　i

第Ⅰ部　立憲主義の法哲学的基礎

第1章　法の〈正当性〉と〈正統性〉——法概念論の再構築…3

第1節　法概念の「脱構築」の後に——法の公共的正統性の解明へ……4
1　「脱構築」の歴史としての法哲学　4
2　現代法実証主義における本質主義への退却傾向　6
3　法概念論の反本質主義的再構築のために　7

第2節　「面白き学知」への法概念論の再編……………………12
1　法哲学の面白さはどこにあるか——二つの問題関心の衝突　13
2　真の係争点は何か　17
3　法概念論の脱構築と再構築
　　——唯名論的規約主義の問題提起は答えられたか　22
4　記述的法実証主義が内包する本質主義的独断，そしてその克服　26
5　面白き法哲学へ　34

第3節　立法の法理を求めて——立法理学の法概念論的基礎…………36
1　立法への不信を超えて　36
2　現代日本の議会民主政の変動と立法システム改革問題　41
3　法概念論の立法理学的意義
　　——法実証主義の認識論的転回が忘却させた問題　47
4　法実証主義論争の再活性化から立法理学（Legisprudence）運動へ　56

補　論　「批判的民主主義」批判への応答………………………67
1　「批判的民主主義」構想の骨子　67

2　小堀による批判　70
　　3　応　答　71

第2章　法の支配の再定位……………………………………………77

第1節　何のための法の支配か——法の闘争性と正統性………… 79
　　1　法の支配のいかがわしさ　79
　　2　法の支配の存在理由　81
　　3　「政治の情況」と法の正統性　85
　　4　法の支配の再編構想　87

第2節　法の支配の哲学的再定義とその現代的意義………………90
　　1　なぜ「法の支配」が問われるのか　90
　　　（1）法の支配の原像
　　　（2）法の支配と悪法問題——法の「正当性」と「正統性」
　　2　〈法の支配〉理念の再定位　95
　　　（1）立憲民主主義体制における法の支配のディレンマ
　　　（2）「立法の尊厳（the dignity of legislation）」論の限界
　　　（3）立憲政治の闘争性——実体的立憲主義と二元論的立憲主義の限界
　　　（4）法の正統性保障原理としての法の支配
　　　　　——「理念化」プロジェクトに向けて
　　3　現代日本社会における「構造改革理念」としての法の支配　106
　　　（1）「法治国家」対「法の支配」の対比図式の問題性
　　　（2）構造改革理念としての「法の支配」と「法治国家」の再統合

補　論　戦後法理論の原点と「法の支配」論争 ……………………122
　　1　ノモス論争の主題——国体問題の法哲学的基層　123
　　2　八月革命説と人権論の不協和音　124
　　3　ノモス主権論の規範的無力性　125
　　4　ノモス論争の「ねじれ」は解かれたか　126
　　5　「正義への企てとしての法」の理論は何を企てているか　127

第3章　立憲主義の哲学的再編………………………………………131

第1節　立憲主義への根源的懐疑…………………………………132
1　皮相的「押し付け」批判から根源的「押し付け」批判へ　132
2　立憲主義の哲学的危機　135

第2節　憲法の公共的正統性………………………………………138
1　立憲主義の問題性　138
2　重合的合意の虚妄　145
3　政治の情況の照射と再隠蔽　151
4　純一性と正統性の断絶　156
5　憲法の公共的正統性の規範的基礎
　　──「正義への企て」としての憲法　161
　(1)　公共的正統性の理念的指針──正義構想に対する正義概念の基底性
　(2)　正義概念基底化論による遵法義務論の再構築──三階梯正当化論
　(3)　成文硬性憲法の射程

補　論　「憲法改正規定改正不能論」の誤謬…………………………183
1　アルフ・ロスの二つの議論　184
2　自己言及不能論の詭弁　185
3　授権規範存続論の倒錯　187
4　法階層説における憲法改正規定自己適用の意義　188
5　自己言及的法改正規定と正統性問題　191

第Ⅱ部　立憲主義の実践

第4章　九条問題……………………………………………………195
　　──戦力に対する立憲主義的統制の欠損とその克服

第1節　九条削除論原論──憲法論議の欺瞞を絶つ………………198
1　改憲派の主体性喪失　198
　(1)　改憲派の「おいしいところ取り」
　(2)　対米従属を維持強化する九条改憲

xiv　目　次

　　2　護憲論の真価と欺瞞　202
　　　　(1)　「絶対平和主義」への誤解を正す
　　　　(2)　護憲派の「倫理的ただ乗り」

　　3　立憲主義の再生のために　206
　　　　(1)　九条の思想を九条の欺瞞から救う
　　　　(2)　自衛戦力保持が含意する責任

　　後　記　210
　　　　(1)　良心的護憲派への応答
　　　　(2)　パルチザン的抵抗論への応答

第2節　九条問題再説……………………………………………216
　　　　──「戦争の正義」と立憲民主主義の観点から

　　1　本節論考の背景と目的　216
　　2　戦争の正義論から見た九条問題　219
　　　　(1)　憲法解釈論から戦争の正義論へ
　　　　(2)　戦争の正義論における〈九条〉の思想的位置
　　　　(3)　絶対平和主義の限界と消極的正戦論への批判的組み換え

　　3　立憲民主主義から見た九条問題　237
　　　　(1)　戦後日本における九条論議の欺瞞性
　　　　(2)　九条削除論の法哲学的根拠──法の支配と立憲民主主義の再定位
　　　　(3)　九条削除論の憲法論的位置

第3節　九条問題「政治化」論の欺罔と欺瞞………………………262

　　1　私は何を批判したか　264
　　2　論点の隠蔽と回避　267
　　3　「逆襲」的反論の自壊性・倒錯性　273

第4節　立憲主義の救済──九条問題解決への道程………………277

　　1　戦後憲政史における「少年国家日本」の実像
　　　　──九条信仰と米国信仰からの脱却へ　277
　　2　憲法は戦力をいかに統制すべきか
　　　　──「九条の罠」からの立憲主義救出戦略　290

第 5 章　刑罰権力と法の支配……311
　　　　――厳罰化問題と死刑論議に寄せて

第 1 節　世論の専制から法の支配へ……312
　　　　――民主主義と司法の成熟のために

　1　犯罪不安と復讐心に駆られる民主政の危険　312
　2　「目には目だけ，歯には歯だけ」――刑罰根拠論の縛り　314
　3　権力の恣意と市民の迷妄とへの防波堤　316
　4　民意の成熟と裁判員制度　318

第 2 節　死刑論議の盲点……321

　1　忘れられた〈法の支配〉と民主的立法責任
　　　　――「鳩山法相発言」問題をめぐって　321
　　(1)　何が問題なのか――死刑論議における存置派・廃止派双方の欺瞞
　　(2)　「死刑自動化」発言の背後にあるもの
　　(3)　対立の縮減を不可能にする「二重基準」の応酬
　　(4)　「人の支配」の危険性
　　(5)　法の正当性（rightness）と正統性（legitimacy）
　　(6)　主権者国民の最終的立法責任

　2　「司法的殺人」に代わるもの　334
　　(1)　「怒る世論」に擦り寄る裁判所
　　(2)　「司法的殺人」の倫理的負債
　　(3)　被害者のケア
　　(4)　「アーミッシュの赦し」に学ぶ

第 6 章　司法改革と立憲民主主義……339

第 1 節　司法改革論議の改革……340
　　　　――戦後版「無責任の体系」の改造に向けて

　1　論議の皮相性――政治改革と行政改革の「夢の後」　340
　2　論議の虚妄性――司法試験制度とロー・スクール化を例として　343
　3　司法改革から体制改革へ――意思決定システムの構造転換　350

第 2 節　何のための司法改革か……………………………………………353
　　　　　──日本の構造改革における司法の位置
　1　冷戦期型二項対立図式の呪縛──「規制緩和論」対「弱者保護論」　353
　2　現代日本社会の病巣──中間集団の専制による個人と国家の無力化　356
　3　「毅然たる法治国家」における政府と司法の役割　358
　4　弱者保護の歪みの是正
　　　──「弱者の強者化」から「分配帰結の公正化」へ　360
　5　司法改革と政治改革の統合──批判的民主主義に向けて　362
　6　機能改革としての司法改革　366
　　(1)　人権保障における司法消極主義の呪縛からの脱却
　　(2)　行政の公正性に対する司法的コントロールの強化
　　(3)　民主的政治過程の公正性に対する司法的チェックの強化
　　(4)　裁判の公共的フォーラム化
　7　まず裁判所から変えよう──裁く者たちの人間的解放のために　375

第 3 節　司法の民主化と裁判員制度……………………………………378
　1　「失われた六十年」の後の「転生」　378
　2　司法と民主主義の緊張関係　381
　3　司法に内在する民主的秩序形成への公共的責任　383
　　(1)　公民的徳性の再定義
　　(2)　私権の公共性
　　(3)　日本型司法積極主義の罠
　4　司法への民主的参加と裁判員制度の意義　392
　　(1)　司法権の両面性と民主的司法参加の二重の両価性
　　(2)　国民の負担限定論の問題点
　　(3)　今後の課題

あとがき　403
引用文献　411
人名索引　423
事項索引　425

第 I 部
立憲主義の法哲学的基礎

第1章

法の〈正当性〉と〈正統性〉
法概念論の再構築

　立憲主義とは,「法の支配 (rule of law)」の理念を憲法に具現して発展させる企てである. したがって, 立憲主義とは何かを理解するためには, 法の支配とは何かを理解しなければならない. しかし,「法の支配」とは何かを理解するためには,「法の支配」はそれと対置される「人の支配」とどこが違うのか,「人」ではなく「法」が支配すると言うときの「法」とは何か,「人の支配」にはない規範的権威を「法の支配」に与えるところの「法」とは何かが理解されなければならない. 要するに,「法とは何か」が分からなければ, 立憲主義とは何かも分からないのである.

　法哲学こそ,「法とは何か」という根本問題を主題にしてきた学問である. この問題に答えるための様々な「法の概念規定」, すなわち, 法概念論と呼ばれる様々な主張が法哲学の世界で提示されてきた. だとすれば, 法の支配の理念の解明に, したがってまた立憲主義の解明に資する法概念論的指針を法哲学は豊富に提供しているはずだ, そういう期待が法哲学に寄せられるだろう. 意外に思われるかもしれないが, 法哲学はこの期待に十分応えてきたとは残念ながら言えない. なぜか.「悪法も法か」という問いの考察の古代的範例であるソクラテスの思惟には, そのような指針が含まれていたが, 近代以降, 法哲学は「知的洗練」を加えるにしたがって, ソクラテスに見られたような法概念論の根本的・原初的な問題意識を見失い, 見当はずれの方向に迷い込んでしまったからである.

　ソクラテスが問うた法概念論の根本問題とは, 悪法もなお法である限り承認されうる規範的権威の根拠, 換言すれば,「法の正当性 (the rightness of law)」

と区別された「法の正統性（the legitimacy of law）」の根拠の解明である．「法の支配」とは，「法の正統性」を保障するために，現実社会の実定法が充足しなければならない規範的諸条件の集合を意味する．「法の支配」がこの意味で理解されなければならないことは次章で論じるが，その前提として，法が「正当性」と区別された「正統性」をもつことが，そもそも，またいかにして可能かという法概念論の根本問題の意義が理解されなければならない．本章では，法概念論のこの問題を見失った法哲学の主流の迷妄を正す．その上で，立憲主義の前提たる法の支配の理念を解明するための法概念論的探究の道筋を明らかにしたい．

第1節　法概念の「脱構築」の後に——法の公共的正統性の解明へ

1　「脱構築」の歴史としての法哲学

　「脱構築」という言葉はポストモダン的言説とともに広まったが，それが示す知の潮流は，近代哲学史を脈々と貫流し，中世にまで遡る．いわゆる普遍論争において，唯名論が実念論によって先在する普遍者とされた「本質」を解体し，その偶発性の暴露を試みたとき，脱構築の運動は既に本格的に始動していた．脱構築は「モダンからポストモダンへ」式の「発展段階説」と切り離し，哲学の歴史を貫徹して絶えず回帰してくる知の対抗運動と捉えるべきだろう．このことは法哲学の歴史にも当てはまる．

　そもそも，法哲学の主旋律をなす自然法論と法実証主義の対立自体が，普遍論争に一つの重要な淵源をもつ．実念論は，意思の所産ではなく認識の対象たる客観的存在として本質的普遍者を措定する主知主義に立脚するのに対し，本質の先在性を否認する唯名論は，それを意思の創造物とみなす主意主義と結合する．実念論的主知主義と唯名論的主意主義の対立は，自然法の妥当根拠をめぐって，「それが正しいから神は命じた」とする「宣示法（lex indicativa）」論と，「神が命じたからそれは正しい」とする「命令法（lex praeceptiva）」論との対立を生み出した［ダントレーヴ 1952, 福田 1971 参照］．法認識と法創造の主体が神から人間に転じた後も，人間の内なる自然としての「人間本性（human nature)」を正法の淵源とする世俗化された自然法論と，神から「主権者」たる地位を継承ないし簒奪した人間の意思の産物として法を捉える主権者命令説的法実証主義との対立に，実念論的主知主義と唯名論的主意主義の対立はそのまま承継された．「命令法」論的な自然法論から主権者命令説的法実証主義に連なる思想は，神的または世俗的な主権者が別様に意思を発動したとすれば別様にもありうる（ありえた）ものとして法を捉え，法の存在の「偶発性」を主張する点で，既に法に対する脱構築を遂行していたと言ってよい．

　ただ，法内容の偶発性を説いた法実証主義も，「法の概念」の規定をめざした限りにおいて，法一般なるもの，法の本質なるものを認識しようとする実念論的主知主義の願望をなお保持していた．主権者命令説よりも洗練されたその後の法実証主義の諸理論も，人々の価値観の相違や変化に応じて多様性・可変性をもつ法内容を偶発的なものと見る一方で，法を創造する人間的実践に，その産物たる法内容の多様性・可変性を超えた共通構造が社会的事実として存在すると考え，そこに法の本質を求めようとした．法実証主義は法の評価的・規範的本質は脱構築しつつも，否，そうするがゆえに，法の事実的・記述的本質の存在想定は固守したとも言えるだろう．

　しかし，法実証主義が孕むこの実念論的主知主義の残滓を一掃しようとする脱構築の徹底の運動も，ポストモダン的言説が現代思想において流行する以前に，法哲学の世界で敢行されていた．第二次大戦の惨禍の後，法哲学界には法実証主義がナチズムのような全体主義体制への抵抗を掘り崩したとして自然法論の復興を説く立場と，それを不当な責任転嫁として反発する法実証主義との論争もあったが，かかる論争を超えて「法とは何か」という法哲学の根本的な問いそのものの哲学的身分を根源的に問い直す論議も浮上した．

　このメタ法哲学的論議の起爆剤となる問題提起をしたのが，グランヴィル・ウィリアムズや我が恩師，碧海純一の唯名論的規約主義の立場である［Williams 1949 [1945], 碧海 1981, 碧海 1989 参照］．この立場はまず，法の客観的本質なるものは存在しないとする唯名論に立脚して，自然法論と法実証主義との対立を超えて共有されている前提，すなわち，法概念規定は真理値をもち，先在する法の本質あるいは共通属性を正しく捉えているか否かに応じて真または偽であるという前提自体を根本的誤謬として斥ける「批判的主張」を行った．その上

で，法概念規定は，法現象を研究する者が，自分が関心をもつ探究対象を探究に先立って明確に指定するために「法」という言葉の用法を約定する行為にすぎず，どのような約定も原理上自由になしえ，真偽ではなく認識道具としての有用性が問題になるだけだとする規約主義を「積極的主張」として提唱した．これは，法内容から独立した法生成に関わる一定の社会的事実を法一般の本質的な存在条件として記述しようとする法実証主義の立場をも掘り崩すような，法概念論に対するラディカルな脱構築の試みであった．

2　現代法実証主義における本質主義への退却傾向

　唯名論的規約主義は戦後法哲学史の起点において法概念論の存在理由を問い直す根本的な論議を喚起したにも拘らず，フラー対ハート論争やハート対ドゥオーキン論争を通じて，法と道徳の概念的関係という伝統的主題が再び法概念論の主要関心となり，かかる「概念的関係」を論じること自体の可能性への問題意識は後景に退いていった．さらに 1970 年代以降，ロールズの仕事に触発されて規範的な正義論の分野の論議が法哲学界においても活況を呈してきたのといわば反比例して，法概念論の分野全般の論争活力が相対的に低下し，「法の概念分析の意義と可能根拠」というメタ法概念論的問題関心も冷めていった．

　もっとも，ハートの『法の概念』第二版（1994 年）[Hart 1994] がドゥオーキンの強力な法実証主義批判に対するハートの反論の遺稿を「後記」として収めて刊行されたのと前後して，法実証主義の陣営から法概念論議の再活性化の運動が起こり，様々な対立競合する法実証主義の再編構想が打ち出されてきた [この動向を象徴する刊行物として，Coleman (ed.) 2001 参照]．しかし，そこでは再び「法の本性 (the nature of law)」，「法の概念 (the concept of law)」などの言葉が，観察者的中立性をもって記述可能な与件たる法一般の特性を指示するものとして，哲学的な逡巡も反省もなく使われる傾向も強まっている．

　この傾向は「包含的法実証主義 (inclusive legal positivism)」に特に顕著である．この立場はハートの「後記」と同様な視点から，実質的道徳原理も裁判官集団による受容など一定の社会的事実に支えられている場合は実証主義的な法同定基準に包含可能だとして，ドゥオーキンが法実証主義に対する「反例」とみなす米国などの法実践をも包摂する一般的・記述的な妥当性を実証主義的法概念

がもつと主張する［Cf. Himma 2001］．しかし，なぜ，ある特定タイプの社会的事実が道徳的基準をも含む法同定基準の存在根拠として要請されるのかという根本的な問題に関しては，この立場は「法の概念がそれを内包しているから」式の本質主義的独断に回帰している．

　包含的法実証主義に対抗して道徳的基準を法同定基準から排除する「排除的法実証主義（exclusive legal positivism）」の陣営の中でも，ドゥオーキン批判の急先鋒にしてハート以後の世代の主導的な法実証主義者であるジョゼフ・ラズは「権威要求」を中核にする法概念規定から法同定基準の道徳排除性（いわゆる「源泉テーゼ」）を導出するが，なぜ権威要求を法の核心に置かなければならないのかを十分自覚的に問い直そうとはせず，彼にも自己の法概念規定を本質主義的に自明視する傾向が見られる［Cf. Raz 1979, Raz 1986］．その結果，これらの法実証主義者の間では，競合する「法の本質規定」が独断的に公理化され相互にすれ違ったまま，ただそれぞれの論理的含意の分析の精密化が図られるという方向に，法概念論議が再び不毛化・瑣末化してきている．

3　法概念論の反本質主義的再構築のために

　このような状況は，唯名論的規約主義の問題提起をいま改めて提起し直すことを我々に要請している．法に対する我々の問題関心・探求目的から独立に「法の本質」なるものは先在しないという唯名論的規約主義の「批判的主張」は正しい．法概念論争を「嚙み合った」生産的なものにするには，一体何のために法概念論はあるのか，「法とは何か」という問いに我々を向かわせるより根源的な問題は何なのかが自覚的・反省的に明らかにされなければならない．しかし，法概念規定は探求者各自がその問題関心に応じて自由に行える「法」という言葉の規約的定義であるから原理上恣意的であり，高々，探求領域を探求以前に明確に区切る標識としての有効性の条件に制約されるのみとする唯名論的規約主義の「積極的主張」は誤りである．これは法概念論の課題を瑣末化し，なにゆえ二千年以上の法哲学史の中で「法とは何か」が執拗に問われ続けてきたのかを理解不能にする．ウィリアムズに対するハートの反論［Cf. Hart 1983 [1953]］が示すように，定義を与えること自体ではなく，定義に要約される包括的な理論によって，人々を執拗に悩ませ続けてきた法現象が孕む謎を解

明することが法概念論の課題なのである．解明さるべき謎とは何か，ある「法の定義」に要約されたある法理論がその謎を的確に解明しえているか否かは，定義を下す探求者の恣意に委ねられない問題である．

では，この執拗な謎，法概念論が解明すべき法のアポリアとは何か．法哲学的思惟の淵源の一つであるプラトンの対話篇『クリトン』において既に先鋭に提起され深く探求された悪法問題がそれである［プラトン 2005 参照］．ソクラテスは盟友クリトンによる逃亡の懇請を斥けて，自らその不当性を論難した死刑判決の執行を受忍し，毒杯を仰いだ．それは次のような根源的な問題を突きつけている．その内容が「正当性」を欠く法的決定もなお服従を要求しうる「正統性」をもつことはいかにして，あるいはそもそも，可能なのか．「あるべき法（law as it ought to be）」を志向する道徳に対して規範的対抗力をもつ遵法義務を生むような「ある法（law as it is）」固有の正統性の根拠は何か，そもそも存在するのか．自然法論と法実証主義の対立の淵源にある「悪法も法か」という問題は，本来，かかる法と道徳との間の「責務の葛藤」ないし「規範衝突」に関わる実践的・規範的な問題であった．

この悪法問題が難問であるのは，法と道徳の実践的葛藤の解決が困難であるからだけではない．そもそも，かかる実践的葛藤がいかにして生起しうるのかを理解すること自体を困難にする哲学的二律背反問題が存在する．すなわち，法が道徳から独立しているなら，法は事実に還元され規範衝突を惹起するような真正の規範的妥当性をもちえないのではないか．しかしまた他方，法が道徳に還元されるなら，法と道徳との間に規範衝突は生じえないのではないか．いずれにせよ法と道徳との規範衝突は論理的に不可能に見える．それにも拘らず，それは我々を苦悩させる厳然たる生の事実である．ここにまた容易に解消し難い逆説が存在する．「法とは何か」という問いは悪法問題のこのような哲学的アポリアに関わるがゆえに，「執拗な謎」であり続けているのである．

しかし，現代の法実証主義の主流は法と道徳の区別の問題を法の認識と評価の区別の問題に摩り替え，悪法問題のアポリアを法概念論の課題から放逐してしまった．さらに，法の存在を社会的事実の問題と見る立場に立っても，他でもなくまさにある特定の社会的事実を法の究極的な存在条件として選択することの根拠は，正当性と区別された法の正統性の条件と関連付けることなしには

十全に理解しえないにも拘らず，法認識の法評価からの独立性を盾に，かかる根拠の提示を拒否し，その存在条件規定それ自体が，あたかも事実的与件の記述であるかのように装う本質主義的独断に帰着している．自己の法概念論を「記述的社会学の試論」として提示したハートにも同じ問題がある．彼は唯名論的規約主義の積極的主張を的確に批判したが，本質主義に対する後者の正当な批判を的確に受け止めるには至らなかった．法概念規定を規約的定義の問題に瑣末化することなく，しかも，本質主義的独断を克服することはいかにして可能か．この課題を遂行するには，先在する法の本質の観察者的記述を標榜する法概念規定を脱構築した後に，道徳的「正当性」と次元を異にする法固有の「正統性」の可能性と条件という実践的にして哲学的な難問を解明する理論として法概念論を再構築する必要がある．

　このような法概念論の「問題位相」の根本的転換を図る動きは幸いにして既に存在する．正義と区別された「純一性（integrity）」の理念に依拠するドゥオーキンの法理論［Cf. Dworkin 1986］，遵法義務論を軸に法概念論の政治哲学的再編を図る独自の営みを続けてきたP・ソウパー［Cf. Soper 2002］，また排除的法実証主義の中でも，道徳排除的な法同定基準の採用を政治道徳的に正当化し，ドゥオーキンの法実証主義批判を法認識と法評価の区別を盾にかわすのではなく，同じ規範的論議の次元でこれに真正面から反攻を加えようとするJ・ウォルドロンらの「規範的法実証主義」の立場［Cf. Waldron 1999a, Campbell 1996］などである．異なった本質主義的独断のすれ違いを超えて，法哲学的探求の原点にある同じ根源的アポリアをめぐる生産的な論争が再生する兆しがそこにある．

　本書の法概念論的前提をなす旧著『法という企て』［井上 2003a］は，このような問題位相の実践的・規範的転換による法概念論の再生の動向に「正義への企てとしての法」の視点から新たな寄与をなす試みであった．この法概念は次のように要約できる．

　　法は正義への企て，すなわち，人間行動を正義に適ったルールの支配に服せしめようとする企てである．正義は法が志向する理念であるが，法はあくまで正義への「企て」である以上，正義と同一ではない．法は正義を実現する企てに失敗することもありうるという意味で，不正な法も法でありうる．

しかし，正義への企ての実現に失敗した法もなお法として承認されうるためには，正義を真摯に企てていることが示されなければならない．正義への企ての真摯性を示すには次の二つの条件が満たされなければならない．

　第一に，正義への企てとしての法は，人々に単に服従を要求するだけでなく，自らの服従要求が正義に適った理由によって正当化可能であることの承認を要求する，すなわち，「正義要求（claim to justice）」をもつ．この正義要求が単なる服従要求に堕していない真摯なものと人々に認められるためには，法はその正義適合性を人々が絶えず批判的に再吟味する「正義審査への原権利（the proto-right to justice review）」[1]を制度的に保障しなければならない．正義審査への原権利——以下，簡単に，正義審査権と呼ぶ——の制度的保障には，不利益処分に対する聴聞権から，裁判を受ける権利，複数審級性，再審制度，行政事件訴訟，被治者が統治者を審判し選任する民主的諸制度，違憲審査制，さらには，良心的拒否や市民的不服従に対する人道的処遇に至るまで様々なレベルがあり，その保障形態には程度の差はあるが，いかなる程度においても正義審査権を人民に保障していない政治体制は裸の力の支配であり，法体制とはみなされない．

　第二に，法が，法服従主体にとっての最善の正義構想に反している場合でも，正義への真摯な企てであると言えるためには，対立競合する正義の諸構想（*conceptions* of justice）に通底する共通の制約原理たる正義概念（the concept of justice）が尊重されていなければならない．正義概念は，競合する正義の諸構想のどれが最善かを一義的に特定するものではなく，各正義構想が，他でもなく，まさに正義の一構想（a conception of *justice*）としての資格をもつための条件であり，その規範的核心は，普遍化不可能な差別の排除の要請である．この正義概念は，「正義のレース」の勝者を決めるものではなく，このレースの参加資格を判定するテストではあるが，その規範的ハードルは

---

[1]　実定法の正義適合性を争うこの権利を，旧著『法という企て』では，「正当化を争う権利」と呼んでいたが，その趣旨を一層明確化するために，私見を展開した英語論文［Inoue 2007］で，"the proto-right to justice review" という表現を採用し，その後の邦語著作でも「正義審査への原権利」という表現を使うことにした．この権利を「原権利（proto-right）」と呼ぶのは，それが特定の実定的権利の一つではなく，既存の実定的権利の正義適合性をも争う権利，「権利を審問し発展させる権利」だからである．

低くない．それはフリー・ライダー排除，ダブル・スタンダード排除，権利と区別された既得権益の排除，集団的エゴイズムの排除など，強い規範的含意をもつが，それらに通底するのは，反転可能性要請，すなわち自己と異質な他者の視点からも受容さるべき公共的理由による正当化の要請である．正義審査権の制度的保障に加えて，法的決定に対する人々の正義審査権の行使が生み出す法の解釈適用や立法をめぐる討議が，正義概念が含意する公共的正当化要請によって統制されるような制度的配備がなされる必要がある．

　法がこのような正義審査権と，特定の正義構想を超えた正義概念の公共的正当化要請を制度的に保障している場合，法はある個人が最善の正義構想と信じるものに抵触し，その個人にとって「正当性」を欠くとしても，正義構想自体が対立分裂する多元的社会において，正義への企てを真摯に営む万人に開かれた公共的論議実践の産物として，競合する諸個人の正義構想を超えた公共的な「正統性」をもつ．

　要するに，正当性と区別された法の正統性を，法概念と正義概念とを分断することによってではなく，競合する正義の特殊構想に通底する普遍主義的正義概念に定位した正義審査への開放性に法の公共性を求めることによって解明し，自然法論と法実証主義の対立を超えた次元で法概念論と正義論とを統合することが，「正義への企てとしての法」という私の法概念論の狙いである．私は「正義への企てとしての法」の概念を，もう一つの本質主義的独断としてふりかざそうとするものではない．むしろ法の公共的正統性をめぐるアポリアを解明する鍵としてこの法概念を提示している．それはかかる解明力の吟味による批判と修正に開かれている．

　ジャック・デリダは「法は脱構築可能だが，正義は脱構築不能である」と言った [Cf. Derrida 1990]．脱構築運動のスターだったこの哲学者が，実定法を絶えず批判的に審問し続け，脱構築し続けるための規範的根拠として，あるいはかかる批判の営為の規制理念として，正義理念は脱構築不能な前提をなすことに気付いていた点は，一応評価していい[2]．しかし，問題はその先にある．正

---

2) 「一応」という留保を付しているのは，デリダが正義に関する価値判断を，反省的熟慮や他者との相互批判的な議論に基づく理性的判断と対置された「決断」や「一つの狂気 (a madness, une

義の脱構築不能な核が何であるかを明示し，法が脱構築可能であるにも拘らず，何が最善の正義構想かをめぐって見解が鋭く分裂する多元的社会において，法が公共的な正統性をもつと我々が判断しうるための（あるいはそれを欠くと批判しうるための）規範的な指針を，この脱構築不能な正義の核心によって解明することである．旧著とそれを発展させようとする本書は，そのような解明の企てであり，この企てへの参与と批判的応答の呼びかけである．

第2節　「面白き学知」への法概念論の再編

> あらゆる哲学的思索においてこれまで問題であったものは「真理」などではさらさらなくて，何か別個のものが，言うならば，健康・未来・成長・権力・生……が，問題だったのだ．　　　　　　　　[ニーチェ 1993 [1882]: 12]

　中世プロヴァンスの恋愛吟遊詩人たちに倣って，ニーチェは「悦ばしき知 (la gaya scienza, die fröhliche Wissenschaft)」を求めた．法哲学の世界に「悦ばしき知」はあるだろうか．法哲学は「在るべき法 (law as it ought to be)」の指針を求める正義論と，「在る法 (law as it is)」を探究する法概念論の二大分野から成る．正義論については，1970 年代初頭のロールズの『正義論』[Rawls 1971] 刊行以降，それまでメタ倫理学優位の下に低迷していた規範的正義論が，強力なモメンタムを得て「悦ばしき知」の営みとみなせるほどの躍動と活況を示してきた．しかし，法概念論については，残念ながら事情は異なる．そこでは，砂を嚙むような退屈な「概念分析」，他の様にもありうる概念規定についての独断的選択を価値中立的な記述や概念分析の名で隠蔽した「教義学（Dogmatik)」的言説が跋扈してきた．法概念論を「悦ばしき知」に転換することは可能だろうか．可能である，というのが私の答えである．その可能性を示す試みも生まれてきている．前節で示した方向にその可能性がある．

　ただし，「真理ではなく生が問題にされるべきだったのだ」というニーチェ

---

folie)」とみなして，非認識説的メタ倫理学や相対主義的決断主義への親近性を示しているからである [Cf. Derrida 1990: 963-972]．この点に関する批判として，井上 2014a [2003]: xi, xvii 注 3 参照．

の断言はいささか不正確である．必要なのは，ドイツ語で die lebensfremde Wissenschaft と呼ばれるような，生と疎遠な（あるいは，生から疎外され，生を疎外するような）学知を超えて，人間の生の実践において法がもつ重要な意義を開示し再発見するような学知，「真理と無縁な生」でも「生と無縁な真理」でもなく，むしろ人間社会に息づく「生ける真理」に基づいて法の存在理由を探究する学知の発展である．ニーチェの「悦ばしき知」の真理破壊的な含意を避けるために，「面白き学知」という言葉を使いたい．

この意味での「面白き学知」を発展させる道は前節で示した方向にあると言った．以下では，「面白き法哲学」のあり方をめぐって火花を散らした二人の法哲学者の応酬が提起している問題を考察し，「面白き学知」として法概念論を再編するための議論をさらに発展させたい．

1 法哲学の面白さはどこにあるか――二つの問題関心の衝突

大著『ハリネズミの正義』［Dworkin 2011］を刊行して間もない 2013 年に，惜しくも逝去した現代法哲学界の巨星ロナルド・ドゥオーキンは，あるとき，自らもかつて担当したオックスフォード大学法理学講座の現担当教授，ジョン・ガードナーに向かって，「法哲学は面白くなければいけない（legal philosophy should be interesting）と思う」と言ったそうだ．すると，ガードナーがドゥオーキンに，「食ってかかってきた（He Jumped on me.）」と後者が表現するような激しい口調で，「分からないのですか，それがあなたの困ったところなのです（Don't you see? That's your trouble.）」と反論したという［Cf. Dworkin 2006: 185］．

ガードナーは，H・L・A・ハートの法実証主義的法概念論を徹底的に批判したドゥオーキンに対抗して，ハートの理論を修正発展させて法実証主義を擁護する立場に立つ．「すべての法体系において，法規範の妥当性はその内容の是非（merits）にではなく，その源泉（sources）にのみ依存する（一定の源泉をもつという事実にのみ依存し，その源泉自体の是非に関する規範的判断にも依存しない）」というテーゼを法実証主義の根本命題とし，その真義を，様々な誤解・曲解と彼がみなすもの（法実証主義者自身による誤解も含めて）の批判的切除を通じて解明し擁護することを試みている［Cf. Gardner 2012: esp. chap. 2］．

ガードナーに見られるような法実証主義の再編擁護の動向は，ドゥオーキンの批判に反論したハートの遺稿を「後記（Postscript）」として収めた『法の概念』第二版の刊行を一つの契機として，1990年代半ばより顕著化してきている［Cf. Hart 1994, Coleman (ed.) 2001］．もっとも，現在の法実証主義陣営においては，法実証主義の再編擁護の方向性をめぐって，二つの対立軸がある．法同定基準が道徳的テストを含む可能性を認める「包含的法実証主義（inclusive legal positivism）」と，それを否定する「排除的法実証主義（exclusive legal positivism）」との対立が一方にあり，法概念規定を行う法理論の身分を記述的・概念分析的とみなす「記述的法実証主義（descriptive legal positivism）」と，実践的・規範的なものとみなす「規範的法実証主義（normative legal positivism）」の対立が他方にある［現代法実証主義の内部対立状況の展望として，cf. Marmor 2001, Himma 2001, Waldron 2001］．この二つの対立軸に沿って言えば，ガードナーの立場は記述的・排除的な法実証主義と性格付けうる．

　ガードナーが「法哲学は面白くなければいけない」と言ったドゥオーキンに激昂して反論したのは，言うまでもなく，ドゥオーキンの言葉が「君の法理論は面白くない」という含意をもっていたからである．ただし，ドゥオーキンが「面白くない法哲学者」として念頭に置いていたのは，ガードナーのような記述的・排除的法実証主義者だけではなく，「規範的なものと区別された記述的または概念的なものとして自らの仕事を理解する法哲学者たち」，すなわち記述的法実証主義者一般である［Cf. Dworkin 2006: 186］．ある法社会に，一定の道徳的テストを法同定基準に含める社会的コンヴェンションが事実として存在する限り，かかる社会についてかかる道徳的テストが法同定基準の一部をなすことを承認することは「法は事実として存在する社会的コンヴェンションである」という法実証主義の立場と両立するとみなす記述的な包含的法実証主義者たちの理論も，「面白くない法哲学」に含まれる．

　ドゥオーキンによれば，記述的法実証主義者の理論が「面白くない」のは，それらが「価値中立性の偽装（the cloak of neutrality）」をまとって，法実践が志向する価値の探究という法哲学の「正当な重責（rightful burdens）」を放棄し，その結果として，政治哲学などの哲学の他の部門がもっていた法哲学への関心を殺ぐとともに，憲法のみならず契約法や不法行為法，さらには税法[3]等すら

含む実定法各分野において実践的問題の理論的解明を求める法学者・実務法曹が法哲学に抱いてきた関心をも裏切り，英米の大学で「法理学（jurisprudence）」と呼ばれる法哲学の講座の縮減すら招いているからである［Cf. *loc. cit.*］．記述的法実証主義の復活傾向は，自分個人にとって面白くないというだけでなく，学界・実務界，さらには一般社会にとって法哲学を「退屈（dreary）」なものにし，その学問的重要性に対する社会的評価を低下させているという危機感がドゥオーキンにはある．

彼にとって，法実践は，正義・自由・民主主義・人権・法の支配などの価値理念を追求し，さらにそれらの価値理念の最善の解釈を通じて実定的法素材を最善の相の下に照らし出すことを要請する「純一性（integrity）」という固有の価値を内包する，すぐれて価値志向的な実践である［Cf. Dworkin 1986］．正義等の価値理念の追求が立法・司法に貫通することは言うまでもないが，司法実践

3）　税法への法哲学の影響の例について，ドゥオーキンは明示していないが，ニューヨーク大学法科大学院（New York University School of Law）で，ともに彼の同僚として教鞭を執る法哲学者リアム・マーフィーと哲学者トーマス・ネーゲルが刊行した共著『所有の神話——税と正義』［Murphy and Nagel 2002］を念頭に置いているのは明らかである．彼らはこの共著において，税法だけを孤立させて「税の正義」を問うのではなく，法制度全体の分配帰結の公正性に関するマクロな分配的正義の原理の観点から公正な税制を考察するというパラダイム転換を唱道し，租税法学に大きなインパクトを与えた．

　因みに，ニューヨーク大学法科大学院は1970年代後半にドゥオーキンを迎えるまでは，「二流のロースクール」とみなされていたが，彼がスタッフに加わった後，その知的吸引力により優秀な研究者が次々と集まり，たちまち全米トップ5のロースクールに数えられるまでになった．特に法哲学・政治哲学・道徳哲学のバックグラウンドをもつ多くの研究者が集まり，実定法分野も含めて研究教育の質向上に尽力したことが注目される．2002年春学期に私がニューヨーク大学法科大学院の Global Law School Program の客員教授として招聘されたとき，ドゥオーキン以外に，上記の法哲学者リアム・マーフィーと哲学者トーマス・ネーゲルだけでなく，シカゴ大学から移籍した政治哲学者スティーヴン・ホームズ，ジョン・ロールズの弟子で憲法を担当するデイヴィッド・リチャーズ，ハートの弟子で国際法を担当するベネディクト・キングズベリー，ドイツの法哲学者アレクシーの弟子で憲法を担当するマッティアス・クム，ロック・カント・ヘーゲルらの所有論を踏まえつつ知的財産の哲学的基礎を論じるルイス・コーンハウザーなど，法学の規範的基礎の探究と哲学的考察とを生産的に連携させる多くの研究者がスタッフにいた．その後さらに，法哲学者ジェレミー・ウォルドロン，哲学者アンソニー・アッピア，哲学者サミュエル・シェフラーら著名な研究者が同校の教授陣に加わっている．ドゥオーキンが中心となって組織された Law and Philosophy Colloquium は，秋学期開講のため残念ながら私は出席できなかったが，外部からも多くの研究者を招いて，法が孕む哲学的諸問題や法実践が哲学に突きつける課題を徹底的に議論すると同時に，この知的闘技場の現場に学生も参加させて教育する革新的試みとして注目されていた．ニューヨーク大学法科大学院の研究教育のこのような変革実践の経験が，ドゥオーキンの「面白い法哲学」のイメージの一部をなしていたことは疑いない．

と特に密接に関わる純一性も，新規立法が憲法価値や，存続する他の立法遺産との原理的整合性を問われる限りで，立法実践にも妥当する．法実践が志向する価値の最善の解釈が何かをめぐる規範的な論争に関与することなく，法現象を観察者的に描写できる事実的与件として捉える記述的法実証主義は，法規範の創造・解釈・適用をめぐって論争する法実践の参与者に何ら指針を提供できず，「在るべき法が何か」だけでなく「在る法が何か」についても，彼らにとって重要な意味ある解答を提供できないのである．

　ガードナーから見れば，「面白い法哲学」についてのドゥオーキンのこのような見解は，「何が実用性（practicality）とみなされるかについての法曹の観念に傾斜し，それ以外のすべてに対する法曹の我慢の無さを共有」しており，「関心の狭い男（a man of narrow interests）」の見方，柔らかく言っても「哲学者がもつべき関心についての狭隘な見解」を示すものである［Cf. Gardner 2012: 273-274］．ガードナーによれば，ドゥオーキンは特定の統治構造としての法が宗教・道徳・実力行使・テロなど他の社会統制様式とどこが違うかという「社会学的問題（sociological questions）」と，ある法社会において法が何を要求・許容しているかについての言明（法命題）の真理条件は何かという「法理説的問題（doctrinal questions）」とを区別し，法曹が興味をもつ後者の問題のみに実践的かつ哲学的意義を認めるが，「法理説的問題」に答える前提として「社会学的問題」が答えられなければならない．実際，ドゥオーキン自身が，法と国家的強制の正当化との内的結合を主張する点で，「社会学的問題」に関し，オースティン的な主権者命令説とも通底する強制説の立場を前提しているにも拘らず，これを自明視し，ハートのオースティン批判が示すような強制説批判を真剣に受け止めようとせず，「社会学的問題」に関する自己の前提を批判的討議に晒す知的責任を放棄している．また，法哲学者は法的権利義務に関する主張を支持する法的議論の指針を示すことで裁判官・弁護士らに貢献するだけでなく，法と国家・強制との関係に関わる「社会学的問題」を哲学的に解明して，「社会学者」のみならず「人類学者，歴史学者，心理学者」の法現象理解を深化させることにも貢献する必要がある．後者の貢献は，法曹以外の研究者が法現象に対してもつ知的関心に応えるものである［Cf. Gardner 2012: 270-274］．

　以上に見たように，ドゥオーキンとガードナーの対立は，「法哲学は面白く

なければいけないか」という問いにあるのではない．どちらもこの問いについてはイエスと答える立場に立つ．両者の対立は，「法哲学の面白さはどこにあるか」をめぐるものである．ドゥオーキンはガードナーのような記述的法実証主義者が関心をもって取り組む「社会学的問題」を，実践的にも哲学的にも重要性も欠いた面白くないものとみなすのに対し，ガードナーは，ドゥオーキンが重視する「法理説的問題」の意義を否定することなく，「社会学的問題」もまた，法曹以外の法現象研究者にとって興味深いだけでなく，「法理説的問題」の解明が「社会学的問題」の解明を前提する以上，「法理説的問題」に関心をもつ法曹やドゥオーキンのような法哲学者にとっても面白さが認められて然るべきだと主張している．

2　真の係争点は何か

　以上見た限りでは，「法哲学の面白さはどこにあるか」について，ドゥオーキンの方が偏狭で，ガードナーの方が包容的であるかに見える．しかし，そのように見えるのは，「社会学的問題」が「法理説的問題」に独立先行して存立し，後者の前提をなすというガードナーの主張を承認した場合である．ガードナーの想定とは逆に，「社会学的問題」が「法理説的問題」に依存するとしたら，すなわち，「法理説的問題」の解明が要請するような，法実践が志向する価値の解釈をめぐる規範的論争に参与することなしに，「社会学的問題」の的確な解明が不可能であるとしたら，「法理説的問題」をバイパスして「社会学的問題」に答えようとする記述的法実証主義は，核心の問題を回避する「面白くない法哲学」ということになるだろう．実際，「社会学的問題」を無視・軽視するというより，「法理説的問題」をめぐる規範的論争から独立した中立的観察者の視点から「社会学的問題」を解明できるという記述的法実証主義の前提を否定するのが，ドゥオーキンの真意であると思われる．このことの証左として，次の二点を指摘しておこう．

　第一に，「在る法」の判断をも法の道徳的読解に依存させるドゥオーキンの「純一性としての法（law as integrity）」の理論に対し，ジュール・コールマンのような包含的法実証主義者によって次のような批判がなされている［Cf. Coleman 2001a, Coleman 2001b］．ドゥオーキンの理論は，成文硬性憲法の人権規定

が政治道徳的原理として理解され，かかる原理に依拠した違憲審査の慣行が確立している米国のような特定の社会のみに適用可能で，すべての法社会に妥当する法の一般理論たりえない．また，法同定基準が何かはそれぞれの社会のコンヴェンションに依存するとみなす包含的法実証主義は，法同定基準に道徳的テストが必然的に含まれることを否定するが，ある社会のコンヴェンションとして偶然的に含まれることを否定しないから，かかる法の一般理論としての包含的法実証主義はドゥオーキンの理論を特例として包摂しうる．

これに対し，ドゥオーキンは，ある社会において何が法同定基準であるかについてのコンヴェンションが，当該社会に，とりわけ法曹集団の間に存在するという前提自体を否定し，米国においてさえ，憲法の人権規定が道徳的テストとしていかなる内実をもつかについてだけでなく，そもそも，これを道徳的テストとみなすべきか否か——法令の道徳的価値自体を問うテストか，制憲者意思や一般社会の支配的通念などの歴史的・社会的事実との適合性を問うテストか——についても，法曹集団の間においてさえ厳しい論争が存在するとし，法同定基準が観察者的中立性をもって記述できる社会的事実ではありえないと反論している[4]．

第二に，法同定基準が道徳的テストを含みえないとする排除的法実証主義についても，それが法という言葉の一般的用法の分析として，または法同定基準に関する一般的な社会的コンヴェンションの記述として主張される限り，ドゥオーキンはこれを，まさに法同定基準自体をめぐる当該社会ないしその法曹集団間における論争の存在によって論駁される謬論——彼はこの謬論を「意味論の毒棘（the semantic sting）」と呼ぶ——とみなし，排除的法実証主義の主張は，道徳的テストを法同定基準から排除することが，法実践において志向される価値を実現する上で規範的に望ましいとする規範的法実証主義の主張としてのみ真剣な検討に値する意義をもつとする［Cf. Dworkin 1986: 87-113］．

道徳的テストの排除を規範的に望ましいとする根拠はいろいろありうるが，

4）　Cf. Dworkin 2006: 188-198. ドゥオーキンは，法同定基準の論争性と両立しうるようにコンヴェンション概念を操作するコールマンの試み——ルール適用の不一致と両立しうるようなルール内容についてのコンヴェンションの抽象化や，社会的協力活動へのコンヴェンション概念の転換——も批判的に検討し，結局，このような試みを「法は社会的コンヴェンションである」という法実証主義の立場を放棄する自滅戦略とみなしている．

権力行使の予見可能性保障による人々の期待の保護はその一つである．何が法かが道徳的価値判断に依存するとしたら，道徳的判断はきわめて論争的であるため，裁判官たちがどのように法を具体的ケースに適用するかを事前に予見することは困難になるが，社会的事実判断にのみ基づいて法を同定することがもし可能なら（本当に可能か否かは問題だが，もし可能なら），法的決定の予見可能性は高まり，人々は公権力により課される不利益を回避ないし最小化するように自己の行動を事前調整することが可能になるからである．ドゥオーキンは法同定基準からの道徳的テスト排除の正当化根拠を法的強制の予見可能性保障による期待保護に求める立場を「コンヴェンショナリズム（conventionalism）」——紛らわしい表現だが，道徳的テストを排除した法同定基準が「社会的習律（コンヴェンション）」として事実上存在するという主張ではなく，そのような基準の存在が望ましい，かかる基準が「規約（コンヴェンション）」として尊重さるべきだという規範的主張を意味する——と呼び，これを規範化された排除的法実証主義の代表例として批判的に検討する［Cf. Dworkin 1986: 114-150］．彼はこの立場を斥けるが，ここで重要なのは，規範的な排除的法実証主義，法実践が志向する価値の最善の解釈たることを主張する規範的な立場として再定位されたこの法実証主義を，彼は，排除的であれ包含的であれ記述的たることを標榜する法実証主義よりも真剣な検討に値する「面白い法哲学」と評価していることである．

　法哲学の面白さをめぐるドゥオーキンとガードナーの対立する見解を検討するにあたって，まず確認されなければならないのは，面白さの評価が両者において分かれる「社会学的問題」の意味である．様々な社会における法をめぐる人間行動の実態を実証的に調査・記述し，そこから経験的一般化を試みるような実証社会学的研究がここで問題にされているわけではない．むしろ，そのような実証研究に先立ってその研究対象となる法を予め同定するための法の概念規定が問題とされている．ある社会 S における法の具体的現象形態を研究するにあたって，S における宗教実践でも一般的な人倫でもなくまさに S の法を研究対象として選択するためには，宗教や一般的人倫から法を識別同定するための法の一般的概念がいわば「先験的範疇」として措定されていなければならず，それが何かを問うのがここで言う「社会学的問題」である．このような「法一

般（law in general）」の概念規定問題が「社会学的」と形容されているのは，それが「実証社会学」と区別された「理論社会学」の問題としてだけでなく，「実践的評価」と区別された「理論的記述」の問題として位置付けられているからである．記述的法実証主義の立場から，没価値的認識の対象として法一般の概念を解明しようとしたハートが自己の理論を「記述社会学（a descriptive sociology）」の試論であると述べた［Hart 1961: vii］のは法哲学者の間では周知の事実だが，「社会学的問題」という言葉は，まさにハートに象徴されるような記述的法実証主義の立場から設定される価値中立的な法概念規定問題を意味している．

　ドゥオーキンは様々な時代，様々な社会の法について実証的に研究する法社会学・法史学・法人類学等の研究の重要性を否定してはいない．彼が批判しているのは，特定の時代・社会の法現象の実証研究ではなく，法一般の概念規定が価値中立的な記述としてなされうるという想定である．ドゥオーキンによれば，記述的法実証主義者は概念分析を法哲学者としての自らの専売特許としており，コールマンのごとく実証的・経験的研究を自己の概念分析の「素材（materials）」にしていると標榜する場合でも，実際には法社会学・法史学・法人類学等が提供する厖大な資料を渉猟して自己の概念的主張を立証する作業はしていない．そもそも，法一般に関する概念的主張が，個別的な実証的経験的証拠の列挙によって立証しうるという前提自体が哲学的に疑わしく，この前提は，これまでの結婚は異性間で行われるのが通例だったから，結婚の概念的本質は異性婚であるというような主張と同様な恣意性を孕む［Cf. Dworkin 2006: 212-216］．

　実は，ガードナーも記述的法実証主義の「非経験性」を承認している．彼は，「記述的（descriptive）」という形容詞が「非評価的（non-evaluative）」という意味だけでなく「経験的（empirical）」という意味も通常もつことを念頭に置いた上で，ハートの理論は評価的でないのと同様に経験的でもなく，価値中立的な法一般の概念分析を志向したものだから，これを「記述的」と呼ぶのはミスリーディングで，単に「社会学的（sociological）」──特定の社会の法現象を経験的・実証的に記述するのではなく，法一般を他の社会秩序から識別する「分類的（classificatory）」概念を提供する社会学的方法論に関わるという意味で

「社会学的」——と呼ぶべきであるとする［Cf. Gardner 2012: 274-277］．

このようなハートの法一般の概念分析に対しては，ドゥオーキンのような立場からだけでなく，経験主義的法理論の立場からも，普遍性を志向するがゆえに様々な社会の法の現実の豊かな多様性を捉えていないとか，EU法のような超国家的な地域体の法や，国家組織をもたない社会の慣習法を説明できないとする批判が寄せられているが，ガードナーは，かかる経験主義的批判に対して以下のように再批判している．

ガードナーによれば，様々な特殊社会の法がなぜ多様性をもちうるのか，その多様性にも拘らずそれらが法と呼ばれうるのはなぜなのかを説明するためにこそ，ハート理論のような法一般の概念分析が必要である．また，ハートの法概念論は一つの自治的社会内部の法という意味での municipal law を対象としているが，この自治社会の法は必ずしも国家法に限定されず，EU法のような超国家的地域体の法や，非欧米世界の前国家的慣習法についても，それらが法同定基準を確立する社会的機関の存在によって制度化されている限りで，ハートの法概念は適用可能である．

ハートは，『法の概念』第二版の「後記」に掲載された遺稿において，法同定基準が道徳的テストを含む可能性について，やや曖昧な含みも残しつつ，包含的法実証主義と同じ立場に立つことを宣言した[5]．ガードナーは，これに対して，排除的法実証主義の立場を維持しようとする点で，ハートとは異なる．しかし，非評価的でかつ非経験的な法一般の概念分析の可能性と必要性を主張する点で，ガードナーはハートの立場を継承し，擁護している［Cf. Gardner 2012: 278-301］．

以上の点を踏まえるなら，法哲学の面白さをめぐるドゥオーキンとガードナーの真の対立点は，次の問いに存すると言える．様々な社会の現実の具体的な

---

5) ハートは包含的法実証主義という言葉ではなく，この立場を指示するためにドゥオーキンが用いた「柔らかい実証主義（soft positivism）」という言葉を用いて，それが自分の立場だとしている［Cf. Hart 1994: 250-252］．しかし他方で，ハートは，道徳的テストが，既存の法を同定するテストとしてではなく，一定の道徳的基準に従って立法する権能を裁判官に授権する原理として解釈される可能性もあり，その場合はこの道徳的テストを法同定基準とみなすのは不適切であるとも示唆しており，どこまで包含的法実証主義にコミットするのか曖昧な面も残している［Cf. Hart 1994: 253-254］．

法現象を経験的・実証的に研究するのではなく，むしろ，かかる経験的・実証的研究に先立ってその研究対象たる法現象を他の社会現象から識別同定することを可能にする「法一般」の概念自体を価値中立的に分析し描写するような知的営為が，そもそも可能か．ドゥオーキンはこれに No と答え，ガードナーは Yes と答える．

ガードナーにとっては，非経験的にして非評価的な法概念分析は，法の経験的研究や規範的評価の対象を同定するための前提として可能のみならず，必要不可欠な根本的重要性をもつ．他方，ドゥオーキンにとって，記述的法実証主義者の「法一般」の理論が非経験的であるにも拘らず，法概念自体の価値中立的な分析であると標榜しているのは，経験的事実に訴えるだけでは立証されえない法の概念的要素の取捨選択が孕む規範的コミットメントを隠蔽し，かかるコミットメントを正当化するという最も重要な課題を回避することに他ならない．それによって，記述的法実証主義は，法社会学・法史学・法人類学等の経験的・実証的な研究に対してのみならず，法実務や実定法学さらには政治哲学・道徳哲学などの規範的・実践的哲学に対しても法概念論の超然性を主張し，法哲学が「独立し，自己充足した主題と専門職能集団（an independent self-contained subject and profession）」をもつ学として存立しうるという，虚偽の「ギルド的権利主張（a guild-claim）」をしているのである．法哲学のこのギルド的な自律性・自足性の追求は，法哲学を狭い世界の中に自閉化させ不毛化する［Cf. Dworkin 2006: 213-216］．

3　法概念論の脱構築と再構築——唯名論的規約主義の問題提起は答えられたか

法哲学の面白さをめぐるドゥオーキンとガードナーの以上のような対立は，「法とは何か」という問いへの答えをめぐる対立，すなわち法の概念規定の内容をめぐる対立である以上に，あるいは，それ以前に，「『法とは何か』という問いは，そもそも何を問うているのか」という，この問い自体の哲学的性格，この問いを問う法概念論という知的営為の哲学的身分をめぐる対立である．その意味で，メタ法概念論的問題をめぐる対立であると言える．このメタ法概念論的問題は決して新しい問題ではなく，既に戦後法哲学の原点において，法哲学の自己改革のあり方との関連で激しく論争された主要問題の一つであった．

ドゥオーキンとガードナーの論争を裁定するには，この戦後法哲学のメタ法概念論争を再検討する必要がある．

ナチズム体制の支配と崩壊の経験は，第二次大戦後の法哲学界において，周知のように，「悪法は法でない」と主張する「自然法論の再生」の動向を生み出し，悪法問題をめぐる論争を活性化させた．しかし，それとは別に，ナチズムの非合理性への多くの法理論家の屈服の精神的要因を，伝統的な法哲学的諸理論の形而上学的独断性に求め，法哲学の脱形而上学化を図るという関心から，法概念規定における自然法論と法実証主義の対立を貫通して共有されている誤った形而上学的前提を批判するメタ法概念論的問題提起も，「唯名論的規約主義」と呼びうる立場からなされ，活発な論議が喚起された．

この批判は英米法圏でグランヴィル・ウィリアムズによって先駆的になされ [Cf. Williams 1949 [1945]]，さらに我が恩師碧海純一によって1956年初出の論文「『法の概念』をめぐる論争について」以来の一連の論考において，論理実証主義の観点から哲学的に一層本格的かつ精緻に展開された [参照，碧海 1981: 121-200, 碧海 1989: 第2章]．この立場によれば，伝統的法哲学において法概念規定の内容をめぐり自然法論と法実証主義など様々な諸理論が対立してきたが，それらは次の前提を共有している．すなわち，法をして法たらしめる法一般の共通の「本質（essence）」なるものが客観的に存在し，「法とは何か」を問い，それに答える法哲学の法概念規定は，かかる法の本質の認識を志向するもので，法の本質を正しく認識しているか否かによって真または偽たりうるという前提である．唯名論的規約主義は，本質的属性と偶有的属性の区別は客観的与件ではなく，認識主体の主観的評価にすぎないとして，この本質主義的前提を否定し，法概念規定は法の客観的本質の認識ではありえないため，真でも偽でもありえず，様々な問題関心から法を研究する者が，「私は法という言葉で，これこれの対象を指示して，これらを研究することにする」と他者に約束する規約的定義にすぎないとみなす．

唯名論的規約主義によれば，法という言葉の使い方の約定にすぎない法概念規定は，自己の研究対象としての法を研究に先立って明確に同定できているかどうかというような，認識道具としての有効性の評価は問題になるが，客観的な法の本質に照らして正しいか否かという真偽は問題にならない．異なった法

概念規定は異なった研究主体の異なった主観的問題関心を表明しているだけで，いずれが正しいかを争う意味はない．したがって，真なる法概念をめぐる伝統的な法概念論争を解決する最善の方法は，それについて論争するのを止めることである．換言すれば，法概念論争は解決を求めるのではなく，解消されるべきである．

　二千年以上にわたる法哲学の歴史の中で，「法とは何か」をめぐって論争が延々と繰り広げられてきたにも拘らず，答えが収斂しないのは，この問いが，「測り知り難き深遠な法の本質」を求める難問であるからだと想定されてきたが，唯名論的規約主義によれば，この想定自体が根本的な誤謬であり，法の本質への問いは深遠な難問などではなく，そもそも存在しない法の本質なるものを問い求めるがゆえに，原理的に解が存在しない「仮象問題（Scheinproblem, pseudo-problem）」にすぎない[6]．伝統的な法哲学の存在理由を根本的に否定するかに見える唯名論的規約主義のこの批判はまさに「爆弾的」な破壊性をもつが，そうであるがゆえに，厳しい反論も招いた．最も影響力の強かったのはハートの反論である［Cf. Hart 1983［1953］, Hart 1961: 1-17］．

　ハートによれば，唯名論的規約主義の主張は，「国際法は法か」とか，「未開社会の慣行的秩序は法か」など，法概念の境界事例について，これらを法概念の外延に含めるか否かをめぐる論争については一定の説得力をもつが，「法とは何か」をめぐる永年の法哲学的論争の中心問題は，境界事例への法概念の適用の可否ではない．むしろ，誰もがそれが法であることを疑わない法概念の中核的適用事例，すなわち，先進諸国の国内法が提起する「執拗な問い（persistent questions）――法は威嚇によって支持された命令とどこが異なり，どう関係しているのか，法的義務と道徳的義務はどこが異なり，どう関係しているのか，ルールとは何であり，法はどこまでルールの問題か――こそが中心問題であり，法哲学者たちはこれらの問いを解明するために対抗する諸理論を提示してきた．彼らは自己の理論を定義の形で要約するが，この定義は探究に先立っ

6）　ただし，碧海純一は，「法とは何か」という問いは法の本質への問いとしては仮象問題だが，規約的定義たる法概念規定の認識道具としての有効性への問いとして再定式化されるなら，有意味な問いとして成立しうるので，定義の仕方を「趣味の問題」と片付けるウィリアムズの見解は極論だとして批判している［碧海 1989: 53 参照］．

て探究対象を同定するための規約定義などではなく，むしろ，探究の成果たる理論を要約する結論であり，その妥当性は上記の中心問題を的確に解明しえているか否かによって判定される．

　ハートのこの反論は，唯名論的規約主義の積極的主張，すなわち，法概念規定は規約的定義であるという主張に対しては，決定的な論駁になったと言える．そのため，その後の法哲学界では，唯名論的規約主義の問題提起は，ハートの反論によってけりがついた，もはや法哲学アーカイヴに保存されるべき「過去の問題」になったとみなされ，忘却の淵に追いやられてきた．しかし，実は，けりはついていないのである．

　唯名論的規約主義は，「法概念規定は規約的定義である」という積極的主張（規約主義的テーゼ）を提示しただけでなく，その前提として，「探究主体の主観的価値観から独立に認識しうる客観的所与としての法の本質なるものは存在しない」という否定的・批判的主張（唯名論的テーゼ）を突きつけた．この本質主義批判にこそ，唯名論的規約主義のラディカルな破壊性，哲学的に根源的な問題提起が存在する．この立場を「唯名論的規約主義」と呼んだのは，その本質主義批判が，中世スコラ神学の普遍論争において，一般的概念が表現する「普遍者」たる本質の実在を主張する実念論（realism）と対立して，個物のみが存在するとし本質の実在性を否定した唯名論（nominalism）にまで遡源するからである．

　因みに，ドゥオーキンは，概念分析で法一般の本質を記述しようとする記述的法実証主義の不毛性を強調するために，この立場について「スコラ神学（scholastic theology）との類比の誘惑にまたもや駆られる」と述べている［Cf. Dworkin 2006: 213］が，これはスコラ神学に対して失礼な，やや乱暴な類比である．本質主義の不毛をつく批判もまたスコラ神学の中の対抗伝統として存在し，それはドゥオーキンとガードナーら記述的法実証主義者との間のメタ法概念論的対立を解明する上でも重要性をもつ．本質主義批判は現代哲学におけるポストモダン的「脱構築」運動にも継承されており，強靱な哲学的持続力をもつ．前節で述べたように，唯名論的規約主義はポストモダンの台頭よりもはるかに早く，法哲学において法概念論の本質主義的想定を批判し，法概念の「脱構築」を試みたとも言える．

ハートは唯名論的規約主義の規約主義的テーゼを効果的に論駁した．しかし，その唯名論的テーゼの批判的問題提起にはまともに答えていないだけでなく，実は，それが批判した本質主義的独断に回帰している．規約主義テーゼに対するハートの批判の実効性が，唯名論的テーゼによる本質主義批判への応答の回避と本質主義的独断への居直りというハートの法理論の，そして記述的法実証主義一般の問題点を隠蔽してしまった．隠蔽されたこの問題点を明るみに出し，それを克服する方途を提示することが，「面白き学知」に法概念論を転換するために必要不可欠な課題をなす．以下，この課題の遂行を試みよう．

4 記述的法実証主義が内包する本質主義的独断，そしてその克服

ハートは境界事例を法概念に包摂するか否かではなく，法の中核的事例が提起する執拗な問題の解明こそ法概念論の課題だとしているが，境界事例問題についてもコミットしている．彼は，義務の第一次準則しか存在しない社会から，第一次準則と第二次準則の結合体が成立した社会への移行を「前法的世界から法的世界への歩み（a step from the pre-legal into the legal world）」〔Hart 1961: 91〕と呼び，前者の社会秩序を法概念から明確に排除している．ハートによれば，第一次準則しかない社会では，準則の同定をめぐる争いを実効的に解決する方法の欠如，環境変化に応じて意図的かつ迅速に準則を変更する方法の欠如，そして準則の具体的事例への適用をめぐる争いを実効的に解決する方法の欠如という，三つの欠陥が存在し，それぞれの欠陥を是正する手段として，承認のルール（the rule of recognition），変更のルール（the rule of change），裁定のルール（the rule of adjudication）という三種の第二次準則が導入されたときに，特殊な社会統制様式としての法システムが成立する〔Cf. Hart 1961: 89-120〕．

要するに，準則の同定・変更・適用を効率的に行いうる制度装置――以下，単に「効率的制度装置」と呼ぶ――の有無が，法秩序と非法的社会秩序を識別する徴標にされているわけである．では，なぜ，かかる制度装置をもたない「非効率的」な社会秩序が法概念から排除されなければならないのか．ハートはこの疑問に何ら答えることなく，効率的制度装置が法の概念要素であることを公理的に前提している．しかし，法秩序と非法的社会秩序の概念的区別を効率的制度装置の有無に求める見解は，法現象の経験的研究者の間で普遍的に共

有されているわけではない．

　例えば，トロブリアンド諸島などの未開社会の法の研究で重要な業績を残した社会人類学者マリノフスキーは，未開社会においては宗教や道徳と法が未分化で伝統秩序の中に渾然一体化されているとする通念を批判して，未開社会において，日常生活における人々の間の世俗的な利害関係を調整する規範群が，宗教的な信仰やそれに根ざす道徳の規範群とは別個のものとして発展しており，これを未開人の宗教的・道徳的観念としてではなく，未開社会の法として研究する可能性と必要性を強調している［Cf. Malinowski 1926］．

　社会秩序が慣習にのみ依存する社会にも法同定基準を確立する権威的指導者のような「効率的制度装置」が存在しうるとするガードナーのような立場からは，トロブリアンド諸島の部族社会にもかかる装置があるはずだと主張されるかもしれないが，かかる装置の有無がここで問題なのではない．ここで重要なのは，マリノフスキーにとって，法秩序と非法的社会秩序の区別は，準則操作を効率化する制度装置の有無よりもむしろ，世俗的利害関係の調整か，信仰や良心の規律かという，規律対象の次元の差異に存することである．実は，法と非法的秩序の区別を規律対象の次元の差異に求める見解は，マリノフスキーに限らず，法哲学や法思想の世界でも広く見られる立場である．顕著な例を挙げれば，道徳（および信仰）は「内面の法廷（*forum internum*）」を律し，法は「外面の法廷（*forum externum*）」を律するという規律対象の内面性・外面性の区別による道徳・宗教と法との区別は，トマジウスやカントをはじめとして，法思想史の馴染み深いモチーフになっている．

　第一次準則しか存在しない社会においても，人々の世俗的な生活利害を調整する準則と，信仰や良心の世界を規律する準則との区別は存立でき，前者を宗教や道徳などから区別して法と捉えて研究することは可能かつ必要である．ハートが法概念の中核的事例たる近代国家の国内法が提起する「執拗な問い」として挙げた法的準則と強制の関係，法的義務と道徳的義務の関係，法準則の準則的性格という問題は，かかる社会においても執拗に生起しうる．マリノフスキーは，彼が研究した未開部族社会において，部族民個人は法的義務と自己の利害や価値感情との相剋を意識しており，法的義務は部族民によって必ずしも内面的に受容されて自発的に服従されているわけではなく，長期的なギブ・ア

ンド・テイクの関係や個人の私利・野心・虚栄心に訴えた逸脱制裁メカニズムによって実効性を保持していることを指摘している［Cf. Malinowski 1926: 63-68, 112-129］．

　マリノフスキーが観察したような事態は，ハートが「前法的世界」とみなした第一次準則しかない社会一般において，当然生起するはずである．生起しないという想定は，未開社会の人々を，宗教・道徳・法が渾然一体化した伝統的社会秩序を自動的・妄信的に受容する純朴・蒙昧な民とみなす「文明人」の傲慢な偏見，まさにマリノフスキーが批判し，解消しようとした偏見に根ざしている．自らが法概念論の課題とした「執拗な問い」が，第一次準則しかない社会にも生起しうるにも拘らず，ハートがかかる社会を「前法的世界」とみなして，その社会秩序を法概念から排除するのは，一体なぜか．

　この問いに，ハートは「効率的制度装置をもつ社会の社会統制様式に私は関心があるので，そのような装置をもつ社会秩序のみを私は法と呼ぶことにしているからだ」と答えることはできない．この応答は，法概念規定を規約的定義に還元する規約主義テーゼそのものであり，自ら論駁した誤謬を犯すことになる．実際，彼は，「第一次準則と第二次準則の結合体としての法」という自己の法概念規定を単なる規約的定義としてではなく，法一般を非法的・前法的秩序から識別する特徴の正しい記述として提示しており，自己の理論と対立する法概念論的主張，すなわち主権者命令説や古典的自然法論だけでなく，第一次準則しかない社会秩序をも法概念に含める主張を，法一般の特質を捉えそこなった誤った主張として斥けているのである．

　ハートが自己の法概念論的立場を「正しい理論」と主張しうる根拠は何か．様々な社会の法現象の経験的調査からの帰納的一般化として自己の主張を正当化することはできない．帰納法自体の論理的誤謬は別として，ハートの法概念論はガードナーが指摘するように，経験的主張ではなく，経験的調査に先立って，何がかかる経験的調査の対象となる法秩序の「個別例」かを同定するための概念的徴標を示す「概念的主張（a conceptual claim）」だからである．かかる概念的主張を，それによって法秩序の事例と同定されたものの共通属性によって正当化するのは，悪しき循環論法である[7]．

　法概念論の課題とされた「執拗な問い」を理解し解明するためにこそ，「第

一次準則と第二次準則の結合体」として法を捉えることが必要だからだ，と答えることもできない．既に見たように，第一次準則しかない社会においても，この「執拗な問い」は生起し，解明されなければならないからである．

結局，ハートは，自己の法概念規定が「正しい」のは，「第一次準則と第二次準則の結合体」という属性こそが法一般の「客観的本質」だからだとする本質主義に帰着している．「客観的本質」を「根本的特性」と呼び換えても問題は変わらない．第一次準則しかない社会においてもなお，法と非法的社会秩序を識別同定するような他の法概念規定も既述のように可能であり，法現象の経験的研究のための概念装置としては，対等な権利要求をもって存在する以上，第一次準則しかない社会を「法的世界」から排除する彼の「法の本質」措定は一つの独断にすぎない．

ハートが自己の法概念論をこのような本質主義的独断への回帰から救済する道は在るか．在る．それは，自己の法概念論が客観的に存在する法の本質の価値中立的な記述であるという標榜を放棄することである．第一次準則しかない社会秩序——以下，「一層秩序」と呼ぶ——が孕む準則の同定・変更・適用に関する機能不全という欠陥を是正している点で，第一次準則と第二次準則の結合体からなる社会秩序——以下，「二層秩序」と呼ぶ——は一層秩序にないメリットをもっており，二層秩序のこのメリットはそれに随伴しうるデメリットにも拘らず人間社会にとって重要な価値であり，これが法の存在理由，法実践の内在的価値をなすという規範的な議論によって，二層秩序に法概念を限定する自己の立場の擁護を試みることである．

かかるメリットとして特に重要なのは，二層秩序が立法による社会改革を可能にするという点であり，これは「法は自然的秩序ではなく人為的秩序である」という法実証主義の基本テーゼの一つに含意されうる価値判断である［本章第3節参照］．もちろん，法概念論的主張のかかる規範化は，その根拠をなす価値判断の適否をめぐる論争を喚起する．しかし，まさに真の係争点をなす価

7）　この点は，歴史的・経験的・帰納的方法により法概念規定を「証明」しようとした「英国型理論」の論理的誤謬に対するデル・ヴェッキオ，R・シュタムラーら「大陸型理論」の批判で夙に指摘されていたことが，碧海純一によって紹介されている［碧海 1981: 123-126参照］．ただし，碧海は後者の「純粋な理性的反省」の方法も本質主義的誤謬として斥けている．

値判断が明確化され，法概念論的主張が本質主義的独断への自閉を超えた生産的な論争に開かれることにこそ，規範化の意義がある．

　残念ながら，ハートはこの救済の道を拒否し，「私の説明は，道徳的に中立で，いかなる正当化目的ももたないという点で，記述的である」と断言し[Hart 1994: 240]，自己の理論が価値中立的概念分析であるという標榜に固執している．その理由として，二層秩序は立法による社会改革を可能にする反面，ナチズム体制のような，羊を「屠殺場（the slaughter-house）」に送り込むように人々を虐殺する専制体制を生み出すリスクもあり，総じて二層秩序が一層秩序より優れているという評価はできず，このような病理的なケースも，二層秩序としての法秩序の例として没価値的に認識されなければならないという点が挙げられている［Cf. Hart 1961: 114］．

　しかし，これは混乱した主張である．二層秩序が立法による社会改革の促進等のメリットをもつと同時に専制化のリスクも孕むから，その総体的評価においてはメリットとデメリットの衡量が必要であることはその通りだが，これは，このメリットがデメリットによって減殺されうることを意味するだけで，このメリットを重要な価値として尊重する必要がないことを意味しない．さらに，二層秩序のこのメリットが専制化のリスクを伴うにも拘らず尊重されるべき重要な価値であり，そこに法の存在理由が求められるべきだからこそ，二層秩序を法一般の特徴と捉えるべきだと主張することは，かかる専制化のリスクが極大的に現実化した病理的な法の個別事例が存在する可能性を承認することと完全に両立する．これは，例えば，理性能力に人間の尊厳を見る価値判断が「人間は理性的動物である」という人間一般の概念規定の根拠であると承認することが，理性能力を濫用して他の動物にはできない残虐非道な犯罪を行う病理的な個人のような逸脱事例の存在を承認することと両立するのと同様である．

　いずれにせよ，ハートは自己の法概念論的主張の規範的正当化という救済の道を拒否して，自己の理論があくまで法一般の「概念的真理」を価値中立的に記述していると標榜し続ける限り，本質主義的独断の誹りを免れることはできない．

　ハートの本質主義的独断は，法同定基準を定める承認のルールの存在条件の設定にも現れている．この点は旧著『法という企て』でも触れた［井上 2003a:

第1章 法の〈正当性〉と〈正統性〉 31

viii-ix 参照］が，ここで簡単に再説しておきたい．ハートは承認のルールの存在条件が法適用の任にあたる「公吏（officials）」集団の受容に存することを公理的前提にしている［Cf. Hart 1961: 97-120］．公吏は行政官も形式的には含むが，行政作用の合法性をも最終的に認定する裁判官の集団が究極的な準拠集団になっていると言えよう．しかし，法の妥当根拠を法服従主体たる一般市民の広範な受容に求めるような承認説の立場からすれば，準拠集団の裁判官集団への限定はきわめて恣意的である．ハートはこの前提を経験的に立証していないし，そもそも循環論法に陥ることなく経験的に立証するなどできないことは，二層秩序への法概念の限定の場合と同様である．さらに何が法同定基準かについての合意が裁判官集団の間に存在するという想定自体が，ドゥオーキンの批判が示すように，経験的支持可能性を欠くのである．なぜ，承認のルールの存在条件をなす社会的受容の準拠集団が裁判官に限定されるのか，という問いに対して，彼は「それが法一般の概念的真理だからだ（法とはそういうものだからだ！）」という本質主義的独断を超えた根拠を示せていない．

　裁判官中心主義的な準拠集団限定における本質主義的独断からハートの法概念論を救済する道は，二層秩序への法概念の限定の場合と同様，彼の法概念論的主張の規範化である．これは例えば次のような議論に求められよう．一般市民を準拠集団として，その法受容を法の妥当根拠とする上述の承認説は，民主主義の価値理念をその法概念論的主張の規範的根拠としているが，民主主義がデマゴーグに煽動されて専制化するリスクを孕むことは，民主的なワイマール体制の下でヒトラーが合法的に独裁権を獲得した歴史的事実が示す通りである．民主主義といえども孕む専制化のリスクを抑止するために「法の支配」の理念が貫徹されなければならない．しかし，法の支配は，時々の政治権力者の恣意によって操作されない「司法の独立」なくしては画餅に帰する．承認のルールの存在条件を裁判官集団の間で確立した受容実践に求めることは，「司法の独立」によって「法の支配」の実効性を確保するための十分条件ではないにしても必要条件として要請される．

　民主政をも制約する「法の支配」という価値理念に定位した，このような規範的議論による裁判官集団への準拠集団限定は，もちろん，なお論議の余地はある．しかし，少なくともこの規範的議論は本質主義的独断を超えた理解可能

性をもち，承認のルールのあり方をめぐる論争を噛み合った生産的なものにするだろう．残念ながら，ハートはここでも，自己の法概念論の価値中立性の標榜に固執し，本質主義的独断からのこの自己解放の道を拒否している．

　以上，ハートについて見た本質主義的独断の問題は，ハートと同様に，法一般についての価値中立的概念分析たることを標榜する記述的法実証主義一般に，したがって，ガードナーの立場にも内包されている．ガードナーは「哲学的議論において重要なのは，どの命題がどの名前を与えられるかではなく，どの命題が真であるかだ」[Gardner 2012: 19]とした上で，先述した通り，法規範の妥当性はその内容の是非にではなく，一定の源泉をもつという事実のみに依存するという命題――以下，「源泉テーゼ」と呼ぶ――を自分が法実証主義と呼ぶ真なる命題として提唱している．「法実証主義」という言葉で何を意味するかは，規約的定義の問題だが，彼が法実証主義と名付けると約定した源泉テーゼそのものは，規約的定義ではなく，まさに真なる法概念論的命題として提示されている．しかも，このテーゼは，既に見たように，経験的一般化ではなく，個別社会の法の経験的研究に先立って，研究対象としての法を同定するための徴標を規定する非経験的な概念的主張として，かつ，価値中立的な理論社会学的命題として提示されているのである．

　源泉テーゼが経験的に立証もできず，規範的に正当化もされないとしたら，このテーゼが真であると主張できる実質的根拠は何なのか．ガードナーは，このテーゼについての「誤解」や「神話」を除去して，その意味を明確化することに議論を集中し，このテーゼの実質的根拠が何かを説明していない．説明できるとも思えない．このテーゼは彼にとって，「法とはそういうものだからだ」と断言してすますしかない法一般の概念的真理である．善のイデアを観照するプラトン的哲人王の特権的な直観力に匹敵するような，概念的真理の洞察力を自分がもつとガードナーが明示的に標榜しているわけではないが，ここにあるのは紛れもない本質主義的独断である．

　しかも，同じ記述的法実証主義でも，道徳的テストが法同定基準に含まれるようなコンヴェンションをもつ法社会も存在することを承認する包含的法実証主義者や，やや曖昧ながら彼らの立場に連なったハートとは異なり，源泉テーゼを主張するガードナーは，法同定基準は道徳的テストを含みえないという主

張を, すべての法社会に, そのコンヴェンションの相違に関わりなく, ア・プリオリに妥当する概念的真理として主張しており, その本質主義的独断は, 包含的法実証主義者やハートの場合以上に強い独断性をもつと言えよう. ガードナーは既述のように, ドゥオーキンを「関心の狭い男 (a man of narrow interests)」と難じたが, かくも独断的な主張に無根拠に固執する点で, ガードナーの方がむしろ, 「偏執的関心をもつ男 (a man of monomaniac interests)」として批判されるべきだろう.

　もっとも, ガードナーのような排除的法実証主義の立場についても, これを本質主義的独断から救出する道はある. ハートについて見たのと同様に, その法概念論的主張が孕む規範的コミットメントを隠蔽せずに明示し, それを正当化する規範的議論を提示することである. 「法同定基準は道徳的テストを含みえない」というテーゼを, すべての法社会にア・プリオリに妥当する命題として主張する者は, 「道徳的テストは法同定基準から排除されるべきだ」,「道徳的テストを含む法同定基準よりも, これを含まない法同定基準の方が望ましい」という規範的な主張として自己の立場を提示し, その主張を批判に対して擁護する規範的議論を展開する場合にのみ, 本質主義的独断を超えた理解可能性と論議開放性を獲得できる.

　ドゥオーキンがコンヴェンショナリズムと名付けた立場, すなわち, 権力行使の予見可能性保障による期待保護を道徳的テスト排除の規範的根拠にする立場は, 排除的法実証主義の規範的再編の一例であるが, そのすべてではない. トム・キャンベルやジェレミー・ウォルドロンなど, 現代の有力な排除的法実証主義者は, 司法に対する民主的立法の優位の貫徹や, 正義の諸構想の対立が解消できない中で政治的決定が不可欠となる「政治の情況 (the circumstances of politics)」における政治的決定の正統性の保障といった規範的根拠によって, 排除的法実証主義のテーゼを擁護する規範的法実証主義の立場を展開している [Cf. Campbell 1996; Waldron 1999a]. 法と道徳を区別すべき政治道徳的理由を唱道する彼らの立場は, もちろん, その規範的議論の是非に関して異論の余地を多く含むが, 本質主義的独断への自閉を超えて, 法概念論争が孕む真の規範的係争点を明確にし, ドゥオーキンのような, そして僭越ながら「正義への企てとしての法」という法概念論を提唱する私のような反法実証主義者とも, 噛み合

った生産的な論議を展開することを可能にしている．これに関して，特に以下の点が重要である．

　ハートが法概念論の課題は法という言葉の規約的定義ではなく，法現象が提起する「執拗な問い」の解明であるとしたのは正しいが，彼は，かかる問いの中でも最も「執拗」な問い，すなわち法と道徳との関係の問題を，価値中立的概念分析に固執するがゆえに，法の認識と法の評価との認識論的区別の問題に瑣末化してしまい，ソクラテス以来「悪法も法か」という問いを問う人々を執拗に悩まし続けたアポリア，すなわち遵法義務問題——遵法的抵抗としての市民的不服従問題や遵法義務の限界に関わる抵抗権問題も含む——を，法概念論の主題から放逐してしまった．しかし，遵法義務問題は単なる「在るべき法は何か」という問題ではなく，「在る法」を悪法と批判する者もなおそれを自己の社会の公共的決定の産物として尊重しうるための規範的条件，すなわち，法の「正当性」と区別された法の「正統性」の根拠は何かという問題である．これは，価値が多元的に対立する社会において「在る法」が批判に開かれつつも公共的秩序として尊重されるのはいかにして可能かという，法概念論の根本的に重要な，そして最も困難な課題である．規範的法実証主義者は反法実証主義者たちとともに，まさにこの同じ重要な難問と向き合い，生産的な論争を展開している[8]．

　法概念論はこのように，それが向き合うべき規範的難問と格闘する知的・実践的責任を引き受けることによって，唯名論的規約主義による法概念論の不毛性批判を真に乗り越え，「面白き学知」の論争の場として自己を再構築できるのである．

5　面白き法哲学へ

　本節の結びに代えて，誤解を避けるための補足をしておきたい．本節では，

---

[8]　とりわけ，ウォルドロンの規範的法実証主義については，私はそれが，法の「正当性」と区別された「正統性」の根拠，すなわち，現行の法を悪法として批判する者も，なおそれを「悪法なれど法」として尊重しうるために，それが満たすべき最低限の規範的条件の解明を法概念論の課題とみなす私の立場から見て，法概念論の問題設定として正鵠を得ていると高く評価している．その上で，彼の解答と，ロールズやドゥオーキンの解答とを批判的に比較検討し，私自身の代替的解答を提示するという姿勢をとっている［参照，本章第3節，第3章，Inoue 2009］．

「面白き学知」への法概念論の転換の問題を検討したが，ここで示唆した規範化された法概念論だけが面白い法哲学だと主張しているわけではない．これに関して，三点指摘しておこう．

　第一に，法哲学の課題が法概念論だけでなく，正義論も含むこと，そして正義論が面白いことを否定するものでないのは言うまでもない．むしろ，本節冒頭に述べたように，正義論はロールズによる規範的正義論の再生以来，「面白き法哲学」の主戦場であった．これに対して，法概念論は，規範的議論を「禁欲」する価値中立性こそが学問的客観性を保障するという信念を抱く人々が，「喧しい正義の論議から遮音された静穏で自足的な知の生息地」として固守しようとする論議空間になってきた．彼らのこの学問的客観性の標榜は実は本質主義的独断を隠蔽する「イチジクの葉」にすぎず，この欺瞞が法概念論の面白さを殺してきたこと，法哲学は正義論においてだけでなく，法概念論においてももっと面白くなれることを示すことが本節の議論の狙いであった．

　第二に，法概念論において価値中立的概念分析への回帰傾向が見られるだけでなく，正義論においても，規範的議論を回避したメタ倫理学への回帰傾向が近年見られる．ドゥオーキンは生前刊行された彼の最後の著書『ハリネズミの正義』［Dworkin 2011］で，後者を批判し，規範倫理学へのメタ倫理学の還元を試みたが，この問題の検討は別の機会に譲りたい．ただ，自己の研究者人生の出発点にして礎石となった助手論文「規範と法命題」［井上 1985-1987］において，メタ倫理学的問題とまさに「死に物狂い」で格闘した私自身の観点から言えば，法哲学を面白くするメタ倫理学は可能であり，必要である．それは規範的正義論から退却するのではなく，その基盤を再構築するメタ倫理学であり，法概念論を面白くないものにする記述的法実証主義が規範命題についてもつ意味論的・認識論的前提を批判するメタ倫理学である．「規範と法命題」において，価値相対主義と法実証主義の法命題の理論とを論駁するために，価値判断と規範のメタ倫理学的分析に立ち入った私が試みたのは，そのような「面白い法哲学」のためのメタ倫理学の探究であった．

　第三に，本節では法概念論の規範化の必要を主張したが，法についての経験的研究の重要性を否定するものではないことは強調しておきたい．法一般についての価値中立的概念分析たることを標榜する記述的法実証主義の本質主義的

独断を暴露し批判するために，マリノフスキーの法人類学的研究を本節で援用したことが示すように，法の経験的研究は法哲学を面白くするために必要不可欠である．規範化された法概念論は，民主的立法過程や司法過程の現実についての一定の事実認識をその規範的主張の前提の一部にしており，法の経験的研究はかかる事実認識の適切性を批判的に検討するためにも必要である．記述的法実証主義が面白くないのは，それが規範的議論を回避しようとしているからだけでなく，概念分析の名において，現実社会の法現象の経験的研究もバイパスし，経験的研究による批判的統制の及ばない特権的な認識論的地位に自己を置いているからである．

　法哲学は面白くなくてはならない．ここで言う「面白さ」とは主観的趣味の問題ではない．誰も無視することが許されない人間社会の現実的問題と真正面から向き合う学知がもつ，我々の魂への訴求力のことである．先鋭な価値対立が解消不可能な政治社会において，法の「正当性」をめぐって対立する諸勢力が「正統性」を承認しうる公共的秩序としての法はいかにして存立しうるのか．この問題は，そのような回避不可能な人間社会の現実的問題の一つであり，「面白き学知」としての法哲学が提示する法概念論が答えなければならない問題である．「面白き学知」としての法哲学は，同時に「真摯なる学知」である．

第3節　立法の法理を求めて——立法理学の法概念論的基礎

1　立法への不信を超えて

　「社会あるところ法あり（*Ubi sosietas, ibi jus.*）」という法諺は，古くから語り継がれている．しかし，「社会あるところ制定法あり（*Ubi sosietas, ibi leges.*）」という法諺はない[9]．なぜか．「父祖伝来の法」，「旧き良き法」と呼ばれるよう

9）　"*Ubi sosietas, ibi leges.*" という「法諺もどき」は，言うまでもなく私の偽造品である．この命題を過去に提示した者が，あるいは存在するかもしれないが，これは「法諺」と呼べるほど広く永く流通している命題でないことは，たしかである．ラテン語 "*leges*" は "*lex*" の複数形で，ここでは，立法の産物，制定された法律の意味で使用している．「社会あるところ法あり」という法諺における「法」を表す語 "*jus*" は正義や権利なども意味し，制定された法律を超えた広い含意を

な社会的慣行として確立した規範秩序たる法は「自然の秩序」であり，社会という身体を維持する生理学的機序だが，かかる慣行的秩序を意図的に変える法制定行為，すなわち立法は，「不自然な人為」であり，社会の生理学的均衡を攪乱する危険性を秘めたものという想定が，古代から中世まで支配的な影響力をもってきたからである．もちろん，古来より，立法は事実としてはなされてきた．しかし，それは多くの場合，新たな規範の創設ではなく，旧き良き法秩序の再確認，再確立であるという虚構の下になされてきた．立法はその正統性を調達するために，自らが立法であることを隠蔽せざるをえなかったのである．

近代とは，フランス大革命に象徴されるように，この古来の想定を覆し，社会改革手段としての立法が自己をまさにそれとして顕示し，正統性の認知を要求し始めた時代である．しかし，近代以降においても，立法の正統性は決して異論なく受け入れられたわけではなかった．憲法制定国民議会の立法により旧体制を解体したフランス大革命とその思想基盤たる啓蒙的合理主義とを批判する保守主義の伝統は，現代に至るまで脈々と受け継がれ，新たな理論的言語で発展させられてもいる[10]．そもそも近代市民革命を正当化した自然権思想自体が，前国家的に存在する自然権を保障する手段として国家の立法を承認するという点で，先在する自然の秩序を再確認・再確立する行為として立法を捉える古来の伝統の影響から完全には免れていなかった．

もつ．"*lex*" も多義的ではあるが，かかる "*jus*" と対比的に使用される場合は，制定法としての法律を通常は意味する．因みに，かかる広い意味をもつ「法」を表す言葉と，立法の産物たる「法律」を表す言葉の区別はヨーロッパ言語に系統的に見られ，ドイツ語の "Recht" と "Gesetz" の区別，フランス語の "droit" と "loi" の区別は，"*jus*" と "*lex*" の区別に対応している．ドイツ語の "Gesetz" は「定立された（gesetzt）」もの」という立法の意味合いをよく表現している．「法律による不法（gesetzliches Unrecht）」というラートブルッフの観念はまさに "Recht" と "Gesetz" の区別に依存している．この区別をいかに理解すべきかは，法哲学の，特に法概念論の，大問題であるが，これについては本節で後述する．

10) エドマンド・バークに象徴されるこの保守主義の伝統の，現代における代表的な継承発展者がフリードリッヒ・ハイエクであることは，衆目の一致するところだろう．彼の思想を集大成した『法・立法・自由』と題する3巻本の第1巻と第2巻 [Hayek 1973, Hayek 1976] では立法による社会改革を敵視する「自生的秩序（spontaneous order）」論が前面に出ている．ただ，第3巻 [Hayek 1979] では，立法の必要性が限定的に承認され，行政議会と立法議会から成る独自の二院制構想が提唱されている．しかし，そこでも，立法議会は自生的に生成する規範を確認発見する司法府の機能を期待され，それが明文化した一般的ルールによって行政議会の特殊利益感応的な政治決定を制約することが要請されている．人間意志が創出した立法による設計主義的な社会改革を敵視する姿勢は，依然保持されている．

また，立法よりもむしろ判例の集積により法形成を図ろうとするコモン・ローの伝統は，英国とその法文化の影響を受けた諸国で，近代においても長く持続した．たしかに，自然権思想を批判すると同時にコモン・ローの伝統にも対抗して，立法による社会改革を促進する功利主義者らの思想運動も勃興した．さらに，議会主権確立以降の英国では議会立法が秩序形成において中心的役割を果たすようになった［Cf. Bagehot 1966 [1867]］．しかし，他方で，司法による立法の制御の伝統は，米国において違憲審査制という一層強力な形態で復活発展した．

　このように，立法に対する不信や警戒は，古代から存続し，近代以降も根強く残っている．現代では，立法の「革命性」ないし秩序攪乱性への警戒だけでなく，立法過程を支配する利益集団の既得権の維持強化手段に立法が堕しているという，立法の「保守性」に対する懐疑も根深く存在する．

　立法に対するこのような不信が執拗に存在するのは，なぜだろうか．理由は単純にして根源的である．法の支配に対する我々の信頼を掘り崩す危険性を，立法が秘めているからである．立法とは，人間の意志によって——何を意志するかではなく，意志すること自体によって——法を創造する行為である（本書では何かを志向する人間の精神作用について，志向性自体に注目するときは「意志」という語を使い，志向された「何か」，意志の対象に注目するときは「意思」という語を使うことにする）．この行為を遂行しうるのは統治権力の主体である．法の支配とは統治権力の恣意的発動を法によって統制する企てである．しかし，その法が当の統治権力主体の意志によって立法という仕方で創設され変更されうるのであれば，法の支配は画餅に帰すのではないか．

　統治権力が民意の支持によって正統性を調達する民主社会においても，立法への不信は解消されない．それどころか，民主政治の実態を冷静に観察する人々の間では，立法への不信がかえって強まりさえしている．この否定的な見方によれば，民主社会では，専制社会では隠蔽抑圧されていた様々な利益や価値の主張が噴出し，民主的立法過程は対立競合する政治的諸勢力の間の熾烈な政治闘争の場となり，その結果，数の力で押し切る権力政治や，利益の交換で野合する談合政治が横行する．原理的一貫性をもった規範によって統治権力の恣意を制御する「法の支配」は棚上げされ，権力ゲームや特殊利益間の取引と

いう「政術」にたけた政界ボスたちが政治を牛耳る「人の支配」が跋扈する．

　実際，この否定的な見方は，法哲学を含む従来の法理論・法学に深く広く浸透していた．法理論家や法学者は，立法過程を基本的に「数と利の力」が支配する不合理な政治過程とみなし，原理的な議論に訴えた理性的な法発展の場を基本的に司法過程に求め，自らの探究の主たる焦点も司法的決定の評価検討に置く「司法中心主義」の姿勢を意識的または無意識的にとっていた．立法過程の研究は基本的に政治学，特に実証政治学・比較政治学に委ねられてきた．

　たしかに，違憲審査制をはじめ，司法が民主社会における立法の暴走に歯止めをかける役割をある程度果たしうる面はある．しかし，司法を担う裁判官も人間であって堕落しうるだけでなく，政治家の場合より民主的統制が弱い裁判官が民主的立法を覆す権力を過剰に行使すると，「司法の専制」の問題が浮上する．さらに，司法への依存が，立法府に「法の支配の保障などは裁判所の仕事で，我々には関係ない．我々政治家の仕事は数と利の力を使う政術を磨くことだ」という開き直りを許し，立法過程が原理的・機能的整合性をもった立法を熟議により追求する場へと発展するのを阻害してしまうという問題もある．そもそも，立法過程については，その実態が孕む欠陥のみを重視して，その改善可能性を検討せず，司法過程については，その実態が孕む欠陥を捨象して，その理想形態のメリットを称揚するのは，両者の公正な比較とは言えない．

　しかし，先進産業社会における利益集団政治の跋扈による立法のインフレや機能不全の問題が深刻化するにつれ，この状況を是正しようとする思想動向も高まった．利益集団多元主義（interest-group pluralism）に代わる熟議民主主義（deliberative democracy）の台頭は政治理論におけるその現れである［この立場の検討として，参照，井上 2003a: 49-54, 井上 2006b: 8-9, 15-18］．法理論においても，世紀の変わり目あたりから，従来の司法中心主義が孕む上述のような問題点を自覚して，法理論の研究関心・知的資源を立法に振り向け，個別具体的な法政策論を超えて，法の支配など法の一般原理に沿った立法システムの改善指針，いわば「立法の法理」を探究する学問運動が国際的に勃興してきた．立法過程の政治力学の実証分析を超えて，規範的な立法システム改革構想を探究するこの学問運動は，「立法（legislation）」と「法理学（jurisprudence）」という二つの言葉を接合した造語である "legisprudence" という名で呼ばれるようになってお

り，後述するように，その名を冠した国際学術雑誌も刊行されるに至った．ここでは，この造語をその趣旨に照らし「立法理学」と訳しておきたい．

　立法過程こそ，いかなる立法が「正当」かをめぐって，熾烈な政治的抗争が行われる場である．そうであるからこそ，立法の「正当性」をめぐって対立する政治的諸勢力が立法の「正統性」をともに承認することが可能であるような意思決定機構として立法システムが確立されなければならない．これが立法理学の第一課題であり，法の正当性と区別された法の正統性の根拠を解明する法概念論は，立法理学の必要不可欠な基盤をなす．前二節で提示された方向での法概念論の再構築は，立法理学の問題意識とも接合しており，この学問運動は法哲学の自己改革をめぐる論争とも連動している．

　立法理学の台頭に呼応する動向は日本にも存在する．世紀の変わり目の前後から，我が国では民事法，刑事法，商法など基本法分野を含めて，法改正・新法制定が活発化している．この状況は個別の立法の是非をめぐる「立法論」的な論議を惹起してきただけでなく，既存の立法システム全般の仕組みへの問題関心を高め，その特質・功罪・改善方法をめぐる論議を活性化させている．このような論議は日本では「立法学」と呼ばれる分野に属するが，従来の日本の「立法学」は，法制審議会や管轄官庁による法案準備過程，内閣法制局・衆参両議院法制局による法案審査実践など，法律案作成実務の作業過程・技法・理論の体系的整理を中心とするものであった[11]．しかし，現在求められている「立法学」は，立法実務研究を超えて，立法という産物を産出し，再評価し，改訂する統治システム全般の実効性・正統性の探求，まさに立法理学としての立法学である．従来の立法学の記述対象であった既存の立法実務の基盤が揺らぎ，立法システムのあり方そのものが問われる現在，立法理学への立法学の深化発展が日本でも要請されていると言える[12]．

---

11) 立法実務論を中心とした立法学研究の重要文献として，例えば，大森・鎌田編 2006 参照．本書の第一章「立法学とは何か」（鎌田執筆）では，立法学の内容は立法政策・立法内容・立法技術・立法過程を含む広い意味で捉えられているが，本書の寄稿の多くは立法実務の紹介・分析・検討に焦点を当てている．

12) 近年，「立法学」の教科書として書かれた文献の中にも，法案の作成・審議・決定過程の実証的記述にとどまらず，従来の日本の立法過程が孕む問題点を剔抉し，議院内閣制の改革をも視野に入れて立法過程の改革方向を考察するものが現れてきている．立法学の望ましい発展と言える．例えば，分配政治から政策本位の政治への転換という観点からかかる考察を試みるものとして，

立法の産出装置全体の機能的分析と規範的評価に基づいて立法全般の質的改善と民主的正統性の確保をめざす立法理学に連なる立法学研究について，先駆的業績ももちろん存在する[13]．しかし，さらなる発展のためには，立法理学の法理論的・法哲学的基盤を深化させるとともに，司法中心主義的傾向の強かった法理論・法哲学を立法理学の発展に資するものへと再編する必要がある．本節では，議会民主政の変動と混迷という現代日本の政治情勢が突きつける立法システム改革問題をまず見据えた上で，かかる問題に答えうる立法理学を発展させるためには，法哲学にいかなる自己改革が必要かを，法実証主義をめぐる現代の法哲学的論争状況に即して解明することにより，立法理学の理論的発展と，日本の立法学研究における立法理学的問題意識の深化に向けて，ささやかな一石を投じてみたい．

2 現代日本の議会民主政の変動と立法システム改革問題

立法システムのあり方を問い直すとき，現代日本の文脈では，日本の立法産出装置たる議院内閣制が問題となる．議院内閣制のあり方をめぐっては，憲法学や政治学で論議が繰り広げられてきた［論議の展望として，土井編 2007 参照］が，以下に見るような 21 世紀初頭以降の日本における現実政治の混迷・錯綜により，この論議は広くメディアと一般社会の関心もひきつける仕方で活性化

中島 2007 参照．また，司法中心主義傾向が強かった法学に比べ，政治学では立法過程研究は従来から盛んであったものの，どちらかと言えば実証主義的・比較記述的傾向が強かったが，近年では五五年体制の破綻や政治改革の混迷を踏まえた上で日本政治のあり方の建設的変革をめざす議院内閣制改革構想が精力的に提唱されている［飯尾 2007，飯尾 2013，大山 2011，山口 2012 等参照］．

13) 先駆的業績の展望として，中島 2007: 3-23 参照．法哲学をバックグラウンドとする研究者による先駆的研究としては，1950 年代から立法学研究を精力的に進めていた小林直樹の業績［小林 1984 参照］が特筆に値する．ただ，小林においては，立法過程の実証的分析と，「革新派」的立場からの立法保守化への批判とに主眼が置かれている．そのためか，法哲学の立法学に対する役割は立法政策の抽象的指針となる根本価値理念を提示するという高邁だがやや迂遠な地点にとどめられており，立法の「正当性」に関わる正義論だけでなく，本節で論じるような，立法の「正統性」に関わる法概念論がもつ立法理学的意義が十分解明されているとは言えない．また，その立法過程実証分析においては利益集団多元主義の視点が垣間見られる半面，保守化批判においては階級対立論や支配層対民衆という二項対立図式が基底に置かれている．利益集団多元主義と二元論的な階級対立論という二つの分析モデルは容易には両立し難いが，両者の緊張関係が自覚されず，未整理のまま混在している感がある．

している．

　小泉政権の信を問うた 2005 年の衆院総選挙で自民党が大勝した後，第一次安倍政権下の 2007 年参院選挙では一転して野党勢力が参議院の多数派になり，衆院で与党側が通過させた法案を参院で野党側が否決できる「衆参ねじれ現象」が現出した．その後，2009 年の衆院総選挙では民主党が圧勝し，政権交代が実現したが，民主党主体の新政権の政策的混乱や内紛等により，国民に抱かせた過大な期待が失望に反転して 2010 年参院選では民主党は敗退し，未改選議席とあわせて参院第一党の地位は保持したものの，自公と他の野党勢力の議席総数が参院の過半数を占め，「ねじれ国会」が攻守逆転した形で再現出した．「決められない政治」という批判が民主党政権に向けられたが，かかる批判を招いた要因は，民主党自体の内的統合力の欠如だけでなく，「ねじれ」状況にも存する．衆院で民主党は，連立を組んだ社会民主党・国民新党とあわせても 318 議席で，参院で否決された法案を衆院で三分の二以上の票による再可決で通すことができるだけの議席数（320）には達していなかったため，参院で過半数を占める野党勢力との妥協を余儀なくされたからである．

　2012 年衆院総選挙では，内部分裂と失政で国民の信用を失った民主党に代わり，自民党が圧勝し，第二次安倍政権が成立した．参院では自公の与党勢力だけでは過半数に達しないため，ねじれ状況は再反転して続いたが，衆院では与党勢力が議席の三分の二以上を占め，小泉政権以降 2009 年までの自公政権時代と同様，参院が法案を否決しても衆院における三分の二以上による再可決で通すことは可能になった．さらに，いわゆる「アベノミクス」の実施で景気浮揚の兆しが見えたため第二次安倍政権の支持率が高まり，2013 年夏の参院選でも自民党が大勝して，参院でも過半数を占めることができるようになり，ねじれは解消した．

　しかし，衆参両院において自公政権が圧倒的勢力をもつようになると，今度は，「決められない政治」への批判に代わって，「専断政治」への批判が高まってきた．憲法改正発議要件を緩和する憲法 96 条改正の試み，特定秘密保護法・集団的自衛権行使を解禁した安保法制・共謀罪関連法制など濫用の危険が強く憂慮された法案の強行採決，首相と個人的コネクションをもつ民間人への行政の便宜供与が疑われた「森友・加計」問題，この問題を追及する野党が憲

法53条に従って請求した臨時国会開催の引延しと臨時国会開催冒頭の抜き打ち解散,「森友・加計」問題に関連して浮上した公文書改竄問題など,専断政治化への懸念を強める傾向が実際に現出している.

以上のような現代日本の政治状況は,立法産出装置の中核である議院内閣制のあり方に対する問題関心を,一般国民の間にも広めつつある.立法理学的探究の発展の必要性を明らかにするために,現在の二院制の問題を導入的事例として,日本の議会民主政のあり方をめぐる論議を展望しておこう.

ねじれ状況を生んだ制度的要因は,参院の法的権能がきわめて強いことにある.予算案等一定の事項に関して衆院に優越が認められているとはいえ,通常法案について参院否決を覆す衆院再可決要件(「出席議員の三分の二」)はクリアーすることが一般的にはきわめて困難な高いハードルであり,参院を野党が制した場合に実質的な拒否権を野党に与えることになる.日本の二院制は衆院の優越を一定程度承認している点で一応「非対称的二院制」ではあるが,実態は,上院が下院と対等に拮抗しうる権能をもつ「対称的二院制」にかなり近い.これをどう評価するかについては,立場は分かれる.

野党との無原則な妥協によらずに自らの政策体系を整合的に遂行する強い権能を与党に付与する代わりに,政治的責任も与党に集中させて明確化し,政権交代を活性化することで専制を抑止し,政策競争を活性化させる方向に日本の議院内閣制を発展させようとするなら,参院の強い「拒否権」的権能は再検討を要することになる.参院は拒否権ではなく,法案可決を先延ばしして衆院に問題点のより綿密かつ慎重な再考を要請する熟議担保権能をもつにとどまるのが望ましいということになろう[14].

他方,政策競争や政権交代よりも,与野党を問わず多様な政治勢力が権力を共有しコンセンサス重視の意思決定過程を通じて諸利益を調整することに,民主政の存在理由を求める立場に立つなら,参院の拒否権的権能は望ましく,完

---

14) この立場は,憲法学では「国民内閣制」論を提唱する高橋和之に典型的に見られ[高橋 1994,高橋 2006 参照],政治学ではウェストミンスター型議員内閣制のメリットを日本の状況に適応させて生かす方向で,日本の統治構造の欠陥の是正を提唱する飯尾潤[飯尾 2007 参照]にも親和的傾向が見出される.法哲学では,1994年以来,「批判的民主主義」を提唱し,司法改革の理念をもその観点から再定義している私自身の見解[井上 2011 [2001]: 第 III 部, Inoue 2005b, Inoue 2015, 本書第 6 章第 1・2 節参照]はこの立場と接点をもつ.

全な対称的二院制に達するほどに強化されてよいということになろう[15]．

　また，議会審議のコンセンサス型利益調整機能と，それに基づく議会の法案変換機能を重視しつつも，かかる調整過程は公開の議会審議（特に委員会審議）の場に置かれるべきだとする観点から，密室的交渉で実質的調整を行う従来の「与党審査」を既得権跋扈の主因として批判し，かかる与党審査の慣行が参議院の強い拒否権的機能をバイパスするために形成されたとして，参議院の権限の制限の必要を説く中間的な立場もある［例えば，大山 2003a, 大山 2003b, 大山 2011 参照］．

　ここでは，このような対立競合する諸立場の検討・評価には深く立ち入らない．ただ．根本的な係争点は，立法の「質」の改善と民主的な「正統性」保障の強化のために，立法産出装置としての議院内閣制はどのような理念と制度構想，そして運用指針に従うべきかという，立法理学の基本問題に関わっていることを確認しておきたい．この立法理学的問題圏は，憲法や国会法・内閣法等の解釈論や運用論だけでなく，その改正の是非・方向をめぐる立法論，すなわち「立法システムの立法論」にまで及びうる．

　これまでの日本政治の実践と理論においては，権力共有によるコンセンサス型意思決定モデルを支持する立場が支配的だったと言えるだろう．ウェストミンスター・モデルを相対化するにとどまらず周辺化・例外化し，コンセンサス型民主政モデルの民意に対する包摂的応答性を高く評価した比較政治学の泰斗レイプハルトらの議論［Lijphart 1984; Lijphart 1999］も，この立場の支柱になった．この立場によれば，多様な利害と価値関心が対立する多元的社会においては，立法の質を特定の利害・価値関心を偏重した基準によって高めようとするのは危険であり，むしろ，多様な利害・価値関心をなるべく広範に包摂し反映することに立法の質的評価の基準が求められるべきであり，またかかる多様

---

15)　比較政治学者レイプハルトがウェストミンスター型民主政ないし「多数者支配型民主政」と対比して提示する「コンセンサス型民主政」のモデル［cf. Lijphart 1984, Lijphart 1999］や，私が批判的民主主義と対比的に構成した「反映的民主主義」のモデルは，この立場の理念型を示すものである．もっとも，レイプハルトのモデル構成は，コンセンサス型をウェストミンスター型よりも望ましいとみなす彼の評価的な民主政理解に根ざす歪曲・欠陥があり，私のモデル構成はそれに対する批判的再構成の試みである．レイプハルトのモデル構成に対する私の批判については，Inoue 2005a, 井上 2011［2001］: 第 III 部参照．

政治的選好の包摂的反映によって立法の民主的正統性も確保されるということになる．これまでの日本型政治システムに問題があったとすれば，それは上記の「中間的」な立場が指摘するように，コンセンサス形成過程・利益調整過程が与党審査のような非公式の場でなされて不可視化されてきた点にあり，これを透明化して批判的統制可能性を高めることが改革課題となる．

これに対し，日本型政治システムのより抜本的な改革を志向する政策競争型政権交代活性化論においては，立法の質的改善と民主的正統性調達は，コンセンサス型意思決定システムよりもむしろ，権限と責任を集中させる競争的な意思決定システムにより，よりよく促進されるとみなされる．私自身も基本的にはこの立場に立脚してウェストミンスター型民主政モデルを修正発展させた批判的民主主義のモデルを提唱している［本章「補論」，Inoue 2005a, 井上 2011 [2001]: 第Ⅲ部参照］が，私の理解によれば，この立場の狙いは次の点にある．

まず，この立場は立法の質的改善を次の二つの点で図る．第一に，コンセンサス型の政策調整では，多様な利害・価値関心が包摂されるよりもむしろ，一定の閾値以上の組織票を動員できる利益集団に政治的拒否権が付与されるために，彼らが公共政策的改革立法を自らの特殊権益擁護のために骨抜きにしてしまうことを許すという弊害が生じる．この弊害は，かかる利益集団を支持基盤にした政治勢力が拒否権を発動できるようなコンセンサス型意思決定システム自体に胚胎するもので，利益調整の場を，与党審査や諸党派間の「国対政治」的協議という非公開の交渉の場から，公開の議会審議に移すだけで除去できるものではない．特殊権益は様々な「公益」の美名で合理化されるし，与党審査や国対政治を廃止したところで，公式の議会審議の場で合意が調達できなければ，与党審査・国対政治に代わる何らかのインフォーマルな場での根回し・裏取引が必要とされてくるだろう．それぞれ理念的・機能的に整合的な政策体系を追求する対抗的な政治勢力が，単独で政権を担当し無原則な妥協を排してその改革理念を貫徹できるシステムでは，この既得権跋扈の弊害は除去されるか，少なくとも大幅に縮減される．

第二に，政策競争的な政権交代の活性化は，正統性確保問題に即して後述するような政治的決定に対する責任の明確化により，政府の政策が失敗した場合に，野党が政権を奪取して代替的政策により失敗を是正するチャンスを高め，

試行錯誤的な政治的学習プロセスを促進する．立法に至るまでの事前調整だけでなく，立法帰結に対する事後的な批判的査定と改革への政治的インセンティヴが高められることにより，立法の質的改善が通時的に促進される．

　さらに，立法の民主的正統性についても，この立場によれば，次の二つの仕方でその保障が強化される．第一に，この立場の憲法学的表現たる高橋和之の国民内閣制論が強調するところだが，多党制・比例代表制と結合するコンセンサス型民主政においては，政権担当主体と政府の政治的プログラムの決定は議会の諸会派の交渉に基本的に委ねられる（選挙前に連立提携協定を公示しても，選挙結果によっては再交渉されうる）のに対し，二大政党が小選挙区制の下でそれぞれの政策体系への信を問うことで政権交代が活性化されるシステムの下では，国民が選挙を通じて政権主体とその政治的プログラムをより直接的に選択できるために，政府の立法活動について，その民主的正統性の事前調達が強化される［高橋 1994: 23-50 ほか随所参照］．

　第二に，この立場を批判的民主主義のモデルで展開した私が強調してきた点であるが，コンセンサス型民主政（あるいは，その再構成としての反映的民主主義）においては，利益集団政治の弊が仮に除去されたとしても，多様な諸党派による「足して二で割る，三で割る」式の原理的整合性を欠いた妥協が行われやすいため，政治的意思決定において，誰が間違っていたかという「主体的答責性」と，何が間違っていたかという「主題的答責性」が曖昧化されるという重大な問題がある．これに対し，一定の政治理念と政策体系をもつ政党に単独で政権を担当させ，権限を集中させると同時に責任を集中させて政権交代を活性化させるシステムにおいては，政権党の政策が失敗に終わる帰結をもった場合に，主体的答責性も主題的答責性も明確化され，政策帰結に基づいて政策を事後的に査定し修正する政治的学習が推進されるという上述のメリットに加えて，「悪しき為政者の首を切る」という政府に対する批判的な民主的統制が強化されることにより，立法主体たる政治権力の民主的正統性の事後保障メカニズムも強化されるというメリットがある［井上 2011［2001］: 第3部および315-321, Inoue 2005a 参照］．

　様々な政治勢力間の権力共有によるコンセンサス型政策協調を図るシステムと，整合的政策体系をもつ政治勢力に権力と責任を集中させた上でかかる政治

勢力間の政権交代による政策体系の競争的進化を図るシステムという議会民主政の二つのヴィジョンを，立法の質的改善と民主的正統性保障の観点から，いかに評価するかをめぐっては，いろいろ論議のあるところである．私は後者のヴィジョンに共鳴的な立場に立つが，この立場から私が提唱している批判的民主主義の構想に対しても，もちろん厳しい批判はある[16]．しかし，どの立場に立つにせよ，民主政の理念と制度構想をめぐる法理論的・政治理論的問題をも視野に入れてかかる論議を深化させることは，立法理学が法案作成制定実務研究としての「立法学」を超えて，立法システムの規範的改革構想を原理的視点から提示し，日本の議会民主政の発展の指針を提供するために，今後取り組まなければならない重要な課題である．

　残念ながら，この課題に対して，法哲学はこれまで十分な貢献をしてきたとは言えない．近年の立法理学の運動はこのことへの反省に立っている．しかし，この課題の遂行に貢献しうるような立法理学を法哲学が発展させることは，そもそも，また，いかにして可能か．以下ではこの問題を考察したい．

3　法概念論の立法理学的意義——法実証主義の認識論的転回が忘却させた問題

　立法理学の意義と可能性を解明するためには，立法の問題が法哲学において占める位置をまず確認しなければならない．本章第2節の冒頭で述べたように，法哲学は，「法とは何であるか」を問う法概念論と，「法は何であるべきか」を問う正義論の二大分野から成る．「在るべき法（law as it ought to be）」に関わる正義論は，立法の指針を示すから，立法理学に直結するが，「在る法（law as it is）」に関わる法概念論は，まさに存在する法の認識を志向しているがゆえに，新たな法を創造する実践としての立法の問題には関わらない．あるいは少なくとも，立法実践に有益な指針を与えられない，そのように思えるかもしれない．

　実際，「自然法論」対「法実証主義」という法概念論の伝統的な対立図式についての一般的な理解を前提すれば，このような印象にも無理からぬ点がある．

---

16)　特に，小堀眞裕は私の立場に深く切り込んだ批判的検討を加えており［小堀 2012 参照］，真摯な応答の知的責務を私に課すものである．彼の批判への応答は，法概念論の再構築という本章の主題だけでなく，本書第II部「立憲主義の実践」に関わる論点にも及ぶため，章末尾に「補論」として掲げたので参照されたい．

自然法論は，法を人間意志によって創造されるものであるよりもむしろ，発見されるべき自然的所与——中世自然法論においては神の摂理の顕現たるマクロコスモスとしての自然的秩序，近代自然法論においては人間本性（human nature）という人間の内なる自然が含意するミクロコスモス的秩序——として捉えているし，法実証主義は，既に発動された人間意志の産物として存在する法を事後的に追認するのみで，いかなる仕方で立法意志が発動されるべきかを事前に示す有益な指針を提供できない，そのように思われるだろう．

　しかし，立法理学の発展の場を正義論にのみ求め，これを法概念論から切り離すのは誤りである．在るべき法を探究する正義論はたしかに立法政策の指針に関わるが，何が立法政策指針たるべきかをめぐって，功利主義，リバタリアニズム，平等基底的権利論，フェミニズム等々，競合する多様な正義の諸構想が分裂し，先鋭に対立している．立法システムは立法政策指針をめぐる正義の諸構想の対立を裁断する政治的意思決定システムであり，このシステムが正義構想を異にする人々に対して等しく承認を要求できるような「正統性」をもたないならば，利益だけでなく価値観が対立する多元的社会の公共的秩序としての法を産出する基盤を立法は喪失する．かかる「正統性」をもつために立法システムがいかにあるべきかは，どの立法政策指針が正しいか，どの正義構想が最善かという問題には還元できない問題である．「法は何であるべきか」ではなく「法とは何であるか」を問う法概念論は，正しい立法政策指針をめぐる対立を裁断する権力の発動が，生の人間意志の暴力的強要ではなく「法」の定立としての立法であるか否かを識別するための前提条件となる「法」の概念を解明しようとするものであり，まさに立法システムの正統性の根拠の解明に関わっている．

　法概念論がもつこのような立法理学的含意を発展させる可能性は，自然法論にも法実証主義にも伏在する．自然法論は，法を自然的秩序に還元する立場や，正しい立法政策指針を示す正義構想の根拠として自然法を捉える立場だけでなく，後述するフラーの「手続的自然法論」——正確には「形式的自然法論」と呼ぶべきだが——のように，正しい立法政策指針から区別された立法システムの正統性条件として自然法を捉える立場も含みうる．さらに，法実証主義は，「法は人為的秩序である」と「悪法も法である」というその二つの根本テーゼ

のうちに，元来，立法システムの正統性への問題関心を胚胎させていたのである．しかし，従来の法哲学の法概念論争においては，この問題こそが中心主題であるという自覚が十分に広がることはなかった．その最大の要因は，認識論的立場として自己を再編した法実証主義が戦後法哲学を席巻したことにある．以下，この点を少し敷衍しよう．

　20世紀の法実証主義を規定した最大の理論家として，大陸法圏においてはハンス・ケルゼン，英米法圏においてはH・L・A・ハートの名を挙げることに異論は少ないだろう．ケルゼンは価値相対主義に立脚しているのに対し，ハートは価値相対主義にはコミットせず，むしろ法の限界を画するリベラルな批判道徳原理の妥当性を論証しようとし，さらには功利主義に対しても一定の積極的評価を示しているという重要な違いが両者にはある．しかし，法の認識と法の評価との認識論的な区別として解釈された法道徳峻別論を法実証主義の根本テーゼとし，このような法実証主義観を広める上で大きな影響力をもったという点で，両者は共通している．しかし，ケルゼンとハートが広めたような法実証主義像は，法実証主義が本来もっていた立法に関わる実践的な目的・問題関心を切り捨てるか，少なくとも不可視化させている．この目的・問題関心は大きく言って二つある．

　第一に，「法は人為的秩序」であるという命題が法実証主義の根本テーゼの一つであるが，法実証主義が法を自然に内在する規範としてではなく，人為的に創出されるものとみなすのは，既存秩序を「自然の秩序」として神聖化して固定化することを排し，立法による意図的な社会改革を促進するという狙いによるものであった．コモン・ローの神聖化を批判して立法による社会改革を唱え「哲学的急進派」と呼ばれたベンサムらのような功利主義者が，同時に「主権者命令説」のような法実証主義的法概念論を提唱したのは，法の記述と評価の区別という認識論的意図による面もあろうが，立法による社会変革を阻むイデオロギー装置としてのコモン・ロー崇拝を打破するという実践的な狙いを基底に置いていたからである[17]．

---

17) ベンサムの立法理論の綿密な紹介・検討として，安藤 2012，安藤 2014 参照．安藤馨は，ベンサムの主権者命令説が立法による社会改革の促進という実践的動機をもつことは認めつつ，この動機の存在は，主権者命令説の主張内容が法の評価と区別された法の記述であることと両立す

もちろん，ケルゼンもハートも法の認識と評価の区別こそが，現存する実定法に対して批判的距離を保持するという実践的姿勢を可能にすると考えており，さらに，ケルゼンは法を規範創出権能の階層構造を規定する動態的自己産出システムとみなし［cf. Kelsen 1960］，ハートも，緩慢な慣行の変化によってしか変えられない第一次準則のみから成る静態的な「前法的世界」の問題を克服するものとして，第一次準則を意図的に改廃する立法権能付与ルールも含む第二次準則が組み込まれた法システムの成立を捉えた［Hart 1961 参照］．しかし，彼らは社会改革の方法としての立法の価値を是認する実践的価値判断を自らの法概念論的主張の根拠にしてはいない．「在る法」を在るがまま価値中立的に認識し記述するものとして，自己の法概念論的主張を位置付け，立法による社会改革を促進する法体系を明示的に擁護しているわけではない．

　このことは彼らの理論の強みではなく，むしろ弱点である．彼らの理論は立法を可能にするシステムを法概念から排除しないというだけでなく，少なくとも国内法に関する限り，立法による規範改廃が不可能なシステムを法概念から（あるいは法概念のパラダイム的ケースから）排除している．しかし，それでは一体なぜ，かかるシステムは十全な意味で法と呼ぶに値しないのかという問いに対しては，説得的な根拠は示されておらず，立法の権能と手続を設定している規範体系こそが本来の法であるという本質主義的な独断が理論構成の公理として前提されている．この問いに対してまともに答えようとするなら，社会改革手段としての立法の価値を擁護する規範的な理論を展開する必要がある．立法への実践的コミットメントを彼らも隠伏的動機として有すると考えられる

るという見解を示している［安藤 2014: 81-82 参照］．私の立場は，本章第2節や本節で論じているように，主権者命令説だけでなく記述的法実証主義の法概念論一般が，本質主義的独断に陥らないためには規範的正当化を必要とするというものである．ベンサムの法概念論も，立法による社会改革の促進を，単なる心理的動機にとどまらず規範的正当化理由として提示してこそ，本質主義的独断を超えた理解可能性をもつと考える．実際，安藤もベンサムの「法の個別化」理論に関して「ベンサムの法概念論は功利主義的に望ましい立法を行うために必要な文法形式を与えるものなのである」とも述べており［安藤 2014: 85］，これは功利主義がベンサムの法概念規定の正当化理由をなしていることを示唆している．法の個別化様式は価値中立的に認識できる「既にそこにある与件」などではなく，法の存在理由をなす価値をよりよく実現するという観点から，理論家によって「構築」されるものだからである．しかし，ここではひとまず，ベンサムを内在的に理解している研究者も主権者命令説の実践的動機が立法による社会改革にある点を承認していることを確認できれば十分である．

が，そのコミットメントを明示し積極的に擁護する議論を展開していないために，その法概念論的主張は，「既にそこにある法なるもの」の客観的記述を標榜して，別様にも規定可能な法概念を特定の仕方で構築しているにすぎないことを隠蔽しているという批判を免れない．

第二に，「悪法も法である」という命題が法実証主義のもう一つの根本テーゼであるが，ケルゼンやハートのような 20 世紀の代表的法実証主義者は，「在る法」を法として同定することが，それに従うべきか否かについての規範的評価を何ら含意しないという，法認識と法評価の区別を意味するものとして，この命題を理解した．しかし，ソクラテスが自らに対する死刑判決を不当と批判しつつもクリトンによる逃亡の勧めを拒否して，その法的決定に従うべき根拠を論じる姿を描いたプラトンの対話編『クリトン』[プラトン 2005] 以来，法哲学の歴史の中で論じられてきた「悪法も法か」という問い（悪法問題）は，法認識と法評価の区別という認識論的問題ではなく，我々が自己の社会の法を，自らの道徳的信念に照らして不当とみなす場合にもなお，それを尊重すべき理由があるのか，あるとすればそれは何かを問う，きわめて実践的・規範的な遵法義務問題に関わっていた．この問いに対する肯定的解答としての「悪法も法である」という主張は，法の「正当性（rightness）」に関する諸個人の対立競合する道徳的信念から独立して法を尊重する責務を諸個人に課しうるような「正統性（legitimacy）」を法がもつという主張，逆に言えば，そのような「正統性」をもつ規範体系のみが法であるという主張である．「悪法も法である」とする法実証主義的な「法と道徳の区別」は，法認識と法評価の区別という認識論的要請に還元できるものではなく，法の「正当性」と「正統性」の区別という政治道徳的要請を孕んでいるのである．

この点は，これまで十分理解されてきたとは言えない「ハート＝フラー論争」の法哲学的意味を再認識する上でも重要である［cf. Hart 1958: 593-629, Hart 1965: 1281-1296, Hart l961: chap. 9, Fuller 1958, Fuller 1964: 133-145, 184-238］．ハートは，ナチス体制への反省から「自然法論の復興」が語られた戦後西ドイツの法思想状況を念頭に置きつつ，いわゆる「密告者事件」などを素材にして「法律による不法と法律を超えた法」を説いた著名なドイツの法哲学者ラートブルッフの戦後の見解［Cf. Radbruch 1946］を「自然法論への転向」とみなして批判し，法

認識と法評価の区別として法と道徳の峻別を説く自己の法実証主義の立場を擁護する議論を展開した．これに対し，フラーは，このようなハートの議論が「法への忠誠（fidelity to law）」の問題に答えていないという反論を加えた．ハートは，このフラーの批判をも，法の同定の問題を法の道徳的評価や法服従の問題と混同する自然法論の一種として斥け，当時の法理論の世界では，この論争でハートに軍配を上げる者が多かった．フラーの主張は認識論的な区別を無視した素朴な誤謬を犯すものとみなされた．

しかし，フラーは単純に「悪法は法ではない」と主張したのではない．逆に，法がそれを「悪法」と評価する人々に対しても，なお「法」として承認され「忠誠」を払われるべきことを要求しうる点を認めた上で，「悪法」もまたこのような「法への忠誠」を「法」として要求しうるために満たすべき最低限の条件が何かを問い，法の一般性・無矛盾性・明確性・公開性・非遡及性・持続性・遵守可能性・公的機関の行動との非乖離性という，法の形式に関わる「法内在道徳（internal morality of law）」をかかる条件として提示したのである．「法的妥当性の承認は道徳的正当性の承認を含意しない」という意味での法と道徳の区別にハートはこだわるが，フラーにとっては，この区別は間違っているのではなく，当然だがそれだけでは瑣末な事柄にすぎず，法哲学が答えるべき真に重要な問題はその先にある．私の言葉で義解すれば，これは次のような問題である．

法の道徳的な「正当性」をめぐっては人々の立場が鋭く分裂競合するが，だからこそ，法内容が自己の道徳的信念に反する場合には人はいつでも法遵守を拒否できるというのであれば，価値観が多様に対立する社会において公共的秩序を確立するという役割を法が果たすことは不可能になる．法的妥当性の承認が道徳的正当性の否認と両立するといっても，ハートのように，法の妥当根拠の説明は，法の道徳的批判者に対してもなお法の尊重を要求しうるような固有の「規範的な重み」，すなわち「正当性」と区別された「正統性」を法がもつための条件の解明とは何ら関係がないという意味で「悪法も法」という命題を理解するなら，そのような法概念論は，価値対立の不可避性という人間の生の条件の下で法が公共的秩序を確立することはそもそも，またいかにして可能かという法哲学の根本問題を無視するものであり，取り組むべき真の難問を回避

して，表面的なもっともらしさを保持しようとしているにすぎない．フラーが法形式に関わる法内在道徳を法概念の中核に置いたのは，法内容の道徳的正当性の評価における対立を超えて「法への忠誠」を要求しうる根拠としての法の「正統性」の条件を解明するためであった．そう考えてはじめて，なぜ彼が法内在道徳を法の価値内容にではなく法の形式に求めたのかが理解可能になる．彼の法内在道徳が法の正統性条件として十分かについては批判の余地がある[18]が，法の「正当性」から区別された法の「正統性」への問題関心はきわめて重要である．

　この問題関心から見れば，ナチの体制が提起した法哲学的問題は，「それが悪法であるからといって，法ではないと言うことができるか」という単純な問いではない．これに対してはハートだけでなくラートブルッフもフラーも「否」と答える．真の，より困難な問題はその先にある．すなわち，「悪法も法でありうるが，悪法もなお法として尊重されるために満たすべき最低限の規範的条件を，それは満たしていたか」である．フラーは，ラートブルッフが「法律による不法 (gesetzliches Unrecht)」の観念を認めたとき，後者の問いに「否」と答えていた[19]にも拘らず，ハートがラートブルッフのこの立場を前者の問い

---

18) 私はフラーの問題意識を継承しつつ，法の正統性条件としての「法の支配」の原理について彼の理論を批判的に再編し強化する代替理論を提示している．井上 2003a: 第1・2章，本書第2章参照．

19) 「法律による不法」の概念を示したラートブルッフの基本命題——講学上「ラートブルッフ公式 (Radbruch Formel, Radbruch_formula)」と呼ばれる——は以下の通りである．「制定法規と権力によって保障された実定的な法は，たとえその内容が不正であり，合目的性がないときであっても優位する．ただし，実定的な法律と正義の衝突が，法律が，『誤った法』として，正義に屈してしまうほど耐え難い程度に達してはいない限りで (......das positive, durch Satzung und Macht gesicherte *Recht* auch dann *den Vorrang hat*, wenn es *inhaltlich ungerecht* und unzweckmäißg ist, es sei denn, daß der Widerspruch des positive *Gesetzes* zur Gerechtigkeit ein so unerträgliches Maß erreicht, daß das Gesetz als »*unrichtiges Recht*« der Gerechtigkeit zu weichen hat.)」[Cf. Radbruch 1946: 107 links (訳文傍点と原文イタリックの強調は井上)]．
　この定式は明らかに，Recht としての法も権力的に制定される実定法規範であり，かつ，内容が不正 (inhaltlich ungerecht) でもありえ，その場合でさえ規範的に優越する権威をもつという原則の承認を前提している．その上で，"es sei denn" 以下の留保節で，悪法の法 (Recht) としての規範的権威が一定の限界条件に服することを主張している．"Recht" という語が，超実定的な「正しき法」という意味ではなく，あくまで，内容上不正であってもなお法として尊重に値する実定法を指す意味で使われ，そのような規範的権威すら欠きうるとされた制定法規には "Gesetz" という語が使用されていることに留意すべきである．ただ，後者のごとき Gesetz が「誤った法」として正義に屈すると主張されるときの「誤った法」の原語は "unrichtiges Recht" で，"Recht" の

に「然り」と答える単純な自然法論の立場と同視して批判したと考え，そこに，ハートの論点摩り替えと問題意識の皮相性を見た．フラーは「正当性」と「正統性」の区別という言葉遣いこそしなかったが，在る法を批判し変革する営為

　語がなお適用されているのは不整合を来すように一見思える．Recht であるなら，内容が誤っていても正義に対して規範的優位をもつはずだからである．しかし，この文脈で「誤った法」は引用符付きで使用されていることから，この呼び方の適切性に対しラートブルッフ自身は距離を置いていると解すべきである．実際，上記引用箇所の後で，彼はナチの体制について次のように明言している．「これにより，ナチスの『法』（»Recht«）が，等しきものを等しく扱うという正義の本質を規定する要請から離反するつもりであったことは最初から明白だった．したがって，その限りで，それは法の本性をまったく欠いており，誤った法でも決してなく，そもそも，まったく法ではない代物（nicht etwa unrichitiges Recht, sondern überhaupt kein Recht）なのである」[Cf. Radbruch 1946: 107 rechts（訳文傍点と原文イタリックの強調は井上）]．ラートブルッフにとって，ナチスの法が法としての規範的権威を欠く理由は，それが unrichtig だからでなく，Recht でないからである．
　なお，「耐え難い程度（unerträgliches Maß）」というラートブルッフ公式中の核心的表現は曖昧で，心理的主観性すら匂わせ，法として尊重するに値する悪法と，もはや法の名に値しない支配体制との識別について明確な指針を提供しているとは言えない．しかし，ラートブルッフ公式の意義は，その基準を明示することにではなく，悪法もなお法として尊重されるに値するために満たされるべき最小限の規範的条件の解明こそ法概念論の課題であることを示した点にある．その意味で「ラートブルッフ公式」という表現はミスリーディングで，正確には「ラートブルッフ設題」と呼ぶべきである．
　もっとも，上記二番目の引用箇所で，彼がナチスの体制を「悪法ですらなく，そもそも法でない」とみなす根拠として，それが「等しきものを等しく扱うという正義の本質を規定する要請から離反する（sich der wesensbestimmenden Anforderung der Gerechtigkeit, der gleichen Behandlung des Gleichen, zu entziehen）」という点を挙げているのは，問題解明への一歩を提供するかに見える．しかし，それは同時に多くの疑念・疑問を招くものでもある．「正義の本質を規定する要請」と，「非本質的な正義の要請」とがどう区別されるのか，等しきは等しく扱えという正義の本質的要請は過度に形式的で無内容ではないのか，云々．こういった疑念に答え，悪法もなお法としての規範的権威をもちうる条件を明確化するためには，「正義概念（the concept of justice）」と「正義構想（conceptions of justice）」の区別を再検討し，対立競合する正義の諸構想に貫通する共通制約原理としての正義概念の強い規範的意義を探究して，この正義概念と「正義審査への原権利」の保障とを軸にして，「法の正当性」から区別された「法の正統性」の根拠と，法の正統性保障条件としての法の支配の理念を解明することが必要である．私が旧著『法という企て』[井上 2003a] で提示した「正義への企てとしての法」の理論はかかる探究の方向性を示すものであり，本書はその発展の試みである．
　ラートブルッフに造詣の深い法哲学者酒匂一郎から，私的会話で，私の法哲学的立場はラートブルッフに近いと評されたことがある．私が，「戦後におけるラートブルッフの自然法論への転向」という誤った通念を斥けて，「悪法もなお法として尊重されるに値する規範的根拠の解明」という法概念論の根本課題を提示するものとして「ラートブルッフ設題」を真剣に受け止め，この問題に対し，ラートブルッフよりも明確で原理的に掘り下げた解答を提示しようと試みているという点では，この評言は外れてはいない．ただ，傲慢のそしりを恐れずに言えば，「近い」というより，「先を行く」と言ってほしいところである．

が依拠する法外在的（extra-legal）な道徳と，法外在道徳からの批判に晒されながらもなお法が人々に忠誠を要求しうるための根拠としての法内在道徳とを区別することにおいて，法の「正当性」と「正統性」との区別と概念的にはほぼ等価な区別に立脚していたと言える．

このようなフラーの立場は「手続的自然法論」と呼ばれているが，この呼称は修正・限定を要する．法の一般性など上述した彼の法内在道徳の諸原理は法産出過程の手続に関わるというよりむしろ法内容の形式的構造に関わるもので，正確には「形式的自然法論」と呼ぶべきものである．それだけでなく，より重要な点は，それが「悪法は法ではない」とする端的な「自然法論」とは異なり，「法外在道徳に反する悪法もなお法でありうるが，悪法もなお法として尊重されるに値するためには法内在道徳の要請には反してはならない」という主張である．フラーの理論は，法と道徳を単純に直結させるものではなく，法と道徳の区別が依拠する道徳的根拠を解明しようとするものであり，「悪法も法である」という法実証主義的命題が内包する規範的・実践的洞察を，この命題の認識論的解釈による瑣末化から救済することにより，この命題の妥当根拠と限界条件を解明する試みであると理解するのが適切である[20]．

法実証主義的な法道徳区分論のこのような批判的組み換えについて，本節の主題との関係で重要な点は，それが立法の活性化を促す含意を有することである．この含意は以下のような点にある．

第一に，立法権力によっても変えられない自然権などの実体的価値原理を先

---

[20] 「ハート=フラー論争」についての支配的見解は，「第二次大戦後，自然法論に転向したラートブルッフ」という通俗的理解に立ったうえで，フラーがこのラートブルッフを擁護して「悪法は法ではない」という単純な自然法的立場を提唱したのに対し，ハートがこの立場の理論的混乱を鋭く批判し，論争の勝者はハートであったというものである．私はこの支配的見解が誤っており，フラーは法概念論が取り組むべき根本問題を正しく提起したのに対し，ハートは悪法問題を法の記述と評価の区別に瑣末化する誤った認識論的ドグマゆえに，フラーの問題提起に答えるどころか，それを理解できてさえいなかったこと，この論争において法哲学的優位を承認さるべきなのはフラーであることを永年持論とし，東京大学法科大学院の講義でもこの論争を教材の一部として使用し，この点を解説してきた．論文の形では2008年に，本節の基になる旧稿［井上 2014c］の先行版［井上 2008c］で持論を提示した．ハート=フラー論争の支配的見解の呪縛力は依然強いが，近年，英米法哲学界でもフラーの再評価の動きがあり，クリステン・ランドルは，ハート=フラー論争をなす両者の論文だけでなく，フラーの書簡や発言録を含むテクストの詳細な分析に基づき，私見と基本的に同様な方向でこの論争を再解釈し，フラーの法哲学的復権（reclaiming Fuller's jurisprudence）を図っている［cf. Rundle 2012: chap. 3］．

行的に設定して，立法活動を内容的に掣肘する実体的自然法論は斥けられ，立法権力の規範創造空間が拡大される．

　第二に，「法への忠誠」は，既存の法の「正当性」に対する批判的吟味を抑圧排除するものではなく，むしろ逆に，法の「正当性」に対する批判が，暴力革命や隠微な脱法ではなく，立法過程における法変革運動として推進さるべきことを要請する．

　第三に，立法過程においては，何か制定さるべき「正当な法」か，をめぐって様々な政治勢力が抗争するとともに，その抗争に政治的裁断が下されるが，かかる政治的意思決定としての立法が，その「正当性」をなお争い続ける人々によっても，将来の立法によって変更されるまでは忠誠を払うべき「正統性」を認知されるような条件を探求し，その保障に努めることは，立法の秩序形成力を実効化するために不可欠である．

　以上において見たように，「法は人為的秩序である」と「悪法も法である」という法実証主義の二つの根本命題は，法の絶えざる批判的変革過程としての立法活動を通じた社会秩序形成を是認し促進する立場への実践的・規範的コミットメントを内包している．しかし，実定法の没価値的な認識・記述を志向する立場として法実証主義を定位したケルゼンやハートらによって，この立法への規範的コミットメントは回避ないし隠蔽されたために，法実証主義の法概念論は本質主義的独断に回帰するとともに，瑣末化された．

4　法実証主義論争の再活性化から立法理学（Legisprudence）運動へ

　法の没価値的認識理論を標榜する法実証主義に対する現代の最も厳しい批判者は，周知のように，ロナルド・ドゥオーキン［cf. Dworkin 1977, Dworkin 1986, Dworkin 2006］であるが，ハートのドゥオーキンに対する最後の反論となった遺稿を「後記（Postscript）」として収めた『法の概念』第二版［Hart 1994］が刊行されたのを重要な契機として，ドゥオーキンの批判に対抗して法実証主義の再編強化をめざす理論運動が興隆してきている［この運動を象徴する代表的論集として，Coleman (ed.) 2001 参照］．この法実証主義の再活性化運動は，ドゥオーキンのような反実証主義者に対する法実証主義者からの反撃という形だけでなく，あるいはそれ以上に，法実証主義再編の方向をめぐって対立する法実証主

義者たちの内部論争という形で展開している．この内部論争を通じて，立法による社会秩序形成への規範的コミットメントを明示し擁護することを法実証主義的法概念論の核心として位置付ける立場が，他の法実証主義理論から自己を対抗的に差異化して台頭してきている．

　法実証主義再編の方向をめぐる論争の対立軸は大きく言って二つある［論争状況の展望として Marmor 2001, Himma 2001, Waldron 2001 参照］．第一は法の同定基準をめぐる対立である．この問題については，在る法の同定は法形成の事実的様態にのみ依存し，法内容の道徳的評価テストは法同定基準から排除されるとする「排除的法実証主義（exclusive legal positivism）」と，実定法そのもの，あるいはその運用慣行が，一定の道徳的原理を法的妥当性の判別テストに含ませているような社会については法内容の道徳的テストを法同定基準に含めてもよいとする「包含的法実証主義（inclusive legal positivism）」とが対抗している．第二は法実証主義的な法概念規定の哲学的な性格・身分をめぐる対立である．この問題については，実証主義的法概念論は実定法の存立構造を経験的に一般化して記述するための概念枠組を提供するものだとする「記述的法実証主義（descriptive legal positivism）」と，法実証主義的法概念規定の正当化根拠を経験的・記述的な妥当性にではなく，望ましい社会秩序形成様式に関する実践的・政治道徳的原理に求める「規範的法実証主義（normataive legal positivism）」とが対抗している．

　二つの対立軸は別問題に関わるため，相互に独立しており，排除的＆記述的，排除的＆規範的，包含的＆記述的，包含的＆規範的な理論という法実証主義の四類型が可能であるように思われるかもしれない．しかし，道徳的テストの法同定基準への包含を単に社会的事実としてではなく，規範的に是認し要請する包含的＆規範的理論はドゥオーキンの理論のような反実証主義的法概念論との根本的な差異を認め難く，これをもなお法実証主義と呼ぶことは法実証主義概念を空疎化してしまうだけでなく，法実証主義批判への反駁ではなく屈服になり，法実証主義擁護論者の意図に反するだろう．

　また，排除的＆記述的な理論についても，排除的＆規範的法実証主義からの理論的独立性は疑わしい．例えば，有力な現代の法実証主義者の一人であるジョゼフ・ラズの法概念論［cf. Raz 1979, Raz 1986: Part 1, Raz 1994: Part 2］は排除

的＆記述的理論であることを標榜しているが，そこにとどまりきれない問題を孕んでいる．

　ラズは，立法機関が一般私人に妥当する第一次的行為理由（道徳的理由を含む）の熟慮を一般私人よりも的確に代行するがゆえに，その決定の産物たる法の遵守に反対する第一次理由に一般私人が自己の行動を基づかせることを排除できる第二次理由たる「排除理由（exclusionary reasons）」ないし「先行代位理由（pre-emptive reasons）」として法が妥当するという意味で，「法の権威（the authority of reasons）」の概念を規定した．その上で，かかる「権威」を法が客観的に有するか否かに関わりなく，かかる「権威」を承認されることへの要求，すなわち「権威要求（the claim to authority）」を内包することを法概念の核心とし，法同定基準からの道徳的テストの排除をかかる法概念からの論理的帰結として導出したが，他方で，法の権威要求を一般的に正当化する理由は存在しないとして，法に対する没価値的記述の立場を保持している．

　しかし，なぜ，このような「権威要求」をもつことが法概念の核にされなければならないのかという肝心の問いには答えておらず，それが「法の概念」だからだという本質主義的独断に自閉している．慣行的に共有された「我々の法の概念」の分析を標榜しているのかもしれないが，法の概念の理解については先鋭な対立がそれぞれの社会内部において存在する以上，このような標榜は経験的事実によって支持することはできず，結局，自己の法概念規定が概念的真理を洞察する本質観照として特権的な地位をもつという主張に帰着する．「なぜ法は法として承認されるためには権威要求をもたなければならないのか」という問いにまともに答えようとするなら，法の権威要求の実践的価値を示す何らかの規範的議論を提示する必要がある．例えば，彼が規定したような「先行代位理由」としての「権威」を法がもつことに失敗したとしても，そのような「権威」を承認されるべく，一般私人の熟慮に代位しうるほど事前に十全に第一次理由を熟慮吟味するよう努めて立法活動がなされることが望ましく，法はこのような志向性を内包している点において，それを内包しない規範体系にはない独自の存在価値をもつがゆえに，後者から概念的に識別さるべきである，というような議論である．

　結局，現代法実証主義の二つの対立軸は，包含的＆記述的法実証主義と排除

的&規範的法実証主義との対立に収斂すると言える．これは意外ではない．法の存在は社会的事実の問題であるとする記述的法実証主義に立つなら，法同定基準の内容も，法理論がア・プリオリに設定できるものではなく，それぞれの社会の法実践に依存するとみなされ，ある法社会において憲法慣習や違憲審査制に担保された実定憲法規定などの形で，一定の道徳原理が法同定基準に含められている場合には，そのような法実践も法概念に当然包摂されなければならず，包含的法実証主義に帰着する．他方，排除的法実証主義はそれぞれの社会の法実践の現実のあり方には関わりなく，法同定基準から道徳的テストが排除さるべきことをア・プリオリな要請として主張する以上，記述的一般化として自己を擁護することはできず，法内容の道徳的評価に依存しない法同定基準の採用を望ましいものとみなす何らかの政治道徳的原理を，その法概念規定の正当化根拠として示す必要があり，規範的法実証主義に帰着することになる．

　包含的&記述的法実証主義と排除的&規範的法実証主義との対立に関しては，私は法実証主義に与するものではないが，「外部評価」として後者に軍配を上げている．本章第2節でハートの理論を例として論じたように，包含的&記述的法実証主義は法同定基準をどの準拠集団の実践から認定するかの選択において，何らかの政治道徳的価値判断に依存せざるをえない．すなわち，それは規範的法実証主義に帰着する．さらに，旧著『法という企て』で論じたように，法同定基準に包含された道徳的テストは法内容の道徳的妥当性自体ではなく，その道徳テストの意味について社会的事実として存在するコンセンサスへの適合性を基準にするものであり，結局，包含的&記述的法実証主義は，法同定基準を法の社会的源泉に関する事実に限定し，法内容の道徳的テストを排除する排除的法実証主義に帰着する［井上 2003a: ii-x 参照］．要するに，包含的&記述的法実証主義は排除的&規範的法実証主義に対して理論的独自性をもたず，後者に還元されるのである．

　いずれにせよ，法の没価値的認識を志向する法実証主義が陥った本質主義的独断への退行や瑣末化の問題を，包含的&記述的法実証主義は引きずり続けているのに対し，排除的&規範的法実証主義は，社会秩序形成における立法の役割の基幹的重要性を強調する観点から，実証主義的な法道徳区分論を実践的に再編擁護して，かかる限界を克服するものである．排除的&規範的法実証主義

こそ，ドゥオーキンのような法概念論の実践的・規範的性格を強調する反法実証主義者——ドゥオーキンとは異なった仕方であるが，自然法論と法実証主義の対立を超える第三の道として「正義への企てとしての法」の理論を提唱している私自身もその一人である［井上 2003a: 第1部・第2部参照］——にとっても，法実証主義を真剣に受け止めさせる重要な問題を提起している．

　排除的＆規範的法実証主義を提唱する現代の代表的法哲学者としては，ニール・マコーミック，トム・キャンベル，ジェレミー・ウォルドロンらの名が挙げられるが，彼らに通底するのは，違憲審査制のような，立憲主義的人権保障のために司法による民主的立法への統制を強化する立場——ドゥオーキンはその代表的論者とみなされている——に対抗して，民主的立法の優越的権威の復権を要求し，この要求を実証主義的法道徳区分論の基礎に置く視点である．違憲審査擁護論は実体的自然法論を根拠にしない場合でも，民主的立法過程のアジェンダから一定の事項，特に憲法的な基本権を外して，その確定を司法に委ねることにより，民主的立法の規範創造空間を縮減している点で，実体的自然法論と機能的には等価とみなされ，批判されている．立法による社会秩序形成の活性化を目的とする実証主義的法道徳区分論が，司法によって道徳的に読解される憲法的制約からの民主的立法の解放の要請として再定位されている．違憲審査に対する民主的立法の優位の主張自体は目新しいものではないが，単なる人民主権論や，財産権を絶対化する保守的司法積極主義に対抗する「革新派」的思想[21]の視点だけではなく，法実証主義的法道徳区分論を法の「正当性」と「正統性」との区別として規範的に再定位する既述の法概念論的視点が，その民主的立法優位論の根底に置かれている点が，注目に値する．規範的法実証主義者の中でこの視点を最も鮮明に提示しているウォルドロン［Waldron 1999a, Waldron 1999b 参照］に即して見るなら，次の点が特に重要である．

　第一に，排除的＆規範的法実証主義は，実証主義的法概念を規範的に擁護す

---

21) かかる思想傾向も現代の規範的法実証主義者に見られることは事実である．例えば，ウォルドロンは，法の支配の理念の実体化が，財産権保護のために環境保護規制などの社会的規制を排除するイデオロギー装置として機能していることを批判し，これを克服するために，法の支配の理念の手続化を提唱している［cf. Waldron 2007, Waldron 2012］．しかし，本文で述べるように，ウォルドロンらの議論の法哲学的により根本的な貢献は，立法政策的立場の対立を超えた立法の「正統性」の問題を提起した点にある．

る以上，ケルゼンのような価値相対主義にはコミットしない．自然権や基本的人権の存在が否定されているわけではなく，それらの実定憲法的表現の解釈論争に「正解」は存在しないという立場が前提されているわけでもない．かかる価値原理の同定・解釈問題に「正解」が存在するか否かではなく，「正解」が存在するとしても，それが何かは論争性を免れず，誰も自己の判断の不可謬性を主張できないこと，したがって，かかる価値原理を立法によって具体化しようとする民主的立法府の判断は可謬的であるが，司法府の判断もまた可謬性を免れないことの認識が出発点になる．ロールズは，善き生の特殊構想が多元的に分裂競合するがゆえにそれらから独立に正当化可能な正義原理の優位が要請されるとして，この事態を主観的意味における「正義の情況（the circumstances of justice）」と呼んだが，ウォルドロンにおいては，これを超えて，かかる独立正当化可能な正義原理が何か，その一部としての人権原理が何かに関わる正義構想自体が多元的に分裂競合し，それらの間の論争を裁断する政治的決定が要請される情況，すなわち「政治の情況（the circumstances of politics）」が不可避であることの認識が出発点に置かれる．

　第二に，かかる政治の情況においては，法の「正当性」に関する限り，民主的立法府の決定が「悪法」を生む可能性は当然あるが，違憲審査権を発動する司法の決定もまた「悪法」を産出しうる（例えば，奴隷に対する奴隷主の財産権を擁護したトレッド・スコット判決を想起せよ）．根本的な問題は，どちらがより「正当」な決定かではなく，「悪法」であってもなお「法」として「忠誠」を市民に要求しうるような「正統性」をもつのはいずれの決定か，である．かかる「正統性」は民主的立法府の決定の方にあるというのが排除的＆規範的法実証主義の解答である．その理由は，民主的立法過程の方が司法過程よりも広範な人々の多様な意見をよりよく反映できることだけではなく，民主的多数決ルールは政治的決定に対して人々が行使しうる影響力を平等化しつつ，平等の制約条件の下で最大化することにある．立法の正当性をめぐって熾烈に人々が対立する政治の情況の下で，立法の「正当性」に批判的留保をもつ人々もその「正統性」を承認しうるための条件が，人々の政治的権能の平等な最大化に求められ，民主的立法を覆す司法の違憲審査権の発動はこの条件を侵犯するため「正統性」を欠くとみなされる．

以上のような観点から「立法の尊厳（the dignity of legislation）」の回復を求める排除的＆規範的法実証主義の主張は，様々な民主的立法システムのいずれが「正統性」を担保しうるかを民主的立法に委ねることの循環性，政治的権能の平等化が政治資源格差による政治的影響力格差を温存する問題の無視，民主的立法過程で「勝者」となるチャンスのない構造的少数者の人権保障を「政治文化」に委ねることの非現実性など，種々の難点を抱えている［ウォルドロンの立法尊厳論に対する批判として，本書第 3 章，および本章脚注 22 参照］．しかし，法の「正当性」をめぐる価値対立が不可避な政治の情況において，法の「正統性」を担保することはいかにして可能かを問う観点から，民主的立法の意義の再評価と違憲審査制の「正統性」の再考を促すその問題提起はきわめて重要である．

　私自身は，この問題への応答を二つの方向から試みている．一つは，本節 2 でも示唆したが，「批判的民主主義」の構想に基づく立憲民主主義の再編である．この構想においては，民主的立法過程を組織的利益集団の支配から解放し政治的答責性を明確化することが，その構造改革機能を活性化させると同時に民主的立法の「正統性」基盤を拡大する条件であり，そのためにこそ，民主的立法過程の内部での少数派集団の政治的拒否権発動を抑制し，政治的影響力の有無強弱に依存しない普遍主義的公平性をもった人権保障装置としての違憲審査制によって，少数者保護を司法過程に委ねることが要請される［井上 2011［2001］: 第 III 部，Inoue 2005a，本章「補論」参照］．

　いま一つは，かかる立憲民主主義改革構想の法概念論的基礎に関わる理論構築である．ここでは，「正義への企てとしての法」という法概念論的基盤に立脚しつつ，民主的立法の「正当性」の基準ではなく「正統性」の保障条件として「法の支配」の理念を再定位する「法の支配の強い構造的解釈」によって，形式化・実体化・プロセス化という従来の「法の支配」論の三類型が孕む難点——多数の専制か，司法の専制か，民主的プロセス保障の名による司法の後見的干渉の隠蔽か，というトゥリレンマ——を克服するアプローチを提唱している［井上 2003a: 第 1・2 章，本書第 2 章，Inoue 2007 参照］．

　民主的立法の尊厳回復を求める排除的＆規範的法実証主義の問題提起にいかに答えるにせよ，それは，この立場に一定の批判的距離をとる者——私もその一人だが——にも，単に民主的立法の限界を指摘して，その限界を克服する上

での司法の役割の必要性を説いて満足するのではなく，民主政における立法機構・立法過程・立法政策等の改善の指針とその条件について研究を発展させる必要があることを自覚させたという点で大きな意義をもつ．

　法哲学者のみならず法学研究者一般の間では，本節冒頭でも述べたように，これまで，立法過程は利益と力の角逐に支配された場で実証的な政治学的分析の対象であり，原理に訴えた規範的論議を志向する法理論的考察にふさわしいのは司法過程であるとして，後者に関心を集中させる傾向が強かった．しかし，理想と現実の齟齬を理由に理想を否定するのではなく，現実を理想に接近させる方途を考察する必要，限界の存在を自覚した上で可能性を実現する方途を考察する必要は，司法についても立法についても存在する．法の「正当性」をめぐる熾烈な価値対立が不可避な現代の多元的社会において法の「正統性」を担保する上で，民主的立法が万能ではないにしても重要な役割を果たし，司法が補完的役割を果たしえても万能ではない以上，民主的立法システムの実態認識を踏まえた上で，その改善のための規範的構想を発展させる必要性は大きい．立法の復権を唱える排除的＆規範的法実証主義の最大の貢献はこの必要性を自覚させた点にあると言える[22]．

---

22)　法理論・法哲学，さらには政治哲学（実証的政治学は別）が従来，合理的な議論による公共的価値形成の場を立法過程よりも司法過程に求め，裁判所を「危険性の最も少ない統治部門（the least dangerous branch）」と捉える司法中心主義的偏見に囚われた結果，立法府が「検討されることの最も少ない統治部門（the least examined branch）」として放置されてきたことを批判し，この欠陥を埋める必要性を説く問題意識を強調するために，The Least Examined Branch という書名を象徴的に掲げる文献として，Bauman and Kahana (eds.) 2006 参照．この論集が規範的法実証主義の問題提起への応答であることは，編者により序文でウォルドロンへの論及［Bauman and Kahana (eds.) 2006: 1］の中で承認されているだけでなく，ウォルドロンの寄稿「立法の諸原理」［Waldron 2006, Waldron 2016: Chap. 7 に再録］が第１章に置かれていることにも示されている．いわゆる「熟議民主主義 (deliberative democracy)」も，利益の交換の場から理性的議論の交換の場への民主的政治過程の転換を図る点で，立法システムの改革を図る含意があり，熟議民主主義の提唱者の一人であるエイミー・ガットマンもこの論集に緒言［Gutmann 2006］を寄せている．ウォルドロンは，熟議民主主義に対しては，それが理性的コンセンサスの形成を立法活動の規制理念としている点で，かかるコンセンサスが破綻する政治の情況においてこそ民主的立法が有する積極的意義を的確に理解しているとは言えないとして，かつては批判的であった［cf. Waldron 1999a: 91-93］が，「立法の諸原理」においては，「熟議 (deliberation) と熟議への応答義務の原理」を第五原理に挙げている［cf. Waldron 2006: 27-28］．さらに，多様な利害・意見の立法過程への反映を求める「代表 (representation) の原理」を第三原理に掲げる［cf. Waldron 2006: 24-25］だけでなく，立法の正統性条件に関する従前の立場を要約した「政治的平等と多数決原理」と題する第七原理の説明において，「小選挙区制 (first-past-the-post electoral systems)」に対する一

このような問題意識がいまや法理論・法哲学の世界で法実証主義の枠を超えて広まりつつあり，それを背景として，立法の法理論的・法哲学的研究の発展をめざす学問運動が国際的な広がりをもって台頭してきた．この学問運動が発展をめざす研究分野は，本節冒頭で触れたように，「立法（legislation）」と「法理学（jurisprudence）」とを結合した造語である legisprudence という名で呼ばれ[23]，その趣旨を明示するために，「立法理学」と私は訳している．立法理学運動の台頭を象徴する事例としては，その名を冠した新しい国際雑誌 *Legisprudence: International Journal for the Study of Legislation*（「立法理学——立法研究国際雑誌」）が 2007 年に創刊された事実が挙げられよう[24]．なお，本誌は 2013 年から誌名

人一票原則違反という批判（私見によれば根拠なき批判）に同調する［cf. Waldron 2006: 31］など，コンセンサス型民主政や反映的民主主義への接近の姿勢も示している．

　以上からすると，ウォルドロンは現在，熟議民主主義とコンセンサス型民主政とをカップリングする立場に立つとも見えるが，もしそうだとすると，少数者に不当に強い拒否権を与えるとして違憲審査制を斥けながら，組織票を駆使できる政治的強者としての少数政治勢力に，強い政治的拒否権を付与できるコンセンサス型民主政を支持することが原理的な整合性をもちうるのかという疑問が生じる．いずれにせよ，政治的意思決定意システムの制度構想を明確に提示していない点に彼の理論の一つの大きな欠損がある．ウォルドロンの理論に対するより詳細な批判的検討は本章第 3 節で行う．

23) Legisprudence（立法理学）という造語の発案者は複数いるようだが，ブリュッセル・カトリック大学の「立法・規制・立法理学センター（Center of Legislation, Regulation and Legisprudence）」を運営するルック・ウィントゲンスはその一人であり，法哲学・法理論における立法理学運動のオーガナイザーとして精力的に活動している．法哲学の主要な国際学会組織である国際法哲学社会哲学学会連合（略称 IVR）の隔年開催の世界大会では「立法理学特別部会（Special Workshop on Legisprudence）」が彼の主宰でほぼ定例的に開かれており，この特別部会報告と IVR 全体会議の関連報告，欧州地域内の立法理学関連国際研究集会報告を発展させたものを中心として，国際的な立法理学論文集が彼の編集（または協働者との共編）でこれまで 4 冊刊行されている［Wintgens (ed.) 2002, Wintgens (ed.) 2005, Wintgens (ed.) 2007, Wintgens and Oliver-Lalana (eds.) 2013］．また，立法理学を主題とする彼自身の単著も近年刊行されている［Wintgens 2012］．

24) 年間 3 号発行の本誌は，前注 23 で触れたウィントゲンスと彼の協働者であるマーストリヒト大学の法理学教授イァープ・ハーゲを編集主幹として創刊され，2007 年 8 月にポーランドのクラカウ市で開催された第 23 回 IVR 世界大会の全体会議の場で，ウィントゲンスが本誌創刊を紹介し，法哲学・法理論における立法学研究の国際的規模における発展のために本誌への寄稿を呼びかける報告が行われた．外国の立法研究雑誌としては，これまでも，英国の *Statue Law Review*，ドイツの *Zeitschrift für Gesetzgebung*，米国の *Harvard Journal on Legislation*，スイスの *Leges*，オランダの *Regelmaat*，イタリアの *Iter Iuris*，ベルギーの *Tijdschrift voor Wetgeving* などがある．

　しかし，本誌創刊号巻頭編者序文で指摘されているように，これらの既存雑誌はそれぞれの発行国の国内法を中心的な研究対象とし，かつ主として立法技術的側面に関わっている．立法についての学際的な法理論的研究の国際的な論議空間を創設することを目的にする点では，*Legisprudence* は他に類を見ないものである．

が The Theory and Practice of Legislation（『立法の理論と実践』）と変わったが，立法の法理論的・法哲学的研究を中核とするという方針に変わりはなく，新しい誌名の下に formerly Legisprudence という注記が付され，装丁も同じで，さらに法哲学者を中心とする顧問団にも変更はなく，Legisprudence との連続性が示されている．

本誌創刊号巻頭の編集主幹序文［Wintgens and Hage 2007: iii-iv］では，法理論がこれまで立法を不合理な政治的権力ゲームの場とみなして，司法に理論的関心を集中させてきたことが，現代ヨーロッパ等における立法の量的インフレと質的劣化に見られるような立法の不合理化の放置につながったという反省に立って，法理論が蓄積してきた多様な知的資源を立法の体系的・理論的研究に向けることにより，法理論自体の発展を図ると同時に，「民主主義社会におけるより良き立法の探求（the search for ever better legislation in a democratic society）」を促進することが目的として謳われている．立法に関する比較法的・社会学的・歴史学的・経済学的研究も，このような立法システム改革の規範的構想に関連する限りでは法理論・法哲学としての立法理学に包摂されるという意味で，方法の学際性も強調されているが，実定法の教義学的記述（doctrinal description of positive law）は対象外とされている．

本誌の顧問委員会（Board of Advisors）の 14 名の顧問の中には，既に言及した規範的法実証主義者ウォルドロンとマコーミック（物故）が，アウリス・アールニオ，ローベルト・アレクシー，フランク・マイケルマン，ギュンター・トイプナー，ミッシェル・トロペールなど法実証主義陣営内外の法哲学者・法理論家とともに加わっており，本誌が法実証主義的な立法尊厳論の問題提起を受け止めつつ，この立場を超えた多角的な観点から立法の法理論的・法哲学的研究を推進しようとする姿勢が窺える．立法尊厳論の問題提起を重要視しつつ，その批判的克服を試みる立場に立つ私自身も顧問委員会の末席を汚し，雑誌創刊のために賛同書を送ってささやかな協力をしたが，これも本誌のこの姿勢と無関係ではない．また，本誌既刊号，および本誌創刊以前にその先駆として刊行された国際立法理学論文集に，ウォルドロン，マコーミック，キャンベルらの規範的法実証主義者が寄稿しているが，法と経済学の立場からのリチャード・ポズナーの論文など，彼らと異なったアプローチをとる様々な論考が含ま

れ［cf. Waldron 2007, Campbell 2005, MacCormick 2005, Posner 2005］，私も批判的民主主義，立法の法としての「法の支配」，立法の立憲主義的正統性基盤に関する三つの論文を，立法理学国際論集と雑誌 *Legisprudence* に寄稿している［cf. Inoue 2005a, Inoue 2007, Inoue 2009］．このことも立法理学運動が規範的法実証主義の問題提起に刺激されながらも，それを超えて広がっていることを示す．

　立法理学運動のこのような広がりにも拘らず，その起爆剤となった立法尊厳論の淵源をなす法実証主義の自己再編運動が提起した法概念論的問題を忘れないことが肝要である．これは，本章で提示した私の解釈によれば，法の「正当性」をめぐって価値観が先鋭に分裂競合する現代の多元的社会において，法がその「正当性」を否認する人々に対してもなお「法」として「忠誠」を要求しうるような「正統性」をもつことはいかにして可能かという問題である．排除的＆規範的法実証主義者がこの問題に与えた解答に我々はコミットする必要はないが，この問題を回避することは許されない[25]．

　民主主義社会における「より良き立法」を探求する立法理学的研究も，「正当な法」を産出する立法システムはいかに構築さるべきかを問うことはもちろん可能であり必要であるが，それと同時に，立法の「正当性」を争い続ける人々もなおその「正統性」を承認しうるような立法システムはいかにして可能かを問うことを忘れるなら，立法が「神々の仁義なき闘争」に，したがってまた「権力ゲーム」に頽落することを防止できず，立法理学はその目的を果たすことに失敗するであろう．

　立法理学国際雑誌 *Legisprudence* の創刊号編者巻頭序文が立法学の目的を，「正しい立法の探求」ではなく「民主主義社会におけるより良き立法の探求」という言葉で表現した背景には，「正しい立法」への情熱を，法の「正当性」について見解を異にする他者にとっての立法の「正統性」への配慮によって抑制しつつ，「正統性」の制約の中で立法の試行錯誤的・累積的な進化をめざすという意図があると私は理解している．立法の「正統性」を担保しつつ，既存

25）　実際，ドゥオーキンやフィリップ・ソウパーのような反実証主義者・非実証主義者も，この問題を真剣に受け止め，前者は「連帯責務（associative obligations）としての政治的責務」の理論によって，後者は「敬譲の倫理（the ethics of deference）」によって解答を試みている［cf. Dworkin 1986; Soper 2002］．この問題意識を他の法律の正統性根拠たる憲法自体の正統性根拠の問題にまで貫徹して応答を試みるものとして，本書第 3 章，Inoue 2009 参照．

の立法の「正当性」を絶えず批判的に吟味し改良する試みを活性化する立法システムの構築，これが立法理学としての立法学の課題である．法哲学は立法の「正当性」に関わる正義論を発展させることによってだけでなく，立法の「正統性」に関わる法概念論を発展させることによって，さらにそれを踏まえて法の支配の理念と立憲民主主義の理念を批判的に再編することによって，この課題の遂行に重要な貢献をなしえ，かつ，なすべきである．

補　論　「批判的民主主義」批判への応答

　私の批判的民主主義の理論に対して，本章脚注 16 で触れたように，小堀眞裕は，きわめて詳細で真摯な批判的検討を加えている［小堀 2012］．私のこの見解に対しては「軽いジャブで逃げる」程度のいい加減な批評が多かっただけに，知的廉直性をもった彼の批判には謝意を表したい．彼の批判への応答は，私の知的責務であるだけでなく，私の立場を明確化するのに資するので，ここで補論の形で示しておきたい．

1　「批判的民主主義」構想の骨子

　小堀の批判に応答する前に，批判対象である私の「批判的民主主義」論自体を，それを知らない読者のために示す必要がある．詳細は，旧稿［井上 2011 [2001]: 第 III 部, Inoue 2005a, Inoue 2015］の参照を乞うしかないが，読者が一応の理解をもつために最小限必要なポイントだけ簡単に述べておく［なお，司法改革との関連で批判的民主主義がもつ意義については，本書第 6 章第 2 節 5 参照］．
　社会に存在する多様な諸利益・選好を政治的決定に最大限反映させることに民主的政治システムの存在理由を求める「反映的民主主義」は，かかる諸利益を代弁する多様な政治勢力（党派）が権力を共有し，コンセンサスで政治的意思決定を行うことを要請する．多様な勢力の包摂とコンセンサスを重視するこの反映的民主主義のモデルを支持する者は多いが，これには重大な欠陥がある．最も重大なのは，政策的に対立する多様な勢力が「互譲」によりコンセンサス形成する結果として，「足して二で割る，三で割る」式の理念的・機能的整合性の欠損した政治的妥協が行われやすく，それが失敗した場合の責任所在，す

民主主義の二つのモデル

	反映的民主主義 (Reflectional Democracy)	批判的民主主義 (Critical Democracy)
理念		
象徴的命法	人民の欲求を実現せよ	悪しき為政者の首を切れ
民主制の存在理由	多様な社会的諸利益の政治的決定への包摂・反映の最大化	権力腐敗・悪政に対する人民の批判的統制と修正
認識論的志向	価値相対主義	可謬主義
プロセス		
政治過程の本質	交渉による諸利益の調整	公共的価値の共同探究
意思決定原理	コンセンサス原理	多数決原理
政治変動の意義	諸利益の勢力関係変動の従属変数	政治による社会改良の試行錯誤的実践
手続的正義の意義	民主的プロセス＝純粋手続的正義	民主的プロセス＝不完全手続的正義
主体		
自己統治の意義	人民＝統治の権力主体	人民＝統治の責任主体
代表の本質	利益代表／命令委任 裁量限定による事前統制	熟議遂行への倫理的信任 解任による事後統制
参加の本質	人民の政治的決定権力直接行使 権利としての参加	熟議過程への参加による人民の公共性陶冶 責任としての参加
制度		
制度設計の指針	諸利益の包摂・権力共有 交渉コスト肥大化の抑制	批判的討議と権力交代の活性化 整合性ある代替的政策体系の競争と交代の試行の促進
標準的統治制度	比例代表制・連立政権 地方利益の国政反映のための分権・行政的中央集権 対称的二院制＝上院の拒否権	小選挙区制・単独政権 責任分権（権力委譲＝責任委譲）・政治的中央集権 非対称的二院制＝上院の熟議促進機能
少数者保護	政治過程内部での少数政治勢力への拒否権付与（内的拒否権）	司法過程での個人・少数者の人権の立憲主義的保障（外的拒否権）

なわち「答責性（accountability）」が，「誰が間違ったのか」という主体的答責性についても，「何が間違ったのか」という主題的答責性についても曖昧化されやすいことである．また，一定の閾値以上の組織票に支持された党派が政治的拒否権行使を通じて，自己の支持母体の特殊利益を既得権として擁護し，そのコストを未組織大衆に転換するということも起こりやすい．

「批判的民主主義」は，政策的・組織的統合力をもった政治勢力（本来の意味での政党）に単独で政権を担当させるとともに，政治的決定に対する政権担当勢力の主体的・主題的答責性を明確化して，政権交代を活性化させ，整合性ある代替的政策体系の間の競争と試行錯誤的実施を通じた政策淘汰・政治的学習を促進することをめざす．そのため多様な政治勢力に政治的意思決定過程内部で拒否権を付与するコンセンサス原理ではなく，単純多数決原理（選挙制度では比較第一党優先原理）を擁護するが，「多数の専制」の防波堤として，政権交代活性化に加えて，上院が政治的拒否権を行使できる対称的二院制ではなく，上院が決定を遅延させ熟議を促進する機能をもつ非対称的二院制を確保するとともに，政治過程外部での司法的人権保障の確立強化を求める．

私の「反映的民主主義」と「批判的民主主義」のモデルは，比較政治学の泰斗アーレント・レイプハートの「コンセンサス型民主政」と「ウェストミンスター型（多数者支配型）民主政」のモデル［Cf. Lijphart 1984; Lijphart 1999］と制度構想で部分的に重なる面もあるが，レイプハートのモデルが「ウェストミンスター型」を「多数の専制」と統治して暗黒化する一方で，「コンセンサス型」がもつ答責性曖昧化などの欠陥を隠蔽して理想化しているという歪曲を孕んでいる．そもそも，アーレントは両者に通底する民主政一般の存在理由を「民意反映（responsiveness）」に求め，熟議民主主義の視点も答責性保障の視点も欠落させている．この歪曲・欠陥を是正して，哲学的理念・政治的プロセス像・自己統治観・制度構想をめぐる二つの民主主義像の対立を整合的・包括的に示すために，レイプハートのモデルを，反映的民主主義と批判的民主主義のモデルへと批判的に再構成した．この二つのモデルを総括するために，旧稿で用いた図表を，一部訂正を加えて，左に示しておく．

2 小堀による批判

小堀は小選挙区制効果によりウェストミンスター・モデルに接近する兆しを見せる現在の日本の政治状況と，この傾向を発展させようとする立場とを，日本政治の「英国化」の動きと捉え，ウェストミンスター・モデルから乖離する傾向がブレア政権以降特に強まってきている英国政治の変容を歴史的・実証的に記述した上で，日本政治の「英国化」動向を，モデルたる英国政治の変容への無視・無理解に基づく時代錯誤的・非現実的な試みとして批判している．この観点から，私の批判的民主主義の構想についても，拙著『現代の貧困』［井上 2011［2001］］で示した戦後日本社会論全体と関連付けながら検討を加え，次の五つの点で批判する［小堀 2012: 236-245 参照］．

①特殊日本的な問題と民主主義一般の問題とが明確に区別されておらず，「同質社会の神話」がコンセンサス型民主政一般の問題であるかのような飛躍推論がある．

②比例代表制や準比例的選挙制度の下でも反映的民主主義モデルとは異なり，単独政権が成立したり，コンセンサス型ではない連立政治が成立したりすることがある一方，小選挙区制・単独政権でも批判的民主主義モデルが想定する権力と責任の集中が生じない場合があるから，反映的民主主義と批判的民主主義という二つの理念型は実態と乖離している．

③英国の貴族院について熟議促進機能が期待されているが，世襲貴族議員が大幅に縮減され，選挙ではないが，比例代表的な性格をもった任命制で選出される議員が主体となった1999年以降の貴族院にもなお熟議促進機能を期待するのであれば，熟議の促進を求める批判的民主主義にとって比例代表制の否定は重要ではなくなる．

④批判的民主主義モデルはウェストミンスター・モデルの長所を生かしつつ「多数の専制」に陥る危険というその短所を是正するために司法審査制による人権保障を組み込んでいるが，政権から強い政治的影響を受けてきた戦後日本の司法の実態を見るなら，少数者保護機能を司法審査に期待するのは現実性を欠く．

⑤小選挙区制と単独政党過半数政権という政治システムへの国政の変容によ

って，同質化を強制する日本社会のあり方を変革できると期待するのは，日本社会の同質化圧力が国政を支配している現実に照らすと甘く，日本社会の変革の方途はむしろ市民社会論の豊穣化に求められるべきである．

3 応　答

小堀の批判に十全に応答するには「批判的民主主義」を主題にした新著を一書，執筆することが必要である．それは将来の課題として，ここでは，私の立場に対する誤解を除くのに必要な最小限の応答だけしておきたい．

〈①への応答〉　利益や価値観の差異と対立の表出を解放する傾向と，統治主体としての人民・国民・世論なる集合実体を「発明」する同質化傾向との葛藤は日本固有ではなく，民主主義一般に内在するディレンマである。もちろん，このディレンマの具体的な顕現形態はそれぞれの社会の文脈的条件に依存し，戦後日本におけるこのディレンマの現れ方にも日本の条件に応じた特殊性がある．ただし，私はコンセンサス型民主政の問題を同質化傾向と等置しているわけではない。差異と対立の契機がより強い社会においても，権力共有とコンセンサス原理は答責性を不明確化し，組織的利益集団や教条主義的党派による政治的拒否権の濫用を許しやすいという問題があるとするのが私の立場である．

〈②への応答〉　これは他の論者にも見られる「重要な誤解」なので，少し立ち入りたい．比例代表制が反映的民主主義を，小選挙区制が批判的民主主義を必然的にもたらすというような単純な因果的決定論を私は主張しているわけではない．さらに，私の民主政モデルは規範的モデルであり，根本的に重要なのは，民主政の理念・存在理由を何に求めるべきかに関わる哲学的原理とそれに沿った政治的意思決定原理であり，選挙制度は，かかる哲学的原理・政治的意思決定原理を具体的に実現するための制度的手段，しかもかかる手段のすべてではなくその一要素にすぎず，選挙制度が自己目的化されているわけではない．民意反映の最大化のために権力共有によるコンセンサス的意思決定を求める反映的民主主義には比例代表制が小選挙区制よりも比較的に言ってより適合的であり，悪政・失政に対する責任を明確化し整合的な代替的政策体系の間の競争

と淘汰による試行錯誤的な政治的学習の促進をめざす批判的民主主義にとっては，比例代表制よりも小選挙区制の方が比較的に言ってより適合的であると想定されているが，比例代表制が批判的民主主義の狙いにより近い政治帰結をもたらす場合があり，小選挙区制が反映的民主主義の狙いにより近い政治的帰結をもたらす場合があるとしても，それだけでは私の規範的モデル論に対する決定的な反論にはならない．私の批判的民主主義の構想にとって小選挙区制は物神化も自己目的化もされてはいないからである．これは次の二点を意味する．

　第一に，比例代表制の下でも，批判的民主主義の目的に接近する可能性がまったくないと断言はできないし，断言する必要もない．この目的にとって，比例代表制と小選挙区制のいずれがより適合的かは，まさに比較の問題であり，程度の違いの問題である．しかし，政治においては，程度の違いがまさに重要な問題なのである．小選挙区制が批判的民主主義の目的を完全に実現できるわけではないように，比例代表制が批判的民主主義の目的と完全に背反するわけでもない．しかし，この目的への接近度が相対的により高いのは小選挙区制の方であるという想定は一般的には不当とは言えないだろう．比例代表制の方が小選挙区制よりも逆にこの目的への接近度が一般的に高いということまで証示するような経験的証拠を小堀も呈示してはいない．もし，彼がそのような証拠を呈示できるなら，ぜひそうしてほしい．そのとき私はためらうことなく，自己のモデル構成を変更して，批判的民主主義モデルの制度要素としての選挙制度を比例代表制に置き換えるだろう．選挙制度はこのモデルの目的ではなく手段にすぎないからである．

　第二に，より重要な点だが，小選挙区制が批判的民主主義の構想において採択されているのは，答責性を明確化し，整合的で代替的な政策体系を追求する政治勢力の間の政権交代を活性化するという目的に小選挙区制が資する限りにおいてであり，小選挙区制がかかる目的から乖離する帰結をもつ場合には，その原因が解明され，是正されなければならない．例えば，1970年代前半の保革伯仲時代に自民党政権が小選挙区制を導入しようとして大規模な国民的反対運動を招いた――私も学生として反対デモに参加した――が，これは自民党が，時の首相田中角栄の名をとって「カクマンダー」と呼ばれた自民党に有利な選挙区割りと小選挙区制を結合させることにより，政権交代の活性化とは逆に，

自民党政権永続化の手段として小選挙区制を利用しようとしたからである．

　また，各利益集団が選挙区ごとに多数派として棲み分けられるような選挙区割りと結合されるなら，小選挙区制は比例代表制とさして違わない帰結をもつだろう．選挙区割りの仕方によっては，小選挙区制は一党支配永続化の手段にもコンセンサス型民主政実現の手段にもなる．規範的モデルとしての批判的民主主義の構想にとって，選挙制度は小選挙区制でありさえすれば何でもいいというわけではなく，批判的民主主義の目的に資するように具体的な制度設計のあり方が絶えず再吟味され修正されなければならない．

　さらに，小選挙区制が対抗党派間の政権交代を活性化する効果をもつ場合でも，政権担当勢力が前民主党政権のように，組織的統合力も政策的一体性も欠いた寄り合い所帯なら，批判的民主主義の目的は実現できない．この目的の実現にとっては，選挙制度改革だけでなく，政党の自己改革も当然要請される．政権交代の常態化が組織的・政策的統合性を高める方向への政党の自己改革を促進する競争圧力を生むことを私は期待しているが，この期待が実現するかどうかは，一般有権者が政策中心的な政党間競争による試行錯誤的政策進化の重要性を理解し，かかる競争圧力を生み出す投票行動をするか否かに懸かっている［井上 2011 [2001]: 315-319 参照］．まさにそうであるからこそ，批判的民主主義の規範的メッセージは民主主義の担い手たる有権者，市民一般を名宛人としているのである．日本の有権者の投票行動がこのメッセージに沿う方向に変わる兆しは民主党政権誕生時にはあった［井上 2013c 参照］．2012 年から本書刊行時まで自民党一強多弱が続いているが，安倍政権の専断化が続き，「アベノミクス」が破綻する時が来れば，「悪しき為政者の首を切れ」というメッセージに応じた行動を日本の有権者はとるだろうと信じている．

〈③への応答〉　私が英国貴族院に言及したのは，その熟議促進機能を賞賛するためではない．レイプハルトは，一院制がウェストミンスター・モデルの純粋形態にふさわしく，英国が貴族院という第二院をもつのは世襲貴族の既得権擁護という特殊英国的事情による不純な混入物であるとしていたが，彼のこの見解は，英国モデルを相対化しようとする彼の意図に反して，まさにこの特殊英国的事情に影響されて「非対称的二院制」が一般的にもちうる熟議促進機能

というメリットを捨象しており，違憲審査制を英国が欠くために違憲審査制による少数者保護をウェストミンスター・モデルと両立不可能とみなす彼の見解と同様，英国モデルに支配された彼のモデル構築の歪みを露見させていることを示すためである．英国の貴族院が熟議促進機能をもつ非対称的二院制における第二院のあり方の模範であるなどとは私は主張していない．

　私の批判的民主主義の構想は一定の哲学的・規範的原理に依拠した民主政の構想であり，英国の政治実践に対しても批判的評価指針をなし，日本政治の「英国化」への欲求とは無縁である．第二院が第一院の決定に対する拒否権をもたず決定を遅延させることにより熟議を促進する機能だけをもつ場合には，第二院の選挙制度——任命制も含めて言えば選出制度——は第一院のそれとは異なっていいが，その場合，どのような議員選出制度が第二院にふさわしいかは，今後なお検討されるべき課題である．しかし，仮に，権限をかく限定された第二院において比例代表制が望ましいということになったとしても，このことは，決定権をもつ第一院が〈②への応答〉の後半で触れたような方向で設計された小選挙区制で構成されるべきことを否定する理由にはならない．

　〈④への応答〉　戦後日本の司法が長きにわたった自民党一党支配下，青年法律家協会問題などを契機とした自民党からの司法の左傾化批判の政治圧力に屈して，政府追随傾向を帰結するような内部統制を強めるという「自粛」による組織防衛に走り，これが違憲判断を回避する司法消極主義の一因になったことは事実である．しかし，政権交代が常態化すれば，かかる政治圧力に対する司法の耐性は高まるだろう．いずれにせよ，批判的民主主義が司法に期待する機能を日本の司法府が果たしうるためには，司法のあり方が改革されなければならない．小堀は，司法改革は政治改革と別個の問題であると考えているようだが，私にとっては，両者は密接不可分の問題であり，拙著『現代の貧困』初版を刊行した同じ2001年に，司法改革を主題にした共編著［井上・河合編 2001］を刊行し，そこで私の司法改革構想を批判的民主主義構想と連結させながら提示している［井上 2001a, 井上 2001b（本書第6章第1節・第2節に改訂再録）］．

　〈⑤への応答〉　国政レベルの政治システムを批判的民主主義の方向に変革し

たからといって，日本社会の同質社会的性格は変わらないという主張の例証として，小堀は私が「下からの天皇制」の一現象として論及した元号法制化の政治過程――保守的ポピュリズム運動が当初法制化に消極的だった自民党政権の権力中枢を突き上げる形で遂行された――に触れている．しかし，彼はこれがまさに五五年体制の下で生起したことの意味を深く掘り下げていない．五五年体制は自民党長期単独政権の外観にも拘らず，自民党自体が多様な利益集団の組織票に依存した雑多な政治勢力の寄り合い所帯であり，この体制の実態は，レイプハルトが当時の日本政治をコンセンサス型民主政モデルに含めたことが示すように，権力共有とコンセンサス原理に依拠する反映的民主主義を体現するものだった．元号法制化を実現した保守的ポピュリズム運動を仕切ったのは，神社政治連盟等の自民党が依存する強力な利益集団である．反映的民主主義の一例としての五五年体制は，かかる組織的利益集団に強力な政治的拒否権を付与することにより，彼らの国政に対する影響力を強化していたのである．

　もちろん，政治システムを批判的民主主義モデルに変革しても，保守的ポピュリズムが勝利する可能性はある．しかし，五五年体制におけるほど彼らはやすやすとは勝利できないだろう．国家の政治システムが社会を自由に変革できると考えるのが誤りなのはその通りだが，政治システムのあり方が社会のあり方に重要な影響を与えることはできないと断じるのも誤りである．社会の中で対抗する諸勢力のそれぞれがどのような力を振るいうるかは，彼らが政治システムをどのように利用できるかに大きく依存しており，これはまた政治システムのあり方に依存しているのである．

　なお，小堀が期待する市民社会論に私は批判的留保を付している［井上 2006b: 12-15，本書第2章第2節3 (2)〈ⅱ〉参照］ので，一言しておく．国政の政治過程と同様，市民社会もまた相剋する利害や価値観によって引き裂かれており，一部の市民が他の市民を支配しようとする権力抗争の場であることをまず直視すべきである．私の言う同質社会の神話とは，このような社会の内部対立の不在ではなく，それを隠蔽する欺瞞の支配を意味する．それは「伝統的共同体」だけでなく「市民的価値によって連帯する我ら」という市民社会幻想にも巣食うものである．かかる神話を本当に捨て，さらに，組織力を梃子に政治を牛耳ろうとする様々な利益集団の角逐をも超えて，公共的秩序を形成しようと

するなら，「市民社会」の代表を名乗る諸勢力の党派性と権力性を自覚し，彼らが他者に振るう権力に対して彼らの答責性をいかにして確保するかという，批判的民主主義が提起する問題と向き合わなければならない．批判的民主主義は政党政治に自己限定しているのではなく，国政を動かそうとする「市民社会」の諸勢力にも公正な政治的競争と答責性の規律を課す試みである．戦後日本の市民社会論は国家＝権力，市民社会＝反権力という図式に囚われ，両者に通底する権力性の問題を見ようとしてこなかった．残念ながら小堀にもこの傾向の残滓があるように思われる．

第2章
法の支配の再定位

　前章で，法概念論の根本問題は，「悪法もなお法として尊重されるに値する規範的権威をもつことはいかにして，あるいはそもそも可能か」という問い，すなわち，法の「正当性」と区別された「法の正統性」の根拠への問いにあることを示した．ソクラテス以来の悪法問題・遵法義務問題に連なるこの問いが問われなければならない理由は二つあった．

　第一に，記述的法実証主義のように，この問いを回避して，悪法問題を法の記述と評価の認識論的区別の問題に解消することはできない．価値中立的・観察者的に「法一般」の概念的徴表たる共通属性を認識・記述しようとする記述的法実証主義は本質主義的独断に陥らざるを得ず，それから脱却するためには，記述的法実証主義者は，「なぜ，他でもなくその特徴が法一般の概念的要素として選択されなければならないのか」という問いに答えうる規範的判断，自らの概念的徴表選択を正当化しうる規範的判断を明示し，擁護しなければならない．法についての概念的主張は「法現象の経験的一般化」によっては正当化できない．経験的一般化に先立つ「法の個別事例の同定」が，その事例を非法的現象ではなくまさに法の事例とみなすことを可能にする法概念を前提しているからである．記述的法実証主義者は，法概念規定を法という言葉の用法の規約的定義に還元する唯名論的規約主義の立場を斥け，自らの法概念規定が，法についての間主観的妥当要求をもった実質的判断であることを主張する以上，唯名論的規約主義が提起した本質主義的独断の批判にまともに応えるには，自らの法概念規定を規範的議論によって擁護するしかないのである．

　第二に，そのような規範的議論は「法の正当性」と区別された「法の正統

性」の根拠を解明しうるものでなければならない．ソクラテス以来の悪法問題がまさにこの問いに関わっていたという歴史的理由だけではない．それは次の原理的な理由による．価値観の抗争は政治社会の不可避の条件であり，自由化・民主化が進めば，抑圧されていた様々な要求が噴出し，価値対立はむしろ先鋭化する．「法の正当性」をめぐっても人々の価値判断は厳しく対立する．かかる条件の下で，法がその「正当性」を否認する人々に対してもなお尊重を要求しうる公共的秩序として存立することが，すなわち法が「正統性」をもつことが，そもそも，またいかにして，いかなる条件の下で可能か．この問いは法の根本的な存在理由に関わるものであり，「法とは何か」を問う法哲学が無視することは許されない．法が「正統性」をもつのは不可能であるというのが正しい解答かもしれない．しかし，これは「法の正統性」問題の回避を正当化するア・プリオリな前提ではありえず，「法の正統性」をめぐる規範的論議の最終的結論として擁護されなければならない一つの規範的主張である．

　「人の支配」を超えた「法の支配」が，様々な懐疑に晒されながらも希求され続けたのは，法の正当性をめぐる政治的抗争が止揚ないし解消された幸福なユートピアを人々が求めてきたからではない．むしろ，かかる政治的抗争が不可避であるからこそ，それが「勝てば官軍」や「勝者の正義」という「人の支配」に終わらず，勝者と敗者を等しく規律する公正なルールに従った政治的競争として遂行されることが求められてきたからである．公正な政治的競争のルールとは，勝者の政治的決定（そしてそれが産出する実定的法規）を不当とみなす敗者も，新たな政治的競争のラウンドで覆せるまでは，自らの政治社会の公共的決定として勝者の政治的決定の「正統性」を承認できるようなルールである．法の支配とは，政治的抗争をこのようなルールの支配に服せしめる企てである．「力こそ正義（Might is Right, Macht ist Recht）」という「実力決定論」を超える「ノモス主権」を説いた尾高朝雄は，政治的実力の抗争を律する「ノモス」を「政治の矩」と呼んだ［尾高 1954: 205 参照］．ノモス主権論に対する宮沢俊義の批判に対して尾高は十分効果的な反論ができなかった［本章「補論」参照］が，「政治の矩」を上述したような意味での「公正な政治的競争のルール」として再解釈するなら，彼の議論を再擁護する鍵が見出せるだろう．

　このように，法の支配の理論の課題は，法概念論の課題と直結している．

「法の正統性」の可能根拠の法概念論的解明を受けて，かかる根拠の成立が承認されるために，法を産出する政治的意思決定に至る政治的競争を規律するルールをさらに明確化するのが，法の支配の理論の根本課題である．しかし，記述的法実証主義が席巻した戦後法哲学は法概念論の根本課題を見失い，そのことによって，法の支配の根本課題も見失った．さらに，フラーのような少数の例外を別として，法概念論と法の支配の理論との連結性の自覚さえ希薄化した．その結果，法の支配の言説は，法の正統性保障という主導理念を見失って過度に空疎化したり，逆に「正しき法」に関する特定の党派的イデオロギーや特殊権益の合理化装置に堕したりする傾向も見せた．本章では，法の支配の言説に巣食ういかがわしさを批判的に剔抉し，何のための法の支配かを改めて問い直す．その上で，前章の法概念論的議論を発展させる視角から，法の正統性保障条件として法の支配を再定位する理論戦略を提示し，併せて，法の支配について日本で支配的な誤解の原因となっている法治国家と法の支配の二項対立図式にも批判的検討を加えておきたい．

第1節　何のための法の支配か——法の闘争性と正統性

1　法の支配のいかがわしさ

　法の支配とは何かは，種々様々に論じられ，争われてきた．しかし，いったい何のために，これを論じ，争ってきたのか．このことの反省が十分なされてきたとは思えない．こう言うと，直ちに次のような反論がなされるだろう．法の支配は，人の支配の対立概念である．人の支配とは人間の恣意の支配である．法の支配をめぐる論争の歴史は，人間の恣意の支配の克服をめざす営為の歴史である．何のために法の支配を論じるのかと言えば，人間の恣意の支配を超えた統治のあり方を探求するためである．これは反省するまでもない自明の前提ではないか．

　この反論は「何のために法の支配を論じるのか」という問いに，実は何も答えてはいない．「何のために，法とは何かを論じるのか」という問いに対して，「法は無法の対立概念である．法とは何かをめぐって人々が論争してきたのは，

無法状態ではない社会のあり方を探求するためである」と答えても,「法とは何か」を問うのは「無法でないとは何か」を問うためであるという同語反復的な空虚な応答をしたことになるのと,これは同様である.人の支配を超えた法の支配を問い求めるのは何のためかがいま問われているのであり,これに対して人の支配を超えるためであると答えても,答えにならない.

「人の支配でなく法の支配を」という言説の目的が問い直されなければならないのは,この言説に「いかがわしさ」が付きまとっているからである.法自体が法を実現できるわけではない.法を実現するのは人間である.法が君を処刑するのではなく,刑吏が君を処刑するのである.刑吏が君を処刑するのは,検察官が君を起訴して裁判官が君の処刑を命じる判決を下したからである.検察官・裁判官がそうするのは,彼らが刑事諸法を他の様にではなくまさにその様に解釈・運用するからであり,さらに立法者が刑事諸法を他の様にではなくまさにその様に制定したからである.法の支配とは所詮,人に対する人の支配の一様式ではないか.それにも拘らず,なぜ,法の支配を人の支配と対置するのか.それは人に対する人の支配の実相を,したがってまた支配の主体たる人間(個人または集団)の権力と責任を隠蔽するイデオロギー的虚構ではないか.あるいは人間活動の所産にすぎないものを自然的与件とみなす物神化的錯視ではないのか.法の支配をめぐる言説に対するこのような根源的懐疑に対して,先の反論は応答するどころか,懐疑の対象となる言説自体を単純再生産している.

「国王は何人の下にもあるべきでないが,神と法の下にはあるべきである」という 13 世紀の法律家ブラクトンの言葉が,英米法における法の支配の真髄を示すものとして,いまなお援用されるが,これなどは上記の懐疑が正当と思われる言説の典型である.国王の意志をも制約する「神と法」の実態は,人権や正義といった普遍主義的価値原理などではなく,教会や封建諸侯などの自立的な社会的諸勢力の身分的特権の総体にすぎず,法服貴族の特権もその中に組み込まれていた.限られた身分層が享受するかかる特権・既得権が人間の恣意を超えた摂理ないし自然の秩序として絶対化されていたのである.ここで表象されている法の支配とは,主権国家がいまだ存在せず,自立的な社会的諸権力の多元的均衡システムの中に国王権力もまた組み込まれていた中世的な「人の

支配」の様式を反映したものである．集権化された国家による専制はなかったが，反面において自立的な社会権力による専制が存在した．

　かかる社会的専制として特筆さるべきは教会権力による異端迫害である．集権的国家形成の過渡期たる絶対王政期の英国において，エドワード六世治下に異端に対する刑罰が廃止され，教会権力の専制を君主権力が抑制する傾向が現れたが，これに対する反動・抵抗がその後執拗にあり，ジェームズ一世治下，1612年には，バーソロミュー・レゲットが異端のアリウス主義を奉じたかどで，エドワード・ウェイトマンとともにロンドンで火刑に処せられた．ジェームズ一世の専制を批判し権利請願を起草したエドワード・クックは，ブラクトンが宣明した法の支配の理念の継承発展者として偶像化されているが，レゲットらを火刑に処した管区主教の異端裁判権を関連法規の廃止にも拘らず「先例」に訴えて擁護したのは，ほかならぬこのクックであった．法の支配の宣教師クックのこの議論の法的な無根拠性・恣意性を鋭く指弾したのは，実は，専制的国家権力の擁護者と一般にみなされているトマス・ホッブズである［Cf. Hobbes 1971 [1681]: 128-132（田中・重森・新井訳 2002: 160-169)］．大陸の三十年戦争や英国のピューリタン革命期の宗教的内乱として実在した「自然状態」を克服し，人間の最低限の自然権としての自己保存権を保障する方途を，教会権力をも統制する強力な国家権力（リヴァイアサン）の樹立に求めるホッブズにとって，「国王といえども神と法の下にあり」と主張するブラクトン=クック流の法の支配の観念は，宗教勢力のような「虚栄（vain glory)」に駆られやすい独善的・排他的な社会的権力の放縦を隠蔽合理化するものでしかなかったのである．

2　法の支配の存在理由

　しかし，法の支配の理念は，ホッブズが看破したコモン・ロー伝道師たちの欺瞞に解消されるものだろうか．そうではない．ホッブズにとってさえ，そうではない．このことを理解するには，「何のための法の支配か」を改めて問い直さなければならない．

　法の支配が問い求められ続ける根本的な理由は，人間世界における闘争の解消不可能性である．闘争が終焉したところに法の支配が成立するのではない．

闘争が持続するからこそ法の支配が要請されるのである．万人の万人に対する闘争としての自然状態から国家状態への移行は，社会契約によるものであれ，競争を通じて自生的に現出した支配的保護協会の国家化という非意図的過程[1]によるものであれ，暴力的制覇によるものであれ，闘争状態の克服を意味しない．単に国家間においてだけでなく国家内においても闘争状態は持続する．国家の集合的意思決定は，そしてその産物としての実定法は，君主制の下であれ，民主制の下であれ，それに不満をもつ成員からの政治的挑戦に絶えず晒されている．彼らの不満が「社会契約」の規範的効力によって解消されるはずだと想定することも，国家の暴力装置によって抑圧しきることができると想定することも，いずれも幻想である．

　ホッブズは，自己の透徹したリアリズムに忠実である限り，このことを知っていたはずであり，知るべきであった．ホッブズにおいて社会契約は，統治者自身は契約当事者とはならず被治者となるべき者たちの間で統治者への服従を約束し合うもので，「第三者のためにする契約」に近いのは周知の通りだが，統治者に対する社会契約の非拘束性は契約当事者たちの彼への服従義務の絶対性を含意しない．ホッブズは「契約は守らるべし（*Pacta sunt servanda.*）」という自然法規範の理念的妥当性は認めつつも，相手方の履行の実効的保障が存在しない自然状態においては，契約締結者は同時履行の場合を除いて履行義務を免除されると考えたが，社会契約もまた契約である以上，この論理の適用を免れない．社会契約の参加者の一部がこの契約によって設立された組織的暴力装置としての国家（統治者）を取り込み，利用して，他の参加者をその自己保存権を脅かすほどに収奪することにより，この契約を裏切る危険性は常に存在す

　1）　意図的な国家設立合意たる社会契約なしに国家が自然状態から自生しうることを思考実験的に論じた代表的論客はロバート・ノージックである［Cf. Nozick 1974: Part 1］．しかし，二点，留保が必要である．第一に，ノージックにおいても，市場的競争の結果生じる支配的保護協会が，最小限国家になるためには，支配領域内の非顧客（独立人）をも顧客から保護しなくてはならず，これは市場的競争に依拠した「見えざる手（invisible hand）」のメカニズムによってではなく，独立人の自力救済権に対する侵犯への補償を求める道徳原理によって説明されている．第二に，最小限国家の生成に関する彼の「仮想史（hypothetical history）」の方法は，個人権侵害の不在ないし侵害補償遂行を現実に要請するノージックの「歴史的権原理論（historical entitlement theory）」と両立不可能である．この観点からノージックの最小限国家論の破綻を示すものとして，井上 1986: 169-170, 182-185 参照．

る．この危険性が実効的に排除されない限り，社会契約履行義務としての国家服従義務は免除される．国家状態移行後も，社会契約そのものの拘束力を問い直す政治的闘争は持続しうるのである[2]．

　国家の物理的強制力のみによって政治的反対者を封殺・抹殺して政治的闘争を解消するのも不可能である．これは，「最も弱い者も最も強い者を殺すことができる」という「自然的平等（natural equality）」が自然状態に貫徹することを洞察していたホッブズが誰よりも自覚していたはずのことである．裸の「暴力」の支配は脆弱である．小姓も暴君の寝首を掻ける．「暴力」の脆弱性を克服する「権力」の規範性を支えるのが社会契約である．しかし，この社会契約の拘束力そのものが審問される政治的闘争状況では，「自然的平等」のリアリティが再び浮上する [Cf. Hobbes 1984 [1651]: Ch. 1, §3.]．

　自然状態を力によって廃絶する絶対主義体制を擁護したとみなされているホッブズにおいてさえ，国家状態は静的に安定した秩序ではなく，自然状態への回帰の危険性を常に孕んだ政治的闘争状態である．政治的闘争からの離脱は人間には不可能である．社会契約の虚構でこの事実を隠蔽することができないだけでなく，統治者に専制権力を授権するホッブズ的社会契約を反事実的に仮想したとしても，自然状態再現の危険の常在性という問題は解消できないのである．我々が負うこの「生の条件」は，一般化すれば，次の二つのことを意味する．第一に，社会契約であれ，社会契約が創設した集合的意思決定システムに基づく集合的決定であれ，いかなる政治的決定も闘争の産物であり，勝者と敗者が存在する．政治的決定が合意ないし妥協に基づくとみなされる場合にも，政治的合意形成過程に自己の意思を実効的に反映させえた勝者たちと，合意の外部に置かれながらその拘束を受ける敗者たちとが存在するだけでなく，合意への参加者の間でも，より多くを得た交渉の勝者と，より多く譲歩を迫られた交渉の敗者とが存在する．第二に，ある時点における闘争の勝者が，その勝利

---

2) ホッブズも，死刑宣告の場合や戦地に兵士として送られる場合には，社会契約の根本目的たる自己保存権保障が消失するがゆえに，服従義務が解消されることを承認している [Cf. Hobbes 1839 [1651]: 119 f., 204-206（永井・宗片訳 1971: 162-163, 236-238）] が，彼の自然状態論・社会契約論の論理は，かかる特定状況における服従義務の例外的解除を超えて，国家装置を利用して他者が自己の自己保存権を脅かす危険性が排除されないという条件の下では社会契約の拘束力が停止されるという一般的な含意をもつ．

の事実のみをもって敗者を完全に屈服させ，闘争を廃絶することはできない．その時点での闘争帰結たる政治的決定は，不満をもつ敗者による再挑戦に絶えず晒される．

　敗者による再挑戦は，政治的討議・交渉過程の再起動によるか，暴力闘争[3]による．後者を避けようとするなら，前者による紛争解決を実効化するしかない．しかし，既述の通り，討議・交渉過程もまた闘争過程であり，それがもたらす政治的決定についても勝者と敗者が存在する．ここで一つの問いが生じる．勝者は勝ち得た決定を「正義に適う」とみなし，敗者は「正義に欠ける」とみなす．それにも拘らず，敗者が暴力闘争に訴えることなく，決定改変のための将来の討議・交渉過程を期して，この決定に「敬譲（deference）」[4]を払うことは，いかにして可能なのか．敗者にとって正義に欠ける政治的決定は「勝者の裁き＝勝者の正義（victor's justice）」にすぎず，敗者は暴力闘争を成功裏に貫徹する実力を欠く場合に忍従するだけだと答えることは，この問いが問う可能根拠の存在を否定することである．それは敗者にも敬譲を要求しうる権力の規範性を否定して，もろく転変する暴力の支配の事実性に回帰すること，自然状態に回帰することである．

　法の支配が求められるのは，政治的抗争における敗者の敬譲の可能根拠を示すためである．法の支配とは，優越的な社会的諸勢力が実力によって確保してきた既得権の合理化装置ではなく，むしろかかる既得権の公正さをも審問する政治的討議・交渉を，「勝者の正義」に終わらせることなく，敗者も敬譲を払いうるような条件の下で持続させる企てである．法の支配は人と人の間の権力闘争の事実を隠蔽する理念ではない．むしろ，この事実の不可避性を直視して，権力闘争を自然状態の暴力闘争に転化させないために，敗者の敬譲を可能にする闘争の規範的ベースラインを確保することを，この理念は我々に要請してい

---

3)　ここで言う暴力闘争は非合法的な実力行使による闘争一般を意味する．狭義の暴力たる武力行使とサボタージュなど非武力的手段による実力行使の区別は別の問題文脈では重要であるが，この文脈では，言説の闘争を超えて自然状態の実力衝突を暴発させるものとしての「暴力」，法の破綻を暴き出す力としての「暴力」を問題にしており，この意味での暴力は両者を包摂する．

4)　この「敬譲」の概念は遵法義務を「敬譲の倫理（ethics of deference）」として解明しようとするフィリップ・ソウパーに負う［Cf. Soper 2002］．遵法義務論再興の関心からソウパーの敬譲の倫理に注目し検討するものとして，横濱 2003，横濱 2006，横濱 2016: 229-236 参照．

るのである[5]．自然状態を真に克服するには，国家の起源に社会契約を仮設するだけではすまず，この根源的な意味での法の支配の持続的追求が必要不可欠であることは，ホッブズもまた，あるいは人間的闘争の現実を見据えた彼のような思想家こそ，承認せざるをえないのである．

3 「政治の情況」と法の正統性

法の支配がかかる存在理由をもつことは，法の支配が法の「正統性 (legitimacy)」の保障条件であることを含意する．ここで言う法の正統性とは法の「正当性 (rightness)」，すなわち，対立競合する「正義の諸構想 (conceptions of justice)」のうち客観的に正しい（あるいは最良の）ものと法との合致とは異なる．この法の正統性の概念を理解するには，「政治の情況」を理解する必要がある．

ロールズは，正義の追求を必要かつ可能ならしめる前提条件たる「正義の情況 (the circumstances of justice)」として，資源の相対的希少性，能力の近似的平等などの「正義の客観的情況」に加えて，善き生の諸構想の多元的分裂という「正義の主観的情況」を挙げ，後者により，政治社会の基本構造をなす正義原理の善き生の特殊構想に対する独立正当化可能性と制約性（正義の善に対する優先性）が要請されるとした [Cf. Rawls 1971: 126-130 *et passim*]．これに対し，近年，規範的法実証主義の旗手の一人であるジェレミー・ウォルドロンは，善き生の諸構想のみならず正義構想自体が多元的に分裂し，それについての合意の不在にも拘らず，いずれかの正義構想を有権的に選択する政治的決定をなさざるをえないという「政治の情況 (the circumstances of politics)」こそが，多元的社会の根本的問題状況だと応酬した．彼は道徳から独立した法の実定性を重視する法実証主義の立場を，この問題状況への応答として，すなわち単なる法の記述と評価の認識論的区別を超えて多元的社会における政治的決定の正統性基

---

5) 現代の「闘技的民主主義 (agonistic democracy)」の潮流は民主的政治過程を，「異常」として排除されてきた多様な声が自己を表出し相克する闘争の舞台として捉える点では正当だが，「闘技」ゲームではない本物の闘争たる民主的闘争が勝者の正義に終わらないために法の支配がもつ根源的な重要性を無視・軽視している点で，致命的な欠陥をもつ．この欠陥は "agonistic" を「闘技的」などと訳して，「敵対的 (antagonistic)」と言葉の上で区別するだけで解消できるものではない．闘技的民主主義に対する批判的検討として，井上 1999: 212-225 参照．

盤の確保をめざすものとして，規範的に擁護する．そして，この観点から，「正義の優先性」の義務論的解釈たる「権利の優先性」によって民主的立法に対する違憲審査制の制約を擁護する従来のリベラルな立憲民主主義論に対し，「政治の情況」への不適格な応答とする批判を加え，権利構想を規定する正義構想の対立を公正に調整するために，民主的立法を司法的人権保障に優先させる「立法の尊厳」論を展開している［Cf. Waldron 1999a, Waldron 1999b］．

　政治の情況に対処しうる公正な政治的決定システムの構築が多元的社会の政治哲学の根本課題であり，法概念論・法理論もこの課題をいかに的確に果たしうるかという規範的テストによって評価され再構築さるべきだとする点で，ウォルドロンの問題提起は正しい．この問題は，その法哲学的意義を明確にするには，次のように再定式化さるべきである．多元的社会においては私的利益や個人的な信条の衝突を調整する「公共的」な価値基準を示す正義構想自体が多元的に分裂し競合している．そのいずれが正しいかは「一階の公共性」の問題である．これに関する合意の不在にも拘らず，否それゆえにこそ，政治社会が存立しうるためにはこれを裁断する集合的決定がなされなければならない．ここで「二階の公共性」の問題が発生する．すなわち，一階の公共性問題を裁断する決定に至る政治的闘争過程の敗者が，自己の正義構想に照らして不当とみなすこの政治的決定を，単なる勝者の正義，すなわち，勝者の私的利益や個人的見解の偽装としてではなく，自らが属する政治社会の公共的決定として承認してそれに敬譲を払うことは，いかにして可能なのか．一階の公共性をめぐって対立競合する正義構想のいずれが正しいかは「正当性」の問題であり，二階の公共性を構成するのが「正統性」である．法が多元的社会の公共的秩序たりうるためには，「正当性」を標榜するだけでは足りず，「正統性」をもたなければならない[6]．

　ウォルドロンの問題提起はこのように再定式化されうる限りで的確である．また，論争的な特定の実体的基本権を公理として設定して，違憲審査制をそれによって直截に正当化するような立場が，政治の情況への配慮を欠くものであ

---

6) 一階の公共性と二階の公共性の区別，およびその基礎となる公共性概念の再構成については，井上 2006b 参照．二階の公共性としての法の正統性の解明を課題として法概念論の再編の必要を説くものとして，本書第1章参照．

るという彼の批判も傾聴に値する．しかし，規範的法実証主義に立脚した民主的立法優位論という彼自身の解答は問題解決に失敗している．彼の理論の欠陥については，次節で触れ，さらに次章第2節3で詳論するが，ここでも，その要点にだけ触れておこう．

彼は多様な正義構想（およびそれが規定する権利構想）を広範に反映し，人々の政治的影響力を平等に最大化する点で民主的立法過程の司法過程に対する優位を主張するが，民主的立法過程の制度構想は多様であり，いかなる制度構想がこれらの点で公正といえるかは，それ自体，政治的資源の格差是正など分配的正義の問題にも関わる論争的主題で，あるべき民主的制度をめぐって単なる手続問題を超えた実体的正義構想が相剋する政治の情況が再現出する．手続への逃避の道は塞がれているのである．また，民主的立法優位論は主流派集団内部での権力のたらい回しを合理化する「勝者の正義」にすぎず，勝者となるチャンスのない構造的少数者に対して民主的立法過程の正統性を保障できないのではないかという問題については，少数者を配慮する政治文化なるものに期待するという以上の応答をなしえていない．

これらの欠陥は，民主政の優位の枠内で違憲審査制の役割を限定しようとする「熟議民主主義（deliberative democracy）」や，ブルース・アッカーマンの「二元的民主主義（dualist democracy）」にも見られるものである［熟議民主主義と二元的民主主義の欠陥に対する批判として，井上 2003a: 49-54，井上 2006b: 15-18 参照］．しかし，ウォルドロンは違憲審査制を原則的に否定し，民主的立法の尊厳をより強く主張するがゆえに，彼の理論においてこの問題点はより顕著に現れている．

4　法の支配の再編構想

既得権の合理化装置でも勝者の正義でもなく，政治的闘争によって産出される法の「正統性」の保障条件として法の支配の理念を再生させるためには，この理念はいかに再編さるべきか．旧著『法という企て』で提示した私の「正義への企てとしての法」という法概念論に依拠した法の支配の代替構想——法の支配の「理念化アプローチ」とそれに基づく法の支配の「強い構造的解釈」——は，まさにこの課題に応える試みである［井上 2003a 第1・2章参照］．しか

し，前章と本節で提示した法概念論と法の支配論との存在理由と課題を問い直し再定位する法哲学的「深層理論」，およびそれと私の法の支配の構想との関係を旧著では詳論していなかったので，従来の法の支配の諸構想に対する私の批判と代替構想の狙いと意義が十分理解されていなかった嫌いがある．次節で，私の法哲学的深層理論との関係を明確にする形で，法の支配についての自説を再定式化する．本節の締め括りとして，その骨子だけを素描しておきたい．

　上述したような「法の正統性」を保障しうるためには，法の支配の構想は次の二つの適格性条件を満たさなければならない．第一に，立法過程は政治闘争の戦場だが，既述のように立法過程を民主化するだけで正統性保障に十分ではない．民主的プロセスのあり方をめぐって政治的闘争が回避できず，あり方を争われている当の民主的プロセスにその解決を委ねるという循環論法に陥らず，かつ「多数の専制」という勝者の正義に帰着しないためには，法の支配の構想は，民主的プロセスにおける政治闘争の力学から独立してこれを制約し，その正統性を担保する規範原理を同定しなければならない．第二に，民主的プロセスを実体的に制約する憲法的人権の創出・同定・解釈をめぐる闘争についても，勝者の正義を超えた正統性を担保するためには，法の支配の構想は，論争的な特殊人権構想から独立し，これらの間の抗争を公正に制約する規範原理を同定しなければならない．

　民主的立法闘争に対する独立制約性と，主として人権保障をめぐる憲法闘争に対する独立制約性という，この二つの条件の間には緊張関係があり，両者をともに充足するのは容易ではない．専制に対する無力性を批判されてきた法の支配の「形式化」構想（形式的法治国家論と手続的自然法論）は，法内容を充塡する実体的価値選択を民主的政治部門の専権に属せしめて国民主権を貫徹する立場として再擁護されているが，かく解釈された形式化構想は後者の「対憲法制約」条件を充足せんとして前者の「対民主政制約」条件に反している．他方，形式化構想を批判してきた法の支配の「実体化」構想（自然権実定化型立憲主義と自然権編入型立憲主義）は前者を充足しようとして後者に反する．両者の間を進もうとする「プロセス化」構想（参加保障的・代表補強的違憲審査制論と熟議民主主義）は形式化構想と同じ欠陥を抱えるか，それを避けるべく「プロセス」の名の下に特殊人権構想を密輸入ないし再導入して実体化構想の

轍を踏む.

　従来の諸構想の挫折を克服し，上記の二条件を充足して，法の正統性保障の課題を的確に果たしうるのは，法の支配の「理念化」プロジェクトに立脚した「強い構造的解釈」である．それは，第一に，「正義への企てとしての法」の概念，および，対立競合する「正義の諸構想（conceptions of justice）」に対する共通の制約原理たる「正義概念（the concept of justice）」に立脚し，この法概念が含意する「正義審査への原権利（the proto-right to justice review）」の保障と，この正義概念が含意する「普遍化不可能な差別の排除」および「反転可能性要請」への法的決定の正当化根拠の適合性の保障に，法の支配の根本的意義を求める．そして，第二に，この普遍主義的正義理念のテストによる正義審査への原権利の保障要請として，特定の実体的人権から独立した法の支配の構造的諸原理の意義を再解釈し，実体化構想との間に一線を引きつつも，形式化構想が依拠する予見可能性保障よりもはるかに強い規範的統制力（民主的プロセスと特殊人権構想双方に対する独立制約性を備えた規範的統制力）を法の支配の理念に付与する．かく再編された法の支配の構想は，通常の立法闘争だけでなく人権を含む憲法原理を再解釈・再定義する闘争においても，対立する他者の視点への公正な配慮と批判的自己吟味の規律を勝者と敗者双方に課すことにより，正義構想をめぐる政治的闘争の法的決着が敗者にとって「正当性」はなくとも「正統性」をもつための必要不可欠の条件を保障する．

　以上の見解に対する一つの異論への応答をもって本節を締め括ろう．政治的闘争の不可避性という人間社会の条件を直視するなら，法の支配とは，勝者の正義を超えて，敗者と勝者を等しく規律する「法の正統性」の保障条件であり，民主的立法過程のみならず憲法の創出改変過程にも公正な政治競争の規律を課す理念として理解されなければならない．これが私の主張である．政治哲学者スティーヴン・ホームズは法の支配を論じた論考において，これとは異なる見解を示している．彼は「すべての正義は勝者の正義である（All justice is victor's justice.）」と断じた後，「しかし社会が一層民主化すれば，勝者がより多くなれば，法の鞭を実効的に振るえるほど強い市民の比率も増大する」として，そこに法の支配の望みをつないだ［Cf. Holmes 2003: 50］．勝者を増やし，その間の抑制と均衡を図ることで勝者の正義の不公正さを逓減させてゆく運動として法の

支配を捉える点で，彼は現実主義的だがシニカルではない改良主義者の姿勢をとろうとしているかに見える．しかし，勝者の数を増やすことで勝者の正義の悪弊を低減しようとするのは，問題を解決するというより，むしろ回避するものである．

まず，政治的勝者の数を増やす民主化の推進は被差別少数者に対する「多数の専制」を強化する危険を内包しているという周知の問題が依然残る．しかし，根本的問題は，むしろ彼の「政治的現実主義」の中途半端さにあり，政治的現実主義の不徹底ゆえに法の支配の理念の真の規範的意義を看過している点にある．ホームズは，敗者を力だけで抑圧し続けることができるという勝者の楽観と慢心に対しても現実主義的な距離をとるなら向き合わざるをえない問い，すなわち，「敗者に敬譲を要求しうる規範的根拠は何か」という問いを問うことをここで忘れている．

本節冒頭で，政治的現実主義の思想的淵源の一つであるホッブズが「最弱者も最強者を殺すことができる」という「自然的平等」のリアリティを見据えていたこと，この点を踏まえるなら，単なる強者の支配を授権する社会契約では自然状態のディレンマを解決できないことを指摘した．ホッブズが解決できなかった真の「ホッブズ問題」がここにある．このホッブズ問題を自覚する現実主義者なら，敗者の敬譲の規範的根拠の問いは回避不可能である．この問いをあえて問い，それに答えるために正当性と区別された正統性を法がもつ条件を探求することにより，法の支配の規範的理念性と政治的闘争の現実性とのより深い次元での接合を開示すること，これこそ法哲学者がなすべき仕事である．

第2節　法の支配の哲学的再定義とその現代的意義

1　なぜ「法の支配」が問われるのか

（1）　法の支配の原像

1990年代から進んだ政治改革や行政改革に続いて，2000年代に入ると司法改革が日本の「構造改革」の一環として進められた．本節3で後述するように，この司法改革の基本理念として「法の支配」が掲げられたため，日本において

も,「法の支配」は法学界や実務法曹界の専門用語であることを超えて,広く一般社会の関心を集める概念となった.しかし,「法の支配」とは何かが我が国において的確に理解されているとはいまだ言えない.これは一般市民だけではなく,法学者・法実務家などの専門家についても当てはまる.「法の支配」についての理解の貧困が,現代日本社会の構造的欠陥の一因をなしてきただけでなく,さらにはそれを是正する構造改革の提唱者たる専門家たち自身の問題認識の歪みをもたらしていると思われるからである.もちろん,「法の支配」については多くが語られ,書かれてきた.しかし,この理念の核心を捉えた議論は残念ながら少ない.それは「法の支配」の理念の根本的な存在理由・可能根拠についての反省が不十分なまま,この理念を単純化されたイデオロギー的図式で歪曲したり,あるいは逆にこの理念の法技術的含意にのみ目を奪われる傾向が法学者・法曹に強いことによる.本節では,法哲学の観点から,そもそもなぜ,何のために「法の支配」が問われなければならないのか,人の支配と法の支配を区別することがなぜ必要であり,それはいかにして可能なのかを再検討した上で,この理念に的確な内実を与える方途と,それが現代日本社会においてもつ含意を考えてみたい.

　法の支配の考察へ人を誘う「動機付け事例(motivating examples)」というものがある.これは,法の支配についての魅惑的な原像を与えるものである.法制史・比較法の教科書では,しばしば権利請願の起草者エドワード・クックが,法の支配の体現者であるかのごとく描写され,彼が援用したブラクトンの「国王は何人の下にもあらずといえども,神と法の下にはあるべし」という格言が法の支配の理念の古典的定式とみなされる.しかし,前節で触れ,本節でも後述するように,クックには身分的既得権保護としての中世の法の支配の観念の残滓がある.

　英米法圏の法学教育の場では,法の支配の説明の導入として「目覚めたフィリップ(Phillip Sober)」という逸話も使用される.居眠りして被告人の弁論を聞かずに有罪判決を下したマケドニアのフィリップ大王に対して,被告人が控訴すると言ったら,フィリップが「一体,誰から誰に控訴しようというのか(誰の決定への不服を誰に申し立てるのか)」と聞いた.至高の権力者である自分の決定を覆せる者などいないという前提からフィリップがこう反問したのは

言うまでもない．これに対して，被告人はこう答えたという．「耳を傾けなかったフィリップから，耳を傾けてくれるであろうフィリップへ控訴する」．クックへの偶像崇拝と結合した法の支配の系譜論よりも，この「目覚めたフィリップ」の逸話の方が私は気に入っている．しかし，これもせいぜいデュー・プロセスの重要性を述べたにすぎない．

　実は，私が旧著『法という企て』で紹介した鶴見俊輔の体験談，19歳のときの彼とドイツの文化人類学者パウル・レーザーとの東ボストン移民局の留置所における対話が，法の支配の理念の最も核心的な意義をえぐり出している［井上 2003a: 33-35 参照］．

　ナチの迫害を逃れて亡命してきたこのユダヤ人学者が，若き鶴見にナチの暴虐について問われたところ，ただ一言「遡及法を作るのが困る」と答えた．普通の若者なら「なんと瑣末な答えか」と失望するだろうが，鶴見は派手な言葉でナチの残虐を非難する米国のメディアと対照的に，レーザーが，「静かに，確かな定義を用いてナチスの批判をしたこと」に強い印象を受け，「その時その時の政治の潮流にのって，あれこれとふたしかなことを言うのとはちがう考え方」をそこに見出し，「右，左にかかわらず，こういう考え方が社会の根底にあることが大切だ」と述べている．

　鶴見がレーザーの言葉の中に見出したのは，左右の政治イデオロギーが激突する社会においてもなお政治権力の共通の「正統性」基盤を確保するために法の支配がもつ基底的な意義である．政治的権力闘争の帰結の変動に関わりなく，党派的イデオロギーを超えてそれを統制する，より基底的な「正統性」保障原理が「法の支配」である．政策や政治体制が抜本的に変えられてしまうような大きな政治変動によっても変わることのない何かが，「法の支配」と結びついている．一見形式的かつ瑣末に響くが，それが守られていることが，激しい政治的対立がある社会の中で共通の正統性基盤を保障する上で非常に重要な役割を果たすような一群の原理があり，遡及法の禁止もその一つである．鶴見がレーザーの言葉から得た感銘は，このように再定式化できるだろう．

（2） 法の支配と悪法問題――法の「正当性」と「正統性」

　ここに示唆されたような，政治的決定システムとそれが産出する法の「正統

性（legitimacy）」の問題への応答という観点から，「法の支配」の意義を再検討する必要がある．例えば，ある社会で，政争の結果，リバタリアン的な税制が採択されたとする．より平等主義的な福祉国家論者から見れば，この税制は分配的正義についての間違った構想に基づいており「正当性（rightness）」を欠く．しかし，後者の人々も，正規の立法手続を経て採択されたこの税制を，その内容を不当としつつも，単に一部の党派的勢力の私的意志の表出だとして無視することはできず，自分たちの社会の公共的な決定としてそれに「敬譲（deference）」を払うことが通常は期待されている．これは換言すれば，「正当性」を欠いた法も「正統性」を承認されうると想定されているということである．

しかし，この承認の調達は一体いかにして可能なのか．「正当」でない法を生む政治的決定は「正統」でもないと主張する個人または集団Xに対して，その決定がXの道徳的信念に反するにも拘らずなお「正統」であり，Xは敬譲を払うべきであることをXに承認させることは，そもそも，また，いかにして，可能なのか．法の支配の理念は，この可能根拠を示すものである．前節で論じたように，法の支配の探求とは，政治的決定の「正当性」をめぐって人々の間に先鋭な対立が存在する状況において，その対立を超えた「正統性」を政治的決定か保有しうるための条件の探求である．

この問題はまさに，法哲学の伝統的な「悪法問題」に連なっている．本書第1章で示したように，ケルゼンやハートなど20世紀の指導的な法実証主義者を含む現代の「記述的法実証主義者（descriptive legal positivists）」は，悪法問題を法の認識と法の評価の区別という認識論的な問題に矮小化してしまった．しかし，古来より悪法問題は，むしろきわめてactualな実践的・規範的含意を持つ問題であった．それを象徴的に示しているのがプラトンの対話篇『クリトン』である［プラトン 2005 参照］．なぜ，『ソクラテスの弁明』において，ソクラテスがその不当性を主張して譲らなかった死刑判決に，彼は『クリトン』において，友人クリトンの逃亡の懇請を振り切ってまで，従うべきであることを主張し，毒杯をあおいだ（死刑執行を受けた）のか．ここでソクラテスは，この遵法義務の根拠として，現代においても決して無視しえない重要な議論を，擬人化されたアテナイの法に語らせている．

同意を遵法義務の根拠にする社会契約説的議論も既にそこで提示されている．

戦時を除きアテナイから離れたことのないソクラテスは，祖国の決定に従うことに黙示的同意を与えたという議論である．また，アテナイに対する「恩」の議論も展開されている．これは現代ではフェア・プレイの議論として再構成されている．国政の権威を損なう行為は，自分が便益を享受してきた政治システムを維持する負担の拒否に他ならず，ある意味 free rider の行為で不公正であるという議論である．このような議論は，現代法哲学・政治哲学の遵法義務論や政治的責務論において依然重要性を持つ．

　このような悪法問題への応答として「法の支配」の理念を捉える見方は，フラーの「法内在道徳 (internal morality of law)」のモチーフでもある．本書第1章第3節3で触れたように，法と道徳の関係をめぐるハート=フラー論争において，フラーは，道徳的に批判さるべき法もなお市民の「忠誠 (fidelity)」を要求しうるだけの「正統性」をもちうる根拠として法内在道徳を捉え，これを法の「正当性」への批判の根拠となる法外在的な道徳的価値とは次元を異にした法内在道徳とし，法の支配の諸原理とされてきたものを，かかる法内在道徳として理解する視点を示した．ハートはこのフラーの問題意識自体を理解できなかった．法の認識・記述と法の「正当性」の評価との区別という記述的法実証主義のテーゼの枠内で問題を捉えることに固執したために，フラーの議論を単なる自然法論の焼き直しとして斥け，彼が提起した「法の正当性」と「悪法すらもつ法の正統性」との区別の問題を捨象してしまったのである．

　残念なことに，ハート=フラー論争では，「ハートが勝った」との見方が支配的となり，その結果，戦後法概念論は貧困化してしまった．悪法をもなお法として認めることの実践的・規範的根拠と限界条件の考察を棚上げにしたために，内容空疎な記述的一般化，瑣末な概念分析，そして本質主義的独断に，戦後法概念論は嵌まり込んでしまった．しかし，政治的責務と法概念論を再統合する動きが，ロナルド・ドゥオーキンや，フィリップ・ソウパーら法実証主義の外部にいる論客［cf. Dworkin 1986, Dworkin 2006, Soper 2002］だけでなく，記述的法実証主義を批判して，法と道徳の区別を悪法への違法義務の根拠の問題として捉え直す規範的法実証主義者たち (normative legal positivists) の間でも近年浮上するに及んで，この状況は克服されつつある［規範的法実証主義の立場の定式化については，Waldron 2001 参照］．

問題は，道徳的要請に照らして悪法とされる法も，単純に無視できない一定の規範的な重みをもつこと，我々に敬譲（deference）を要求しうる規範的比重をもつことはいかにして可能か，である．「法の支配」の理念が根源的な重要性をもつ理由は，それがこの「悪法問題」に対する応答の試みであることにある．

2 〈法の支配〉理念の再定位

(1) 立憲民主主義体制における法の支配のディレンマ

上述したような，法の「正統性」問題を的確に解明しえているか否かという観点から，法の支配をめぐり現在錯綜する様々な議論を整理し，再評価・批判・吟味することが可能であり，必要である．現代の立憲民主主義体制の文脈においては，「法の支配」をめぐる議論は，民主主義と違憲審査制による立憲主義的人権保障の葛藤の問題に焦点を置いている．以下では，この問題に即して，近時の議論に若干検討を加えた上で，法の正統性保障原理としての「法の支配」の理念の再定位の方向を示唆したい．

フラーの法内在道徳の理論のように，法の支配を遡及法の禁止など権力行使の予見可能性と法服従主体による行動の事前調整可能性とを保障する形式的原理に限定して解釈し，実質的価値選択を民主的政治過程に委ねる「形式化」プロジェクトと，憲法的権利を実体的自然権の実定化ないし実定法への編入として捉える「実体化」プロジェクトが伝統的に対立してきたが，前者は「多数の専制」に対する抑止機能が弱く，後者は民主的答責性がないか乏しい司法部が論争的な政治的価値の選択権能を民主的政治部門から簒奪する「司法の専制」の危険を孕むというディレンマがある．

このディレンマを克服しようとして，司法による違憲審査を民主的プロセスの健全な作動を保障するために不可欠のものに限定しようとするジョン・イーリーの参加促進・代表補強論［Cf. Ely 1981］や熟議民主主義（deliberative democracy）などの「プロセス化」プロジェクトが台頭した．しかし，これも結局，民主的プロセス保障の名のもとに実体的価値をなし崩し的に密輸入し，実体化プロジェクト以上に民主的政治過程への司法のパターナリスティックな介入を放縦化させるという問題を孕んでいる［形式化・実体化・プロセス化の比較検討に

ついては，井上 2003a: 45-54 参照］．

　近年，プロセス化のこの欠陥を民主主義の優位を貫徹する方向で克服しようとする理論動向がある［全般的概観として，阪口 2001 参照］．その主要な例として，立法尊厳論と二元的民主政論を以下で簡単に検討し，その上で私自身の「法の支配」の再編構想と具体化戦略を示したい．

(2)　「立法の尊厳（the dignity of legislation）」論の限界

　上述の正統性の問題に対して，まず誰もが思いつく答えは，民主的な手続的正義論である．政治的決定が産出する法が，その「正当性」を否認する人々に対してもなお，その「正統性」の承認を要求しうる根拠は，ひとえにその決定が民主的プロセスを経て到達されたことにあるというものである．この観点からすれば，法の支配とは民主的プロセスの保障であって，それを超えて，民主的立法を違憲として覆す司法審査を法の支配を具現する立憲主義の名で正当化することはできない．

　近年，規範的法実証主義の立場に立つ法哲学者ジェレミー・ウォルドロンは，この観点を全面に出し，違憲審査制の正統性を否認して，民主的立法の優位を強調する「立法の尊厳」論を展開している［Cf. Waldron 1999a, Waldron 1999b］．彼は，立憲主義的に保障されるべき少数者の人権・権利が何であるか自体が非常に論争的な問題であり，裁判所がこれについて民主的立法府より的確な判断ができると推定する根拠はなく，むしろ，民主的立法過程の方が社会の多様な価値観・対立諸利害をより的確に反映し，かつ，諸個人の政治的影響力の平等な最大化を保障するから，かかる権利の確定についても，民主的立法府に委ねるべきだとする．

　このウォルドロンの議論に対する，立ち入った批判は次章で試みる．ここでは基本的な問題点だけ指摘しておきたい．第一に，民主的プロセスのあり方自体が多様であり，どのような民主的プロセスが，その決定内容の正当性を否定する人々に対しても，敬譲を要求しうるような正統性を持つといえるのかは，それ自体きわめて論争的な問題である．例えば，選挙制度や政治資金規正のあり方をめぐる激しい論争を見れば，これは明らかである．正統性をもつ民主的プロセスが何であるかを民主的プロセスに訴えて解決するというのは循環論法

にすぎず，どこかで民主的プロセスから独立した価値理念に訴えるほかはないという問題がある．

　第二に，民主的プロセスを経れば，結果が不満であるとしても受容しうるのは，将来は勝つ可能性があるという場合である．立法過程はきわめて闘争的な過程である．勝者は自らの政策を立法化できるのでその結果を受容できる．しかし，敗者が，その法の内容が自らの信条に反するものの，自分たちの政治社会の公共的決定であるとして認知し勝者に敬譲を払いうるのは，自らが将来勝者になったとき，現在の勝者が同様に敬譲を払うであろうことが期待できる場合である．そのためには，勝者と敗者の地位が実際に変わりうるという条件，すなわち，現実的な反転可能性が民主的な政治的競争過程で存在する必要がある．しかし，いわゆる「孤立し他から截然と識別された少数者（insular and discrete minorities）」[7] については，この理屈は通用しにくい．かかる「構造的少数者」の保護については，やはり民主主義の議論のみでは足りず，司法審査制による立憲主義的人権保障が，敗者の観点から見た民主政の正統性保障のために必要である．

　さらに言えば，現代社会は多元的社会ではあるが，それは，単に価値観や理念が鋭く分裂しているのみならず，異なった価値観・利害を追求する諸集団のもつ政治的資源の間にも大きな格差がある．この意味において，単なる水平的な多元性ではなく，階層化された多元性の問題がある．この状況においては，豊富な政治的資源を調達しうる集団が民主的な立法過程の中で優位に立ち，構

7）　この言葉は，法の支配のプロセス化の提唱者の一人たるジョン・イーリーが依拠するキャローリーン・プロダクツ判決を起草した米国最高裁長官ハーラン・ストーンが，厳格な司法審査が例外的に要請される場合を列挙したその有名な「脚注4」で使用したものである．ストーンは表現の自由・集会結社の自由のような民主的政治過程の健全な作動に不可欠な政治的自由権の保護に加え，平等権保護に関しても，民主的政治過程で自己を実効的に保護できない無力な少数者に対する差別の排除が厳格な司法審査を要請すると考えたが，この言葉はアフリカ系アメリカ人を典型例として念頭において，かかる無力な少数者を指すために使われた［Cf. Ely 1981: 75-77］．現在では，一般に「周辺化された少数者（marginal minorities）」という言葉が使われているが，私は問題となる少数者の政治的無力性は，社会の周辺化によるというより，彼らを政治的に疎外する政治構造によると考えるので，「構造的少数者」という言葉を使用している（例えば，日本社会で「周辺」ではなく「中心」に置かれているはずの天皇・皇族も政治的に疎外され人権を剥奪された「構造的少数者」である［井上 2011［2001］: 第1章参照］）．なお，イーリーはこのような例外の承認は法の支配のプロセス化と両立するとみなしているが，私見ではこれはプロセスの名による実体的価値の密輸入である［井上 2003a: 48-49 参照］．

造的な弱者の問題がさらに深刻化する．したがって立法の尊厳の議論のみでは，正統性の問題に答えることができない．

(3) 立憲政治の闘争性――実体的立憲主義と二元論的立憲主義の限界

しかし，立憲主義的人権保障の正統性についても困難な問題がある．憲法的な権利を解釈・通用するプロセス，さらには改憲手続を発動して人権規定を創出・変更するプロセスは，きわめて論争的である．闘技的民主主義（agonistic democracy）は，民主的政治過程の闘争性を強調する[8]が，通常の議会を通じた立法過程と同様，あるいはそれ以上に，憲法の解釈・創設もまた「闘技的（agonistic）」なプロセスである．前節で触れ，次章でも論じるように，憲法闘争においても勝者と敗者が存在し，敗者がいかにして，この闘争の成果を自らの政治社会の公共的決定として受容しうるかという問題がある．

ここで問題となるのは，民主的立法を制約する立憲主義的人権保障を認めるか否かではない．かかる人権保障を認める論者の間でも，何がその人権に該当するかについて激しい論争があり，この権利問題を確定する闘争的プロセスにおいても勝者と敗者が生じ，敗者に対して，この闘争帰結を公共的決定として受容することを要求する根拠は何かが，問われている．

これに対して，ブルース・アッカーマンは，「通常政治（normal politics）」と「創憲政治（constitutional politics）」を区別する二元的民主政論（dualist democracy）によって答えている［Cf. Ackerman 1991］．彼は，実体的な権利が民主的プロセスから独立に与えられ，それが民主的プロセスを制約するという考えは，「我ら人民（We the People）」が主権者であるという米国の政治伝統に反すると

---

[8] 闘技的民主主義は「闘技的敬意（agonistic respect）」を重視する新ニーチェ主義の系譜に属し，ウィリアム・コノリーは代表的論客である［Cf. Connolly 1991］．この立場に対する批判的検討として，井上 1999: 212-225 参照．民主的政治過程の闘争性を強調する点で彼は正しいが，だからこそ要請される法の支配の要請に対し，異質な少数者を排除する「常軌化（normalization）」の一種として否定的な姿勢をとり，政治闘争に参与できる能力のある少数者とかかる能力を欠く少数者の区別に対する十分な配慮を欠いている点にその問題点の一つがある．「闘技（agonistics）」を「闘争（antagonism）」と区別して前者にルールによる規律の要素を付加することでこの問題を回避しようとする闘技的民主主義の「穏健化」の試みもあるようだが，もしその路線をとるなら，法の支配にイデオロギー批判を加えるだけでなく，政治闘争を規律する規範原理としての法の支配について積極的代替理論を構築する必要がある．「闘技」と「闘争」を言葉の上で区別するだけでは問題は解消しない．

して斥ける．しかし彼は，立法尊厳論やその他の違憲審査制を排斥ないし限定するような民主主義優位論とは一線を画し，違憲審査制の正統性を，我ら人民の主権的選択に訴えて擁護しようとした．その理論構成が二元的民主政論である．つまり，通常政治も創憲政治も，いずれも民主的プロセスであるが，後者が前者より質の高い，高次の民主的プロセスであり，憲法原理は後者の産物であるがゆえに，前者の産物たる通常立法を覆す根拠になるとした．

　アッカーマンは当初，通常政治は利益集団的なネゴの場であり，創憲政治は公共的価値を追求する熟議（deliberation）の場であるという区別をしていた．しかし後に，通常政治もまた，公共性を志向する熟議の場でありうることを認め，その上で，二種の政治過程の決定的な違いを，通常政治においては人民自身ではなく人民が選んだ代表者たちが熟議の場に登場するだけなのに対し，創憲政治においては，「我ら人民」自身が熟議の主体として登場する点に求めた．彼が二元的民主主義の基礎理論を提示した著作［Ackerman 1991］によれば，このような創憲政治が米国で実現したのは，連邦結成期・南北戦争後の再建期・ニューディール期の三度のみである．もっとも，近著では，1960年代から民主党政権下で始まり共和党ニクソン政権においても継承された「公民権革命（the Civil Rights Revolution）」も，ニューディールと同様，正規の憲法改正によらない創憲政治の貫徹とみなされている［Cf. Ackerman 2014］．いずれにせよ，創憲政治は2世紀に及ぶ米国憲政史上，三回か四回しか起こらなかった．単なる細かな憲法規定の改正ではなく，米国の政治構造の基本原理を国民的熟議を通じて変革する創憲政治は，政治の常態ではなく例外的な実践である．その結果として創造・変更された憲法原理は，「我ら人民」自身の熟議の産物である点で，その規範的権威が通常政治の産物たる立法より重い．裁判所がかかる憲法原理に訴えて後者の立法を違憲無効と判断することは「我ら人民」自身の価値判断への忠誠を示すものであって，人民主権原理を侵害するものではなくむしろ貫徹するものである．かくして立憲主義的な人権保障の正統性は人民主権原理自体に求められる．

　この議論は一見魅力的ではあるが，正統性の問題に答えてはいない．創憲政治という憲法闘争の敗者が，なぜ勝者の決定をさらなる創憲政治で覆すまでは受容すべきなのかにつき，彼は十分な答えを与えていない．まず，創憲政治を

同定するために様々な条件を与えているものの，それらは多分に抽象的で融通無碍な解釈を許すものである．特に，ニューディールや公民権革命などは正規の憲法改正があったわけではなく，前者では保守的司法積極主義を捨てた米国最高裁の方針転換が，後者では投票権法（Voting Rights Act）・公民権法（Civil Rights Act）・公正住宅供給法（Fair Housing Act）などの「画期的立法（Landmark Statutes）」が創憲政治の産物を具現するとされている．その背景に国民的熟議の遂行があったとされているが，その客観的・経験的指標が示されているわけではなく，結局，アッカーマンが通常の判決や通常政治のプロセスでは変えてほしくないと欲する判例や制定法規を固守しようとしているだけとの印象がある．通常の司法手続・立法手続による判例変更や法改正の「正統性」を否認するには，やはり当該の判例・立法を支える正規の憲法改正が必要である．

さらに，彼は，民主主義の優位性を強調するため，仮に創憲政治において草の根の保守として米国で強い勢力をもつ原理主義的ポピュリズムの運動が勝利し，修正1条を廃止してキリスト教を国教に定めたとしても，正統性を持つという [Cf. Ackerman 1991: 13-15]．そして，それに反対するリベラル派や宗教的少数者は，新たな創憲政治を始動させて勝てるまでは，服従すべきことを要求する．しかしこの議論は，米国において社会的にも政治的にも周辺化され宗教的少数者（例えばイスラム教徒）にとっては，「いつになるか分からないが，あなた方に寛大な善意のキリスト教徒の数が増えるまで耐えなさい」と言っているにすぎず，これで創憲政治の正統性の承認を要求することは難しいだろう．

（4） 法の正統性保障原理としての法の支配——「理念化」プロジェクトに向けて

以上に見たように，法の支配についての従来の諸理論は，民主的政治過程の正統性喪失の危険と立憲主義的人権保障の正統性喪失の危険のディレンマの克服に失敗している．しかし，従来の諸理論の失敗からの教訓として，価値観が多元的に分裂競合する社会において立憲民主体制の正統性を保障するために，法の支配の理論が満たすべき適格性条件を設定することができる．それは次の二つの条件である．

①民主的立法闘争に対する独立制約性： 法の支配の理論は，民主的立法プ

ロセスにおける政治的闘争の帰趨に左右されることなく，民主的プロセスの敗者もなおその決定に敬譲を払いうるよう，勝者の恣意を規範的に制約する原理を示さなければならない．

②憲法闘争に対する独立制約性：　法の支配の理論は，憲法闘争の敗者にとっても，その闘争の産物たる政治的決定の正統性を保障しうるものでなくてはならず，そのためには，個々の人権規定など具体的な憲法規定についての対立を超えて，対立抗争する人々が互いに他を公正に扱うことを要請する共通の規範的制約原理を示さなければならない．

上述した従来の法の支配の理論の欠陥が示すように，この二条件を同時に満たすことは決して容易ではない．形式化プロジェクトは①を満たさず，①を満たそうとした実体化プロジェクトは②を満たさず，民主的プロセスの優位を主張してこのディレンマを克服しようとしたプロセス化プロジェクトも，ディレンマの解消に失敗している．イーリーの参加促進・代表補強論は実体化に回帰し，ウォルドロンの民主的立法尊厳論は違憲審査制を否認することで②の要請を解消しようとしたが，①を満たしていない．さらに，アッカーマンの二元的民主政論は，①を満たすための憲法規範を高次の民主的プロセスたる創憲政治の産物とすることで①と②双方を満たそうとしたが，創憲政治を勝者の正義に還元し，②を満たしえていない．①と②をいかにして同時に満たすかは，法哲学の「悪法問題」に通じるアポリアである．しかし，まさにこのアポリアを解決することが，「法の支配」という理念の存在理由なのである．

私は，上記の二条件を満たす理論として，法の支配の「理念化」プロジェクトを旧著『法という企て』で提示した［井上 2003a: 第2章参照］．ここでは，本書第1章で提示した法概念論の再構築に関わる私の問題意識との連関が明確になるような仕方で，その主要なモチーフを再定式化したい．

第一に，この理論の法概念論的な基礎は，法実証主義や自然法論とも異なる，「正義への企て」としての法の概念である．正義への企てとしての法はこの企ての達成に失敗しうるという意味で，不正な法も法でありうるが，そもそもこの企てを引き受けようとしない支配体制，正義への志向性を内包しない支配体制は法ではない．換言すれば，法は単なる命令ではなく規範であり，しかも実際に正義適合的か否かに関わりなく，自らが正義適合的であるという主張にコ

ミットした規範である．

　ハートのような法実証主義者は，法と道徳を峻別しつつ，強盗の脅迫のような威嚇によって支持された命令として法を捉える主権者命令説の難点を避けるために，「第一次準則と第二次準則の結合」としての法の概念を提示したが，第二次準則と言えるものは強盗集団も持っており，不十分な説明である．つまり，法が体系的構造をもつというだけでは，強盗の脅迫と法の区別可能性を，自然法論に訴えることなしに示すという彼自身の課題に応えられない．この課題を遂行するには，命令の意味論的内容としての命法と当為としての規範との，より基底的な差異に注目しなければならない．当為は，命法のような単なる行為要求ではなく，行為要求が一定の理由によって正当化されているというクレームを含む．

　この「類的」特性に加え，規範一般から法を区別する「種差」は，その理由が正義適合的な理由であることである．悪法ですら法である限り，正義という理念に適った理由によって自己の要求が正当化されていることの承認への要求，すなわち，正義要求（claim to justice）を内包している．この正義要求が客観的に正当化可能か否かに拘りなく，正義要求をもつことが，悪法をも単なる「拡大された強盗の脅迫」から区別することを可能にする．欧州の諸言語では，法と正・権利は同じ言葉（Recht, droit など）で表される．この言語学的事実は，不正な法は法ではないということではなく，正義要求をもたない法は法たりえないことを意味するものと解すべきである．

　第二に，法が正義要求を内包することの論理的帰結として，法は自己の決定が正義適合的な理由によって正当化可能か否かを法服従主体が絶えず批判的に吟味するための経路，すなわち正義審査の制度的経路を開くことにコミットしている．換言すれば，法は，法に対する「正義審査への原権利（the proto-right to justice review）」を法服従主体に最小限何らかの形で保障することにコミットしている．かかる正義審査の原権利を完全に排除するならば，正義要求を内包しているとはもはや言えず，強盗の脅迫と区別できない．この正義審査への原権利は特定の実体的権利ではなく，かかる実体的権利を具体化する立法闘争や憲法闘争の帰結を批判的に再吟味する権利，いわば権利について絶えず問い直す権利であり，その意味で「原権利（Urrecht, proto-right）」である．

「法の支配」は，この法に対する正義審査への原権利の保障を核としている．上述の形式化と実体化のディレンマ，そしてプロセス化も形式化と実体化に両極分解するという問題を回避する手がかりの一つが，ここにある．持続的な正義審査への法の開放性は，法の「正当性」を否認する人々もまた法の「正統性」を承認しうるための不可欠の条件でもある．

　第三に，正義の概念（the concept of justice）と正義の諸構想（conceptions of justice）の区別が，正義審査への原権利の保障とともに法の正義要求の真摯性を担保し，正当性と区別された正統性を確保する上で，重要な意義をもつ．法が「正義への企て」であるとしても，何が正義かをめぐっては執拗な対立がある．権利の特定をめぐる争いも正義構想の対立である．しかし，異なった正義の諸構想が真に対立していると言えるのは，それらが同じ正義の概念についての対立競合する解釈だからである．正義構想間の鋭い対立の存在は，共通の正義概念の存在を含意している．そのような共通の正義概念の規範的核心は，普遍化不可能な差別（自己と他者との個体的同一性における差異に訴えることなしには正当化不可能な差別）の排除への要請である．

　この要請は「正しい正義構想」を一義的に特定はしないが，正義構想としての真摯性を欠くものを排除する強い規範的制約力をもつ．フリー・ライダー排除，二重基準排除，権利（rights）と区別された「既得権（vested interests）」の排除，集団的エゴイズム排除などがその強い規範的制約のコロラリーをなす．さらに，これらに通底する一般的コロラリーとして，反転可能性要請（公共的正当化可能性の要請）が含意される．反転可能性要請は，単に他者の状況的位置に自己を置くだけでなく，自己と信念体系を異にする他者の視点に立ったとしても，受容しうべき公共的理由（public reasons）によって，自己の他者に対する要求が正当化可能か否かの吟味を要請する．

　この共通の正義概念は，法を産出する政治的決定が，それを自己の正義構想に反するがゆえに「正当性」を欠くとみなす人々によっても，正当性をめぐる正義構想の対立を超えた「正統性」を承認されうるために満たすべき，規範的条件を設定する．正義審査への原権利の保障と並んで，特殊正義構想の対立を超えてそれを制約するこの普遍主義的正義概念が，法の正統性保障原理としての「法の支配」の指針をなす．

第四に，以上の観点から法の支配の内容を具体化する戦略として，「強い構造的解釈」を提示している．これは，法の支配の概念の「外延」（この概念の適用例となる具体的諸原理の集合）を形式化プロジェクトと共有し，特定の実体的権利構想・正義構想から独立した構造的諸原理に法の支配の具体化を求める点で，実体化プロジェクトと異なる．立法者意志に対する立法授権規範の先行性，立法の自己拘束性，法の一般性・明確性・無矛盾性・公開性・非遡及性・実行可能性・持続性・公権力拘束性などがかかる構造的原理の例である．しかし，形式化プロジェクトがこれらの構造的諸原理の意義・根拠を主として予見可能性保障・行動の事前調整可能性保障に求める「弱い構造的解釈」の立場に立つのに対し，「強い構造的解釈」は，法に対する正義審査への原権利を保障し，普遍主義的正義概念が課す法の公共的正当化理由の制約条件を担保するものとして，かかる構造的諸原理の意義を「改釈」して規範的に強化する．それはいわば，形式化プロジェクトを「外延的」に継承しつつ，「内包的」に改編強化する．この強い構造的解釈によって，法の支配をめぐる形式化と実体化のディレンマを克服することが可能になるとともに，法が「正当性」と区別された「正統性」をもつための条件を示すことができる．

　強い構造的解釈が法の支配の構造的諸原理の規範的実質を具体的にいかなる仕方で強化しうるのかについては，旧著『法という企て』第 2 章の説明［井上 2003a: 57-66］の参照を乞うが，参考までに，その骨子を要約した旧著の表を，一部表現改訂の上，右に再掲したい．この表は下辺がなく open-ended になっているが，これは法の支配の構造的原理として挙げた 10 の事例が，あくまで例示的列挙であって，制限的列挙ではないことを示すためである．

　以上のような法の支配の「理念化」構想は，立憲民主主義体制の具体的な制度設計を一義的に規定するものではないが，この体制のあり方をめぐる政治的闘争の産物たる政治的決定が，この闘争の敗者に対してもなお正統性をもちうるための規範的条件を示す．法の支配の構想は，強い規範的制約性をもつと同時に，特定の立憲民主体制の制度構想を超えた理念的な水準を保持しなければならない．法の支配は憲法創出権力の支配に還元されてはならない．憲法創出権力もまたそれに服するような，より高次の正統性保障原理を提示できなければ，法の支配は結局，力の支配の隠蔽合理化に堕してしまうからである．

構造的原理としての法の支配——二つの解釈モデル

法の支配の構造的原理	弱い解釈 ＝予見可能性・事前調整可能性の保障	強い解釈 ＝正義審査への原権利と法の普遍主義的正当化可能性の保障
授権法の立法者意思に対する優位	授権規範による立法主体・立法手続の明確な同定	授権根拠の普遍化可能性要請（世襲制・個人崇拝の排除）
立法の自己拘束性	正規の改正手続によらない法変更の禁止	立法者の free riding と二重基準的（御都合主義的）法変更の禁止、少数派に対する「反転可能性」のない差別・抑圧の禁止
法の一般性	規則的適用可能性	法令の正当化根拠の普遍化可能性
明確性	要件効果の明確性	正当化根拠の理解可能性
無矛盾性	適用遵守における両立可能性	正当化原理の全般的整合性
秘密法の禁止	法令の公布要求	立法の正当化根拠に関わる審議過程の公開と立法資料の情報開示
遡及法の禁止	要件事実発生に対する立法の時間的先行性	立法趣旨からの類推可能性・市民の自立的法解釈の保障
最低限の時間的持続性（朝令暮改の禁止）	立法の周知条件・履行条件の保障	特殊権益感応的・二重基準的な法変更の禁止、立法帰結の是非の公正な査定の要求
遵守可能性	履行可能性 （法は不能を強いず）	法的救済手段の利用者に対する障害除去・不利益処分の禁止 （法は欺かず）
法令と公権力の合致	超法規的権力行使の禁止	立法の正当化理由と政治的運用動機の乖離の排除 （中立的法言語による差別や特殊権益の公共性偽装の排除）

他方で，このような法の支配の「理念化」構想を，さらに具体化し強化するような，あるべき立憲民主主義体制の構想を発展させる理論的営為はもちろん必要である．私はそのような立憲民主主義の構想として，「批判的民主主義（critical democracy）」の構想を提示し，これを「反映的民主主義（reflectional democracy）」と対比し擁護している［これについては，井上 2011［2001］: 第 III 部，Inoue 2005a, Inoue 2015, 本書第 1 章「補論」，第 6 章第 2 節 5 参照］．しかし，誤解を避けるために，次の二点を強調したい．

第一に，繰り返しになるが，法の支配の理念化アプローチは，立憲民主主義の特定の制度構想に還元されるわけではなく，かかる制度構想を絶えず問い直し再吟味し続けるための理念的指針を示す．私の法の支配の理論は批判的民主主義論と論理的に同値ではなく，前者を肯定しながら後者を否定する可能性は論理的には開かれている．法の支配の理念化構想を具体化し強化する上で，反映的民主主義より批判的民主主義が優れていると私は考えるが，逆の評価も論理的にはありうるだろう．いずれの評価が正しいかは，正義概念が含意する反転可能性テストをパスした理由によってよりよく支持されるのがいずれかというような規範的議論と，政治制度設計が政治実践に対して持つ帰結・影響の経験的査定に依存し，論理法則でア・プリオリに決定されているわけではない．

第二に，法の支配が保障することを期待される法の正統性は，all or nothing という二値的なコードではなく，more or less legitimate という程度の差を許すスペクトラム的指標である．私は「反映的民主主義」のモデルよりも「批判的民主主義」のモデルの方が，法の支配が保障すべき「正統性」をより良き程度において実現すると考えるが，「反映的民主主義」が私の法の支配のモデルとまったく両立不可能で，正統性をまったく欠くとは考えていない．

3 現代日本社会における「構造改革理念」としての法の支配

正義審査保障と普遍主義的正義概念が含意する反転可能性要請・公共的正当化要請の担保とを核心として再定位された法の支配の理念は，現代日本社会の構造的欠陥の改革の指針としても根本的な重要性をもつ．答責性をもたないインフォーマルな権力の跋扈と，公共的正当化の不可能な特殊権益としての既得権の跋扈が現代日本社会の病理であると同時に，この病理を治癒する自己改革

を阻む障害にもなっており，正義審査保障は答責性なき権力の排除を要請し，普遍主義的正義概念は公共的正当化の不可能な特殊権益の排除を要請するからである．このような法の支配の理念を現代日本社会に貫徹し，その病理を克服する上で特に重要と思われる問題を以下で検討したい．

(1) 「法治国家」対「法の支配」の対比図式の問題性

　司法制度改革審議会意見書は，「この国のかたち」を変える構造改革の一環として司法改革を捉え，法の支配の理念をその指針にした．それが意味するところは，日本社会の紛争処理と秩序形成の様式を，行政主体の「事前規制」から司法主体の「事後規制」へ転換することである．そのために司法の人的インフラの拡充が必要であるとされ，法曹養成の促進のため法科大学院制度が導入された．

　同審議会の会長を務めた憲法学者佐藤幸治は，かかる司法改革の指針としての「法の支配（rule of law）」の理念を英米のコモン・ローの伝統に根ざすものとし，ドイツ型の「法治国家（Rechtsstaat）」思想との対比においてそれを性格付けている［佐藤 2002 参照］．佐藤によれば，ドイツ型「法治国家」は，強大な国家権力（特に，行政権力）が抽象的・一般的法命題を演繹的・下降的に適用して集権的に遂行する上からの秩序形成であるのに対し，英米法型「法の支配」は，市民が当事者として参加する具体的な争訟における司法の裁定の積み重ねを通して一般的な法準則が帰納的に発展させられる下からの秩序形成である．佐藤によれば，戦後憲法は英米法型の「法の支配」の精神を摂取したにも拘らず，統治の実態たる従来の日本型システムはドイツ型の法治国家思想に影響された行政主導の集権的な上からの秩序形成であり，それが人権保障の弱さを含めてこのシステムの機能不全を招いた．日本型システムのこの欠陥を克服するには，市民が当事者として参加する司法主導の英米型「法の支配」に秩序形成様式が転換されなければならない．

　実際には，佐藤は司法過程のみならず民主的立法過程も重視し，議院内閣制下の内閣の責任と指導性を強化する改革の必要も指摘しているし，法治国家と法の支配の対比モデル構成において佐藤が依拠した憲法学者土井真一も，この二つの秩序形成様式を相互排除的にではなく相補的に捉える視点を提示してい

る［土井 1998，土井 2006 参照］．しかし，「法治国家」と「法の支配」との上述のような「対比」自体が，ドイツ型「法治国家」と英米法型「法の支配」双方に対する学問的理解として問題を含むだけでなく，日本型システムの構造的問題の所在についての認識を歪めることにより，このシステムの構造改革のあるべき方向の的確な把握を妨げており，あるべき改革を推進する上で，上述したような法の支配の理念の再定位のもつ意義を見失わせる危険性を孕んでいる．そこで，この対比図式の問題点について，ここで検討しておきたい．

〈ⅰ〉 歴史的・思想史的・比較法的解釈図式としての不的確性

まず，ドイツ型「法治国家」と英米法型「法の支配」との上記の対比図式は歴史的・思想史的・比較法的解釈図式として，不的確である．

ドイツ型法治国家に帰された演繹的・下降的論理は，「概念法学」をパラダイムにしたものであろう．「概念法学」という言葉は批判者が否定的意味で使用するものだが，それが指示する対象は，歴史法学派の分派であるロマニステンのパンデクテン法学の方法論である．もっとも，概念法学的方法については，実質的利益衡量を排除したのではなく，それを演繹論理的法律構成の外皮にくるんだだけだと指摘されている［村上 1976: 148-151 参照］ように，概念法学という表象はその密教的実相を隠蔽する顕教的自己表出であるが．ここで重要な点は，概念法学が，統一的な制定法によって国家が上から秩序形成を強行する立場とではなく，逆に，それに反対する歴史法学派と結合していたことである．ティボーによる全ドイツ統一民法典編纂の提唱に反対したのは，パンデクテン法学の形成者サヴィニーだった．

このことの背景には，英国やフランスに比べ，19世紀前半のドイツでは近代的な集権的国家形成が遅れ，諸身分の間に権力が分散する中世的秩序の残滓がなお根強く残っていた——しかも，形骸化していたとはいえそれなりの統一性のシンボルだった神聖ローマ帝国も瓦解した——ため，近代的市民法秩序を体現した統一法典を身分的特権層の抵抗を排して制定し貫徹するだけの政治的権力基盤がなかったという事情がある．サヴィニーは，この状況で統一民法典を制定しても身分制秩序との妥協を余儀なくされ中途半端なものになることを予想したため，立法者に代わって法学者が『ローマ法大全』の「学説彙纂」の

法命題を素材としつつ，それを知的に加工し，論理的一貫性・完結性をもった私法体系を合理的に構成することが必要だと考えたと言われている[9]．このことを踏まえた上で，次の点を指摘できる．

第一に，概念法学と呼ばれる「演繹的」ないし「形式論理的」な法学方法論は，強大な超越的国家権力による上からの秩序形成の産物ではなく，むしろ，かかる国家権力が未確立の状況において，身分制社会に代わる合理化された近代市民法秩序を学説法によって形成しようとする知的営為の産物であった．

第二に，この近代市民法秩序は「私的自治」の体系であり，行政権力による社会統制の強化とは対立する．概念法学的方法は後にドイツ公法理論に摂取され法治国家概念と結合するが，公法における法治国家概念も，市民の権利を制約する侵害行政を法律の制約に服せしめる「法律による行政」の原理を核にしていた．英米法でも概念法学に対応する「形式主義（formalism）」が19世紀の「厳格法（strict law）」の時代に支配的になったが，これも経済社会に対する恣意的な政府介入の抑制を目的としていたことがこれとの関連で想起されてよい．

第三に，身分的特権をもつ社会勢力の抵抗を排して改革を断行できる強力な近代国家形成が19世紀前半のドイツにおいても進んでいたなら，サヴィニーも統一民法典編纂に反対しなかったであろうが，このことは，私的自治を核とする近代市民法秩序と強い国家権力とを対立的に捉える見方が誤りであることを示している．身分制社会の桎梏から個人を解放し，自由かつ対等な主体としての諸個人が交渉と合意によって相互の法律関係を自律的に形成できる秩序を確立し維持するには，これを妨害する諸々の中間的社会勢力を制圧しうるだけの強い権力をもった「主権的」国家が必要なのである．強い国家イコール行政国家ではない．私的自治を尊重する司法国家も強い国家でなければならない．

第四に，まさに司法国家も強い国家であるがゆえに，国家権力の濫用の危険

---

9) この点はドイツ法学者村上淳一によって夙に指摘されている．「ヴィーン体制下において国民的統一の主張が政治的自由主義と不可分に結びついていたことは周知の通りであって，政治的統一は要求しないまでも立法の統一を求めるティボーの主張は実際上ほとんど実現困難であったと思われる．かりにヴィーン体制の下で法典編纂が可能になったとすれば，その内容は，おそらく市民階級の期待に反して旧秩序を反映したものとなったであろう．それゆえ，サヴィニーの主張の意味は，政治的にはヴィーン体制と妥協しながら，法律学によって市民階級の要請にこたえうる統一的な私法体系を形成することにあったと言えよう」［村上 1976: 141-142］．同旨の議論の敷衍として，村上 1983: 21-35 参照．

は常にある．行政権力の濫用の危険だけでなく，それを統制する司法権力の濫用の危険もある．概念法学は実際には形式論理を超えた実質的利益衡量もしていたが，それにも拘らず「概念的演繹」・「形式論理」・「文理」などを重視したのは，法律を執行する行政権力の裁量を制約してその濫用を抑止すると同時に，行政権力の法律適合性をチェックする司法権力自体の濫用をも抑止するために，法律の厳格な解釈の必要を強調するためであった．

要するに，上記の対比図式はドイツ型「法治国家」を不当に暗黒化し，近代市民社会秩序形成においてそれがもつ意義を捨象している．他方，それは，「法の支配」の母胎とされた英米のコモン・ローの伝統を美化しすぎている．

英米法における法の支配の歴史的淵源の一つとされるマグナ・カルタの承認を国王に強いたのは，貴族や富裕な商人などの特権階級である．中世型システムとは，集権化された「主権国家」がなく，自立的諸勢力が分立割拠し相互の間で抑制と均衡を図るものである．君主権力も相対的に強いとはいえ，この相互抑制システムの一要素にすぎない．自立的諸勢力が実力で獲得し保持してきた身分的既得権を君主が無視ないし簒奪するなら，君主に対してもこれらの勢力が連携して立ち上がり，実力で君主を押さえ込む．マグナ・カルタと結び付けられる抵抗権思想は，普遍主義的人権ではなく身分的特権に基づくこのような中世的システムに根ざしている．同じことは大陸のモナルコマキ（暴君討伐論者）についても言える．ドイツでも，君主権力を制約する身分的既得権の総体としての「良き旧き法」の観念が，近世に至るまで根強い影響力をもっていたと言われている［村上 1979 参照］．

英米法において法の支配が身分制秩序と歴史的に結合していたことは，それが集権化された国家権力による専制を抑止した反面，身分差別自体の悪弊に加えて，身分的特権をもつ自立的中間勢力による個人への社会的専制（とりわけ教会勢力による宗教迫害）を跋扈させるという暗黒面ももっていたことを意味する．権利請願の起草者クックは，コモン・ロー的な「法の支配」の思想の模範的体現者として偶像化されているが，彼が教会勢力の異端審問権を擁護した事実は，英米型「法の支配」の暗黒面を象徴している．前節冒頭で示したように，逆説的に聞こえるかもしれないが，このようなクックの法言説の欺瞞性を暴露し批判したのは，専制的国家の擁護者と通常みなされているホッブズであ

る.

　ホッブズにとって自然状態は，単なる理論的な仮想状態ではない．万人の万人に対する闘争状態は，大陸の三十年戦争や英国のピューリタン革命期の宗教的内乱等，彼が生きた時代の宗教戦争状態として実在していた．宗教的狂熱に駆られた自立的諸勢力間の血なまぐさい闘争を抑制し，個人の最小限の自然権たる自己保存権を万人に保障するためには，かかる諸勢力を統制するだけの強大な実力をもった国家権力（リヴァイアサン）の樹立が必要であった．国王の勅令によって廃止されたはずの管区司教の異端審問権を擁護したクックのコモン・ロー的解釈論法は，この最低限の個人の人権を蹂躙する旧き封建的システムの詭弁的な護教論にすぎなかった．

　個人の人権を封建的諸勢力による蹂躙から実効的に保護するために強力な主権国家が必要であることを自覚して社会契約説を展開したホッブズだからこそ，かかる主権国家を敵視するコモン・ロー宣教師が，すべての個人の人権を保障するためではなく，逆に，かかる普遍的人権を侵害する身分制的特権配分秩序を保護するために，「国王は何人の下にもあらずといえども神と法の下にはあり」というブラクトンの格言に示されるような「法の支配」の理念を操作していることを見抜いたのである [Cf. Hobbes 1971 [1681]].

　英国思想史において，ホッブズのコモン・ロー批判は，ベンサムに最大の後継者を見出す．批判対象はクックからブラックストーンに変わり，批判の根拠は個人の自然権としての自己保存権から功利主義の最大幸福原理に変わった．しかし，大衆の福利を犠牲にして一部の特権層の既得権を擁護する因習を神聖化するようなコモン・ロー学者の釈義操作を批判し，社会的福利を最大化する社会改革を主権者の立法権力に期待した点で，ベンサムの視点はホッブズのそれと重なる［ベンサムのこの視点を「法の脱神秘化（the demystification of the law）」という観点から検討するものとして，Hart 1982: 21-39 参照］.

　実際，英国国制の現実の発展を見ても，議会主権の確立とともに，コモン・ローを操作する司法ではなく，立法改革を推進する議会が社会秩序形成の主役になった．議院内閣制下での議会主権体制，いわゆるウェストミンスター型民主政は権力を単一政党政権に集中統合させるが，同時に責任も集中統合し，政権交代を促進して，権力の腐敗をチェックする [Cf. Inoue 2005a]．インゲボル

ク・マウスは，カントの抵抗権否認論を啓蒙専制護教論としてではなく，近代的な国民主権原理を貫徹する理論として再解釈して擁護し，抵抗権思想と結び付けられる英国コモン・ローの伝統の封建的基盤を批判したが，議会主権確立後の英国については，彼女がカントに帰した近代的国民主権原理を徹底させた国制としてこれを高く評価している．彼女のカント解釈はいささか牽強付会の感があるが，英国のコモン・ローの伝統の封建的基盤に対する批判や，議会主権確立後の英国国制の変容に関する指摘は的確と言える［Cf. Maus 1992］．

〈ⅱ〉「日本型システム」の改革指針としての不的確性

上記の対比図式は，既述のように，日本型システムの病因をドイツ型「法治国家」の影響に求め，それに対する治療手段を英米型「法の支配」に求める見方と結合している．これは，行政主導の事前規制から司法主導の事後規制へという司法改革の目的に関する現在の支配的見解につながっている．この支配的見解は，さらに，21 世紀初頭における次のような現代日本の問題状況の理解に基づいている（以下の記述は，メディア等で伝えられるこの問題理解を私が再構成したものである）．

　　霞ヶ関の官僚が強大な規制権力を行使して，国政から地方行政に至るまで集権的に統制・管理し，「護送船団」的パターナリズムを日本社会に浸透させてしまった結果，様々な不効率・浪費が蔓延して財政が悪化し，日本の国際的競争力も低下してしまった．米国や英国は 1980 年代に，レーガノミックスやサッチャーリズムによって，官僚化・集権化・保護主義化した福祉国家の病理を克服するために，「大きな政府」を縮減し，自由競争・自己責任に基づく市場経済の活性化を図った結果，強い競争力を回復し，アングロサクソン型資本主義のルネサンスをもたらしているが，日本はバブル崩壊後もかかる構造改革を怠って「失われた十年」[10]を徒過したため，危機が深刻化した．さらに官僚のパターナリズムへの依存体質が国民にも瀰漫した結果，

---

10) 「失われた十年」は司法制度改革審議会の最終意見書が出た 2000 年代初頭に流通した表現であり，日本の停滞が長引くにつれて，この言葉がその後，「失われた二十年」，「失われた三十年」と変わっていったのは周知の事実である．

人々の自発的行動力や責任感が弱まり，自分たちは単なる統治の客体ではなく統治の主体であるという市民意識も希薄化した．この状況を克服するには，行政の規制権力を縮減し，「官」のパターナリズムから，「民」としての市場経済と市民社会が自立する必要がある．

このような構造改革言説が広く流布しているが，これは真の病巣を隠すものである．市場経済と市民社会のあり方が現代日本において，いびつであるということはその通りだが，その原因を集権的な官僚支配や福祉国家の肥大に求めることは的を失している[11]．

官僚支配の神話については，既に70年代に政治学者によって，日本はむしろ「政高官低」であることが指摘されてきた．この場合，「政」とは政治家，その中でも特に有力な族議員たちである．現在では「党高政低」という言葉の方がよく使われるが，そこでの「政」は政府，すなわち内閣と官僚であり，「党」とは法案に対する与党審査で強い影響力を振るう有力族議員である．「政高官低」も「党高政低」も官僚に対する族議員の支配を意味する点では同じである．官僚を牛耳る族議員はさらに，その「票田」ないし「地盤」となる業界・地元・後援会組織などの利益集団によって支配されている．かかる利益集団は「組織票」と組織的な政治資金供給力によって族議員を支配し，族議員を介して官僚を支配する．

日本の官僚がなしえたことは，種々の利益集団の既得権の調整にすぎず，時にかかる調整すら，利益集団内ないし利益集団間の協議に丸投げする．官僚が既得権構造を切り崩すことは到底できなかった．だからこそ，米国の市場開放要求といった「外圧」を，通産省などの経済官僚がむしろ頼みの綱にすることすらあったのである．官僚の「天下り」は彼らがかかる利益集団に取り込まれていること，すなわち彼らの「強さ」ではなく，「弱さ」の象徴である．

中央集権の実態も，税収は三割自治で支出は七割自治と言われるように，中央で集めた税金を地方の利益集団にばら撒くもので，地方は「地元」の組織票

---

[11] 「法治国家」と「法の支配」の対比論は集権的官僚支配批判を核にしており，福祉国家批判は必ずしも含意しないが，事前規制から事後規制へという司法改革目的論が財界筋などから提唱されるときは，自己責任性の強調に「福祉国家病」批判がからめられることも多い．

で多選させた有力族議員を介して中央官庁に対し利益配分要求を「ゴリ押し」する政治力をもっていた．トクヴィルは地方固有の事柄に中央が介入する「行政的中央集権」から，国全体の利害に関わる問題についての政策を中央が地域エゴの抵抗を排して貫徹する「政治的（ないし統治的）中央集権」を区別したが，この区別に即して言えば，日本型システムにおいては行政的中央集権の外観が，政治的中央集権の弱さを隠蔽している．

　福祉国家病の神話について言えば，日本は，正規の社会保障支出の予算比率では欧米先進産業諸国に比べむしろ「小さい政府」であった．日本が大きな政府であると言われた理由は，公共事業支出の大きさである．この公共事業垂れ流しの構造も実は上述の利益集団支配の帰結である．必要性・効率性・経済的波及効果が疑わしい公共事業の多くが地方で行われていることも地元に利益誘導する族議員の圧力に官僚が抵抗できないことの帰結，すなわち政治的中央集権の弱さの帰結である．

　要するに，日本型システムの問題性は，中央の行政官僚が強い規制権力を集権的に振るってきたことではない．むしろ，逆に諸々の特殊権益・既得権に対する強い公共的規制権力を中央官庁が欠いていたことが日本の構造的問題を生んだだけでなく，「失われた何十年」という表現が示すような構造改革能力の欠如の原因をなしていた．その根本的要因は，個人と国家の間に介在する「中間共同体」が異端者・批判者を排除する同調圧力を内部で振るう「内部的専制」だけでなく，強固な政治力もつ組織的利益集団として日本の政治過程を牛耳る「外部的専制」をもたらしてきたことにある．

　すなわち，日本型システムの真の病巣は，個人の権利を抑圧するだけでなく，国家の公共的規制権力も掘り崩す中間共同体の専制にある．「霞ヶ関の官僚の支配」というイメージ，そしてそれと連なった，強大な行政権力による上からの秩序形成としてのドイツ型「法治国家」としての日本の統治システムのイメージは，この根本的な問題を隠蔽するものである［以上について，本書第 6 章第 2 節 2-4，井上 2003b 参照］．

(2) 構造改革理念としての「法の支配」と「法治国家」の再統合

〈ⅰ〉「毅然たる法治国家」に向けて

「法治国家」と「法の支配」の対比図式に対する前節での批判的検討から，次のことが確認できる．

第一に，コモン・ロー的「法の支配」は美化されてはならず，これを身分的・封建的特権保護という歴史的基盤から切り離して，すべての個人の権利の普遍主義的保護の理念へと批判的に再編する必要がある．身分制社会に代わる市民社会においても，具体的紛争の解決を通じた司法による帰納的秩序形成は，身分的特権に換えて，一部の市民の普遍化不可能な特殊権益・既得権にすぎないものを一般社会にコスト転嫁して保護する帰結に導きやすい［いわゆる「日本型司法積極主義」の陥穽に即して，この問題を説明するものとして，本節 3 (2)〈ⅱ〉，本書第 6 章第 3 節 3 (3) 参照］．

ルソーの一般意思概念と結合した「法の一般性」の要請は単なる予見可能性要請ではなく，かかる特殊権益の排除の要請であり，法の支配の理念を普遍主義的に貫徹する上で民主的立法の重要性を含意している［Rousseau 1964 [1762]: 371-375, 井上 2003a: 16-23 参照］．もちろん民主的立法も「多数の専制」や特殊権益保護の手段になる危険性はある．だからこそ，普遍化可能性要請が司法と司法を統制する立法とをともに拘束する理念として貫徹されなければならない．普遍主義的正義理念に依拠した法の支配の「理念化」プロジェクトは，司法による帰納的法形成が陥りやすい特殊主義的欠陥，しかもそれをチェックする民主的立法にも浸潤しうるこの欠陥を是正して，「法の支配」を批判的に再編する方向を示している．

第二に，普遍主義的に再編された「法の支配」を，様々な中間的社会勢力の特権・既得権を排して社会に貫徹するには，かかる中間勢力に普遍主義的な法の支配の規律を貫徹させうるだけの強い意志と権力をもった国家が必要である．「法の支配」を強い「法治国家」と対立的に捉えるのは誤りであり，強い「法治国家」があってはじめて，社会における「法の支配」の普遍主義的貫徹が可能になるのである．

第三に，戦後日本社会は身分社会ではなく，個の尊厳と平等は戦後憲法の基

本原理であるが，現実に生成した日本型システムにおいては，個人と国家の間に介在する諸々の中間共同体が個人と国家双方に対して強い統制力（内部的専制圧力と外部的専制圧力）をもつ社会的権力体となり，かかる中間共同体の政治力の相互的な牽制と均衡によってそれらの特殊権益が調整され既得権として確保されている．これは機能的・構造的に見るなら，ドイツ型「法治国家」よりむしろ，コモン・ロー型「法の支配」と結合した中世的な自立的中間権力の分立割拠システムに近似している．日本型システムの問題性は前者より後者との近似性にある以上，後者に自己改革の範型を求めるのは適切ではない［日本社会の構造的病理としての中間共同体の専制を検討するものとして，井上 2011［2001］，井上 2017［2008］: 80-86 参照］．

　むしろ，中間的共同体の内部的専制圧力からすべての個人の権利を保護するとともに，中間的共同体の特殊権益追求に対する国家の公共的規制権力を再生・強化することが焦眉の課題である．すなわち，本節で示したような「理念化」プロジェクトに従って「法の支配」の理念を普遍主義的に再編するとともに，この理念を中間共同体の政治的抵抗を排して貫徹しうるだけの強い国家を確立すること，この意味で「法の支配」と「法治国家」を統合することが日本の構造改革の指針とならなければならない．

　「法の支配」と「法治国家」をこのように統合した理念を「毅然たる法治国家」と呼びたい．「毅然たる法治国家」への日本の構造改革を具体化するには，日本の立憲民主体制の実態の改革が必要である．これは，民主的政治過程において組織的利益集団が振るう強固な政治的拒否権を剝奪して，民主政の公共的価値形成機能を強化するように民主的意思決定システムを再編するとともに，特殊権益を超えた普遍主義的に正当化可能な人権については政治的組織力の有無強弱に関わりなくすべての個人・少数者に無差別公平にこれを保障しうるように司法の人権保障機能を強化する方向への改革である．立憲民主体制のこの改革構想として私は「批判的民主主義」の構想を「反映的民主主義」との対比において提示している［井上 2011［2001］，本書第 1 章「補論」，第 6 章第 2 節 5 参照］．誤解を避けるために一言だけすれば，これは憲法の根本的改正の要請ではない．むしろ，ウェストミンスター型民主政に適合的な議院内閣制と米国型の違憲審査制を結合させた日本国憲法の立憲民主体制像は批判的民主主義の構

想を先取している．しかし，「談合政治」とも呼ばれるような利益集団政治と司法の違憲審査回避の実態は憲法の理念を裏切ってきた．戦後憲法の立憲民主体制理念を「批判的民主主義」の構想へと反省的に再構成し，現実のそれからの乖離を是正することが必要なのである．

　このような「毅然たる法治国家」への日本の構造改革は，その一環としての司法改革の目的を再定義することを要請している．立ち入った考察は本書第6章で行うが，ここでは骨子だけ示しておきたい．

　司法改革の意義・目的についての従前の支配的見解は，「大きな政府のための小さな司法から，小さな政府のための大きな司法へ」という標語に要約できる．すなわち，これまでの日本は行政主導で秩序形成する「大きな政府」だったから司法は小さくてよかったが，これが機能不全に陥ったいま，行政の権限を縮小して「小さな政府」にすると同時に，その秩序形成機能を肩代わりするために，これまで小さかった司法を拡大しなければならない，という理解である．

　既述のように，日本型システムの問題と解決策のこのような理解は不的確である．このシステムの真の問題は，中間共同体の専制を抑止する力において，政府も司法もともに弱かったことである．政府の弱さについては既に触れたが，司法もまた，かかる中間共同体の内部的専制から個人の人権を救済することに消極的な傾向が強かったし，その集団的特殊権益追求に対しても寛大で，その政治力を不当に強化する諸要因（例えば投票価値の不平等）の是正についても消極的であった．

　この問題を解決するには，中間集団による特殊権益追求に対する政府（ここでは立法府と行政府を指す）の公共的規制権力を強化することが必要であるが，司法もまた二重の意味で強化されなければならない．すなわち，司法は人権の名の下に特殊権益の保護を求めるような救済要求は，毅然としてこれを斥ける一方で，強化された政府の公共的規制権力がその本来の目的を外れて濫用されないよう，すなわち特殊権益の公共的規制が普遍主義的に確保さるべき人権の侵害にまで踏み越えないよう，政府に対する違憲審査のような司法審査権能を毅然として行使するだけの強さを鍛えなければならない．標語的に表現すれば，「弱い政府と弱い司法の馴れ合いから，強い政府と強い司法の競争的発展へ」

が，あるべき司法改革の理念なのである．

〈ⅱ〉 市民社会の成熟と法の支配

最後に，日本において市民社会を成熟させていく上で，「法の支配」がもつ意義について，簡単に論及しておきたい．市民が「統治の客体」意識から離脱して「統治の主体」に成熟すべきだとする司法制度改革審議会意見書にも示された見解には，もちろん異存はない．問題は「統治の主体」の意味である．市民社会が成熟するには，市民が単に「統治の権力主体」になるだけでなく，「統治の責任主体」にならなければならない．

統治主体としての市民の「責任」というと，現代の「公民的共和主義者（civic republicans）」が強調する「公民的徳性（civic virtue）」がまず想起されるだろう．これは統治過程に参与する負担・犠牲を厭わず自発的に引き受ける資質・能力である．これを人間の「徳」とみなすのは，政治的人間の生き方が非政治的人間の生き方よりも優れた生き方であるといういささか抹香くさい道徳主義——現代法哲学・政治哲学の用語では「卓越主義（perfectionism）」——の含意をもつ限りでは危険である．

しかし，自由で民主的な体制を守るために統治を監視し批判的に制御する責任を他者に転嫁して，自分はこの体制がもたらす自由の便益だけを享受するのは普遍主義的正義理念に反するフリー・ライダー的行為であるがゆえに，統治過程に参与する最低限の負担を引き受けることを誰もが公正の責務として要請されるという意味において，公民的徳性を再解釈するならば，かかる徳性の陶冶は市民社会の成熟のためにたしかに必要である．この点を認めた上で，さらなる重要な留保が付加されなければならない．公民的徳性は必要条件ではあっても十分条件ではない．統治主体としての市民の責任は公民的徳性に還元しつくされない次元をもつ．

公民的徳性が豊かで統治過程に積極的・意欲的に参加する市民が，社会全体から見れば狭い特定集団の利益にすぎないものを社会全体にコスト転嫁して追求する集団的エゴイズムに駆られ，しかも自分たちの集団的特殊権益（我々の利益）を公共的利益（みんなの利益）と自己欺瞞的にみなす「擬似公共性の罠」に囚われることはめずらしくない．特異な美意識や人生理想を公権力によ

って他者に強制しようとする独善性に駆られることも多い．皮肉なことに，このような擬似公共化された集団的エゴイズムや独善的な宣教師的情熱が，自分と利害・価値関心を異にする他者，「仲間である我々」とは異なる「彼ら」への公正な配慮よりも，人々を政治参加に強く動機付ける誘因になる．異質な他者としての「彼ら」への公正さの責務の自覚が生む自己批判的謙抑性は，政治運動の勢いを殺ぐものとして敵視されさえする．

　しかし，利害と価値観が先鋭に対立する多元的社会において，政治的決定（およびそれが産出する法）が公共的な正統性をもつためには，異質な他者への公正な配慮の責任を市民が相互に引き受けることが必要である．公民的徳性が反公共的な政治的能動性に堕さないためには，「我々」ではない「彼ら」としての他者への配慮責任の引き受けが必要不可欠である．この意味での責任の遂行は，市民が統治の責任主体として成熟するための必須条件をなす［公共性問題の観点から，以上の点を敷衍するものとして，井上 2006b 参照］．

　この他者配慮責任の遂行は言うは易く行うは難しい．統治過程に参加する人々の「自己規律」や「意識的努力」に期待して済むものではない．我々はみな，自己欺瞞の天才である．「我々の利益」は「私の利益」以上のものであるがゆえに，「彼ら」を犠牲にした集団的エゴイズムであっても擬似公共的利益として立ち現れ，「我々の価値」はいかに偏狭かつ独善的な信条であったとしても，「私の仲間たち」の熱烈な支持があるゆえに，その独善性が見えなくなる．他者配慮責任は，配慮さるべき他者からの追及に身を晒すことでしか担保されない．すなわち，他者配慮責任は他者に対する「答責性（accountability）」を担保することなしには担保されない．

　ここで言う「答責性」とは，現在通俗的に言われている「説明責任」よりも強いものである（「説明責任」は accountability の訳語としても不適切である）．第一に，それは何らかの「評価機関」への説明責任ではなく，まさに，自らが政治的影響力を行使して勝ち得た政治的決定によって不利に扱われる人々，すなわち自己の要求実現のコストを転嫁される他者からの批判的審問への応答の責任である．第二に，それは単に「説明すること（accounting for）」で済む責任ではなく，「負債がその者の勘定（account）に帰属せしめられること」，すなわち，当該決定の負の帰結に対して何らかの「責め」ないし制裁を負わされ

ることを含意する．政治家・官僚などの場合は落選・解任の可能性である．政治運動等で当該決定に影響力を振るう個人・集団の場合は，民意とか世論という匿名の権威に自己を隠して責任転嫁することを許さず，彼ら自身の政治的行動に対して彼ら自身の名において社会的な非難を受ける可能性である．

政治権力や政治的影響力を行使しながら，このような「答責性」を免れるならば，いかなる主体も堕落する．政治家・官僚だけでなく，政治過程に能動的に参与する個人・集団についても然りである．アクトン卿の「絶対的権力は絶対的に堕落する」という法則は，まさに答責性なき権力の堕落の必然性を意味している．この法則から免れた主体はどこにもいない．

本節で再定位した「法の支配」は，この「答責性」を保障する原理でもある．それは，自己の他者に対する要求がその他者の視点から見ても受容しうべき公共的理由によって正当化可能か否かを自己批判的に吟味することをすべての主体に要請する普遍主義的正義理念に立脚すると同時に，法を産出する政治的決定がこのような公共的正当化可能性をもつか否かを批判的に審問し再検討する「正義審査への原権利」を法服従主体に保障する．これは，まさに，他者への公正さの配慮の責務を他者に対する答責性の制度化によって担保することを意味する．

市民が統治の責任主体として成熟するには，答責性保障原理としての法の支配が市民自身にも貫徹されなければならない．市民がこの意味での法の支配を超えた絶対的主権者になるなら，民主政は最悪の専制政治になるだろう．統治主体としての市民に法の支配が貫徹されるためには，民主的政治過程が答責性なき利益集団に壟断されることを排除するような民主的意思決定システムの改革が必要である．批判的民主主義の構想はこの問題への応答である．しかし，それだけでなく，司法のあり方の改革も必要である．司法もまた，法形成に市民が参加する場として機能するからである．

この点で，「日本型司法積極主義」の再検討が必要である［この問題についての論議として，フット 1995，フット 2006，野崎 2003 参照］．日本の裁判所は違憲審査については，違憲判断回避傾向が強く，その「司法消極主義」の姿勢が批判されてきた．しかし，違憲判断を伴わない形では，日本の司法は立法に先んじた法創造をしばしば積極的に行ってきており，米国の比較法学者によって，

これが「日本型司法積極主義」と呼ばれている．日本の司法は「新しい権利」の承認に消極的だとの批判もあるが，国際比較で言えば必ずしもそうではない．問題はその評価である．男女定年差別問題など，雇用機会均等法以前に司法が救済を与えた例もあるが，交通事故死損害賠償において逸失利益算定基準の性別格差をルール化したりもした（最近これは修正の動きがある）．さらに，日照権・景観権保護などにおいては，既得権・特殊権益を超えた普遍化可能な権利と言えるのか否かが疑わしい要求を安易に認める傾向もある．

　重要なことは，利害対立が複雑で広範に及ぶ社会的紛争について，司法が立法過程をバイパスして積極的に法創造を行うのは，答責性保障の観点から慎重でなければならないという点である．かかる問題に関する決定は，訴訟に当事者として参加していない，あるいは参加できない人々の利害にも重大な影響を与える．これらの人々は判決によって重大な影響を受けるにも拘らず，それを批判的に統制する機会をもたないのである．いわゆる「政策形成訴訟」に原告として参加する者は「市民の代表」を自任しているだろうが，「市民」は一枚岩ではなく，利害や価値関心は市民の中で分裂・対立している．原告団は対立競合している多様な市民の声の一部を反映しているにすぎない．

　このような問題について特定の権利要求をする者は，複雑多様な声がぶつかり合いながら討議を通じて集合的決定に至る民主的立法過程の試練を経なければならず，司法は安易に救済を与えて民主的立法過程をバイパスすることを許すべきではない．これを許すなら，一部の者が自己の特殊権益を「市民の声」を詐称して要求する「市民的反公共性」に，日本型司法積極主義は共犯として加担することになる．

　司法が積極的に救済を与える必要があるのは，民主的立法過程においては多数派の偏見等により侵害されやすい被差別少数者や個人の憲法的人権である．憲法的人権保障のために，司法が違憲審査権能を毅然と行使することは，民主的意思決定が多数の専制に堕さずに少数者に対して「答責性」をもつために，むしろ必要なのである．正統な違憲審査権能の行使において消極的であるのに，本来民主的立法過程に委ねるべき問題について積極的法創造をする「日本型司法積極主義」は，倒錯しているだけでなく，答責性保障としての法の支配の理念に反する．

これに関連して付言すれば，行政事件訴訟法の改正により，行政を司法過程で審査・是正する市民の武器が強化・拡大されたが，法律による行政の原理の貫徹や行政処分に対する違憲審査の強化がこれにより図られるなら望ましい．しかし，それを超えて，一部の市民が民主的立法過程をバイパスして自らの政治的要求を手っ取り早く実現する手段としてこれを濫用し，かつ司法がそのような濫用を許すとしたら，これは民主主義も法の支配も危うくするものである．

先に批判的に検討した「法治国家」と「法の支配」の対比図式は，司法による帰納的法形成を市民による下からの民主的秩序形成として是認する見解を含意している．これまでの議論により，この見解に次のような批判的留保を付すことができる．もし，この見解が違憲審査を超えた司法的法創造をも積極的に是認するとしたら，それは日本における法の支配の確立と民主的市民社会の成熟をむしろ阻むものと言わなければならない．

結語を述べる時がきた．本節全体の論旨は明らかだと思うので，それを要約する代わりに次の一点を強調しておきたい．

民主主義と法の支配との緊張関係は法理論・政治理論の積年のテーマであるが，両者は権力の答責性保障という原理によって統合可能である．このような統合のためには，民主主義の構想と法の支配の構想がともに答責性保障の観点から再定位されなければならない．法の支配の「理念化」プロジェクト，そしてそれを具体化するための批判的民主主義の構想は，そのような再定位に向けた私の試みである．

補　論　戦後法理論の原点と「法の支配」論争

戦後日本の法学の原点をなす問題は，敗戦によって崩壊した過去の政治体制に，またその下での法学自体のあり方に対して，いかに向き合い，いかに自己を再定義するかであった．この問題をめぐって，二つの原理的な論争が闘わされた．これらは海外の学説対立状況の紹介を超えた内発的論争という意味で「国産論争」とも呼ばれた．政治体制の根本原理に関わるのが「ノモス論争」であり，法学の方法論的基礎に関わるのが「科学としての法学」の可能性と限界に関する論争で，「法解釈論争」はその一部であった．いずれについても，

法哲学者——前者においては我が恩師の恩師，尾高朝雄，後者には我が恩師，碧海純一——が論争の中核に存在し，これらの論争は法哲学自体の自己再定義をめぐる論争と直結した．現在の地点から振り返ってみるなら，私のこれまでの研究生活は，これらの論争の問題意識を私なりに受け止め，発展させることに向けられていたとも言える．ここでは，法の支配の問題に直結するノモス論争を中心に回顧してみたい．

1 ノモス論争の主題——国体問題の法哲学的基層

ノモス論争[12]とは，法哲学者尾高朝雄と憲法学者宮沢俊義との間の，政治体制の同一性を規定する根本原理の同定，および戦前日本と戦後日本の体制的な連続と断絶をめぐる論争である．戦後初期においては，「国体は変わったか」という問題は，戦前の旧体制を根本的に否定した上で戦後の新体制を創出するのか，旧体制の「良き遺産」を戦後体制においても継承発展させてゆくのかをめぐる対立や，敗戦後の国民的自尊の基盤を何に求めるのかをめぐる対立に関わっていたため，哲学者和辻哲郎と憲法学者佐々木惣一など，他の知識人の間でも論争主題になっただけでなく，現実政治の文脈でも，激しい論議の的であった．尾高と宮沢のノモス論争は，かかる国体論争の一環ではあったが，しかし，それに還元されない法哲学的問題にも関わっていた［両者の見解，応酬については，尾高 1954，宮沢 1967 参照］．

宮沢は，国体とは国の政治のあり方を究極的に決定する権力，すなわち主権を誰がもつかによって規定されるという立場から，神権天皇制原理に立つ明治憲法体制と，国民主権原理に立つ戦後憲法体制との間には，後者が前者の改正手続に従って制定されたという形式的な法的連続性によっては埋めることのできない実質的断絶があり，国体は変更されたとした．さらに，神権天皇制から国民主権への国体変革は新憲法制定以前に，「日本国民の自由に表明せる意思による政府の樹立」を求めたポツダム宣言の受諾によって遂行されたとする

---

[12] 尾高のノモス主権論をめぐる尾高=宮沢論争を「ノモス論争」と略称する語法は，私が1970年代半ばに東京大学法学部で学部生として受講した芦部信喜教授の「国法学」の授業で学んだものである．一種の「密教的なジャーゴン」かもしれないが，いま一般的に使われている「尾高=宮沢論争」という言葉より，係争点が「法（ノモス）の支配」にあったことを明確にしているので，この言葉を使うことにしたい．

「八月革命説」を唱えた．これに対し，尾高は，「誰が主権をもつか」を決定的問題とみなす宮沢の立場を，法を超えた権力が法を作ることを承認することにより，法の支配を否定して，統治を人の支配に還元するものだとして批判し，超法的法創造主体としての主権者の概念に代えて，あらゆる人間の権力意志を統制する法＝ノモス (*nomos*) そのものに至高性 (sovereignty) を帰する「ノモス主権論」を唱えた．さらに，明治憲法体制における天皇という存在は超法的な無制約な権力主体ではなく，「常に正しい統治の理念」を具現する象徴であり，ノモス主権はそこでも貫徹されていたとして，ノモス主権としての国体の戦前・戦後を通じた連続性を主張した．

2 八月革命説と人権論の不協和音

宮沢の八月革命説は，カール・シュミットの憲法改正限界論に依拠している．シュミットは，憲法改正手続によって改正可能な憲法律（Verfassungsgesetz）と改正不可能な憲法それ自体（Verfassung）とを区別して，憲法改正権の限界を承認したが，その限界を画する憲法の根本原理の根拠を前国家的・超実定的に妥当する自然法にではなく，憲法改正権力を超えた制憲権力——シエイエスの表現に従えば，「憲法によって構成された権力 (pouvoir constitué)」にすぎない憲法改正権力を拘束しうる「憲法を構成する権力 (pouvoir constituant)」たる制憲権力——としての「政治的実存」の決断に求めた［Cf. Schmitt 1993［1928］］．明治憲法の神権天皇制原理は明治憲法の改正手続に従っても改正不可能な根本原理であるがゆえに，それを否定した新憲法と明治憲法との間に法的連続性は成立しないという宮沢の八月革命説の立論は，シュミットの憲法改正限界論のこの論理を忠実になぞったものである．

もっとも，宮沢はシュミットと対立したハンス・ケルゼンの純粋法学からも一定の影響を受けている．たしかに，ケルゼンの立場からは超法的な主権者の概念は否定される．しかし，ケルゼンにおいても，主権概念を「法化」する理論装置たる「根本規範（Grundnorm）」は，「歴史上最初の憲法の制定者の意志に従え」という形式的な授権規範であり，しかも，「歴史上最初の憲法」とは文字通りの最初の憲法ではなく，過去の憲法との法的連続性を革命によって断ち切られた憲法を意味しており，実定法体系の「同一性」の根拠はその頂点た

る現憲法と法的連続性をもつ限りでの始原的憲法の制定者，すなわち，現体制を創設した革命の父祖（the Founding Fathers）という人間（人間集団）の意志に存する．根本規範は実定法体系の同一性根拠ではなく，始原的憲法創設者たる政治主体の意志によって同一性を保障された規範体系に，事後的かつ白紙委任的に法的妥当性を付与するための理論的仮構にすぎない［Cf. Kelsen 1960: 196-227］．「国体」の同一性は政治のあり方を最終的に決定する権力の所在によって規定されるという宮沢の見解は，ケルゼンにも理論的支柱をもっていたのである．

憲法解釈論の次元では，宮沢は基本的人権に対する「公共の福祉」の外在制約性を否定して，「人権は人権のためにのみ制約される」とする内在制約説を唱え，世界の法哲学界で1970年代以降大きな影響力をもったロナルド・ドゥオーキンの「権利を真剣に受け止める（Taking Rights Seriously）」という立場［Cf. Dworkin 1977］を萌芽的・先駆的に展開したとも評しうる「顔」をもっていた．その権利論には功利主義への回収を許す曖昧性もあったことを私は指摘している［井上 1986: 第3章付説1参照］が，少なくとも日本の法学界では彼は人権尊重派の指導的論客としての地位を占めた．しかし，皮肉にも，その法哲学的基盤をなしたのは，国家権力を超えた客観的価値としての人権理念へのコミットメントではなく，法の支配を究極的権力主体の意志の支配に還元するシュミット的決断主義と，価値相対主義を貫徹するケルゼン的法実証主義であった．

要するに，「権力の恣意を超えた価値だから，人権を尊重する」というのではなく，「戦前体制を打倒した新しい支配権力が制定した新しい実定憲法が人権を尊重しろと言っているから，憲法解釈では人権を尊重する」というのが宮沢の思想である．

3 ノモス主権論の規範的無力性

他方，尾高はノモス主権の概念によって，時々の支配的権力主体の恣意に左右されない法の支配を志向しながら，戦前の天皇制も理念の次元でノモス主権にコミットしていたとしてこれを擁護することにより，戦後民主主義が時代精神として昂揚する当時の状況において，「天皇制護教論」――宮沢流に言えば，「天皇制のアポロギヤ」――という烙印を押され，彼の「法の支配」への志向

性は真面目に受け止められずに終わった．

　権力なき権威としての天皇存在と政治的権力主体を区別し，前者の権威にノモス主権の拠り所を求めたとしても，天皇の権威が軍事権力の暴走の合理化装置として利用された大日本帝国の現実は，かえってノモス主権という尾高の法の支配の理念の無力性・無内容性を晒すことになった．宮沢との論争の過程で，尾高は，彼の天皇制擁護論は「二千年来の伝統と考えられている国家組織の根本性格をここでまったく変えられてしまうことに対する，無言の反発」をなだめようとする「『政治的な』老婆心のあらわれ」であることを認めつつも，これは二次的目的にすぎず，「マイト・イズ・ライト」（力こそ正義）という「実力決定論」を超えた法の支配を擁護するというノモス主権論の法哲学的核心に関わるものではないとして，自己の立場を再擁護しようとした［尾高 1954: 203-204 参照］．しかし，人間の恣意を超えた正しき統治への志向を「心構え」とした尾高の表現を捉えて，宮沢がまさにそれは単なる「心がまえ」にすぎず，政治体制の構成原理としての内実をもたないと批判したのに対して，尾高はまともに応えることはできなかった．

4　ノモス論争の「ねじれ」は解かれたか

　人権尊重論を指導する憲法学者が，価値相対主義に依拠し，人権を規定する憲法の至高性の根拠を，憲法を創出する政治的実力主体の意志的決断に求めて，法の支配の理念を単なる「心がまえ」としてシニカルに揶揄する一方，法の支配の擁護をめざす法哲学者が，天皇制護教論や「心構え」論を超えた法の支配の規範的実質を示しえなかったというノモス論争の構図は，立憲主義的人権保障が政治権力を法の支配に服せしめる企てであることを考えるなら，まことに奇妙な「ねじれ」を示している．その後，日本の憲法理論・法哲学の世界では，戦後西ドイツにおける自然法の再生の運動などの影響を受けて，憲法の人権規定が憲法改正権力の限界をなすことの根拠を，制憲権力の意志にではなく，人権規定が前国家的に妥当する自然権の実定化であることに求める「法の支配の実体化」によって，このねじれを解くことが試みられた．

　しかし，何が憲法に実定化さるべき自然権であるかは，きわめて論争的な問題である．これは価値相対主義の問題だけでなく，「法の支配」の「人の支配」

への再還元という問題を孕む．「占領軍による押し付け憲法」論は，主権回復後半世紀以上過ぎても憲法改正ができなかったのは，まさに国民の多数が現憲法を支持してきたからであるという事実によって一蹴できるとしても，人権規定を含めた現憲法の内容を不当と批判する人々に対して現憲法の正統性を擁護する根拠を「国民多数派の意志」に求めるなら，それもまた「人の支配」ではないか．現憲法の正統性根拠をその内容の正しさに求める者も，現憲法の正しさを否認する者に現憲法を押し付けうるのは現憲法の実定性ゆえだとするなら，それもまた「勝者の正義（victor's justice）」という「人の支配」にすぎないではないか．これは，護憲論・改憲論の党派的対立の次元を超えた，法の支配の原理的可能性に関わる問題である．法の支配の実体化論はこの問題に答ええていない．

　前章や本章前節で見たように，欧米では，法の支配の実体化論の困難に対処するために，ジョン・イーリーの参加保障・代表補強アプローチ［Cf. Ely 1981］や，熟議民主主義（deliberative democracy）に依拠して，立憲主義とその基礎をなす法の支配の理念を民主主義のプロセスの公正性保障原理として捉える立場が1980年代以降，影響力を増した．また，近年では，規範的法実証主義の台頭とも連動して，民主的立法の司法的人権保障に対する優位を強調する立場から，法の支配の形式化やプロセス化を再擁護する動向も有力化しつつある．これらの理論潮流は日本の法理論にも影響を与えている．しかし，プロセス化論はプロセスの名において実体的価値を密輸入しているだけで，実体化論の困難を克服するものではなく，民主的立法優位論は「多数の専制」という「人の支配」の危険性を回避できず，民主的立法を産出する民主的プロセスのあるべき形態をめぐる論争の解決を民主的立法に委ねるという循環論法，あるいは結論先取の誤謬に陥る．ノモス論争のねじれを解くことは，決して容易ではないのである．

5　「正義への企てとしての法」の理論は何を企てているか

　旧著『法という企て』［井上 2003a］と本書において，私は法の支配についての形式化，実体化，プロセス化という従来の三つのアプローチの難点を摘示し，それらの限界を超えて法の支配の理念を再編強化するために，「理念化プロジ

ェクト」を提唱している．これは，異なる正義構想を追求する政治的諸勢力の対立と権力の変動を貫通して統治の正義志向性を保障するために，正義審査への原権利の保障と立法根拠の普遍化可能性・反転可能性の保障という規範的実質を法の支配の理念に付与し，その具体化戦略として法の支配の「強い構造的解釈」を提示するものである．これは，上述した戦後から現在までの論争史の文脈に位置付けてみるなら，いまだ解かれざる「ノモス論争のねじれ」を解き，尾高が試みて果たせなかった法の支配の理念の再生のプロジェクトを深化発展させる企てである．

　このような法の支配の理論の法哲学的基礎をなすのは，「正義への企てとしての法」という法概念である．その核心は「不正な法も法でありうるが，正義要求——正義適合性の承認への要求——の真摯性の条件を欠くものはもはや法ではない」いう命題に要約され，自然法論と法実証主義の対立を超えた法概念論の第三の道を開こうとするものである．この法概念規定と，その基底にある正義論の構築へと私を向かわせた問題意識の淵源は，戦後法哲学のもう一つの原点たる法理論の科学化をめぐる論争であった．この論争で中心的役割を果たした恩師，碧海純一が分析哲学の立場から伝統的法哲学に加えたラディカルな批判は，私に大きな影響を与えるとともに，特に次の二つの点で，それを乗り越える理論構築へと向かう問題意識を私に植え付けた．

　第一に，碧海は価値情緒説の立場から価値相対主義を貫徹し，正義への法哲学の問題関心を価値判断のメタ倫理的分析に限定し，規範的正義論から退却させてしまったが，これは正義論と法概念論という二大分野を内包する法哲学を「半身麻痺」させるものであった．私は助手論文「規範と法命題」[井上 1985-1987]においてメタ倫理学における非認識説を批判して代替的な規範理論と法命題の理論を提示した後，1971年にロールズの『正義論』[Rawls 1971]が刊行されて以来復活した規範的正義論の理論的発展，特にロールズが等閑に付した対立競合する正義の特殊構想に通底する共通の正義概念の規範的実質と豊穣な含意の分析の深化に努めてきた．後期ロールズが政治的リベラリズムに転向した後，正義論の規範的牙が抜去される傾向が再び台頭しつつあるいま，正義論の再生の問題はなお切実性を失っていない．

　第二に，碧海は対立競合する伝統的法概念論が本質主義という共通の誤謬を

犯しているとトータルに批判する爆弾的問題提起を行い，法概念規定を規約的定義の問題とする唯名論的法概念論を提唱した．その積極的主張である規約定義論は，法現象が提起し理論的解明を要する実質的問題から法概念論を退却させて瑣末化するものだが，本質主義批判は自然法論だけでなく，法の認識と評価を区別するH・L・A・ハート以降の記述的法実証主義の欠陥をも暴露する問題提起力をなお備えている．記述的法実証主義にも巣食う本質主義的独断を超えるには，「法の正当性と区別された法の正統性の規範的根拠は何か」という問いとして，すなわち，価値観が先鋭に対立する政治社会における公共的秩序としての法の存立可能性を問う問いとして，悪法問題を捉え直し，この古来からのアポリアを解決する法概念論の構築を法哲学は自己の課題として引き受ける必要がある．「正義への企てとしての法」という私の法概念論の構想は何よりもまずこの課題を遂行する企てであり，法の支配の理念の再生の試みはその一部である．

　以上，若干「自分史」的な省察も交えて，ノモス論争の意義を再考した．戦後法理論の原点をなすこの論争において，法の支配の可能根拠に関わる法哲学的に根本的な問題が提起されながら，対立構図の不毛なねじれにより問題が棚上げされたまま放置されていること，このねじれを解きほぐし，法の支配はいかにして可能かという問いとまともに向き合うことは，現在の法哲学・法理論の未済の知的債務であること，以上のことを多少とも示せたとすれば幸いである．

第3章
立憲主義の哲学的再編

　これまでの議論を振り返ろう．立憲主義とは，法の支配の理念を憲法に具現して発展させる企てである——この命題が本書の出発点をなした．この命題の意義を明らかにするためには，まず法の支配の理念が解明されなければならない．しかしまた，法の支配の理念を的確に理解するには，「人の支配」にはない「法の支配」の特別な規範的権威の淵源となる「法」の概念が解明されなければならない．ところが，従来の法哲学は，ここで求められているような法概念と法の支配の理念の十分な解明を提供してきたとは言えない．このような問題意識から，第1章で法概念論の再構築を，第2章で法の支配の理念の再定位を試みた．
　第1章では，法の支配の規範的権威の根拠となる法そのものの規範的権威が，法の「正当性」ではなく，その「正統性」に存し，不当な法もなお正統性をもつことはいかにして可能かという問いの探究こそが法概念論の課題であることを示した．その上で，「正義への企てとしての法」という私の法概念論的立場を，この課題を遂行する試みとして位置付けた．第2章では，この法概念論的基礎に立って，法の支配の理念を再検討した．実定法の「正当性」をめぐって人々の価値判断が先鋭に対立する政治社会において，法の支配とは，実定法を産出する政治的闘争の敗者にもなお，産物たる実定法の「正統性」の承認を要求することを可能にするような公正な政治的競争のルールを確立し，政治的闘争をこのルールの支配に服せしめる企てである．この観点から，従来の法の支配の理論を批判的に検討し，法の支配の「理念化プロジェクト」と「強い構造的解釈」という私自身の立場を提示した．

以上のような理路を経て,「立憲主義とは,法の支配の理念を憲法に具現して発展させる企てである」という命題の解明に必要な法の支配の理念とその法概念論的前提との考察を前二章で行ってきたが,原理的問題がもう一つ残されている.憲法が法の支配の理念を具現することはいかにして可能か,という問題である.第2章で示したように,憲法は通常の立法の正統性を保障するための民主的政治競争のルールとみなされているが,憲法自体がその創設・改廃だけでなく解釈運用についても先鋭な政治的闘争の的にされている.立憲主義は「法の支配を憲法に具現して発展させる企て」であるという主張は,憲法を生成する政治的闘争の勝者の支配という「人の支配」を隠蔽するイデオロギーにすぎないという批判は常になされうるし,実際なされている.私もアッカーマンの二元的民主主義論はこの批判に応え得ていないという指摘をした.

この批判に応えるためには,憲法を生成発展させる政治的闘争がその敗者にも「敬譲」を,すなわち,この闘争の産物たる憲法の正統性の承認を要請しうるための規範的条件を解明しなければならない.これは,憲法が特定の党派によりその支配の道具として私物化されず,対立競合する政治勢力の間で公正な政治的競争の公共的ルールとして尊重されるのはいかにして可能かという問題であり,その意味で憲法の公共性の問題とも言える.立憲主義の法哲学基礎を検討する第Ⅰ部を締め括るために,本章では,立憲主義に向けられる根源的懐疑の位置と重要性を示した上で,この懐疑に応えるために向き合うべきこの問題,憲法が政治的諸党派の抗争を律する公共的規範としての正統性をもつことはいかにして可能かという問題を考察する.

第1節　立憲主義への根源的懐疑

1　皮相的「押し付け」批判から根源的「押し付け」批判へ

1946年11月3日に公布,翌年5月3日に施行された日本国憲法は,還暦どころか,古希も過ぎている.憲法が還暦を迎えた頃を思い出してみると,人間なら,赤ん坊を象徴する「赤いチャンチャンコ」を着て,第二の人生への出発を祝ってもらえるはずだったが,改憲論が政治的に高揚する中,祝福慶賀の声

より,「憲法バッシング」の声の方が喧しかった. 60年生きた憲法に敬意の念を表するどころか, これを昂然と侮蔑するような態度が横行していた.「戦後憲法は紙屑だ」などと吐き捨てるように言う言動が, 右派知識人や草の根保守の民衆の間に見られただけではない. 憲法が統制する公権力の担い手たる首相や閣僚たちも, 靖国神社公式参拝を執拗に繰り返し, 憲法の政教分離原則をまさに「紙屑」扱いしていた.

　古希を過ぎたいまは,「憲法バッシング」の音量は下がったかに見えるが, 憲法への侮蔑が弱まったわけではない. 安倍政権は憲法96条改変で憲法改正のハードルを下げることに失敗した後, 集団的自衛権行使を解禁する安保法制の制定を解釈改憲の拡大により押し通したが, 憲法改正手続をバイパスして改憲の実をとるこのやり方は, 憲法の規範性に対するより深い侮蔑を表出している. その後, それを追認するために, 憲法9条2項を変更しないまま自衛隊を認知するというヌエ的な改憲の方向を示しているが, これは「自衛隊は戦力ではない」という永年の解釈改憲の嘘を憲法自体に書き込む試みで, 憲法への侮蔑はここに極まれり, という感がある. 第4章で述べるように, 専守防衛・個別的自衛権の枠内なら自衛隊・日米安保を政治的に是認し, または合憲とみなしさえして, 一切の戦力の保有と行使を禁じた9条2項を裏切りながら, その明文改正に反対する護憲派も, 憲法を自分たちの政治的選好を追求する道具とみなして蹂躙しており, 憲法への敬意を欠いているという点では同罪である.

　護憲派の欺瞞は別として, 右の改憲派の憲法への侮蔑の根底には, 戦後憲法を「占領軍に押し付けられた憲法」とみなす姿勢がある. しかし, サンフランシスコ講和条約で日本が主権を回復し, 占領が終了してから既に60年以上もの間, 改正されずに存続している憲法を, いまだに「押し付け憲法」と糾弾する人々は, 何が押し付けられたのか, 押し付けられた憲法とは一体いかなる統治の原理なのかを理解していない, あるいは理解する気などないようである. 理解していれば, 憲法改正権力も含む主権を国民に帰している現憲法を彼らに「押し付け」ているのは, もはや「占領勢力」ではなく, 主権回復後60年以上にわたって憲法改正を阻んできた多数の同胞国民, 彼らがまさにその名において改憲を要求している「国民」の構成員たる多くの人々の意思ではないかと, 少しは自問・自省する気になったであろう. 彼らと彼らの支持者だけが「国

民」であり，憲法改正に反対する者は「国民」ではない（「非国民」である！）というような身勝手な「国民」の定義を振りかざすとすれば，それは傲慢というより，政治的に幼稚なのである．

　「押し付け憲法」論が憲法理解の貧困（あるいは欠如）を露呈しているのは，上記の点だけではない．より重大な問題がある．憲法をいかに制定するかは先鋭な政治的論争の主題であり，どのように制定しようと国民全員の合意を獲得することは不可能である．成文硬性憲法の制定とは，反対者をも拘束する集合的決定によって統治の原理を確立し，しかも，通常の立法の場合よりもはるかに広範な支持調達なしには超えられないレヴェルまで，改正の政治的ハードルを高め，さらには，憲法に反する通常の民主的立法を無効と宣告する権能を司法部に付与することにより，反対者が通常の民主的政治過程に訴えて取り消すことのできない強化された拘束力をこの集合的決定に付与する政治的行為である．単に憲法と名の付く法を制定することではなく，憲法に通常の民主的政治過程に対するいわば「超然的」な制約性を付与すること，これが憲法の基底にある立憲主義の要請である．日本国憲法のみならず，およそ立憲主義にコミットした硬性憲法一般が（とりわけ違憲審査制を含む場合には），制憲時の反対勢力に対してだけでなく，民主的立法過程を通じて表明される後続世代の政治的意志に対しても，「押し付け」的性格を多かれ少なかれ内包している．「自主憲法」なるものが制定されたとしても，それが立憲主義に立脚する憲法である限り，この意味での「押し付け」であることに変わりはない．

　占領下の制定という憲法の出自にまつわる「押し付け」問題に拘泥するのは，憲法の真の問題性を暴くものではなく，逆に，それから目をそらすものである．統治の原理をめぐる政治的抗争を裁断する憲法に通常の法律に優越する規範的地位を付与する以上，憲法は「押し付け」の性格を免れえない．憲法の根本的な問題性は，民主的立法権力を含む政治権力を憲法によって統制するという原理，すなわち立憲主義そのものが孕む「押し付け」の契機が，いかにして反対者に対して正統性をもちうるのかという点にある．民主主義ないし国民主権原理と立憲主義との緊張関係という立憲民主主義体制が内包するディレンマは，この問題と直結している．

　憲法がコミットする立憲主義自体が孕む「押し付け」の問題は，占領期にお

ける憲法の制定過程の特殊事情としての「押し付け」の問題よりも，憲法の正統性に対して一層根源的・原理的な挑戦を突きつけている．この立憲主義自体の問題性は，護憲派においても，十分な反省的検討を加えられてきたとは言い難い．改憲・護憲をめぐる政治的抗争が，主として九条改正問題をめぐって展開してきたために，護憲派にとって「憲法を護る」とは「九条を護る」のとほぼ政治的に同義であり，立憲主義そのものの原理的な反省と正当化の問題は，いわば，「アカデミックな問題」とみなされ，無視はされなかったとしても現実的重要性を認められてはこなかったと言ってよい．さらには，「改憲派＝反動勢力」，「護憲派＝民主勢力」という政治的対立図式が前提されたために，「反動勢力に対して憲法を擁護する」ことが政治課題とされ，「民主勢力に対して憲法を擁護する」必要性があるという問題意識は護憲運動の場では希薄であったという事情もある．

2 立憲主義の哲学的危機

しかし，現代の法哲学・政治哲学においてのみならず憲法理論においても，立憲主義に対して先鋭な異議申し立てをし，原理的再考を要請しているのは，「反動勢力」ではなく，民主主義のラディカルな貫徹を要請する論客たちである．世論を二分する論争的な政治的決定を硬性憲法によって固定化して，通常の民主的立法過程のアジェンダから外し，違憲審査制によって民主的立法に対する司法的統制を許すのは，民主的討議による政治的価値の絶えざる批判的再定義を阻むもので，民主的自己統治の理念に反するという批判が昂揚している．このような批判自体は古くからあるが，立憲主義を哲学的・思想的に支えてきたリベラリズムに対して，公民的共和主義，熟議民主主義，闘技民主主義，第二波フェミニズムなど，現代思想の諸潮流が様々な角度から批判の砲火を浴びせるに至って，立憲主義を再問題化する批判が，新たな思想的援軍を得て再燃している．立憲主義は従来のリベラルな政治的価値観を民主的プロセスによる批判的審問から免れさせ，その支配的地位を固定化させるイデオロギーではないかという懐疑・批判が，リベラリズムよりラディカルな立場として自己を理解している諸思想から向けられているのである．哲学における脱構築運動やネオ・プラグマティズムも，民主主義を制約するリベラルな立憲主義の理論的支

柱であった人権理念の哲学的妥当要求を斥け，立憲主義の再編を迫っている．

　立憲主義に対するこのような民主主義の再活性化を求める立場からの懐疑・批判に応答し，立憲主義を原理的に再編ないし再擁護することは，日本社会においてもいまや単なる「アカデミックな問題」ではない．改憲論議の政治的昂揚は，一部の「反動的政治家」の策謀として片付けられる問題ではなく，一般国民の間でも，長期的傾向として，改憲の必要を認める世論は，改憲に反対する世論と少なくとも拮抗するほどに高まってきている．立憲主義の名において憲法の「凍結」を求め，改憲プロセスの発動自体に反対するような護憲派の理論に対しては，現行実定憲法に摂取された自分たちの政治的選好に対する批判的審問を封殺するイデオロギー的手段として立憲主義を利用しているのではないか，国民的論議による重要な政治的価値の再定義のプロセスを阻止しようとするのは，国民を「愚民」視する啓蒙専制的発想に基づくのではないか，といった懐疑・批判が，草の根の多くの国民からも向けられるだろう．

　ここで言う多くの国民とは「戦後憲法は紙屑だ」と罵倒する人々ではなく，もっと穏健で分別のある人々である．すなわち，「長寿の憲法に敬意は惜しまないが，これからの時代に向けて，見直しは必要だ」と考える人々だけでなく，「自分は改憲には反対だが，憲法のあり方を国民的論議により再検討することは憲法の意義・重要性についての国民の自覚を深めるために望ましく，憲法の定める改正手続を経て改憲されたならば，その結果は尊重する」と考える人々のことである．

　憲法はたしかにいま危機にある．九条問題に即して次章で詳述するように，憲法の規範性への侮蔑が安倍政権や保守勢力だけでなく，護憲派にも浸透しているからである．護憲派もまた改憲動向の高まりを「憲法の危機」や「立憲主義の危機」として批判するが，自らの九条蹂躙を棚上げしたこの批判は欺瞞というしかない．それはともかく，彼らのように，憲法論議を封印することでこの危機を乗り切ろうとするのは自壊的である．憲法自体が憲法を批判する自由と憲法を作り変える可能性を認めているからだけでなく，批判的審問の試練を通過することなしには，憲法はその規範的生命力を保持更新することができないからである．重要なことは，憲法論議が政治的狂熱に浮かされて，あるいは逆に国民の無関心から，憲法の改正ではなく規範的去勢に向かって暴走ないし

迷走しないよう，一般の法律と区別された特別の規範的地位をもつ憲法は一体何のためにあるのか，すなわち，憲法にこのような特別の地位を与える立憲主義の存在理由は何なのかを，原点に立ち戻って明らかにすることである．立憲主義に対する上述のような根源的な懐疑・批判に応答しうるよう，立憲主義の意義と根拠を原理的に再考し，再編ないし再擁護することは，いまや理論的にも現実的にも焦眉の課題である．

　民主主義の優位を説く人々からの，民主的立法に対する立憲主義的統制への批判に対して，立憲主義の擁護者はしばしば，「民主主義は民主主義によっては正当化できない」という反論をする．これは正当である．しかし，これに対しては「立憲主義は立憲主義によっては正当化できない」という同型の，やはり正当な反論が突き返されるだろう．さらに言えば，立憲主義は実定憲法によって正当化することもできない．実定憲法の特別な規範的地位の根拠が立憲主義に求められている以上，実定憲法が立憲主義を擁護していることを立憲主義の正当化根拠にするのは，論証さるべきものを前提にして論証する「先決問題要求の虚偽（begging the question）」を犯すものである．

　したがって，立憲主義の擁護は立憲主義の意義と存在理由についての哲学的省察（法哲学的・政治哲学的省察）を必要とする．立憲主義に対する上述のような懐疑・批判が，立憲主義の支柱をなす哲学的諸原理に向けられている以上，これは当然でもある．立憲主義の擁護は哲学的原理ではなく政治文化や歴史的実践に訴えてなさるべきであるとする立場もまた，哲学的正当化の限界についてのメタ哲学的主張を提示する哲学的省察である．立憲主義の哲学的正当化は不可能であるだけでなく，立憲主義の擁護にとって不必要だという主張それ自体が，きわめて論争的な哲学的主張であり，哲学的正当化を必要としている．

　立憲主義の哲学的正当化のために必要な法概念論の再構築と法の支配の理念の再定位は，本書第1章と第2章で試みた．次節では，立憲主義の哲学的正当化に関わる残された原理的問題，本章冒頭で触れた憲法の公共的正統性の可能根拠の問題を考察する．

第2節　憲法の公共的正統性

1　立憲主義の問題性

　立憲主義とは何か．「憲法（Constitution, Verfassung, etc.）」と名の付く実定法典をもつすべての政治社会に立憲主義が存立しているわけではない．政権交代が軍事的クーデタによって行われるのを常とし，政権を奪取した政治勢力が自己の権力を事後的に合法化するために憲法を毎度改正する社会に，立憲主義が存在するとは言えない．長期的に安定した政治体制が存続している社会であっても，為政者が時々の都合に合わせて融通無碍に憲法改正や「解釈改憲」をなしうる場合には，やはり立憲主義が確立しているとは言い難い．立憲主義とは，人間の人間に対する権力行使を「法の支配」に服せしめる企ての一部であり，この企てを貫徹するために，時々の為政者の恣意を統制する特別の規範的地位を憲法に確保せしめんとする思想と実践の総体である．

　法の支配の理念との結合は，立憲主義の栄光である．しかし同時に，それは立憲主義のアキレス腱でもある．立憲主義は法の支配に向けられてきた根源的な懐疑・批判に自らも晒されている．法の支配とは，結局，法を産出し管理する実力をもった主体による「人の支配」を隠蔽合理化するイデオロギー装置ではないか．同様に，立憲主義もまた，時々の為政者の権力発動を憲法によって実効的に統制することにそれが成功した場合であっても，否むしろかかる場合にこそ，憲法それ自体の創出・改正・解釈適用過程を支配する諸主体による「人の支配」を貫徹させており，この事実を隠蔽合理化しているだけではないのか．

　憲法（あるいは少なくともその根幹的部分）を前国家的に妥当する自然法・自然権ないし基本価値・人権の実定化と措定することは，立憲主義に法の支配の実質化の希望を託する人々にとって魅力的な方途であるが，これによって，立憲主義に向けられた上述の懐疑・批判を斥けることは困難である．これらの価値原理の主観性・恣意性を主張する価値相対主義からの批判がこれに対して可能であることがその理由ではない．私見によれば，価値相対主義は自己論駁

性を免れない［井上 1986: 10-22 参照］．自然法実定化論の問題はむしろ，価値の客観性を強く確信する人々からの批判に対してそれが脆弱なことにある．

　前国家的・客観的に妥当し権力を批判的に統制する価値や規範の存在を認める人々の間でも，何が憲法に実定化さるべき超実定的な規範ないし基本権であるか，さらにまた，憲法に実定化された基本価値・人権の具体的内実をいかに同定し解釈すべきかをめぐって，執拗な対立が存在する．違憲・合憲をめぐる司法部の判断もかかる対立の只中に巻き込まれている．この対立のゆえに，憲法の創出・改正・解釈適用は，政治的抗争を超越した中立性を標榜することはできず，まさにこれらの基本的な価値問題をめぐる政治的抗争を裁断せざるをえない．この裁断を不当な価値判断を押し付ける勝者の意志の支配とみなす人々に対して，彼らが否認する裁断の「正しさ」のみを根拠に服従を強いるなら，立憲主義が「勝者の正義（victor's justice）」の強要であることを自認することになるだろう［本書第2章第1節参照］．

　「憲法を創出する権力（pouvoir constituant）」と「憲法によって創られた権力（pouvoir constitué）」とのシエイエス以来の区別を，この二つの権力の間の階層秩序として捉え，前者の権力の発動の例外性と後者の権力の常態性，および後者に対する憲法の規範的優位性をそこから導出することによっても，立憲主義が孕む政治的勝者の支配の契機を限定・縮減することはできない．カール・シュミットは憲法の改正規定によって創造された憲法改正権力を憲法創出権力たる政治的実存と区別した上で，前者は憲法改正手続に従っても後者の根本的決断たる固有の意味での「憲法（Verfassung）」（主権と統治構造に関する規定や基本権規定など）の本質的内容を廃絶することはできず，改正手続の差異を除けば法律と同様に「憲法」に従属する「憲法律（Verfassungsgesetz）」を改正しうるのみであるとする憲法改正権力限界論を主張した［Cf. Schmitt 1993［1928］: 20-36（尾吹訳 1972: 27-45）］．憲法改正限界論は自然権実定化論に換骨奪胎されて，戦後のボン基本法体制にも翻案摂取された．しかし，憲法創出権力たる政治的実存の意志の前憲法的主権性に依拠する憲法改正限界論は，自然権実定化論に基づく憲法改正限界論とは本来異質であるだけでなく，「自然法の信仰が崩壊した後の市民的法治国思想の最後の砦」をそれに求めることすらできない[1]．

憲法創出権力はまさに政治的実存の超憲法的な権能であるがゆえに，その発動を予め制度的に限定することはできず，憲法的制約を「政治的必要」に応じて突き破る政治的意志として常に伏在している．例外的な危機的事態が憲法創出権力を発現させるというよりむしろ，憲法創出権力の発現への政治的意志が危機的事態を生み出すのである．法教義学的思考の例外は政治的実践の常態たりうる．さらに，憲法改正権力の「限界」も，その根拠を憲法創出権力の優越的権威に求める限り，その規範的制約性も脆弱である．憲法改正権力主体が憲法創出権力主体に政治的に変容して改正権の限界を突き破る可能性を排除する論理はそこにはない．シュミットの影響を受けて憲法改正権力の限界を唱えた宮沢俊義の八月革命説［宮沢 1967: 375-423 参照］は，大日本帝国憲法の改正手続に形式的に従ってなされた日本国憲法の制定が旧憲法下の憲法改正権力の実質的限界を超えるものであることを主張したことよりむしろ，この限界なるものを破ることが「八月革命」というアドホックな虚構的補助仮説の導入によっていかに容易に「法認」を獲得できるものかを示したことによって記憶さるべきである．憲法創出権力が，あるいは憲法創出権力への変容を標榜する憲法改正権力が自己の意志を貫徹しうるか否かは，政治的闘争の帰趨に依存する．

　憲法創出権力も憲法改正権力も「凍結」ないし「封印」し，歴史的与件としての現行実定憲法を「不磨の大典」として絶対化する立場も，立憲主義の哲学的信用回復をもたらしえない．それは自然法・自然権の実定化論が孕む「勝者の正義」の独善性に回帰するか，現憲法を創出した過去の世代の憲法創出権力にその後の世代の憲法創出権力を永久に廃絶する絶対的権能を付与することにより，過去世代による将来世代に対する「人の支配」の神聖化に陥るか，現行憲法の実定性を支える政治的力関係の現状を固定化して憲法原理をめぐる批判的論議を封殺する「現状の専制（the tyranny of *status quo*）に帰着する．

　人の支配，すなわち法を超えた力の支配を克服して法の支配を確立しようとする立憲主義が，まさにそのことによって力の支配を隠蔽合理化するのみなら

---

1)　シュミットは，自然法信仰消失後に「市民的法治国を，転変する議会の多数派の絶対主義への完全な解消から守っているもの」として法律の一般性への尊重の念の残存を挙げたが，憲法と憲法律の区別に基づく彼の憲法改正権力限界論も，自然法信仰消失後の市民的法治国思想の最後の砦の理論的再構成とみなしてよいだろう［Cf. Schmitt 1993 [1928]: 138-157（尾吹訳 1972: 174-195)］．

ず強化さえしているのではないかという「立憲主義の欺瞞性」の問題は，立憲君主制におけるより立憲民主制において一層深刻化する．立憲君主制下では，君主権力を統制する立憲主義がたとえ「力の支配」に根ざしているとしても，それは君主権力をそれと対抗する社会的諸勢力の統制に服せしめることにより，政治的支配の正統性調達をそれがない場合よりは促進するという了解が比較的得られやすい．中世的立憲主義におけるように，君主権力を掣肘する政治的対抗力が身分的特権をもつ社会層に限定されている場合でも，それは「無いよりはまし」とみなされうるかもしれない[2]．しかし，立憲主義が法の支配に服せしめようとする政治権力が民主的正統性基盤をもつ場合には，立憲主義が現在の人民の民主的権力と対抗する力の支配の隠蔽合理化装置であるという批判に対していかに応えるかは，はるかに困難な問題となる．

　この問題の現れとして，周知のように，違憲立法審査権を行使して民主的立法を覆す裁判所は人民の主権を簒奪しているのではないかという批判が執拗に繰り返され，立憲民主体制の正統性危機を慢性化させている．「原意理論（the original intent theory）」やブルース・アッカーマン流の「二元的民主主義（dualist democracy）」におけるように，司法判断を拘束する制憲者意志や立憲主体たる「我ら人民（We the People）」自身の主権的意志に違憲審査制の根拠を求めて民主的正統性原理との両立を図っても，現世代とまったく，あるいはほとんど重ならない過去の世代（例えば，合衆国憲法の場合は最古の諸規定については2世紀以上前，日本国憲法の場合は70年以上前）の「我ら人民」の意志によって現世代の「我ら人民」の意志を拘束するのは，治者と被治者の同一性という民主的自己統治原理の根幹に反するという批判を免れない[3]．

---

2) 他方で，中世的立憲主義が孕む社会的専制の問題を無視することも許されない．本書第2章第1節1参照．
3) 阪口正二郎は「死者による支配」を原意主義の難点とみなし，アッカーマンの二元的民主政論はこの問題を「緩和」するものとみなすが，二元的民主政論はこの問題を「解消」したわけではない．「緩和」が実質的になされたかも問題になりうる．創憲主体たる人民と憲法遵守主体たる人民との乖離の問題は，二元的民主政論にも当てはまる．アッカーマンは，「我ら人民（We the People）」自身が創憲主体として熟議する「創憲政治（constitutional politics）」が，連邦成立時，南北戦争後の再建期，ニューディール期と，これまで三回しか――後に彼が創憲政治に加えた「公民権革命（Civil Rights Revolution）」を含めても，四回しか――成功しなかったとし，創憲政治を憲政史における例外的奇跡として限定しようとしている．さらに，アッカーマンは憲法改正を非制度化するが，しかし同時に，政治的実存の「決断」を重視するシュミットとは異なり，全

統治主体たる人民が狂気に駆られて専制化する危険性を人民自ら事前に制御するために，憲法によって自己を拘束するというプリコミットメント論も，立憲主義を民主的自己統治に還元する試みである．しかし，憲法によって拘束を課す立憲主体と憲法に拘束される主体とは，同一の主体の理性的瞬間と狂気の瞬間という関係においてのみ捉えることはできず，政治道徳的原理をめぐって対立競合する理性的価値判断をする異なった主体として対峙しうるため，その「自己拘束」の論理は破綻している［この観点からのプリコミットメント論批判として，Waldron 1999a: 255-281 参照］．過去の立憲世代と現世代とを同じ「我ら人民」とみなすような集合人格の通時的同一性原理によって，以上のような批判をかわそうとしても，治者の意思決定に被治者が参加できないにも拘らず，治者と被治者の同一性を主張している点で，それは独裁者が自己と人民全体との有機的同一性を根拠に自己の支配の民主的正統性を標榜するのと本質的に同じ欺瞞であるという批判に晒されるだろう[4]．

「我ら人民」の政治的自律や自己拘束に憲法の権威根拠を求める立場の問題性は，世代間対立の隠蔽だけでなく，あるいはそれ以前に，世代内対立の隠蔽にある．立憲時点での政治的闘争の勝者はこれを「我ら人民」の意志の表出と宣明するだろうが，この闘争の敗者が何ゆえ，自ら反対し，しかも反対勢力によるその後の改正を通常の民主的立法の場合より困難にする憲法を，勝者たる「彼ら」の意志ではなく，自己を含む「我ら人民」の意志による選択として受容しなければならないのか，この決定的な問題が棚上げにされている．憲法が設定した民主的意思決定システムの下での決定についてさえ，政治的対立を超えて集合的に一体化された人民をその法的帰責点として構成することの可否に

　人民規模の「熟議（deliberation）」を重視し，熟議遂行の条件を「難関化」して，その非制度的ハードルを高くすることにより，これを例外化しているのである．阪口 2001: 第3・4章，Ackerman 1991, Ackerman 2014 参照．

4）ジェド・ルーベンフェルトは自己統治を自己の意志による自己の支配としてではなく，時間的に持続するプロジェクトへの自己のコミットメントと捉えることにより，憲法のプロジェクトにコミットする人民の通時的な集合的同一性を想定できるとしているが，これは憲法の正統性を人民の自己統治によって説明するには，かかる通時的同一性想定が要請されるという主張にすぎず，自己統治論的立憲主義の弱点を補正できず，定義によって隠蔽するものである．Cf. Rubenfeld 1998. 創憲主体の権威によって憲法の通時的に持続する権威を説明することの不可能性を指摘するものとして，Raz 1998 参照．

ついては論議の余地があるが，仮に国民主権を定める憲法の規定がこれを可能にするとしても，より根源的な対立を孕んだ，憲法自体を創出する政治的決定の帰責点たる「我ら人民」なるものを当の憲法によって構成することはできない．シュミットが憲法創出権力の主体を「政治的実存」としながら，「民族（Volk）」をかかる政治的実存として語ることが可能だと考えるとき，彼は法学的虚構を政治的現実と摩り替えているのである．立憲世代の「我ら人民」が既に内部対立を孕んでいるという事実は，世代を超えて同一性を保持する自己統治主体としての「我ら人民」の想定を一層疑わしいものにする．

　憲法創出における主体問題に関連して付言すれば，前節で触れたように，日本国憲法が「占領軍の押し付け憲法」であるか否かをめぐる戦後日本の論争は，立憲主義の原理的反省という観点から見れば，皮相的である．たとえ日本国憲法が占領軍の押し付けではなく，「日本が主体的に採択した」ものだとしても，あるいはまた，仮に――反実仮想として，仮に――「八月革命」が単に法教義学的説明の便宜のために導入された虚構ではなく，日本内部での現実の政治革命であったとしても，民主的自己統治原理と相剋する憲法の「押し付け」的性格は消失するわけではない．立憲主義が孕む勝者の正義や力の支配の契機は，占領などの外的要因に還元されるものではなく，上述のように立憲主義それ自体に内在する問題性である．戦後憲法をめぐる「押し付け憲法」論争は，憲法の正統性をめぐる最も深刻な原理的問題に届いていない点で，実は，呑気な論争なのである．

　この立憲主義の問題性は，結局，次の懐疑に示される．立憲主義は立法権力をも含む政治権力を法の支配に服せしめる高次の実定規範たる憲法に，政治権力の正統性の保障を求めるが，憲法自体の創出・変更は，さらには適用ですら，現実には異なった政治的諸勢力の間の対立抗争と支配の産物である以上，憲法自体の正統性を法の支配に求めることはできず，立憲主義は法の支配の根源には力の支配ないし勝者の正義があることを隠蔽しているだけではないか．立憲主義はこの懐疑に応えるためには，憲法自体の正統性の根拠を示さなければならない．しかし，自然法・自然権の実定化論や憲法創出権力の権威に訴えることは，この懐疑を除去するどころか深めるだけであり，憲法の創出・変更・適用を集合的に一体化された人民なるものの自己支配とみなすのも虚構にすぎな

い．
　念のために付言すれば，実定憲法の実定性の自己正統化力に訴えることもできない．前憲法の改正規定に現憲法の正統性根拠を求め，前々憲法の改正規定に前憲法の正統性根拠を求めるといった法教義学的論理は，先行憲法と法的連続性のない始原的憲法を定立する憲法創出権力の正統性問題を解決できず，「先決問題要求の虚偽（begging the question）」を犯すだけであることは言うまでもない．ケルゼンはこの問題を自覚するがゆえに，始原的憲法の妥当根拠として措定された「根本規範（Grundnorm）」が，それ自体は実定法規範ではなく，法学が実定法体系を規範的に妥当する秩序として認識するために必要とするメタ法学的仮構，すなわち，法学的認識を可能にするカント的意味での先験的条件——ケルゼンはこれを「超越論的−論理的条件（die transzendental-logische Bedingung）」と呼ぶ——であることを承認したのである［cf. Kelsen 1960: Kapitel 5, §34］．実定憲法自体の正統性が宙吊りにされている以上，憲法改正権力や司法の違憲審査権能の正統性根拠を実定憲法の授権規定に求めることもできない[5]．
　憲法そのものの正統性根拠をめぐるこのアポリアは，利益の対立だけでなく政治道徳上の価値をめぐる鋭い対立抗争が，共時的にも通時的にも政治社会に貫通していることに由来する．憲法が，政治的抗争において権力を獲得した一部の党派的勢力による支配を超えた法の支配を保障する規範でありうるためには，それはかかる諸勢力をそれらの党派的な価値観の相剋にも拘らず共通に制約しうるだけの「公共的（public）」な規範としての地位をもたなければならない．憲法がかかる公共的規範としての正統性，公共的正統性をもつことは，いかにして，あるいはそもそも，可能なのか．権力に対する法の支配の貫徹たらんとする立憲主義の理念を救済するには，この根本問題に答える必要がある．以下では，この課題の遂行を試みる主要な理論が孕む困難を明らかにし，その困難を打開する方向を示したい．

5）　憲法改正規定があるにも拘らず，憲法改正がなされなかった以上，現憲法は国民的に受容されており，このことが現憲法の正統性を保障するという議論も，憲法を硬性化して通常立法より改正を困難にする「固定化（entrenchment）」が国民的コンセンサスの不在にも拘らず現憲法が維持されているという現状を隠蔽するものだという批判を免れない．コンセンサス論については，本節2で，より原理的に検討する．

2 重合的合意の虚妄

憲法についての「国民的受容」や「国民的コンセンサス」が党派的政治対立を超えて存在するという社会的事実に憲法の公共的な正統性根拠（さらには憲法の解釈適用の指針）を求めることは，上述のアポリアを解決しようとする人々にとって，大きな誘惑である．法の支配を可能にするのは政治的闘争を超えた基本的コンセンサスの存在であるという見方がその前提にある．対立競合する「包括的諸教説 (comprehensive doctrines)」を奉じる人々が哲学的根拠を異にしながらも「立憲的精髄 (constitutional essentials)」を受容するという「重合的合意 (overlapping consensus)」に立憲民主体制の正統性基盤を求める後期ロールズの政治的リベラリズムの立場［Cf. Rawls 1993］はその典型である．

それによれば，立憲民主主義社会においては，人間とその世界を根源的・総体的に捉える宗教や哲学思想などの包括的諸教説が多元的に分裂し，その間の哲学的対立は解消不可能である．しかも，それぞれ，それなりに「理に適っている (reasonable)」立場が分裂対立しており，その対立の解消不可能性は非理性的主体の存在によるというよりむしろ，理性的主体も共有する判断力の負荷に由来するもので，それ自体「理のある」ことであるという意味で，これは「適理的多元主義の事実 (the fact of reasonable pluralism)」と呼ばれるべき状況である．しかし，立憲民主主義社会において多元的に開花する適理的な包括的諸教説は，哲学的前提を異にしつつも，立憲的精髄を含む「公共的政治文化 (public political culture)」を共有しており，この文化の内部で成立する哲学的対立を超えた政治的コンセンサスとしての「重合的合意 (overlapping consensus)」が，立憲民主主義体制に具現されたリベラル・デモクラシーの基本原理の，公共的な正統性基盤を提供する．それは論争的な哲学的立場に依存しない「正義の政治的構想 (the political conception of justice)」であり，その受容は，私的信条を超えた「公共的理性 (public reason)」の要請である．

ロールズのこの政治的リベラリズムは，「寛容原理を宗教から哲学に拡大適用する」ものである．それは「善に対する正義の優位」に依拠する彼の前期の反卓越主義的思想を，哲学に対する「正義の政治的構想」の優位に依拠する歴史的文脈主義に転化させることによって，多元的社会における対立を包容する

「公共的理性」の発現として立憲主義を擁護する試みである．しかし，この種の政治的コンセンサス論は憲法の創出から解釈適用過程にまで浸潤する対立の根深さを隠蔽することにより，問題を解決せず解消しようとする試みであり，立憲主義の欺瞞性に対する上述のような批判・懐疑をかえって深めるものである．

　第一に，重合的合意の観念は，包括的諸教説が，異なった哲学的根拠から同じ立憲的精髄を正当化し受容しているという事態を想定しているが，哲学的正当化根拠が異なれば，何が立憲的精髄の外延に属するかについての判断が異なりうるだけでなく，仮にこれについて合意が得られたとしても，立憲的精髄に属するとみなされた「同一」の憲法的諸原理の意味・射程・比重についての解釈は大きく異ならざるをえない．例えば，米国において，プライヴァシー権は合衆国憲法に明定されていないにも拘らず，立憲的精髄に含まれるのか，そうだとしても，それは人工妊娠中絶への権利まで包含するのか．宗教の自由は立憲的精髄に含まれても，同性愛など性生活形式の自由は含まれないのか，表現の自由が立憲的精髄に含まれるとしても，それは政治的言論に限られるのか，非政治的自己表現も同様の保護に値するものとして含むのか，非政治的言論は政治的言論よりも弱い保護対象として含まれるだけなのか，ポルノグラフィーは排除されるのか，等々の問題について，哲学的リベラリズムの諸潮流，共同体論，公民的共和主義，フェミニズムなど，様々な包括的諸教説の間に鋭い対立がある．仮にこれらのすべての立場が実定憲法を総体として受容しているとしても，それらが，自ら憲法として受容しているものが何であるかと理解しているかについては深く鋭い対立があり，哲学的正当化理由は異なっても同じ意味内実をもった立憲的精髄を結論として支持しているとは到底言えない．

　第二に，哲学的論争に対するロールズの「回避の戦略（the strategy of avoidance）」は，異論のある権利は排除して，誰もが——あるいはどの適理的な包括的教説も——少なくともこれは承認すると言える最小限の権利だけを立憲的精髄に含めるというミニマリズムを示唆するが，これによって対立を棚上げにすることは不可能である．このことを理解するには，「開放的ミニマリズム（open minimalism）」と「排除的ミニマリズム（exclusive minimalism）」を区別する必要がある．開放的ミニマリズムは，「少なくとも権利集合Rは立憲的精髄

である（*At least* R belongs to the constitutional essentials.）」と主張する．この立場はR以外の権利が立憲的精髄に含まれる可能性に開かれている．これに対し，排除的ミニマリズムは，「Rのみが立憲的精髄である（*Only* R belongs to the constitutional essentials.）」と主張し，R以外の権利を立憲的精髄から排除する．開放的ミニマリズムは排除的ミニマリズムを論理的に含意しない．前者は多くの人々の合意を調達できるとしても，後者は前者よりも強い論争的な主張であり，前者によって正当化することは不可能である．前者に合意する人々も後者には必ずしも合意しないだけでなく，むしろ反対する者が多く，全員が反対することすらある．

次のような状況を想定してみよう．包括的教説 C_1, C_2, C_3 がそれぞれ権利集合 R_1, R_2, R_3 を立憲的精髄として正当化するとし，$R_1 \subset R_2 \subset R_3$ という包含関係がある（R_1 は R_2 の真部分集合であり，R_2 は R_3 の真部分集合である）とする．このとき，C_1, C_2, C_3 の支持者のいずれもが「少なくとも R_1 は立憲的精髄に含まれる」という開放的ミニマリズムに合意するが，ここから「R_1 のみが立憲的精髄である」という排除的ミニマリズムを結論として主張するなら，これは C_2 と C_3 を斥けて，憲法的権利に対して最も制限的な立場をとる C_1 にコミットすることに他ならず，C_2 と C_3 の支持者は当然反対し，重合的合意は成立しない．R_1, R_2, R_3 がいずれも他に包含されず，R_0 を共通の真部分集合にして重なり合う場合には，C_1, C_2, C_3 の支持者のいずれもが「少なくとも R_0 は立憲的精髄に含まれる」という開放的ミニマリズムに合意するが，ここから「R_0 のみが立憲的精髄である」という排除的ミニマリズムを結論として主張するなら，全員が反対するだろう．

R_0 への限定は C_1, C_2, C_3 の支持者のいずれに対しても，それぞれ主張する権利の一部を放棄させているのだから，彼らの間に，これについて重合的合意が成立するはずだという反論が考えられうるが，これは成り立たない．この反論は C_1, C_2, C_3 の支持者それぞれの権利放棄の度合いの間にいずれかが不当と感じるような格差がなく，さらに C_1, C_2, C_3 の支持者いずれにとってもそれぞれの権利集合のうちの R_0 以外の諸権利を放棄してでも保持するに値するだけの価値を R_0 が有していることを前提しているが，この前提が成立する保証はない．一般的には，C_1, C_2, C_3 の間の対立が深いものであるほど，R_0 の

内容は希薄化・貧弱化し,「R_0 のみが立憲的精髄である」という結論はいずれの立場からも受容しがたくなり,立憲主義的人権保障を否定ないし極力縮減しようとする別の包括的教説に「漁夫の利」を得させることになる.C_1,C_2,C_3 のうちのどれか,例えば C_1 が他よりも権利縮減的である場合には,R_0 への立憲的精髄の限定は C_1 の支持者にとって自己の権利放棄度が最も少ないだけでなく,他の立場に対する自己の権利縮減要求を満たしてくれるという二重の意味において,受容可能性が高いが,C_2,C_3 にとってはそれだけ一層受容しがたいものとなる.

　要するに,回避の戦略は重合的なコンセンサスをもたらすどころか,立憲主義的人権保障に対して消極的・制限的な立場を他よりも偏重する帰結をもたらすことにより,コンセンサスを破綻させるのである.開放的ミニマリズムと排除的ミニマリズムの区別を曖昧化し,前者について成立しうる広範な合意が,合意調達が不可能な後者について成立しうるかに見せかけるロールズの詭弁が,この真理を隠蔽している.

　第三に,回避の戦略のこの自壊性を避けるために,ロールズは「適理性(reasonableness)」の概念を恣意的・自己循環的に操作している.「適理的多元主義の事実」と彼が呼ぶ条件は,適理的とみなされる包括的教説が多元的に存在することを認める包容の側面と,重合的合意への参与資格を「適理的でない」とみなされた包括的教説から剥奪する排除の側面を併有する.重合的合意の対象たる立憲的精髄の上述のような希薄化・貧弱化を抑制し,彼がリベラル・デモクラシーの基本原理とみなすものを立憲的精髄の内実として保持することを可能にしているのは,この排除の論理である.この内実を否定ないし縮減する包括的教説は「適理的」でないとして,重合的合意形成への規範的インプット能力をはじめから否認されているのである.

　しかし,この目的に資する「適理性」の実質的限定を認識論・人間学・自我論等における何らかの論争的な哲学的教説に訴えて正当化することは,哲学的論争を超えた正義の政治的構想をめざす政治的リベラリズムの自己制約に反する.したがって,適理的多元主義の事実という条件の下で許容された包括的諸教説の資格としての適理性を絞り込む基準は,結局,ロールズが保持したい立憲的精髄を,ある包括的教説が受容しているか否かに求められることになる.

適理的多元主義の事実の下で生成する重合的合意が立憲的精髄の正統性を支持する論拠となるのではなく，予めロールズにより設定された立憲的精髄が，包括的諸教説の多元的共存資格たる適理性を，この立憲的精髄を受容する教説にのみ帰属するように実質的に限定するのである．これは循環論法に他ならない．もっと言えば，「適理的な包括的教説はどれもこの立憲的精髄を受容している」という主張は，「この立憲的精髄を受容する包括的教説は，どれもこの立憲的精髄を受容している」という同語反復に帰する．

第四に，立憲的精髄のこの先取り的設定の根拠とされているのは，それが立憲民主主義社会の「公共的政治文化」をなすという想定である．しかし，これも立憲的精髄についてのコンセンサスの破綻の問題を解決するものではなく，隠蔽するものである．何がかかる社会の公共的政治文化かは，一義的に確定されたものではなく，それ自体対立競合する多様な解釈に開かれているからである．

例えば，ロールズが属する米国という社会の政治文化についても，ロック的な所有的個人主義の伝統を根幹に据えるリバタリアン的解釈，ニューディールや公民権運動の遺産を核心とみなす米国的意味でのリベラルな解釈，公民的徳性や倫理性を陶冶する様々な自発的結社や中間共同体の紐帯を重視する「共和主義的再解釈（republican reinterpretation）」や共同体論的解釈，家父長制原理によってなお根強く支配された文化として批判的変革の対象にするフェミニスト的解釈など，様々な解釈が対立競合している．適理的でないとみなされている宗教的原理主義ですら，その自己理解においては，リベラルな寛容が蝕んできたピューリタン的伝統を米国民主主義の文化的基盤として擁護しているのである．最初に指摘した立憲的精髄の外延と内包をめぐる理解の対立は，米国の公共的政治文化についての解釈の対立の帰結でもあり，この文化に訴えて解消できるものではない．

ロールズは自らがコミットするリベラルな解釈が他の解釈よりも優れていると主張できるが，ロナルド・ドゥオーキンがプラグマティズムなど，近年の法解釈の脱理論化傾向に対する批判において示した［Cf. Dworkin 2006: 36-74］ように，この主張は単なる歴史的・社会的事実の同定の問題ではなく，同定された事実をどの解釈がより良く意味付けられるかをめぐる論争的な解釈問題に関

わる以上，ロールズは，自己の解釈が他の解釈よりも米国の政治伝統をより受容可能性の高いものとして照らし出すという主張を，何らかの政治哲学的原理に訴えて正当化する責任を引き受けなければならない．ここで彼は哲学的論争に対して中立性を標榜することはもはやできず，何らかの異論の余地のある立場をとらざるをえないし，実際にもとっているのである[6]．文化やコンセンサスに逃げる道は塞がれている．

最後に，公共的政治文化の理解の分裂にも拘らず，立憲的精髄について基底的なコンセンサスがなお存在することの根拠を実定憲法秩序の実効的存在の事実に求めることもできない．実定憲法秩序は，それを「受容」する社会的諸勢力が，受容しない諸勢力の抵抗を封じてそれを「受忍」させるだけの実力を有している場合にも実効性をもつ．この場合実定憲法の実効性は，たかだか支配的な勢力連合体内部のコンセンサスの存在を示すにすぎず，政治社会全体の基底的コンセンサスなるものをそこから引き出すことは，実効的な政治的抵抗力

---

6) この点についてのロールズ批判として，Dworkin 2006: 252-254, 井上 2003c: 240-248 参照．なお，ロールズは後期の主著『政治的リベラリズム』の後に刊行された「公共的理性観念再訪」と題する論文において，正義の政治的構想の複数性を承認している [Cf. Rawls 1999: 142-145] が，その趣旨はヌエ的に曖昧である．

　重合的合意の対象になりうる可能的な政治的構想が複数存在すること，したがって重合的合意を獲得する政治的構想は共時的には単一でも，通時的には変化しうることを意味するだけなら，これは『政治的リベラリズム』の立場と変わらない．合意の虚妄性の問題がこれで回避できるわけではない．他方，重合的合意を現実に享受している政治的構想自体が複数存在するという趣旨なら，合意の対象が分裂しているのになお合意があると主張することの意味の理解可能性の問題があるが，それを無視するとしても，現存する複数の政治的構想のいずれを立憲的精髄の規定根拠として選択すべきなのかを示さなければならない．等しく重合的合意が成立している複数の政治的構想を比較査定し，いずれかを他に優先させて選択する根拠はもはや重合的合意ではありえず，力による強要ではなく理由による正当化を求める限り，何らかの論争的な哲学的論拠に訴えざるをえない．すなわち，ロールズは重合的合意に依拠する政治的リベラリズムを放棄して，自己の立場を再哲学化し，包括的リベラリズムへと回帰することになる．

　複数の政治的構想の間のさらなる重合的合意として立憲的精髄が存立するというのが彼の趣旨なら，これはこれまで「包括的教説」と呼んできたものの位置に複数の「政治的構想」を置き換えただけで，重合的合意の虚妄性の問題を回避できないだけでなく，包括的教説と政治的構想との区別を無意味化し，政治的リベラリズムの自滅をもたらす．

　要するに，ロールズは自己の論争的な哲学的コミットメントを重合的合意の虚構によって隠蔽する欺瞞に開き直るか，この虚構を放棄して自己の立場の論争性を誠実に自覚し，その哲学的正当化責任を引き受けるか，いずれかを選ばざるをえない．政治的構想の複数性をヌエ的に曖昧な仕方で示唆することによって，政治的リベラリズムに固執し哲学的正当化責任を回避しながら，それが孕む重合的合意想定の虚妄性への批判をかわそうとするのは，第一の選択肢の知的不誠実性にさらなる知的不誠実性を加えるものである．

をもたないマージナルな少数者を排除し,かつその排除の事実を隠蔽することになる[7]. それだけでなく,実定憲法秩序を受容する支配的諸勢力の間のコンセンサスなるものも,それらの間の勢力均衡に依存した戦略的妥協にすぎないことは十分ありうる. 要するに,実定憲法の実効性はロールズの言う重合的合意の産物ではなく,彼がそれから区別した上でその正統化機能を否認した「暫定協定 (modus vivendi)」の産物でありうるがゆえに,実効性の事実をもって,暫定協定ではなく重合的合意が存立していることの根拠にすることはできない. 実効性の根拠として再び公共的政治文化なるものを持ち出したとしても,それは支配的諸集団の間の暫定協定の合理化にすぎないという批判に晒されるだろう.

政治的・哲学的対立を超えた社会的コンセンサスや文化に憲法の公共性を求めることは,立憲主義という思想が哲学的妥当要求を放棄する代わりに,歴史的文脈的に限局された受容可能性を買い取る取引として,哲学の終焉が叫ばれる時代には誘惑的である. しかし,この取引の代償は哲学的妥当要求の放棄ではなく,知的・倫理的廉直性の放棄である. この取引の誘惑に屈するとき,立憲主義は自己の論争的な哲学的コミットメントを,存在しないコンセンサスの仮構によって隠蔽し,自己を批判免疫化・超然化させる欺瞞に陥るのである. 政治的リベラリズムへのロールズの転向は,痛ましいほど無残な形でこの欺瞞を露呈している.

3 政治の情況の照射と再隠蔽

重合的合意の仮構を排して,立憲民主主義体制における政治的・哲学的対立の根深さを直視した上で,この体制の公共的な正統性の問題に答える必要性が,現代法哲学において自覚されていないわけではない. しかし,この自覚は貫徹されているとは言えない. かかる問題意識から出発しながら立憲主義的人権保障の正統性の否認と是認という,相反する結論を提示する二つの有力な理論,

---

[7] 例えば,先住民の政治的主体性は公共的政治文化の観念において捨象されている. 先住民との条約の憲法的法源性を主張する間文化的な「条約立憲主義 (treaty constitutionalism)」の立場から,ロールズを含む現代の主要な政治理論家に残存する文化的自己中心性を批判するものとして,Tully 1995 参照.

立法尊厳論と，純一性としての法の理論に即して，このことを見ておきたい．本節3で前者を，本節4で後者を検討する．

ロールズは正義理念の必要性と実効性の条件たる「正義の情況 (the circumstances of justice)」の中に，善き生の諸構想の多元的な分裂競合を正義の主観的情況として含ませ，この条件が，彼の言う「善に対する正義の優位 (the primacy of justice over the good)」（善き生の特殊構想に対する正義構想の独立正当化可能性と制約性）を要請するとした [Cf. Rawls 1971: 126-130 *et passim*]．これに対して，ジェレミー・ウォルドロンは民主社会においては，善き生の構想のみならず正義構想も多元的に分裂競合し，討議によっても合意が得られないにも拘らず，それらの間の対立を集合的決定によって裁断せざるをえないという情況があるとし，これを「政治の情況 (the circumstances of politics)」と呼んだ [Cf. Waldron 1999a: 102-105, 149-163 *et passim*]．

政治の情況が生起させる正統性問題は，次の二点においてロールズが提起したものより根源的である．第一に，正義の優位の要請は善き生の構想の多元的分裂情況における公共的な正統性基盤は何かという問題への応答だが，正義構想自体の多元的分裂情況における公共的な正統性基盤は何かという問題に答えるものではない．第二に，包括的諸教説の間に哲学的対立はあっても，立憲的精髄を含む正義の政治的構想について重合的合意が成立するとロールズは想定したが，政治の情況の認識は，正義構想に関するかかる政治的コンセンサスの不在を直視し，対立競合する正義構想を取捨選択する論争的な集合的決定の不可避性を自覚した上で，かかる政治的決定の正統性根拠を問題化する．

権利構想も正義構想の一部である以上，政治の情況は法的に保障さるべき諸個人の基本的権利が何であるかをめぐる対立の執拗性も含意する．ここから，ウォルドロンは，権利の尊重を根拠に違憲審査制を擁護する立場を，権利構想の対立を裁断する政治的決定の正統性問題を無視するものとして斥け，権利構想をも含む正義構想の対立の裁断を民主的統制から独立した司法部にではなく民主的政治過程に委ねることが，かかる政治的決定へのすべての諸個人の影響力を平等に最大化する点で，正義構想の「正しさ」に関する対立を超えて受容さるべき「正統性 (legitimacy)」を政治的決定がもつことを可能にするとし，民主的立法を覆す違憲審査制の正統性を否認して「立法の尊厳 (the dignity of legislation)」を回復する必要性を主張する［Cf. Waldron 1999a: 211-312; Waldron 1999b: 1-35, 124-166］.

　ウォルドロンのこの議論は，ロールズが無視ないし隠蔽した政治の情況が孕む正統性問題を摘出した点では的確だが，この問題の解決を民主的立法の優位に求めている点では破綻している．

　第一に，人々の政治的影響力を平等に最大化するためには民主的政治過程はどのように設計されるべきか，いかなる政治的権利がいかに分配さるべきかは，政治的資源の格差を是正するための分配的正義の問題に直結するきわめて論争的な問題であり，これをめぐって正義構想が分裂競合し政治の情況が現出する．選挙制度や政治資金規制の在り方などをめぐる対立を見るだけでもこれは明らかである．この問題の解決を民主的政治過程による裁断に求めるのは，まさにそのような裁断をなしうる正統な民主的政治過程が何であるかが問題になっている以上，先決問題要求の虚偽を犯すものである．

　第二に，政治的影響力の諸個人への平等な最大限の分配がなされたとしても，実効的影響力における集団間格差は残り，民主的政治過程において支配的影響力をもつことが永続的に望みえない構造的少数者──ハーラン・ストーンが「截然と分かたれ孤立した少数者 (discrete and insular minorities)」と呼ぶ人々［本書第2章第2節脚注7参照］──に対して，民主的政治過程が「多数の専制」に転化し正統性を喪失する危険を防止する保障を，違憲審査制というセイフティ・ネットなしにいかに確保するのかという問題は依然残る．

　ウォルドロンはこのような批判への応答も一応試みてはいるが，彼の応答は論点の摩り替えと自壊的議論の混淆である．先決問題要求の虚偽については，所与の民主的プロセスの是非をめぐる論争をそのプロセスによって裁断することが孕む正当化の循環性は，当のプロセスを是認する立場だけでなく改善要求する立場も免れないこと，民主的プロセスの正統性を損なう条件（例えば多数派の少数者に対する差別的偏見）は民主的立法府だけでなく裁判所など他の機関による決定の正統性をも侵食すること，実体的（結果志向的）アプローチもあるべき決定手続について一定の立場をとらなければならない以上，プロセス的アプローチより有利であるとは言えないこと，民主的プロセスの正当化可能性を循環的に主張せずに，「単にプラグマティックな問題として」所与の民主

的プロセスによる当のプロセスの是非の裁断を受容しうること，以上の主張をもって反論としている［Cf. Waldron 1999a: 298-301］．

しかし，民主的プロセスから独立した実体的価値原理に訴えて民主的プロセスの改善を主張する立場は，改善をもたらす政治的決定の正統性をその実体的価値原理を根拠にして主張できるのであり，その決定に至った民主的プロセス自体の民主的プロセスによる正当化可能性を循環的に主張する必要はなく，したがって正統性の主張を放棄して単に「プラグマティック」な決断だという意味不明な主張に開き直る必要もない．先決問題要求の虚偽を犯し，それを避けるために正統性の主張を放棄する自壊的結論に追いやられるのは民主的立法プロセス優位論固有の問題であって，この点では実体論が理論的な有利性をもつことは否定できない．

民主的プロセスの傷が司法的決定のような他の決定手続にも共有されるかも，イレレヴァントである．実体的な違憲審査制擁護論は司法的決定手続を根拠に人権を正当化しているわけではなく，その逆であるから，司法的決定手続が人権擁護機能を果たせない場合は，循環に陥ることなくそれを批判できるのである．ウォルドロンの上記のような反論は真の問題点をそらす詭弁であるだけでなく，まさにその詭弁性によって，民主的立法優位論における先決問題要求の虚偽の傷の深さを証明している．

さらに，少数者の人権保障問題への彼の応答も，問題を自壊的な仕方で回避している．ウォルドロンは，権利構想の衝突は人々が「権利を真剣に受け止める」文化を前提にしているとし，ロックやミルの議論を援用しつつ，基本権を硬性憲法に定め，違憲審査制でそれを担保する人権保障の制度化は所詮「紙上の宣言（paper declarations）」にすぎず，かかる制度化よりもむしろ，権利をめぐる活発な民主的討議によって他者の権利を尊重する「適切な自由の政治文化（the appropriate political culture of liberty）」が活性化されていることの方が人権保障を確実にすると主張する．彼によれば，権利の核心をなすのは「他者との共生（being with others）」であり，他者とは「自己とは異なり，自己の統制に服さない，固有の世界像をもった一つの精神にして意識」であって，権利を真剣に受け止めるとは，「この他者性の側面に敬意をもって応答すること」であり，この精神を支える自由の政治文化こそ，違憲審査制などの制度より，多数の専

制への確かな防波堤になりうるのである［Cf. Waldron 1999a: 306-312］.

　この「自由の政治文化」を理想として掲げることには私も共鳴するが，この理想が少数者保護の制度化を不必要にするだけの現実的実効性をもつと想定するのは無責任な願望思考である．宗教的・文化的・民族的・人種的・性的少数者など民主的政治過程で実効的な影響力を行使できないマージナルな他者も，彼らの異質な他者性を差別なく尊重してくれる政治文化が民主社会では開花するから，違憲審査制などなくても心配する必要はないし，むしろ，かかる制度はかかる政治文化の維持発展を阻害するからその廃絶を受容すべきであると，ウォルドロンはここで説示しているのである．人種隔離法，移民排斥立法，反ソドミー法，国旗侮辱行為処罰法，「テロとの戦争」のための人権規制立法等々の抑圧的諸立法も，いかなる権利が存在し，いかなる権利が存在しないかをめぐる権利構想の対立の民主的裁断の産物であるが，これらは，彼にとって民主社会の政治文化の本体とは無縁な異物にすぎず，この文化の護符が祓い清めてくれるから案じるに及ばない．不文の憲法慣習としての自由の政治文化を誇る議会主権国家英国において，サッチャー政権下，IRAのテロ防止を口実に，被疑者・被告人のデュープロセス上の権利の侵害や集会結社の自由・言論の自由の統制など種々の人権規制が行われ，英国市民はヨーロッパ人権規約 (European Convention on Human Rights)[8]の下でのヨーロッパ人権委員会・人権裁判所の救済に頼らざるをえなかったこと［Cf. Dworkin 1990］なども，彼にとっては，無視してよい異例にすぎない．

---

8) この語は一般的には「ヨーロッパ人権条約」と訳されているが，私は以下の理由から「ヨーロッパ人権規約」という訳語を使っている．言葉の問題以上の考慮もあるので，注記しておきたい．第一に，言葉の問題だが，原語は "treaty" ではなく，"convention" で，後者の訳語としては「規約」という語の方が一般的である．第二に，"treaty" という語は，国際法上かなり重い言葉で，当事国に明確で具体的な義務を課し，逸脱侵犯した当事国に対して他の当事国からの厳しい制裁がありうるというニュアンスがある．問題の多国間協定があえて "treaty" という語を避け，"convention" という語を使用している以上，これを単純に「条約」と訳してしまうのは適切ではない．第三に，ヨーロッパ人権規約の影響を受け，これを発展させた International Covenants on Human Rights の定訳は「国際人権規約」であるが，"covenant" と "convention" は，いずれも *convenire*（集合する，集会する）というラテン語に由来する同根・同旨の言葉で，前者を規約と訳すなら後者もそう訳すべきである．ヨーロッパ人権規約と国際人権規約を区別するために，前者を条約，後者を規約と呼んでいるのかもしれないが，むしろ，後者が前者の影響の下で生まれたという両者の密接な関連性を示すためにこそ，同じ「規約」という言葉を使って，その射程が欧州から国際社会全体に拡大してきたことを明確化した方がよい．

ウォルドロンは結局，権利構想の多元的対立にも拘らず，マージナルな少数者の権利を尊重する基底的な政治文化が共有されるはずだと想定している点で，対立競合する包括的教説の間の重合的合意の基盤たる公共的政治文化なるものを仮構したロールズと同じ欺瞞に陥っている．「困ったときの神頼み」ならぬ「困ったときの文化頼み」，「機械仕掛けの神（*deus ex machina*）」としての文化への知的逃避がここで露見している．政治的対立を超えたコンセンサスとしての文化なるものを，民主的立法優位論を法の支配と両立させる手品として使うことにより，権利構想・正義構想を引き裂く政治的対立の根深さを直視して「政治の情況」の問題を提起した自己の政治的リアリズムを彼は放棄している．しかも，ロールズがコンセンサスの虚構性を立憲的精髄という制度の現実性によって埋め合わせようとしたのに対し，ウォルドロンはかかる制度化を拒否し，守護神としての政治文化への信仰に慰安を求めることに固執する点で，政治的対立の現実から目をそらす願望思考にロールズ以上に耽溺していると言える．

4　純一性と正統性の断絶

　権利構想・正義構想に関するコンセンサス不在の条件下での政治的決定の正統性根拠という政治の情況の問題意識をウォルドロンと共有しつつ，彼とは逆に違憲審査制による立憲主義的人権保障を強く擁護したのは，ロナルド・ドゥオーキンである．ドゥオーキンのこの立場は次の二つの基本テーゼによって支えられている．

　第一に，専門法曹の間でもその存否・射程につき合意のない論争的な憲法的諸権利も法的権利として存在しうる．なぜなら，法は異論なき（あるいは異論を排する）権威的なルールの体系ではなく，かかるルールの最善の正当化を与える整合的な原理の体系を探求する解釈実践によって，すなわち「純一性（integrity）」を求める実践によって存立するものだからである．裁判所は，既に異論なく受容された成文憲法規定・憲法判例など憲法に関わる確立した法素材（settled law）との適合性の制約の下でそれらを全般的に整合化し，かつその最善の正当化を与える政治道徳理論を構築し，それによって論争的な憲法的権利の主張を正当化できる場合には，かかる論争的な憲法的諸権利を法的権利として同定し，それを根拠に違憲判断を下す権能と責任をもつ．かかる憲法判

断は論争的な政治道徳的価値判断に依拠せざるをえないが，あるべき憲法秩序に関する裁判官の個人的理想を押し付けるものではなく，実定憲法秩序の制度史の制約の下でその規範的意義を最適化するような，実定憲法がコミットした公共的な政治道徳の構想を同定する解釈的営為であるがゆえに，憲法の適用という司法の正統な役割を超えるものではない［Cf. Dworkin 1986: 225-275, 355-399］．

　第二に，かかる解釈実践の指針たる純一性は正義とは異なる価値理念である．純一性に依拠して同定された法的権利義務も正義の達成に失敗しうる．その意味で，不正な法も法であるが，法同定問題を法服従問題と切り離す記述的法実証主義は斥けられ，二つの問題は再統合される．純一性に依拠した法的決定はそれを不正とみなす人々に対しても遵法義務ないし政治的責務（political obligation）を一応の責務（それを覆しうるだけの優越的な反対理由がない限り尊重さるべき責務）として課す．なぜなら，純一性に依拠した法実践は，「友愛（fraternity）」——特定の政体の構成員間の友愛であるがゆえに「同胞愛」と訳してもよい——に根ざした「連帯的責務（associative obligation）」によって構成員を結合させる「原理モデル（the model of principle）の共同体」としての性格を政治社会に付与するからである．連帯的責務は，純一性を志向する法実践を発展させた特定の政治社会の構成員間に限定されるという意味で「特殊的（special）」で，抽象的な政治体にではなく構成員諸個人に対して負うものであるという意味で「対人格的（personal）」で，構成員諸個人への配慮から生じ，その配慮が平等に構成員諸個人に向けられるという意味で「平等な配慮（equal concern）」を基軸にしており，政治的責務の条件を満たしている［Cf. Dworkin 1986: 186-224］．

　ドゥオーキンの以上の議論の基底をなす純一性概念は，法解釈実践の内容的指針を示すものとしては的確であり，立法もまた憲法価値を具体化し，既存法システム全体の道徳的コミットメントを継承発展させる解釈実践としての側面を有する限りでは，立法の指針としても一定の意義をもつだろう．しかし，憲法の創出・解釈や立法に関わる論争的な政治的決定が，権利構想を含む正義構想の対立を超えた公共的な正統性をいかにしてもちうるのかという問題への解答をも純一性に求めようとする点で，彼の試みは失敗している．

第一に，純一性に依拠した法実践が存在するならば，連帯的責務を生む原理モデルの政治共同体が成立するということが仮に言えたとしても，いかにして純一性に依拠した法実践が存立しうるのかが問われなければならない．純一性志向的法実践は，彼が「確立した法」とか「制度史（institutional history）」と呼ぶもの，すなわち実定憲法や憲法判例を含む実定法秩序の根幹的部分を人々が既に受容していることを前提している．しかし，人種別学を違憲としたブラウン判決や，胎児利益を理由にした人工妊娠中絶規制を第二の三半期（the second trimester）経過（ほぼ妊娠後六ヵ月）までは違憲としたロウ判決など，米国の国論を二分した憲法判例が「確立した法」に含まれていることが象徴的に示すように，「確立した法」の内容の「正しさ」については合意があるわけではなく，むしろ執拗な論争が存続している．確立された法の受容とは，それを内容的に誤ったものとみなす人々も，それが変更されるまではその「正統性」を承認しているという意味での受容である．

　しかし，正しさと区別された正統性を人々が「確立した法」に認めることはいかにして可能なのか．そもそも，そのような正統性が本当に広範に受容されているといえるのか．彼はこの問題には何ら答えずに，端的に，「確立した法」（特に実定憲法と指導的憲法判例）の正統性を与件として前提している．正しさを争われている政治的決定の正統性は連帯的責務としての政治的責務によって説明され，後者は純一性から生じるものとして説明されているが，純一性の理念自体が，「確立した法」を産出する政治的決定の正統性承認を前提しているのである．先決問題要求の虚偽がドゥオーキンの議論にも内包されている．しかも，彼は，重合的合意に依拠して包括的教説へのコミットメントを回避するロールズの政治的リベラリズムを批判して，論争的な包括的教説への解釈実践の依存の回避不可能性を主張した［Cf. Dworkin 2006: 251-259］．それにも拘らず，「確立した法」の正統性について正義構想を異にする人々の間に「重合的合意」が存在することを自ら前提するという自己矛盾を犯している．

　第二に，純一性による政治的責務の説明可能性を「議論のために（*arguendo*）」仮定したが，この仮定が実は受け入れ難い．彼は政治的責務の条件として，特殊性，対人格性，平等な配慮を挙げ，純一性が生む連帯的責務がこれらの条件を満たすとしたが，特殊性と対人格性は政治的責務の属性として措定さ

れたものであって，その成立根拠ではなく，成立根拠になりうるのは平等な配慮である．ドゥオーキンにおいて，純一性が連帯的責務を成立させるのは，純一性が同じ原理体系によって人々を差別なく平等に配慮することを要請すると彼が考えているからであり，平等な配慮こそが連帯的責務の，したがってまた政治的責務の成立根拠でもある．

しかし，いかなる原理体系が人々を平等に配慮すると言えるかは，功利主義，リバタリアニズム，前期ロールズの「公正としての正義」論，ドゥオーキン自身の平等基底的個人権理論，フェミニズム，多文化主義など，様々な正義構想の間で見解が鋭く対立する問題であり，同じ立憲民主社会の制度史について，純一性の理念に従った最善の正当化を与える正義構想が何であるかの解釈をめぐっても，これらの立場の間で見解が鋭く対立し，一つの立場からは他の立場の解釈は「平等な配慮」を否定するものとみなされるだろう．純一性が連帯的責務を成立させることの根拠が，純一性が「平等な配慮」を含意することに求められるなら，連帯的責務の存否は平等な配慮についてどの正義構想の解釈が「正しい」か，当該社会の法実践がこの点で「正しい」正義構想によって全般的整合性をもって正当化できるかに依存することになり，正義構想自体が多元的に分裂する立憲民主社会における政治的責務の根拠，すなわち政治的決定の「正しさ」について見解を対立させる人々にとってのその公共的な正統性の根拠とはなりえない．

ドゥオーキンの以上のような失敗の根本的な理由は次の点にある．彼が純一性を正義と区別したのは，「在る法 (law as it is)」の同定・解釈が論争的な政治道徳的価値判断に依存するにも拘らず，「在るべき法 (law as it ought to be)」の提唱とは区別可能であることを示そうとする法発見論的意図と，正義をめぐる対立を超えた法の公共的な正統性を支える価値に政治的責務の根拠を求める遵法義務論的意図[9]という二重の目的による．それぞれの目的設定は的確だが，

---

9) 「遵法義務 (the duty to obey the law)」はある国家の成員ではない外国人も当該国家の領域内にいれば負うことを根拠に，政治社会の成員間で成立する「政治的責務 (political obligation)」の問題と遵法義務の問題とは区別すべきだとする見解もある．しかし，遵法義務は悪法もなお法として尊重する義務であり，これは同じ法体系の管轄下にある政治社会（国家）の成員にとっては，悪法を産出する政治的決定をもなお自己が属する政治社会の公共的決定として尊重する政治的責務と合致する．その意味で，ドゥオーキンの政治的責務論は，ある政治社会の成員が当該社会の

この二つの目的を達成する理論的手段を同じ純一性の理念に求めたところに無理がある．

　純一性はもともと，論争的な法解釈的問題においてなお「正解」の存在を想定し模索する営為を可能にする法発見論的指針として提示された理念であり，第一の意図に発して構築されている．それは理想的な正義構想の実現要請とは区別されつつも，所与の法を理想的正義構想により接近させること，すなわち，法をその制度史の制約が許す限りで「より正しく」することを目的としている．この意味で純一性は法の規範的「最善化」でないにしても規範的「最適化」を要請すると言ってよく，法を規範的に最適化する「正しい」法的決定が何かという問題に，論争的な正義構想に依拠して答えることを許容するのみならず，積極的に要請するのである．

　これに対し，政治的責務ないし遵法義務問題は，正義構想の分裂により，法の規範的「最善化」に関してだけでなく，法を規範的に「最適化」する「正しい」決定が何かをめぐっても見解の対立が執拗に続くにも拘らず，何らかの決定がなされなければならない政治の情況において提起される．なされた決定のこの意味での「正しさ」を否定する人々もなお，自己のかかる個人的な信念を制約する公共的な正統性をその決定に認知することが，いかにして，あるいは

政治的決定によって産出する法を悪法とみなしつつなお尊重する遵法義務の根拠を解明する試みであると言える．
　遵法義務と政治的責務が成員にとっても異なった責務として成立するという見解は，遵法義務が成員にも外国人にも課されることから，遵法義務の根拠も成員と外国人において同じでなければならないとする飛躍推論（*nonsequitur*）に基づく．外国人の遵法義務の根拠が当該社会の成員の政治的責務の根拠とは異なるということから，成員の遵法義務の根拠も彼らの政治的責務の根拠とは異ならなければならないということにはならない．入国時に入国許可条件として当該国家の法令遵守に同意した外国人の場合は，それが彼らの遵法義務の根拠になるが，このような明示的同意による遵法義務の引き受けは，自己の意志によらずにその国で出生した成員（移民第一世代以外のほとんどの成員）の場合には当てはまらない．他方，自己の意志によらずに，何らかの理由で，当該国家の支配下に置かれながら成員としては扱われない外国人については，そもそも遵法義務を負うと言えるかどうかが問題であるし，遵法義務を負う場合でも，その根拠は成員の場合とは異なり，当該外国人が異国の支配下に置かれた「何らかの理由」が何であるか，成員との差別化の態様がどのようなものかに依存する．
　なお，横濱竜也は遵法義務（彼の用語では遵法責務）の問題と政治的責務の問題をかつては区別していた［横濱 2003，横濱 2006，横濱 2009 参照］が，遵法義務の正当化は法の内在的価値に訴えた議論だけではできず，政治的責務の正当化に依存するとして，近著では両者を再統合している［横濱 2016 参照］．

そもそも，可能かという問題が提起されている．したがって，その解明には，論争的な正義構想とは異なった次元の原理の探求が必要である．「最善」でないにしても「最適」な正義構想と自ら信じるものへの訴えを解釈主体に要求する純一性に，「最適」な正義構想が何かをめぐる論争を裁断する決定の公共的な正統性問題の解を求めることは一種の範疇錯誤であり，さらに言えば，純一性を「自己が紛争当事者である事例の裁判官にする」ことになる．

「友愛」という濃密な共同性を帯びた連帯的責務を純一性から無理に搾り出して，純一性と正統性の断絶を飛び越えようとするとき，ドゥオーキンの目は先鋭な対立を孕む現実の政治社会からそらされている．彼の目が注がれている友愛の共同体とは，そこにおいて自己と他者が平等に配慮されているという確信を人々が共有できるほどに彼らの正義構想が収斂しており，かつその正義構想がその社会の制度史に最適の正当化原理として浸透しているという共通了解が確立しているような幸福な理想社会，すなわち，一つのユートピアである[10]．しかし，法発見的指針としての純一性の価値は，現実の政治社会におけるコンセンサスの破綻を直視した上で法的権利の論争的存立構造を解明しようとしたところにあったはずである．純一性理念のこの知的廉直性（integrity の integrity）を保持するためには，論争的な正義構想へのコミットメントを要請する純一性を正統性問題の負荷から解放し，この理念の役割を法発見の指針に限定して，正統性問題の解明の鍵を，対立競合する正義構想を貫通し制約する別の基底的な理念に求める必要がある．

5　憲法の公共的正統性の規範的基礎──「正義への企て」としての憲法

(1)　公共的正統性の理念的指針──正義構想に対する正義概念の基底性

それでは，その「別の基底的な理念」とは何か．正義構想が多元的に分裂競合する政治の情況において，立憲民主体制という憲法秩序の公共的な正統性を保障するものは何か．以下，この問題に関する私見を提示したい．

---

10)　スティーヴン・ペリーはドゥオーキンの「連帯的責務としての政治的責務」論を内在的・共鳴的に解釈しつつも，「平等な配慮」という道徳的性質が現存する法体系のいずれにも帰属せず，かかる責務の条件が現実に満たされる社会が存在しない可能性を承認している［Cf. Perry 2006］．彼は「平等な配慮」があまりに高い道徳的要求であることを理由としているが，問題のユートピア性の真の理由は「平等な配慮」の解釈の分裂が「連帯」を不可能にすることにある．

正義構想が対立競合する多元的社会において，この対立を裁断する政治的決定の公共的な正統性の理念的指針は，対立競合する正義の諸構想の共通の概念的制約たる普遍主義的正義理念である．功利主義・リバタリアニズム・平等基底的権利論等々，様々な「正義構想（*conceptions* of justice）」が対立競合しているが，これは共通の「正義概念（*the concept* of justice）」の不在を意味せず，逆に，その存在を前提している．競合する正義の諸構想の間に真の対立があると言えるのは，それらが同じ正義の概念について異なった判定基準を提示しているから，同じ正義概念についての競合する解釈だからであり，この同じ概念内容をなすのが普遍主義的正義理念である．その規範的核心は，単なる類型化要請（同じ類型に属する事例には同じ扱いをせよという要請）を超えた普遍化要請，すなわち普遍化不可能な差別（自己と他者の個体的同一性における差異に依存せずには正当化できない差別）の排除の要請である[11]．

　普遍化要請は，さらに，フリー・ライダー排除，ダブル・スタンダード排除，権利（rights）と異なる特殊権益としての既得権（vested interests）の排除，集合的エゴイズム排除など，具体的な強い規範的含意をもつとともに，それらに通底する一般的要請として，「反転可能性（reversibility）」要請を含意する．反転

11） 正義構想と正義概念との区別について，本書でこれまで度々論及してきたが，この区別がロールズに由来するものだと誤解し，正義概念についてのロールズの皮相な理解に囚われている者も少なくないようなので，ここでこの区別の学説史的背景に若干触れておく．対立競合する正義の諸構想を包摂する共通の正義概念を求める試み自体は，ベルギーの法哲学者カイム・ペレルマンの 1945 年初出の仏語著作「正義について（*Dela justice*）」[Perelman 1945，英訳は Perelman 1963: 1-60] に始まる．これがペレルマンの英語論文集 [Perelman 1963] に序文を寄せたハートを経て，ロールズにも継承され，一般的に広がっているが，正義概念を形式的な類型化要請（the formal idea of justice）に還元したペレルマンの影響が基底にあるため，現代正義論においては，正義概念を空疎な形式的定式とみなして正義概念論の意義を否定し，もっぱら正義構想論に関心を払う傾向が強い．その結果として，本節で既に批判したロールズの重合的合意論などにおいて顕著なように，自己と異質な他者の視点への配慮を要請する正義概念の制約を軽視して正義構想論が恣意化・独断化しただけでなく，正義構想と正義概念との区別が正当性と正統性の区別の解明に対してもつ意義も見落とされている．
　私が最初の著書 [井上 1986] でペレルマンの正義概念論を批判して以来，正義構想に通底する正義概念の核心が類型化要請ではなく普遍化要請にあるとし，それがもつ強い規範的実質の解明が正義論の重要な課題であることを一貫して強調してきたのは，現代正義論のこの欠陥を補正するためである．この観点から，正義概念を瑣末化して軽視するロールズらの立場を批判し，正義構想論に対する正義概念論の基底的重要性を強調するものとして，井上 2017 [2008]: 150-191，Inoue 2011 参照．本書では，正義概念論が正義論のみならず，法概念論の再構築，法の支配・立憲主義の再定位という課題に関しても基底的な意義をもつことを示そうとしている．

可能性要請は，すべての主体——自己のみならず，自己がその者の他者である「他なる我 (*alter ego*)」としての他者も含めて——に対し，自己がその他者だとしてもなお受容しうべき理由によって，自己の要求が正当化可能か否かを批判的に吟味する責務を課す．ここで課される自他の反転想定テストは，自他の置かれる環境的条件の反転想定を求める「位置反転可能性 (positional reversibility)」のテストだけでなく，自他の視点の反転想定を求める「視点反転可能性 (perspectival reversibility)」のテストも含む．後者は，自己の他者に対する要求が，自己の視点のみならず他者の視点からも——但し，その他者もまた同様に位置と視点の反転可能性テストを自らに課すという条件の下で——受容可能とみなしうる理由によって正当化可能であるか否かの批判的審査を要請する．このような正当化理由は，自己の信念体系に自閉した「特異理由 (idiosyncratic reasons)」を超えた「公共的理由 (public reasons)」であり，視点反転可能性要請は公共的正当化要請でもある．

重要なのは，この公共的理由は public *reasons* という複数形でのみ語りうることである．同じく公共的理由による正当化要請を提示したロールズは，複数形の公共的理由を語りながら，結局これを単数無冠詞の「公共的理性 (public reason)」に合併吸収し，その統一化の根拠を，重合的合意を保障する公共的政治文化なるものに求めたが，この議論は既に見たように破綻している．他者の視点を配慮する反転可能性テストの要請は，自己と他者との断絶を架橋する相互理解や合意の可能性の楽観的想定とは無縁である．

誰も「自我の檻」を離脱できない．しかし，この自我の檻の中でも「自己の視点にのみ自閉する自己の視点」と「他者の視点を配慮しようとする自己の視点」との間には規範的な質の違いがある．自己の視点自体が重層構造をもつのである．「共感 (sympathy)」が他者への自己の感情移入であることをはっきりと認めたアダム・スミスが，それにも拘らず他者の共感の可能性を自己の主張がもつか否かの批判的自己吟味が「不偏的観察者 (the impartial spectator)」の視点を「内なる人 (the man within)」ないし「我が胸の内なる理想の人 (the ideal man within the breast)」として自己の内部で現出させる可能性を見たように，反転可能性テストの要請は自我の檻からの離脱ではなく，自我の檻の内部での主体の規範的自己変容を促す［Smith 1976 [1759]: 129-148 *et passim*，井上 2003a:

25-29, 井上 2005a 参照].

　これは次のことを意味する．反転可能性の吟味によって特異理由を超えた公共的理由を人々が探求したとしても，公共的理由の具体的内容をめぐって人々の見解はなお対立する．正義の諸構想が公共的理由による正当化を要請する正義概念を共有しながらも，その公共的理由の内実の特定をめぐっては分裂するのである．しかし，正義概念が内包する公共的正当化要請は，公共的理由を具体化する正義構想のいずれが正しいかを一義的に特定しないとしても，正義構想の資格条件と，政治的決定の正統性条件に強い制約を課す．

　すなわち，第一に，この正義概念の要請は，公共的理由の規範的制約条件――上述した反転可能性要請とその具現たるフリー・ライダー排除，二重基準排除，既得権排除，集団的エゴイズム排除などの諸要請［詳しくは，井上 2003a: 18-23 参照］――を示すことにより，正義構想を標榜する様々な主張を篩にかけて特異理由を隠蔽させたものを排除する．第二に，それは，真摯に公共的理由を探求しながらも，その内容について見解を対立させる諸勢力が，公共的理由により正当化可能な政策をめぐる政治的抗争を単なる力の支配や「勝者の正義」に終わらせないために服すべき公正な政治的競争のルールを示すことにより，正義構想の対立を裁断する政治的決定の公共的正統性の条件を解明する指針となる．

　「公共的理由」と「公共的正統性」という二つの概念の中で「公共的」という同じ形容詞を使ったが，読者の混乱を招かないために，ここで，一階の公共性と二階の公共性の区別について説明しておく必要がある［詳しくは，井上 2006b: 24-27 参照］．一階の公共性とは公共的理由の内実を特定する基準であり，これが何かについては，功利主義は効用の集計値（全体効用ないし平均効用）の最大化を挙げ，個人権理論は効用最大化原理を制約する個人の権利を重視するが，この個人権が何かについては，さらに所有や契約の自由を重視するリバタリアニズムと平等主義的人格権を平等基底的権利論などが対立し，それぞれの陣営においても内部対立がある．このように，一階の公共性をめぐっては様々な正義の諸構想が対立している．

　この対立を裁断する政治的決定は，採択された正義構想の観点からは一階の公共性に関し「正しい」判断をなしたとみなされるが，斥けられた正義構想の

観点からは「誤った」判断とみなされる．この政治的決定を誤ったものとみなす正義構想を抱く人々が，それにも拘らず，この決定をそれに至る政治的闘争の勝者の私的・党派的信念の押し付けとしてではなく，自己が属する政治社会の公共的決定として承認し敬譲を示すことが，いかにして，あるいは，そもそも可能か．この問いは，一階の公共性が何かという問いとは次元を異にし，一階の公共性に関する対立を裁断する政治的決定の公共性，すなわち二階の公共性の条件を問うている．「政治的決定の公共的正統性」，「憲法の公共的正統性」という言葉で語ってきた問題は，この二階の公共性の条件に関わっている．

(2) 正義概念基底化論による遵法義務論の再構築──三階梯正当化論

対立競合する正義の諸構想に通底する制約原理たる正義概念，すなわち，普遍主義的正義理念は，一階の公共性の条件に対し制約を課すだけでなく，二階の公共性としての「政治的決定の公共的正統性」の問題，およびその一部としての「憲法の公共的正統性」の問題の解明に関しても，重要な含意をもつ．正義概念を基底に据えて政治的決定および憲法の公共的正統性を解明する私の以下の立場を「正義概念基底化論」と呼ぶことにする．政治的決定の公共的正統性は，政治的決定への政治的責務が成立する条件，したがってまた政治的決定が産出する法への遵法義務が成立する条件でもあるので，政治的責務ないし遵法義務[12]の正当化の根拠を解明する議論として正義概念基底化論を提示したい．

正義概念基底化論による遵法義務の正当化は，論理的には三階梯構造をとる．第一階梯は無政府主義（anarchism）の論駁，第二階梯は遵法義務に関するフェア・プレイ論の再編擁護，第三階梯は再編されたフェア・プレイ論が欺瞞化しないために政治的意思決定システムに課される制約条件の解明である．

〈ⅰ〉 第一階梯：無政府主義の論駁

第二階梯以下の議論は政治的意思決定システムとしての統治機構（簡単に言

---

[12] 以下では，「政治的責務」と「遵法義務」という二つの言葉を，文脈に応じて併記したり，一方だけ使ったりするが，政治的責務の対象たる政治社会の成員にとっては両者は結合している［本章脚注9参照］ので，本書では，この二つの言葉は互換的に使用されていることを了解されたい．

えば，国家）の存在を前提している．政治的意思決定システム自体が廃棄されるべきだとしたら，政治的決定に対する政治的責務や，政治的決定が産出する法に対する遵法義務の根拠を問う必要がなくなる．したがって，論理的には，この前提を否定する立場，すなわち，無政府主義をまず論駁する必要がある．

統治権力を立憲主義的に統制することはいかにして可能かという問いを問う人々は，統治権力の存在を前提しているから，立憲主義の哲学的再編において，無政府主義者を相手にする必要はないとして，この問題を切り捨てることはできない．立憲主義的に統制された統治権力ですら正当化不可能であるという無政府主義の主張がもし正しければ，統治権力を立憲主義的に統制する憲法の公共的正統性を示そうとするのは無駄な試みということになるからである．人権であれ，自由であれ，あるいは私見におけるように正義であれ，立憲主義が擁護しようとする価値を，立憲主義国家も国家である限り蹂躙するという無政府主義の主張がもし正しければ，統治権力の立憲主義的統制は自壊的な試みですらあるということになろう．

また，無政府主義は性善説的な人間観など非現実的な想定に基づいた空想的ユートピア論だから，相手にする必要はないという主張も間違いである．そのようなユートピア的無政府主義とは一線を画して，天使にも悪魔にもなりうる人間性の両義性を踏まえて国家権力がもつ腐敗化傾向を直視し，国家に代わる実効的な社会統制システムを構想する立場，私が「醒めたアナキズム」と呼ぶ無政府主義の諸潮流が存在する．かかる無政府主義の主張は真剣に受け止め，真剣に応答されなければならない．

私は別稿で，醒めたアナキズムとして，国家に代わる社会統制システムを市場に求める市場アナキズム――無政府資本主義（anarcho-capitalism）とも呼ばれる――と，それを共同体的社会関係に求める共同体アナキズムという二類型を取り上げ，それぞれについて，国家を補完する長所を認めつつも，国家に代替することを不可能にする限界・欠陥ももつこと，また両者の間にも一方の長所が他方の欠陥を補正する相補性があること明らかにし，国家・市場・共同体という三つの秩序化原理の間の抑制均衡を図る「秩序のトゥリアーデ」の構想を示した［井上 1999: 第 2 章，井上 2017［2008］: 47-65］．本書では無政府主義の検討に立ち入らないが，別稿で示した議論の参照を乞いたい．

〈ⅱ〉　第二階梯：フェア・プレイ論の再編——統治的フェア・プレイ論へ

　政治的責務ないし遵法義務の正当化根拠を考える上で，まず認識される必要があるのは，政治的決定過程の闘争性である．政治的決定過程は，程度と様式の差はあれ，政治闘争の場であり，勝者と敗者が分かれる．妥協で闘争が決着する場合も，妥協対象から排除される敗者と包含される勝者が分かれ，さらに後者の中でも，実力差に応じて，より多く譲歩させられる敗者と，より少なく譲歩する勝者が分かれる．前章で明らかにしたように，通常の民主的立法過程のみならず憲法を生成発展させる過程も，きわめて闘争的な過程である．立法闘争も憲法闘争も，反対者を拘束し公権力により執行される集合的決定，すなわち政治決定を生み出すという意味で，政治的闘争である．「闘争」という言葉が強すぎれば「抗争」でもよい．

　この政治的抗争の勝者が自ら勝ち得た政治的決定を正当とみなし，まさにそれゆえにその正統性も承認することは当然である．当該決定が，そしてそれを産出する政治体制が，正当性と区別された正統性をもつか否かにとって決定的なテストは，この抗争の敗者，すなわち当該決定を不当とみなす敗者も，それに敬譲すべき理由を，当該体制の下で見出しうるか否かである．正義概念の一般的含意たる視点反転可能性要請は，勝者に対し，当該体制の下での当該決定の敗者への強制が，自らが敗者になったとしても受容しうべき理由によって正当化可能か否かを自己批判的に吟味することを要請する．正義構想の対立は正当性をめぐる政治的抗争の動因であるが，正義概念は，この抗争の勝者のみならず，敗者の視点からも承認しうべき正統性の基盤確保への配慮を抗争する諸主体に要請する．

　ロールズの重合的合意論，ウォルドロンの民主的立法優位論，ドゥオーキンの純一性に依拠した連帯責務論という，政治的責務および憲法の公共的正統性の根拠に関する現代の主要な理論を批判的に検討したが，これらに通底する欠陥は，政治的抗争の事実を隠蔽（ロールズの場合）ないし過少評価（ウォルドロンとドゥオーキンの場合）することにより，政治的抗争の敗者の視点への配慮を欠落させたことである．正義概念基底化論は，政治的抗争の勝者と敗者の間にも反転可能性要請を貫徹することによって，この欠陥を是正する．この観点からは，政治的責務・遵法義務の代替的な正当化論として，いわゆる「フェ

ア・プレイ」論が再評価に値する．これは，既に古代においてソクラテスにより遵法義務を正当化する主要な論拠の一つとして論及され［プラトン 2005 参照］，近代以降も，合意を擬制する社会契約説の弱点[13]を克服し，合意の不在において政治的責務を説明する論拠として提唱されてきた．

これまでフェア・プレイ論は，制度の便益を享受した者はその維持のコストを負担する責務を負うとする原則に基づき，国民は国家の法制度が供給する公共財のような便益を享受しているから，この法制度を維持するコストを負担する責務として遵法義務も負うとする議論であると理解されてきた．しかし，これに対しては，二つの常套的批判がある．

第一は，個人が当該制度の存続を特段望んだわけではないのに，たまたまその便益を享受する状況に置かれただけで，当該制度の存続のコストを負担させられるのは不当であるという批判である［Cf. Nozick 1974: 93-95］．不同意受益論と呼ぼう．第二は，現制度からの受益の有無を判定するために必要な境遇比較の基準線が不確定であるため，個人が現制度を不当とし，受益判定基準線を自己が正当とする制度の下での自己の境遇に置くなら，「不当な現制度」は「正当な代替制度」よりも自己を不利に処遇するがゆえに，現制度から受益しておらず，その維持コストを負担する責務はないと主張できるとする批判である［Cf. Dworkin 1986: 193-195］．基準線不確定論と呼ぶことにする．このような批判が有力になったため，フェア・プレイ論は下火になったと言える［横濱 2003 等参照］．しかし，フェア・プレイ論は，かかる批判によって葬られうる単純な議論としてではなく，政治的抗争の不可避性という事実に依拠した議論として再編し再擁護することが可能である．

まず指摘すべきなのは，上記二つの常套的批判が，また，かかる批判が妥当するような単純なフェア・プレイ論が，政治的責務・遵法義務において問題とすべき「便益」と「コスト」の性質を誤解し，フェア・プレイ論を瑣末化して

---

13) 伝統的な社会契約説の「同意論（consent theory）」については，現実的同意は明示的なものにせよ黙示的なものにせよ，移住者を別にすればほとんどの国民に帰属させるのが不当であるという致命的欠陥があるし，仮想的同意について責務の真の正当化根拠が同意そのものではなく同意すべき理由に求められ，同意すべき理由を同意に求めることはできないという難点がある［Dworkin 1977: 151-152，井上 1986: 第4章参照］．後期ロールズの政治的リベラリズムにおける「重合的同意」は同意論の有力な最新版であるが，本節でも示したような欺瞞性・虚妄性がある．

いることである．政治的抗争の不可避性という条件が政治的責務・遵法義務の問題の根源にある以上，問題とすべき「便益」と「コスト」は，政府が法システムを通じて供給する治安・防衛・インフラ整備・社会保障サーヴィスなど，あれやこれやの公共財・公共サーヴィス[14]とその供給コストではありえない．これらの公共財・公共サーヴィスのどれがどれだけ供給されるべきか，どれについてどれだけコストをかけるべきかをめぐって，先鋭な政治的対立が存在するからである．福祉国家派政党が政権獲得して提供する社会保障サーヴィスを，リバタリアンたちは無駄で不当な財政的浪費とみなし，社会保障の受益を根拠としてそのコスト負担が要求されるなら，これを拒否するだろう[15]．同様にまた，軍備の廃絶を求める（口先だけでなく本気で求める）絶対平和主義者は，軍事力による防衛サーヴィスの受益を根拠に防衛コスト負担が要求されるなら，これを拒否するだろう．

　政治的抗争の不可避性という条件の下で，フェア・プレイ論に組み入れられるべきなのは，政府が供給すべき公共財・公共サーヴィスについて対立する福祉国家派とリバタリアン，絶対平和主義者と武装自衛論者などの諸勢力が共にその持続的供給を前提し受容しているもっと基盤的な便益であり，それを提供するのに必要な基盤的なコストである．この基盤的便益とは，政治的意思決定システムの存在そのものが提供する便益，彼らの間の政治的抗争を集合的決定（反対者をも拘束する政治社会の公共的決定）によって裁断し，この集合的決定を勝ち得た勢力に，その政策要求を反対勢力に対しても執行することを可能

---

[14] 一つ語釈を加えておく．対価を払った者に受益を限定できない「非排除性」ゆえに市場では最適供給できない財という意味での公共財の概念が，「社会保障サーヴィス」に適用できるかどうかは異論の余地がないわけではない．しかし，「社会保障の市場化」とも言うべき「慈善 (charity)」も，貧者救済の「正の外部性」（治安向上など）が「寄付」という形での「対価」を払わない者にも及ぶという非排除性をもち，そこから市場における公共財の最適供給の失敗と同型の問題が「慈善」にも生じうるという意味で，公共財概念を社会保障サーヴィスに適用することはあながち不当ではない．いずれにせよ，この種の概念的問題を避けるために，公共サーヴィスという「ざっくりとした語」を付加した．

[15] リバタリアンと言っても，内部対立があり，いわゆる「左翼リバタリアン (left-wing libertarians)」は，私が言う「競争資源の初期分配の公正化」のための再分配は承認する［井上 2003a: 第9章参照］．ここでは，リバタリアンの典型とみなされているノージック［Nozick 1974］らの立場，すなわち，社会保障サーヴィス全般の国家的供給に反対し，これを慈善に委ねる立場を念頭に置いている．

にするという便益である．これを「統治便益（governmental benefit）」と呼ぼう．敗者もまた，自らが勝者になって自己の正義構想に適合した政治的決定を下し実行することをめざして政治的抗争過程に参与している以上，統治便益の享受を当然求めている．

　統治便益を提供する政治的意思決定システムを維持するために必要不可欠なコストは，この集合的決定による裁断で敗者となった勢力がそれに敬譲し，自らの正義構想との抵触を受忍するというコストである．これは敗者が自らの道徳的潔癖性への固執を部分的または暫定的に放棄すること，自己の道徳的利益の部分的暫定的浸食を受忍することを意味するから，「モラル・コスト（moral cost）」と呼んでよい．

　政治的責務・遵法義務とはまさに，政治的抗争の敗者が政治的決定に敬譲するモラル・コストを払う責務である．それではなぜ敗者はこのモラル・コストを払わなければならないのか．本来，フェア・プレイ論がその真価を発揮するのは，この問いへの応答においてである．この問いに焦点を置いて統治便益とモラル・コストの関係として再編されたフェア・プレイ論を，統治的フェア・プレイ論と呼ぼう[16]．統治的フェア・プレイ論は，普遍化不可能な差別を禁じ

16）　従来のフェア・プレイ論を統治的フェア・プレイ論に再編する私の立場に対し，横濱竜也は集合財（公共財・公共サーヴィスなど政府が社会全体に集合的に提供する財）の供給の便益とコストに依拠する従来のフェア・プレイ論を擁護する立場から，次のように批判している．「政治的責務はあくまで集合財の維持と供給を行う社会的協働の実現のための手段でしかない．公平性を内在的価値としてみてしまい，それが我々に必要な財をもたらすための道具的価値であることを見逃す議論は，公平性論［フェア・プレイ論］とは別個の動機に基づくものだと考えるべきである．結局のところ，公平性そのものの価値ではなくて，治安維持や国防など，公平性が達成された社会状態が実現する価値が公平性論の成否を分ける基準になるのである」［横濱 2016: 192, 角括弧内は井上］．
　これは，政治的責務・遵法義務を長年研究してきたはずの横濱にしては，驚くべき乱暴な議論である．まず，政治的責務が集合財を維持・供給する社会的協働を実現するための手段——以下，「集合財供給手段」と簡略化する——でしかないという，引用箇所の最初の主張が間違っている．「統治権力は自己目的ではなく集合財供給の手段である」という主張なら正しい．しかし，政治的責務の問題はその先にある．統治権力がいかなる集合財をいかなる程度まで，いかなるコストを払って供給すべきかについて先鋭な対立が政治社会の内部に存在するにも拘らず，否，存在するからこそ，反対者をも拘束する政治的決定がなされざるをえないが，反対者もまたこの決定を尊重する責務を負う根拠は何かというのが政治的責務の問題である．政治的責務は自己目的ではなく手段だとしても，それは単なる集合財供給手段ではなく，集合財供給のあり方をめぐる政治的抗争が公正なルールにより裁断されるという目的を実現する手段として対抗諸勢力が負う責務なのである．政治的責務の受容とは，政治的決定が「正当性」を欠く，すなわち集合財供給手段

反転可能性を要請する正義概念に依拠して，敗者はなぜモラル・コストを負担しなければならないのかという問いに，次のように応答する．

政治抗争の敗者も，自らが勝者となった場合には，自己の正義構想を実現する集合的決定としての政治的決定の執行を要請する．例えば，福祉国家派政党の政権を批判するリバタリアン勢力も，政治的抗争の次のラウンド（次の選挙）で政権を奪取したなら，自らの「小さい政府」政策を実現する政治的決定を下し，その政策に反対しているが当該時点では在野勢力である福祉国家派に対しても執行する．勝者となったときには統治便益を享受し，その享受に必要なモラル・コストを，その時点での敗者であるライヴァル勢力に課しながら，自らが敗者になったときには勝者となったライヴァル勢力が統治便益を享受するのに必要なモラル・コストの支払いを拒否する，すなわち政治的決定への敬譲を拒否するのは，統治便益だけ享受して，この便益を提供する政治的意思決定システムの維持に必要なモラル・コストは他者に転嫁するという「道徳的ただ乗り（moral free ride）」である．これはフリー・ライド一般と同様，自他の普遍化不可能な差別の禁止という正義概念そのものによって排除される[17]．よ

として不当であるとみなされる場合でも，それが政治的抗争を律する公正なルールに従って下された限りで「正統性」をもつことの承認である．

「治安維持や国防など，公平性が達成された社会状態が実現する価値が公平性論の成否を分ける基準になるのである」という引用箇所最後の言明も愕然とさせる．治安維持や国防などの集合財のどれがどれだけ，いかなる形態において実現されるべきか，すなわち集合財をどのように実現する社会状態に価値があるか，これこそが政治的対立の焦点であり，この価値の「基準」をめぐって，正義の諸構想も分裂している．集合財供給に関して「正しい」とみなされた価値基準がフェア・プレイ論（横濱の言う「公平性論」）の成否を分ける基準だとしたら，フェア・プレイ論は，集合財供給に関する正しい政治的決定に従う義務の擁護に還元され，政治社会の成員が誤っているとみなす政治的決定をもなお尊重する責務としての政治的責務の論拠ではなくなってしまう．

横濱は政治的責務の根拠を敬譲論に求めつつ「その議論の強化に貢献するもの」としてフェア・プレイ論を位置付けている［横濱 2016: 192, 196注10参照］が，集合財供給のあり方に関して対立相剋する正義の諸構想の一つに還元されたフェア・プレイ論を政治的責務の補強的論拠とみなすのは，範疇錯誤と言うべきである．彼は，集合財供給の受益とコスト負担に即した従来のフェア・プレイ論が政治的責務の問題にとっては的外れであるという私の批判に対して，従来のフェア・プレイ論を頑なに擁護するために，政治的責務の問題の方をフェア・プレイ論の課題から放逐してしまったのである．

17) 「ただ乗り」の排除を正義概念が要請するのは，コストを他者に転化して便益だけを享受する「ただ乗り」は他者がコスト負担することに依存しているため，フリー・ライダーは制度維持に必要なコスト負担を他者には要請しながら，自分だけは「ただ乗り」が許されるという「自己例

り端的に言えば，正義概念が含意する反転可能性要請に反する．自己が勝者のとき敗者としての他者に要求することを他者が勝者のとき敗者としての自己に要求するのを拒否するのは，視点反転可能性（perspectival reversibility）以前に位置反転可能性（positional reversibility）の要請に反している．要するに，政治的責務・遵法義務の根拠は対立競合する正義構想の一つにではなく，それらに対する共通制約原理としての正義概念にある．

外化」を要求しており，自己と他者との普遍化不可能な差別をしているからである［井上 2003a: 18-19 参照］．

　正義概念がフリー・ライダー排除を含意するという私の主張に対して，横濱竜也は「正義概念が……普遍化可能性を要請することは認めるとしても，そこから『ただ乗り』批判へと到達することができるかは疑わしい．少なくとも概念的には，公平性論［フェア・プレイ論］にまったくコミットしない正義構想が存在する——例えば功利主義——以上，正義概念そのものに公平性論を読み込むことは不可能ではないか」と批判している［横濱 2016: 190-191，角括弧内は井上］．これは正義概念が排除する「ただ乗り」が自己例外化要求であることを見落とし，単なる負担回避と混同していることに基づく謬論である．

　例えば，功利主義者が，どんな制度でも負担回避者が一定程度出現することは避けられないという事実的条件を考慮して，負担回避者比率が 10% までなら効用最大化できる制度を考案し，これを擁護するとしよう．この場合，制度適用対象たる人々の 10% までが負担回避する事態は「想定内」として放任される．しかし，功利主義も正義概念の普遍化要請にコミットしている——リチャード・ヘアーにおけるように，普遍化可能性が功利主義の正当化根拠の一つとされるほど強くコミットしている [Cf. Hare 1982]——以上，この 10% に誰が含まれ誰が含まれないかを，負担回避者の個体的同一性によって差別化することは許さない．しかし，フリー・ライダーは，自己以外の他者の誰がその 10% に含まれるかには頓着しないとしても，自分だけは必ずその 10% に含まれることを要求している．功利主義はこの要求を斥ける．フリー・ライダーがフェアでないと批判されるのは，誰であれ一定比率までは負担回避しても維持可能なように制度設計せよと主張するからではなく，自分だけには必ず負担回避が許容されるという自己例外化を要求しているからである．功利主義も普遍化可能性に強くコミットしているがゆえに，フリー・ライダーのかかる自己例外化要求を不公正な自己中心性の表出として斥けざるをえない．むしろ，効用最大化のために必要とあれば過酷な自己犠牲をも要求する功利主義こそ，自己例外化としてのただ乗りを特に厳しく批判するだろう．さらに言えば，一定程度の負担回避者の存在を事実的条件として想定して，その条件の下で効用最大化目的を実現できる制度を擁護することと，負担回避者のただ乗りを規範的に是認することとの間には論理的懸隔がある．これは，一定比率の犯罪者の出現が不可避であるという想定の下で効用最大化できる刑事制度・治安政策を擁護することが，その比率までは犯罪者が犯罪を犯すのを規範的に是認することを意味しないのと同様である．

　なお，ついでに付言すれば，「ただ乗り」の排除という正義概念の要請に対して，コスト負担能力のない貧しい者がただ乗りをすることも禁じていると批判する者もいるが，これはまったく的外れな批判である．貧者に対して，彼らの個体的同一性ではなく「貧困」という普遍化可能な理由により，負担の減免を図ることは正義の普遍化要請に何ら反しない．正義が斥けるのは，「私は貧しいから負担を免除してくれ」という要求ではなく，「貧しいのが私だから負担を免除してくれ」という要求である．

このような統治的フェア・プレイ論に対しては，従来のフェア・プレイ論に加えられてきた上記の二つの常套的反論は斥けられる．第一に，不同意受益論は，統治的フェア・プレイ論が問題にする統治便益については的外れである．人々がたまたま通りかかった場所で街頭芸人のパフォーマンスを観て楽しんだという受益は，頼んだわけでもないのに得た「たなぼた」的便益で，観客が芸人にパフォーマンスの持続的提供を要求しているわけではない．たしかに，こういう場合は，不同意受益論が主張するように，芸人は観客に自発的な寄付を懇請できても，「見物料金」の支払いを責務として課すことはできない．しかし，統治便益は頼んだわけでもないのに得た「たなぼた」的便益ではなく，政治的抗争の敗者である他者にモラル・コスト負担を強いることによってのみ勝者が享受できる便益であり，統治便益を求めて政治的に抗争する諸勢力は反対者をも拘束する政治的意思決定システムの存在を求めている以上，このシステムの維持に必要なモラル・コストを自らが敗者になった場合には負担する責務を負う．

　第二に，基準線不確定論の批判も破綻する．基準線不確定論は，現制度の批判者が自己の正義構想に合致した理想的制度を便益判定基準線にすることにより現制度からの受益の事実を否定できるとするが，統治便益については，その判定の基準線は自己の正義構想に適った理想的制度ではなく，政治的意思決定システムの存在しない無政府状態だからである．国家の現在の制度・政策が，自らの正義構想に照らして最善とは言えなくとも，統治便益の享受が誰にとっても（それゆえ自己にとっても）不可能になる無政府状態よりはましであるなら，統治便益供給システムとしての国家からの受益の事実は否定できない．もちろん国家体制の「不当性」が無政府状態よりひどくなる道徳的臨界点，いわば「悪の閾値」を超える場合には受益事実を否定できるが，これは政治的責務が無条件的・絶対的責務ではなく，より重い対抗義務によって覆されうる——私の用語では「覆斥可能（overridable）」な——「一応の義務（prima facie duty）」である[18]ことを意味するだけで，かかる悪の閾値を超えない範囲で不当と人が

---

18) 横濱竜也は，政治的責務・違法義務が絶対的責務ではなく一応の義務であると通常みなされていることを指摘した上で，一応の義務にも，終局的義務によって覆された場合には「我々を道徳的に拘束する力は残っていない」とされるものと，覆されても規範的ウエイトを残すものとを

みなす国家の制度・政策への政治的責務の根拠を統治的フェア・プレイ論が提供できないということは意味しない．

統治的フェア・プレイ論は，政治的意思決定システムに対する道徳的ただ乗りを排除する．これは，対立競合する正義構想の実現を求めるすべての政治主体に対して正義概念が共通に課す「公正（fairness）」の責務である．ドゥオーキンの言う「友愛」や「連帯的責務」のようないささか感傷的に擬制された粘着的な共同性ではなく，正義概念が課す「自己と視点を異にする他者に対する公正さ」の責務が，政治的責務の根拠をなす．政治的決定がその「正当性（rightness）」を争う者にも「敬譲（deference）」を要求しうる規範的権威，すなわち二階の公共性たる「正統性（legitimacy）」をもつことを可能にするのは，正義を超えた理念ではなく，対立競合する正義の特殊構想に貫通し，これらを制約する普遍主義的正義理念としての正義概念そのものである[19]．

区別した上で，後者を「ある程度の義務（*pro tanto* duty）」と呼ぶスーザン・ハーリーの用語法に従って，政治的責務・遵法義務を一応の義務とみなすとしても，後者の意味で理解されなければならないとする［横濱 2016: 9-11, 13-17 参照］．結論に関して異論はないが，用語法に関しては疑問がある．私は「一応の義務」を，「ある程度の義務」という言葉でいま表現される意味に限定して使用すべきだと夙に指摘している．単なる言葉遣いの違いではない実質的な問題がここに含まれるので，一言付記したい．

終局的義務によって覆されると規範的拘束力を失うものとしての「一応の義務」の観念は，一応の義務と「表見的義務（apparent duty）」とを混同したデイヴィッド・ロスの誤謬［Cf. Ross, David 1930: 19-36］に基づく混乱した観念である．一応の義務が問題になる道徳的ディレンマ（規範衝突）は論理的矛盾ではなく，二つの妥当する義務の同時履行の事実上の不可能性を意味する．これがディレンマであるのは，一方を立てれば他方が立たない，すなわち両者を立てなければならない（両者が共に妥当する）からである．覆された一応の義務は規範的拘束力がないというのは，それがそもそも真正の義務ではなかったことを意味するが，そうならば，それはそもそも道徳的ディレンマ（規範衝突）を喚起できなかったはずであり，道徳的ディレンマは我々の錯覚であるということになる．しかし，これは不合理な帰結である．道徳的ディレンマはたしかに存在するし，覆された一応の義務も，その内容をなす特定行為の遂行が免除されるものの，その代償となる行為（事情説明，代替的給付など）を義務の名宛人のために行う規範的要請を義務主体に課す．真正の意味における一応の義務のかかる特性を，「一応の当為（*prima facie* ought）」の意味論的分析により解明するものとして，井上 1985-1987: 連載第 2 回（第 4 章第 2 節）107-108, 125 注 19，連載第 3 回（第 4 章第 4 節，第 5 章第 3 節）94-99, 129-133 参照．「ある程度の義務」という概念を「一応の義務」一般から区別して特別に立てる用語法は，「ある程度の義務」ではない「一応の義務」がありうるかに思わせる点で，不適切であり，また，ロスの混乱を是正しようとして，かえってその混乱に「哲学的生息地」を与えてしまうという自壊性をもつ．

19) フィリップ・ソウパーは遵法義務の根拠を「敬譲の倫理（the ethics of deference）」に求めるが，これはカントの定言命法に依拠した議論と最小限の自然権保護の要請を混淆させている．Cf. Soper 2002. 彼の議論と比較して言えば，私の議論は前者を分離抽出するとともに，普遍主義的

憲法の創出・改正・適用は民主的決定システムや立憲主義的人権保障のあり方をめぐる政治的決定であり，政治システム自体を形成・変容する決定であるが，かかる決定をめぐって争う主体も，自己の主張が社会の集合的決定として実現される機会をもちうるためには反対者を拘束する政治システムの存在を必要としている以上，政治システムの存在を可能にするために，その具体的なあり方をめぐる抗争における自己の正義構想の挫折を少なくともある限度までは甘受するモラル・コストを負担することが，公正の責務として要請される．憲法の創出・改正・適用が，その先鋭な論争性にも拘らず二階の公共性をもつことを可能にする根拠の一つはここにある．

〈ⅲ〉 第三階梯：「正義への企て」としての政治的意思決定システムの真摯性条件

しかし，ここで急いで付言しなければならないのは，どのような政治的意思決定システムでも統治的フェア・プレイ論の論理により政治的責務を成立させうるわけではないことである．競合する正義の諸構想を追求する諸主体に対して，政治システムがその存続を可能にする敬譲を統治におけるフェア・プレイ（公正性）の責務として要求しうるためには，この責務の根拠たる普遍主義的正義理念へのコミットメントと，競合する正義の諸構想の間の論争を通じて正義のより良き実現をめざす企てへのコミットメントを，その政治システム自体が内包していなければならない．政治システムがこの意味において「正義への企て」とみなされうるものであることが，それが二階の公共性としての正統性を有するための不可欠の条件をなす．「法の支配」の理念の根本的な存在理由は，この条件を保障することである．

この課題を果たしうるためには，法の支配の理念は，前章で論じた方向で再定位されなければならない．すなわち，形式化・実体化・プロセス化という従来の法の支配の諸構想に代わる「理念化」プロジェクトに方向転換し，それに根ざす「強い構造的解釈」に基づいて法の支配の理念を再編する必要がある．その狙いは，政治システムが産出する実定法の正義適合性を絶えず批判的に再

正義理念自体から導出可能な，モラル・コストの他者転嫁としての「フリー・ライディング」排除要請としてこれを再構成したものと言える．

吟味する「正義審査への原権利」の保障のための制度的経路をこのシステムに組み込むとともに，普遍主義的正義理念が含意する反転可能性テストとそのコロラリーをなす諸原理（フリー・ライダー排除，二重基準排除，既得権排除，集団的エゴイズム排除など）を，この批判的再吟味を求める討議の指針にして制約条件として課すことにより，実定法形成過程に正義への企てとしての真摯性を保持させることである．

かく再編された法の支配の諸原理は，通常の議会立法をめぐる政治的抗争だけではなく，憲法規範の形成発展をめぐる憲法闘争にも当然適用される．この法の支配の諸原理に服する政治システムの下で憲法を創造し継続形成する政治的決定は，このシステムが理念的にコミットする正義への企てを制度的に具体化し発展させる企てであるがゆえに，この企てに参与して論争する人々に対し，彼らの共通理念が含意する公正の責務として敬譲を要求しうる資格を獲得する．

法の支配の強い構造的解釈に対して，「具体的な制度構成・運用原理への展開戦略が貧弱」だとする批判がある［田中 2006: 108 参照］が，これは的を失している．法の支配のこの構想が提示する政治システムの理念と構造的原理を制度的に具体化するために，私は「批判的民主主義（critical democracy）」の構想を提示している［井上 2011 [2001]: 199-273, 315-319, Inoue 2005a:, 本書第 1 章補論参照］．しかし，より重要なのは次の点である．立憲民主主義体制のいかなる構想が法の支配の具体化として的確かは論争的な問題である．立憲民主主義体制の制度構想をめぐる対立を裁断する政治的決定についても，それが二階の公共性としての「正統性」をもつことはいかにして可能かが示されなければならない．法の支配の理念はこの問題に答えることによってのみ，それを具現する立憲民主主義体制が力の支配の隠蔽合理化にすぎないという批判を克服しうるのであり，そのためには特定の制度化構想から独立し，それを批判的に査定する指針としての理念性を保持することが必要なのである．

もう一つ付言すべき点がある．本書第 2 章第 2 節 2 (4) で指摘したように，批判的査定指針としての法の支配の理念へのある政治体制の適合性，したがってまたその「正統性」は，「全か無か（all or nothing）」ではなく，程度の差を許す指標である．これは一つには正義審査権の制度的保障形態には様々なレベルがあるからである．さらに，正義概念が含意する普遍主義的・公共的正当化

要請の充足についても，政治体制の正統性評価にあたっては，この要請への個別法規の適合性の有無だけで判定するのではなく，法体系全般の適合性の度合いを考慮する必要があるからである．

　立憲民主主義体制の制度構想としては，私は自ら提唱する批判的民主主義のモデルが，私がこれと対置した反映的民主主義のモデルよりも，政治的答責性を明確化し，政策体系の試行錯誤的発展を促進するがゆえに，正義審査権の保障の程度と，正義概念が含意する反転可能性要請等の諸要請を充足する程度とにおいて，政治的意思決定システムとして正統性の水準が高いと考える．しかし，これはまさに程度の問題であって，反映的民主主義が正統性を欠くとは考えていない．

　このように，政治体制の「正統性」評価に「幅」があることは否定すべきではない．しかし，この「幅」の無限定な拡張を制約する制度的条件がある．それは，第二階梯で提示した統治的フェア・プレイ論が政治的責務を正当化する議論として欺瞞的に濫用されるのを防止するために，すなわちこの議論の真摯性を保持するために，満たされるべき次の二つの制度的前提条件である．

　第一に，統治的フェア・プレイ論は，治者と被治者の地位の反転想定を要請するが，この議論が欺瞞化しないためには，支配する者と支配される者の地位の反転可能性を単なる「反実仮想」にとどめず，現実的に保障する体制を当該国家が有していなければならない．治者と被治者の地位が現実には固定化された体制の下で，権力（統治便益）を独占的に享受し続ける支配層が，被治者に対して，「もし諸君が統治者になったとしたら，我々と同じことをするのだから，被治者の立場にある現在，我々の統治に服する義務がある」と主張しても，これは欺瞞以外の何物でもない．

　治者と被治者の地位の反転可能性を現実的に保障する体制とは，統治権力が国民の批判的統制に服し，政権担当勢力が国民の信認を失った場合には，新たに信認を得た勢力に平和裏に統治権力が移転することを可能にする体制，すなわち民主的体制である．革命やクーデタの可能性は専制体制にも潜在するが，専制体制の暴力的転覆可能性は，それに対する政治的責務の根拠ではなく，むしろその欠如の帰結である．民主的体制の具体的な制度構想には様々な可能性があるとしても，何らかの民主的制度装置によって，特定の政治勢力が権力を

持続的に独占するために恣意的に操作することができないような公正な統治者選出制度[20]を確保し，対抗政治勢力の活動に不可欠な政府に対する批判的言論の自由や集会結社の自由を保障することが，統治におけるフェア・プレイの責務として政治的責務を為政者が被治者に課しうるための前提条件をなす．

　第二に，社会的に有力な在野勢力は民主的体制の下で政権獲得の可能性をもつが，民主的体制下でも，このような可能性がないか乏しい構造的少数者が存在する．与野党を問わず主要な政治勢力の支持層を含む社会の主流派的多数者の偏見と差別に晒された人種的・宗教的・文化的少数者や，性的指向における少数者などはその典型である．彼らはかかる偏見と差別から自己を実効的に擁護しうる程度に民主的意思決定に影響力を行使するのは容易ではなく，民主的政治過程の中では，それができるか否か自体が主流派的多数者の「善意」に委ねられる．彼らは民主的体制の下でも統治便益を享受する現実的可能性がない，あるいはきわめて乏しい，いわば敗者の地位に常態的に封じ込められた人々である．「もし諸君が統治者になったとしたら，我々と同じことをするのだから，云々」という反転想定は，彼らにとっては民主的体制の下でも反実仮想でしかなく，欺瞞性を免れない．統治的フェア・プレイ論が，彼らに対して欺瞞化しないためには，彼らに対する偏見に根ざす主流派多数者の差別的迫害を防止するような制度装置が必要である．

　かかる制度装置として要請されるのが，民主的立法権力の「多数の専制」への転化をも抑止する立憲主義的少数者保護装置である．人種差別・宗教差別など諸々の社会的差別を禁じて法の平等な保護への権利を構造的少数者にも確保するために基本的人権規定を成文硬性憲法で明定し，人権侵害立法を司法部が

---

20)　現代では標準的な統治者選出制度は選挙だが，古代ギリシャのポリスにおけるような「籤による公職者選出」も参加機会が全市民に保障され，かつ同じ公職について籤が定期的・反復的に行われるなら，一つの可能な制度的選択肢である．「選挙（election）」で選出された代議員は「選良（elite）」と呼ばれる——語源的にも，elite は elect された者というのが原意で，選挙とエリートは同根である——ことが示すように，選挙がエリート支配であるのに対し，普通の市民も誰もが公職に就く可能性をもつ「籤」の方が，demos（民衆）の kratia（支配）たる「民主主義（democracy）」の理想をよりよく実現するものとみなす思想は古代ギリシャ以来ある．ただ，籤制度では，公職者の選出と地位保有が公職者の就任前の公共的活動や就任後の公務遂行に対する市民の評価と切り離されるため，正義審査権の保障という点では選挙制度に劣ると言わざるをえない．籤による選出をリコール制度と組み合わせるなら，この欠陥はある程度補正されるだろう．

違憲審査制によって統制する制度は，立憲主義的少数者保護装置の典型である．私は構造的少数者問題への対処としてこの典型的制度を擁護するが，その根拠は，一定の実体的人権を自然権としてア・プリオリに措定し，憲法の基本権規定を「自然権の実定化」や「自然権の編入」とみなして民主的立法過程に押し付ける「法の支配の実体化」プロジェクトとは異なるし，民主的プロセス保障の名の下に実体的価値を密輸入する「プロセス化」プロジェクトとも異なる．あくまで，統治におけるフェア・プレイの責務として政治的責務を正当化する議論が政治的抗争の敗者に対して欺瞞化しないための条件の保障という観点から，この制度を支持している[21]．

---

21) 違憲審査制を擁護する私の批判的民主主義論を批判して，横濱竜也は次のよう主張する（議論の便宜のために，彼の一連の命題に番号を付す）．「①民主政の理想は，あくまで国民一人ひとりの正義判断における自己決定を平等に尊重することにある．②議会主権は守られるべきであり，それに抵触するような違憲審査制は否定されなくてはならない．なぜか．それは以下の理由による．③被治者が，仮に統治者の立場に立ったとして，統治者の判断を尊重しないことが道徳的に許されるかどうかを仮想することこそ，統治者への敬譲が成り立つための生命線である．④そのことからすれば，敬譲としての政治的責務が成り立つためには，統治が民主的になされることが望ましい．⑤非民主的な統治部門である裁判所が，民主的立法プロセスの結果を覆せば覆すだけ，被治者のあずかり知らぬところで統治がなされることになるだろう．⑥そこでは，統治者への敬譲の理由があるかないか，被治者が考慮する機会は減っていってしまう」［横濱 2016: 254］．

　少数者保護については，横濱は私が本文で典型的制度の代替的制度として触れた弱い審査制などを支持している［横濱 2016: 258 注 14 参照］．典型的制度であれ代替的諸制度であれ，何らかの制度的少数者保護装置の必要性を認める限りでは，横濱と私は一致しており，本文の文脈ではひとまずこの一致点を確認するだけでいいのだが，典型的制度に対する彼の批判は，この制度を不当な紋切型の主張で断罪しているので，コメントしておく．

　まず①を根拠に②を主張するのはウォルドロンの議論であり，これが破綻していることは本節 3 で示した．③から⑥までが横濱自身の議論である．③は統治者の立場への被治者の反転の「仮想」を被治者の統治者への敬譲の決定的根拠（「生命線」）としているが，ここからなぜ民主政を望ましいとする④が導出されるのかが，説明されていない．ここには飛躍論証がある．③が求める反転が「仮想」でしかありえず，統治者と被治者の地位の現実的な反転可能性が保障されていない場合は，③が被治者にとって欺瞞化するというのが私の主張で，横濱がこれを認めて④を主張するのであれば，この論理的懸隔は埋められるだろう．しかし，もし彼がこの欺瞞化問題を真剣に考えるなら，本文で私が論じたように，構造的少数者にとっての「統治者・被治者反転仮想」の欺瞞化問題にも真剣に向き合うことが必要なはずである．ところが，この問題について横濱は，この点に関する私のウォルドロン批判も含めてまともに検討せず，注で代替的少数者保護制度に簡単に論ずるだけである．

　構造的少数者問題の検討に代えて，彼が主張する⑤と⑥は端的に偽，少なくともきわめて独断的で根拠薄弱である．⑤は裁判所を「非民主的統治部門」とするが，典型的違憲審査制の下でも，最高裁判所の人事に関する米国の大統領指名と上院の審査や，日本の国民審査制に見られるように，裁判所に対して，政治部門ほど直接的ではないにしても，民主的統制の制度的保障は存在する．何より，成文硬性憲法も通常の立法より改正ハードルが高いとはいえ，民主的な憲法改正手

しかし，成文硬性憲法と違憲審査制を結合させる典型的な制度を採用しない場合でも，それに代えて，英国におけるように，不文の憲法慣習や，「人権法」のごとき議会立法ながら他の議会立法を規律する「準憲法的」な立法，司法部が議会立法の人権侵害を宣言できるが無効化できない「弱い違憲審査制」，あるいはまた，コンセンサス型民主政におけるように，民主的決定プロセス内部に少数者の政治的拒否権を一定程度組み込む意思決定システムなど，何らかの
・・・
形の立憲主義的少数者保護装置により，民主的立法が社会的偏見に根ざす差別・迫害の道具になることへの防壁を築くことが，構造的少数者からの正統性承認調達のために不可欠である．もちろん，これらの代替的制度構想は最低限の正統性は保障していても，それら間に，その保障レベルの強弱・高低の差はある．正統性は「全てか無か（all or nothing）」という二値的概念ではなく，程度の差を許す概念である以上，これは当然である．

続により改正することが可能である．例えば，日本におけるように，民主的政治部門である議会の発議を受けて国民が国民投票により憲法改正につき主権者として裁断できる．裁判所の憲法判断がおかしいと思えば，その根拠とされた実定憲法規範自体の意味を再定義ないし修正して非を正す憲法改正権力を国民は保持しているのである．日本では，「護憲派」と自称する勢力が「改憲は国民の意志を無視する政府の仕業」と断罪して，憲法改正権力が国民に帰属することを隠蔽し，さらにまた国民投票を「危険なポピュリズム」と同視するデマ［事実検証に基づくこのデマの批判として，今井編 2017 参照］まで飛ばして国民の憲法改正権力発動の封殺を図る言説を流布させているため，この基本的事実が忘れられやすい．それだけに一層，研究者はこの基本的事実を踏まえた議論をすべきである．
　違憲審査制を認めると「被治者のあずかり知らぬところで統治がなされる」という⑤の主張や，統治者への敬譲の理由を被治者が考慮する機会が減るという⑥の主張もまったく根拠がない．典型的違憲審査制の母国たる米国の憲政の過去と現在に目をやれば明らかなように，米国民の多くは議会立法について無知・無関心だが，最高裁判所の憲法判断は統治の重要問題に関して一般国民の間に活発な論議を喚起し，これが法改正運動のみならず州憲法・連邦憲法の改正運動を促進しさえしてきたのである．日本で憲法問題に対して，したがってまた統治のあり方に対して，国民の関心が一般的に低いのは，日本の裁判所が活発に違憲審査権を行使してきたからではなく，逆にそれを回避して政府追従傾向を示し，統治のあり方について国民の批判的問題関心を喚起する役割を回避してきたからである．
　横濱は，長年，遵法義務問題・政治的責務問題という戦後法哲学の主流が回避した根本問題と向き合い格闘してきた．その研究者としての姿勢は学問的敬意に値する．私が本章のいくつかの長い脚注で彼の議論を検討したのは，この学問的敬意を表現するためである．しかし，この注や注 16・17 が示すように，様々な係争点が複雑に絡み合ったこの難問の「解き難き結び目を解きほぐす」営為に倦んだのか，アレクサンダー大王のごとく「ゴルギアスの結び目」を剣で断ち切る強引な議論も，彼の私に対する批判には見受けられる．敬愛の念を込めつつ，忠告を彼に送りたい．旗幟鮮明はよし，されど独断の微睡に陥るなかれ．

(3) 成文硬性憲法の射程

以上，統治的フェア・プレイ論の欺瞞化抑止という観点から立憲民主主義体制の擁護可能性を示した．この観点からは，英国のような成文硬性憲法をもたない体制も，機能的にそれに準じる仕方で統治権力の民主的統制と少数者保護を確保する制度・慣行を有する限りで，擁護可能な立憲民主主義体制に含まれる．しかし，成文硬性憲法を斥けるウォルドロンを批判した本節3の議論において指摘したように，英国が誇る「自由の政治文化」も IRA テロのような政治的危機においては脆弱であり，それへの対処として，英国もヨーロッパ人権規約を国内法化した「人権法」という準憲法的議会立法と弱い違憲審査制を導入した経緯を踏まえるなら，立憲民主主義体制としては，成文硬性憲法でこの体制を保障する標準型が一般的には望ましい．

ただ，成文硬性憲法の下では，憲法規範は通常の議会立法より改正のハードルが高いため，現行の憲法規範を批判する人々がそれを修正するためには，議会立法の場合より多くの政治的エネルギーと政治的資源を投入すること，より多くの政治的コストを負担することが求められる．これは現行憲法規範を支持する勢力にとっては有利だが，それを批判する勢力にとっては不利である．政治勢力が成文硬性憲法を利用して自己の政治的立場を敵対勢力に押し付けることが無制約にできるとなると，成文硬性憲法は，創憲政治の勝者に対する敗者の再挑戦を困難化させ，敗者にとって不公正な「勝者の正義」であるという批判を招くだろう．この批判に応えて成文硬性憲法に依拠した立憲民主主義体制を擁護するには，政治的抗争の勝者と敗者に等しく統治におけるフェア・プレイの責務としての政治的責務を課しうるような公正な政治的競争のルールを確立するという本書の観点から，成文硬性憲法の守備範囲を明確に画定することが必要である．本章の締め括りとして，この問題についての基本的指針を示したい．

第一に，憲法化されるべき規範は，まさに，政治的抗争の敗者が政治的責務を受容しうるための条件となる公正な政治的競争のルールである．立法権力の民主的選出と民主的統制，行政に対する立法的・司法的統制や司法の独立など，政権担当勢力の交代を可能にし，その答責性を確保するために，様々な国家機関の行動に対する市民の正義審査権を保障する統治機構のルールは，一時の選

挙で勝った政治勢力が自己の権力を永続化させるために簡単に変えることができないように，成文硬性憲法で規定しなければならない．根強い社会的偏見により民主的政治過程の中でも自己を実効的に保護することが困難な構造的少数者の人権も，民主的政治競争の敗者に対する公正性の確保という観点から，立憲主義的に保障されなければならないことは既に述べた通りだが，民主的立法による人権侵害の危険性が彼らの場合にはきわめて高い以上，成文硬性憲法と違憲審査制による保障が望ましい．

　第二に，上述の統治機構と人権保障の諸規定のような公正な民主的政治競争のルールではなく，かかるルールで規律された政治的競争の舞台の上で行われるべき政策目標に関する争いを裁断する政治的決定は，通常の民主的立法過程に委ねられるべきであり，憲法化されるべきではない．憲法は政治的競争におけるフェア・プレイのルールを定めて政治的決定の「正統性」を保障する役割に自己限定することによって，対立競合する政治的諸勢力に対し自己自身の公共的正統性の承認を要求することができる．どの政策が「正当」かという問題に対する特定の選択を憲法化してしまうと，その政策選択を支持する勢力を不当に優遇し，反対勢力の再挑戦機会を不当に制限しているという批判に晒され，公共的正統性の承認を失うだろう．換言すれば，政治的決定による政策選択への正義審査を促進するルールの確保が憲法の任務であり，憲法が政策選択を先取り的に固定してそれを批判的に修正する正義審査権発動を制限するのは本末転倒である．

　第三に，憲法の正統な守備範囲に属する公正な政治的競争のルールに関しても，現行憲法規定が適切か否かについて当然論争はあり，憲法が公共的正統性を保持するためには，自らに対する正義審査権も保障しなければならない．一時の選挙の勝者が自己の都合にあわせて簡単に憲法を変更することを許してはならないという要請と，憲法自体に対する正義審査権を保障しなければならないという要請，この二つの競合する要請の間に適切なバランスを打ち立てるのが，成文硬性憲法のメルクマールである硬性の憲法改正手続規定である．憲法改正規定はこの二つの要請を調整することにより，政治的決定の「正統性」を保障するルールとしての憲法の規定自体をめぐる争いの裁断に「正統性」を付与するルールである[22]．憲法が公共的正統性を保持するためには，既存の憲法

規範の変更を求める勢力は，正規の憲法改正手続に従って憲法明文改正をすべきであって，この手続をバイパスして，「解釈」の名で，憲法規範の実質を改竄する解釈改憲は厳に慎まなければならない．本書第4章で論じるように，日本国憲法9条をめぐっては護憲派・改憲派を問わず自らの政治的選好に合わせて憲法を捻じ曲げる解釈改憲に惑溺している．憲法の公共的正統性を掘り崩している点で彼らは同罪である．

結論を言おう．

立憲主義が法の支配の理念の欺瞞なき貫徹であることはいかにして可能か？ 政治的抗争の敗者が政治的決定の正当性は否認してもその正統性を承認し，政治的責務を引き受けうるような公正な政治的競争のルールが憲法によって確立されること，さらに，憲法を創出し改変する政治的抗争もまたそのようなルールを尊重してなされることによって．

それはいかにして可能か？ 反転可能性要請を含む正義概念の共通制約の下に，人々が，自己と正義構想を異にする他者への公正さを示す統治的フェア・プレイの責務を負いつつ論争し，決定し，決定を反省的に改定する「正義への企て」として憲法と憲政を修正発展させる実践が持続することによって．

補　論　「憲法改正規定改正不能論」の誤謬

本章脚注22で触れたように，日本国憲法96条の憲法改正規定によって，この条項自体を改正要件緩和の方向で改変する安倍政権の試みに対する批判が高まった際，憲法改正規定をそれによって改正するのは論理的に不可能だという主張もなされた．私は96条を軟性化する改正には反対だが，96条による96条改正を論理的に不可能とする議論は倒錯しており，真の論点を外してしまう

22）　憲法改正規定自体も当該憲法改正規定による改正対象になるのは当然である．安倍政権は日本国憲法の改正規定96条の国会発議要件の緩和をかつて試み，強い批判を招いて失敗した．私も安倍政権の96条改正案には反対したが，これは成文硬性憲法としての日本国憲法の硬性度をどのレベルにするのが，本文で触れた二つの要請の間にバランスを取る上で望ましいかについての規範的考慮に基づいており，憲法改正規定自体をそれによって改正するのは論理的に不可能とみなすからではない．これについては本章補論で敷衍する．

妄説だと考える．しかし，いまだにこの種の主張をする憲法学者もおり，「緻密な論理的分析」であるかのような外観に惑わされて，この妄説を信じてしまう「純朴な人々」もいるので，その誤謬を正しておきたい．

1　アルフ・ロスの二つの議論

　この見解の淵源になっているのは往年のスカンジナヴィア・リアリズムの論客の一人であるアルフ・ロスの議論である［Cf. Ross, Alf 1958: 78-84; Ross, Alf 1969］．彼は，法規範 L_1 の定立を授権する法規範 L_2 は L_1 より論理的に高次の規範でなくてはならないとして，ハンス・ケルゼン流の法階層説をとり，憲法改正規定についても，その改正はその憲法改正規定によっては不可能であり，それより高次の改正規範が必要だが，かかる高次規範は実定憲法体系内部にはもはや存在しないと主張する．この主張の論拠は二つある．一つは「命題は自己自身に言及できない（A proposition cannot refer to itself）」［Ross, Alf 1958: 81］という論拠である．自己言及不能論と呼ぼう（ロスは「自己言及（self-reference）」を「再帰性（reflexivity）」と呼ぶ）．そこから彼はいかなる法規範も，したがって憲法改正規定も自己自身を規制できないという主張を引き出す．

　もう一つの論拠は，授権規範たる法規範 L_2 に従って定立された法規範 L_1 が妥当するためには，L_1 の定立後も L_2 が妥当し続けなければならないという主張で，授権規範存続論と呼ぼう．そこから次のような驚くべき主張がなされる．「［合衆国憲法］5 条に従えば，憲法改正は四分の三の州の批准を要する．もし，この多数決により，将来においては五分の四の州の批准が必要だと決定されたら，新しい改正ルールは古いルールから導出されたとはみなされえない．もしそのような導出がなされたとするなら，この新しい根本規範［新改正ルール］はそれが創造されたのと同じ仕方で，すなわち，四分の三の多数決によって改正することが可能だということになり，現行の改正ルールがこの［実定法］体系の最高規範であり続けることになるだろう」［Ross, Alf 1958: 83，角括弧内は井上］．憲法改正規定がそれ自体の改正の妥当根拠になるためには改正後も元の改正規定が妥当性を保持しなければならず，それは新改正規定を無効化するし，新改正規定が妥当しうるためには現行改正規定は廃絶されなければならず，その場合は，現行改正規定は新改正規定の妥当根拠たりえないというわけである．

2 自己言及不能論の詭弁

いずれの議論も論理的に破綻している．自己言及不能論の論拠としてまず挙げられるのは，いわゆる「自己言及のパラドックス」だが，すべての自己言及がパラドックスをもたらすわけではない．例えば，「命題 p は偽である」という命題が p である場合，これは，p が真なら p は偽になる（逆に p が偽なら p は真になる）というパラドックスをもたらすが，「命題 p は真である」という命題が p である場合には，別段パラドックスは発生しない．同様に，「法規 n は無効である」が法規 n である場合，パラドックスが発生するが，「法規 n は有効である」が法規 n である場合にはパラドックスは発生しない．現行憲法96条の「この憲法の改正は……」の「この憲法」という語に96条自体を含めても何らパラドックスは発生しない［パラドックスを自己言及に帰責する見解の誤謬を指摘するものとして，Popper 1954, Hart 1983［1964］参照］．

ロスは，ハートらによる自己の議論への批判への応答論文［Ross, Alf 1969］で，自己言及がパラドックスの原因ではないことを認め，自己言及不能論の論拠を自己言及命題の意味の不確定性に求める［Cf. Ross, Alf 1969: 7-17］．デンマーク憲法88条の改正規定を例にとり，その改正手続を P とした上で，次のような驚くべき議論を展開する．「このデンマーク憲法の規定は P により改正できる」という88条が88条自体の改正に適用可能だとすると，その意味を確定するためには，この条文は「第1条は P により改正できる，第2条は P により改正できる，……第88条は P により改正できる，……」という命題の連言に書き換える（transcribe）ことが可能でなければならない．しかし，「88条は P により改正できる」という命題に到達した段階で，その意味を確定するために，また同じ連言を最初から述べなければならず，この操作は「無限に（ad infinitum）」続くから，88条の意味は永遠に確定できないという．長谷部恭男はロスのこの議論を，デンマーク憲法88条を日本国憲法改正規定96条に置き換えて紹介している［長谷部 2014b 参照］．長谷部がどこまでこの議論にコミットしているのか不明であるが，いずれにせよ，この議論は「似非論理的ペテン」とも言うべき詭弁である．

デンマーク憲法88条の意味を明示するためには，改正手続 P を構成する条

件を特定し，かつ 88 条の適用対象，すなわち 88 条によって改正可能な条文を特定すればよい．88 条の適用対象たる条文の意味をさらなる明示的限定（書き換え）により特定することは不要である．もし，それが必要だとするなら，憲法条文の意味はどれも多かれ少なかれ解釈の対立（しかも終わりなき対立）に開かれている以上，88 条は 88 条自体に適用できないというだけでなく，他の条文にも適用できないことになろう．さらに，ある条文の意味をめぐる解釈の対立を除去するために，88 条によりその条文の意味を明確に限定する憲法改正も不可能ということになる．

　P の意味が曖昧であるという場合は，88 条の適用をめぐって解釈上の対立が生じるが，これは 88 条自体の改正だけでなく，他の条文の改正についても生じる問題である．いずれにせよ，ロスが問題にする 88 条の自己適用に対する「論理的障害」は，P の意味の曖昧性ではなく，88 条の適用対象の不確定性であるが，88 条の意味の明示に必要なのは適用対象たる条文の特定である以上，彼が主張するところの「不確定性」は存在しない．88 条は 88 条自体も含むデンマーク憲法の条文すべてが適用対象であることが分かればそれでよく，上記の命題連言の連言肢「88 条は P によって改正できる」の主語をなす「88 条」の意味をさらに同じ連言を示して明示する必要はないのである．実際，ロス自身，自己言及命題が自己の「意味（meaning）」にではなく，「文法的構築物（a grammatical construction）」たる「文（sentence）」としての自己に言及する場合には，意味の不確定性は存在しないことを認めているのである［Cf. Ross, Alf 1969: 11-12］．

　念のため付言すれば，憲法改正規定の適用対象が「この憲法」という語で表現される場合，この語の指示対象たる憲法条文集合は，憲法改正により変動するが，「この憲法」の指示対象の可変性は，この語の「指示対象の不確定性」も，その「意味の不確定性」も含意しない．これは，憲法改正規定による改正が他の条文に対して行われる場合も，当該改正規定自体について行われる場合も，まったく同様である．例えば，同性婚を憲法上可能にするために，日本国憲法 24 条 1 項の「両性の合意」という語を「両当事者の合意」に変える憲法改正が 96 条に従ってなされたとしよう．この場合，96 条に言う「この憲法」の指示対象が改正前は「旧 24 条＋その他の条文」だったのが，改正後は「新

24 条＋その他の条文」に変わっただけで，「この憲法」の指示対象や意味の不確定性は生じない．96 条によって 96 条を改正した場合もまったく同様で，旧 96 条と新 96 条に含まれる「この憲法」という語の指示対象が，改正前は「旧 96 条＋その他の憲法条文」だったのが，改正後は「新 96 条＋その他の憲法条文」に変更されたというだけである．これは「この」という日本語の用法を知る人々にとっては，言わずもがなの自明のことだが，その論理学的・意味論的根拠を理解することは，ロスの議論の誤謬を理解するのにも資するので，以下に述べる．

「この」という連体詞（英語で言えば，"this" という指示形容詞）は論理学的には「指標語（indexical term）」と呼ばれるものであって，その指示対象が文脈依存的に変わることが元々その意味の中に組み込まれているのである．指標語の指示対象変数を r（憲法改正規定の言う「この憲法」が指示する条文の集合），使用文脈変数を c（いつ，いかなる憲法条文が制定され，いかに変更されたかについての歴史的事実情報）とすると，指標語の意味は $r=f(c)$ という関数で示されるものである．文脈変数 c の値が与えられれば r の値が決まるから，指標語の指示対象 r の可変性は，その不確定性を意味しないだけでなく，指標語の意味である関数 $f(\ )$ の同一性と両立する．

これはさらに，日本国憲法 96 条の「この憲法」の意味を理解するには，r の値をなす憲法条文の意味を特定する必要がないどころか，条文自体を列挙する必要すらなく，指標的表現としての「この」の意味をなす関数 $f(\ )$ を理解していればよい，すなわち，日本語の「この」の用法を知っていればよいことを意味する．「この憲法」という指標語を含む憲法改正規定の意味を確定するには，その適用対象条文をすべて個別列挙して意味限定する命題群の連言による書き換えが必要とするロス＝長谷部の指示対象不確定論の誤謬は，ここにもある．

3　授権規範存続論の倒錯

第二の論拠，授権規範存続論に至っては，まったく倒錯した議論というしかない．ある時点 t において，現行憲法改正規定がそれ自体の規定に従って改正されたとしよう．この改正が有効であるためには，現行改正規定は時点 t にお

いて有効であればよい．他方，新改正規定は t より後の時点において有効となる．t より後の時点において旧改正規定が失効したとしても，改正時点 t において旧改正規定は有効であった以上，それによってなされた改正も有効であり，t より後の時点において新改正規定が旧改正規定に代わって効力をもつことは何ら妨げられない．

　これは次の事態を考えれば明らかである．立法権を国会に授権する憲法の立法手続ルールが憲法改正規定に従って改正されたとしよう．今後の立法は新立法手続ルールによって行われる．この場合に，旧立法手続ルールに従って定立されたすべての法規が，その定立授権根拠である旧立法手続ルールの失効によって同時に失効するとか，これらの法規が効力を保持するとしたら，その妥当根拠は旧立法手続ルールではなくなるとか主張するのは，馬鹿げている．法規範 L_2 が法規範 L_1 の定立を授権しうるためには L_1 の発効後も L_2 が効力を保持しなければならないという授権規範存続論はまったく根拠がないどころか，法が法の産出根拠となる法体系の動態的変化の説明としてまったく的外れである．

4　法階層説における憲法改正規定自己適用の意義

　以上見たように，ロスは，憲法改正規定によるその規定自体の改正という，何ら不思議ではない現象に，自らの思考の混乱を持ち込んで，ありもしない「憲法理論の謎（a puzzle in constitutional law）」を妄想している．その妄想の根底には，法規範 L_1 の定立を授権する法規範 L_2 は L_1 より論理的階層が高次の規範であり，いかなる法規範も自己自身の定立を授権する根拠になりえないという法階層説のドグマがある．憲法改正規定によって憲法改正規定を改正することは，憲法改正規定がそれ自身の定立授権根拠になることであり，このドグマに反すると信じたのである．しかし，この信念自体がまた，彼の思考の混乱による．法階層説のドグマを前提したとしても，憲法改正規定によるこの規定自体の改正を認めることには何の困難もない．

　ある時点の憲法改正規定を A_n としよう．A_n に従って A_n を改正した結果定立された新たな憲法改正規定を A_{n+1} とする．A_{n+1} の定立授権根拠は A_n であるが，A_n は A_{n+1} とは別の憲法規定である．A_{n+1} が A_{n+1} 自体の定立授権根拠になっているわけではない．同様に，A_n がそれ以前の憲法改正規定 A_{n-1} に従

って改正されたものであるなら，A_n の定立授権根拠は A_{n-1} であり，A_n が A_n 自体の定立授権根拠になっているわけではない．ここに法階層説のドグマと矛盾するような自己定立授権は存在しない．A_n が A_{n+1} の定立授権根拠であるとしたら，A_n は A_{n+1} より上位の規範ということになるが，これは両者が憲法改正規定として法体系上同一レベルに属していることと相容れないという反論は成り立たない．法階層説にとって，法規範 L_2 が法規範 L_1 の上位規範であるということは，L_2 が L_1 の定立授権根拠であること以上の意味をもたない．したがって，A_n が A_{n+1} の定立授権根拠である以上，A_n が A_{n+1} の上位規範であるとみなすことに何の問題もない．

　ここで，定立授権連関に基づく動態的法階層説の代表的理論家であるケルゼンの議論を想起すべきだろう．彼によれば，個別法規範たる判決の妥当根拠（上位規範）は裁判所に判決権能を授権する手続的・実体的な一般法規範であり，後者の妥当根拠（上位規範）は国会に立法権を授権する憲法規範であり，この憲法規範の妥当根拠（上位規範）はその定立授権根拠となった憲法改正規定であり，その憲法改正規定の妥当根拠（上位規範）はその定立授権根拠となった前の憲法改正規定であり，云々と，現憲法と法的連続性をもつ限りで「歴史上最初の憲法（die historisch erste Staatsverfassung）」たる始原的憲法に到達するまで授権連関が遡及される．前憲法の改正規定に反して憲法が変革されれば，すなわち革命によって法的連続性が断ち切られれば，革命によって創設された憲法が始原的憲法になる．この始原的憲法については実定法体系内にはもはやその定立授権根拠となる上位規範は存在しない．そこで，「始原的憲法の指図するように行動すべし」という「根本規範（Grundnorm）」が，実定法体系に規範的妥当性を仮設的に付与する（虚構する）ための「超越論的＝論理的条件（transzendental-logische Bedingung）」として前提されることになる [Cf. Kelsen 1960: 198-209]．ケルゼンのこの「法動態学（Rechtsdynamik）」が示すように，憲法改正規定に従ってこの改正規定自体が改正されることは，授権連関に基づく動態的な法階層構造によって実定憲法体制が法的連続性を保持しつつ自己変革することと矛盾しないどころか，そのための条件なのである．

　ロス自身，自らが妄想した「憲法理論の謎」の解決案として，彼が N_0 と名付ける次のような「根本規範（basic norm）」を提示する．「N_0: 88 条［デンマー

ク憲法改正規定]によって設立された権威に，この権威がその継承者を指定するまでは従え，それから，この権威継承者に，それが次の継承者を指定するまで従え，それから，以下同様」[Ross, Alf 1969: 23-24，角括弧内は井上]．ロスによれば，「N_0 が法体制の根本規範として受容されるなら，88 条をそれ自体が指示する手続に従って改正することを，88 条によってではなく根本規範 N_0 によって妥当な法制定行為として我々は理解することが可能になる」[Ross, Alf 1969: 24]．これはまさに噴飯ものの「自壊的解決」である．

　N_0 の末尾の「以下同様」は，88 条の自己適用を認めた場合生じるとロスが指摘する「無限に（*ad infinitum*）」続く 88 条の意味規定操作と同じ問題を孕み，これを 88 条の自己適用の無意味性・論理的不可能性の根拠にするなら，N_0 もその意味の確定が無限に先送りされるがゆえに無意味かつ論理的に不可能とみなさざるをえなくなる，という点がまず挙げられよう．しかし，これよりもさらに根本的な自壊性がロスの N_0 援用論にはある．

　ケルゼンが憲法改正規定によるそれ自体の改正を通じた授権連関を，過去に向かって遡り，この連関が断ち切られたところで，始原的憲法の妥当性を仮構するために根本規範を措定したのに対し，ロスは現憲法改正規定を始原的憲法とみなした上で，そこから授権連関を未来に向かって辿り，この授権連関を事前承認する規範として根本規範 N_0 を措定している．しかし，過去遡及的か未来投影的かの時間方向の違いはあっても，異なった世代の憲法改正規定の間の授権連関の可能性が，ケルゼンにおけると同様，ロスの根本規範 N_0 においても前提されている．ロスが理解不可能と主張した憲法改正規定の自己適用による憲法改正規定変更を理解可能にする根拠とされた N_0 が，この憲法改正規定自己適用による憲法改正規定変更の理解可能性を前提しているのである．「88 条が設立した権威が継承者を指定する」という N_0 が言及する条件は，まさに「88 条に従って 88 条の憲法改正手続と改正機関の規定が改正される」という条件であり，この 88 条の自己適用による改正という条件を彼は理解不可能な自己言及として斥けたはずである．この理解不可能な自己言及を理解可能にすると称する N_0 の意味が，この理解不可能な自己言及の理解可能性，88 条の自己適用の可能性に依存している．結局，ロスは自分が妄想した「謎」に対する自己の「解決」が，解決されるべき謎の不在を前提するということによって，

この謎が自己の妄想にすぎないことを自壊的に暴露している．

5　自己言及的法改正規定と正統性問題

　ロスの言う「憲法理論の謎」は，彼自身がかつてその系譜に属した論理実証主義の用語を使えば，思考の混乱が生み出した「仮象問題（Scheinproblem, pseudo-problem）」である．これをめぐるロスの「哲学的空騒ぎ」に付き合うのはこの辺にして，自己言及的法改正規定が提起する「本物の問題」に最後に触れておこう．例えば，成文硬性憲法をもたず，出席議員の過半数という単純多数決原理で法案が可決される慣行が確立した議会主権国家において，ある時点の議会が制定した法が，「本法の改正は総議員の三分の二以上の賛成を要す」という特別多数改正規定を含んでいたとした場合，後の議会がこの改正規定に拘束されるか否かという問題が発生する．

　しかし，ここで問題になるのは，この特別多数改正規定をこの規定自体に従って，従来の単純多数決原理に変更することが論理的に可能かどうかではない．それが論理的に可能であることは前提された上で，この改正手続規定を含む当該法律改廃するのに，単純多数決原理ではなく特別多数改正規定に従うことが必要か，あるいは望ましいかという規範的問題が問われているのである．単純多数決原理という「不文の憲法律」を破って特別多数改正規定により成文硬性憲法的地位を要求する法を，特別の憲法制定会議によらずに，単純多数決原理に従った通常の議会立法手続により制定することが，後の議会の敬譲に値するだけの「正統性」をもつか，というのがこの規範的問題の核心である．

　憲法改正規定の改正も，成文硬性憲法の硬性度をどのレヴェルに定めるのが憲法の公共的正統性を保障するために適切か，という立憲主義の規範的根拠に関わる重要な問題である．現行憲法改正規定の硬性度を低下させることに反対する者は，「憲法改正規定によって憲法改正規定を変えることは論理的に不可能だ」などという似非論理的な言辞を弄して，この規範的問題に応答する責任の安易で姑息な回避を試みるべきではない．

　しかも，この似非論理戦略は立憲主義の立場から硬性憲法を擁護する者にとって，自壊的でもある．もし，現行憲法改正規定が，成文硬性憲法支持者が求める程度の硬性度を欠くとした場合，硬性度が低いがゆえに改正の容易な現行

憲法改正規定を使って，彼らが憲法改正規定の硬性度を高める改正をすることも，「論理的に不可能」として斥けられることになるのである．

第II部
立憲主義の実践

第4章

九条問題

戦力に対する立憲主義的統制の欠損とその克服

　第I部では，立憲主義の法哲学的基礎を探究した．これは「法の支配の理念を憲法に具現して発展させる企て」としての立憲主義の原理と，その基礎にある法の支配の理念を再検討し再定位する試みであると同時に，この課題に向けて法哲学の問題意識と方法論を転換する試みでもあった．第II部では，この立憲主義の企てを現代日本社会において実践するために，取り組まなければならない現実的問題を考察する．

　この実践的課題として最も重要で最も深刻なのは，いわゆる「九条問題」[1]，すなわち，日本国憲法9条と日本の安全保障体制の実態との乖離の問題である．憲法9条2項で「陸海空軍その他の戦力は，これを保持しない．国の交戦権は，これを認めない」と明確に規定している．それにも拘らず，戦後日本において，朝鮮戦争が勃発した1950年には既に警察予備隊が設置され，その後の組織再編過程を経て1954年に設置された自衛隊が，いまや世界有数の武装組織として存在している．占領統治を終焉させる1951年のサンフランシスコ講和条約と同時に日米安全保障条約が締結され，1960年の改訂を経て現在まで更新さ

---

[1] 本章では，憲法を含む法典の条文については，条文自体を指示する文脈では，憲法9条，憲法9条2項など算用数字で表記するが，「九条問題」，「九条削除論」，「九条の思想」など，問題状況や論議状況，思想や学説などを論じる文脈においては，漢数字で表記する．これは一つには，本書の「あとがき」で示すような算用数字と漢数字との使い分けに関して私が採用する一般ルールによる．ただ，特に憲法9条については，9条という条文の固守を主張する護憲派が，9条2項の明文に反する自衛隊・安保の現実を容認・是認して9条の規範性を掘り崩しながら，「九条の理想」の擁護者を標榜するという事態をはじめとして，9条という条文と，それをめぐる思想的・政治的論争状況の中で形成された〈九条〉という観念表象の間に巨大なギャップがあるという現実を明示したいという考慮も，この数字表記の使い分けの背景にある．

れ続けてきたが，この条約の下で，世界最強の軍隊である米軍が沖縄を中心として日本各地に基地を保有して駐留し続け，ベトナム戦争・イラク戦争をはじめ米国の侵略戦争・対外的武力干渉のために在日米軍基地と在日米軍兵力を使用してきた．

　軍事力は，強力な破壊力をもつ兵器によって人間を組織的に殺傷できる最も恐るべき国家の暴力装置である．だからこそ，それは立憲主義が憲法的統制に服せしめる必要性の最も高い国家権力の構成要素である．しかし，戦後日本では，戦力保持と交戦権行使を明示的に禁止した憲法 9 条 2 項の規定にも拘らず，自衛隊と日米安保という巨大な軍事力の現実が憲法の外部で存続し，既成事実の累積とその追認という形で肥大化してきた．歴代保守政権がこの現実を形成してきただけでなく，「護憲派」勢力を自任する野党や憲法学者まで，専守防衛・個別的自衛権の枠内なら自衛隊・安保の存在を政治的に容認し，さらには，護憲派の一部は，法理的にも合憲と是認してさえいる．

　衝撃的なのはこの事実だけではない．ほとんどの人がこの事実に「慣れて」しまい，もはやこれを「衝撃的」とは感じなくなるほど，憲法の規範性と政治的現実との矛盾への問題意識が風化していること[2]，これがまさに衝撃的であ

2）　憲法問題に関する「世論調査」のデータに関する最近の通時的研究によると，憲法 9 条改正あるいは憲法改正一般の必要性に関し，護憲派比率が 1950 年代初頭は二割以下だったのが，その後増加し，1980 年代初頭の五割前後をピークに，その後は低下し続け，2000 年代半ばに三割以下まで落ちた後，乱高下し，近年は増加している［境家 2017: 54 参照］．このことは憲法問題に関する戦後の世論が護憲か改憲かどちらかへの一貫した傾向性を持っていたわけでなく，言えることはむしろ，「一貫して不安定」だったことを示す点で興味深い．しかし，九条問題をめぐる国民の「憲法意識」に関して重要なのは，憲法 9 条改正に対する支持と不支持の比率ではなく，憲法 9 条と自衛隊・安保の現実との矛盾を国民がどう考えてきたかである．これに関してまず認識されるべきなのは，1960 年の「安保闘争」終焉以降は，護憲派比率が増加しているときでも自衛隊の武装解除と安保廃止まで要求する者は激減し，いまや，そのような軍備廃止論の声はほとんど聞かれず，最近のある調査では「戦力としての自衛隊」も「自衛戦争」も是認する者が過半数だったにも拘らず，その中でなんと四分の三が 9 条改正に反対しているという事実である［今井 2016 参照］．さらに「現在の重要な政治課題は何だと思うか」という定番の質問に対して，圧倒的多数が経済政策，社会保障，医療・教育などの問題を挙げ，憲法問題を重視する者は一般に少数派で，しばしば一割以下にもなることである．

　要するに世論調査での「護憲派」比率は，憲法 9 条を真剣に尊重する者の比率ではなく，逆に，自衛隊・安保の現実を追認しつつ 9 条改正の必要なしとして，その規範性を軽視する者の比率を示すと言える．改憲賛成派も 9 条と現実との矛盾を解消する憲法改正に「緊急性」を認めているわけではなく，むしろ他の政治課題よりも重要性を低く見ている．

　このような「世論」の実態の象徴的例証がある．立憲民主党の衆議院議員山尾志桜里氏は，憲

る．戦力という最も危険な国家暴力装置に対してこそ，立憲主義的統制が貫徹されなくてはならないのに，それを欠落させて平然としていられる我々の社会に，立憲主義があるとは言えない．この現実を放置して，立憲主義の理念を語っても，何の意味もない．この現実は，それを固守する者たちが恥ずかしげもなく立憲主義者を標榜しているという現実をも含んでいる以上，立憲主義の理念を信用失墜させないためにも，放置されてはならない．日本において立憲主義の企てを実践する上で，何よりもまず，あるいは，何にもまして，取り組むべき課題は，この九条問題をめぐる現実と思想の歪みの是正である．

この課題を遂行するために，学界，論壇，そして一般市民に宛てて，私は種々の言論活動を行ってきた．それらは私自身の「立憲主義の実践」である．この実践の根底には，本書第I部で提示した私の「立憲主義の法哲学」がある．第II部の最初の，そして最重要な位置を占める本章で，日本の立憲主義を麻痺させ壊死させようとしている九条問題の病理を根治するために，この立憲主義の法哲学がもつ含意を最も明確な形で展開した諸論考を我が立憲主義の実践の中から選び，以下に再呈示する．そして本章末尾に付した新稿［第4節2］で，私の具体的憲法条文改正案とその段階的実現戦略を示し，さらに代替的憲法改正案についても，次善ないし三善ながら現状を改善しうるものと，現状改悪でしかないものとを識別評価して，日本の立憲主義の救済戦略を具体的に敷衍する．

法9条と自衛隊・安保の矛盾を解消するために，専守防衛・個別的自衛権の枠内で戦力の保有・行使を明確に承認する「立憲的改憲」を推進する運動を政界で進めているが，彼女と私が対談した席で，まさに「衝撃的」な事実を聞かされた．彼女が，ある一般市民と対話しているとき，相手から，「法律は違反しちゃだめだけど，憲法は守らなくたっていいんでしょう」と言われたとのことである［この事実に言及し，それが孕む問題点を敷衍するものとして，山尾 2018: 10-12 参照］．護憲派を自称する野党政治家や憲法学者まで憲法9条違反の現実を容認・是認している現状を見るなら，一般市民がこのように感じるのも無理からぬことである．

第1節　九条削除論原論——憲法論議の欺瞞を絶つ[3]

　改憲プロセスの発動に向けて，政界の動きが一進一退しつつも徐々に加速している．これに挑発された護憲派の抵抗も，政治的動員力において劣勢にあるようには見えるが，強まっている．

　だが，事柄の政治的荷電量の高揚とは裏腹に，なぜ改憲か，なぜ護憲かについて，問題の核心に迫った論議は依然として低迷している．改憲派も護憲派も「型通りの話」を超えて，思考を深化発展させられないのは，両者がともに，知的廉直性の貫徹を阻む自己欺瞞に囚われているからだと私は考えている．両者がこの欺瞞から自己を解放しない限り，真に建設的な論議の展開は望めない．

　しかし，自己欺瞞の克服は簡単ではない．まさに「自己を欺く」がゆえに，自己の欺瞞が自己には意識されないからである．憲法論議の立て直しは，両者の欺瞞を抉り出し，両者が隠蔽抑圧していた問題を直視することから始めなければならない．

1　改憲派の主体性喪失

(1)　改憲派の「おいしいところ取り」

　従来の改憲論の主要論拠は，現憲法が占領期に主権喪失状況の下で米国により日本に押し付けられたものであり，法的にも政治的にも正統性を欠くという主張である．国民主権・民主的自己統治を原理とする現憲法が占領勢力により他律的に押し付けられたことの矛盾・ねじれも指摘されてきた［例えば，加藤

---

3)　本節に，一部語句訂正し注記付加して再録した旧稿［井上 2006c］の原題は「九条削除論——憲法論議の欺瞞を絶つ」だが，ここでの議論をさらに発展させた本章第2節の主題「九条問題再説」との平仄を合わせるために，本節の主題を「九条削除論原論」とした．「原論」という語を付したのには，もう一つ，実質的な理由がある．本節再録旧稿には誤解——例えば，「九条削除論は戦力を憲法的統制から外すことを要請している」というような私見の論旨とは真逆の誤解——に基づく批判が多く，九条削除論とは何であるかは，本節だけでなく第2節以下を含む本章の論述全体を読んで理解するよう要望したいからである．なお，本節の脚注はすべて本書刊行時点で加筆したものである．本節論考本文は，若干の誤記や「差別表現」と誤解されかねない表現などの訂正以外は初出時のまま呈示している．これは，その後の状況を踏まえた実質的加筆は脚注に送ることによって，私の言論実践としての「原論」をほぼそのまま本文で記録するためである．

1997参照]．護憲派はこれに対し，現憲法が戦後半世紀以上にわたり改正されなかったことは，国民の間に現憲法に対する広範で根強い支持が形成されてきたことを示すもので，制定起源に仮に民主的正統性の瑕疵があるとしても，それは既に治癒したと反論する．この反論は，改憲論の「建前」的議論への反駁としては有効な指摘を含むが，その建前に隠された「本音」の問題性に届くものではない．

　本音の問題性とは，改憲派自身が「占領軍の押し付け」を拒否する国民的主体性回復の論理を誠実に首尾一貫受容してはいないことである．「押し付け憲法」を峻拒する改憲論者も，「押し付け農地改革」の正統性を同様な峻厳さをもって否定してはいない．ひそひそ声で文句を言うことはあっても，土地所有秩序改革のやり直しの必要を高らかに唱えたりはしない．しかし，占領勢力は憲法改正について日本政府側の松本草案を蹴ってマッカーサー草案を押し付けたように，土地所有構造改革について，日本政府回答を蹴って徹底化勧告を出し，第二次農地改革の断行を強いたのである．

　マルクス主義的言辞を借用して言うなら，憲法改正は政治制度という「上部構造」の変革であるが，農地改革は所有構造という「下部構造」の変革であり，革命勢力だけでなく反革命勢力にとっても，社会革命としてよりラディカルなはずである．それにも拘わらず，「押し付け憲法」を拒否する改憲派が「押し付け農地改革」を受容するのは，自営農民を大規模に創出した農地改革が共産主義革命を醸成する「持たざる者の不満」をガス抜きしたばかりか，自民党長期政権を支える強固な支持基盤を創出し，その後の急速な経済発展と政治的安定との両立を可能にした点で，改憲派の政治的利害関心を基本的に満足させる帰結をもったからであろう．

　戦後憲法を侮蔑論難するタカ派的改憲論の急先鋒であった三島由紀夫はかつて，農村の惨状を放置する支配層への怒りに駆られた若き軍人たちによる二・二六事件のクーデターが成功していたなら，「勝利者としての外国の軍事力を借りることなく，日本民族自らの手で，農地改革が成就していたにちがいない」と言った［三島 1969: 86］．「悔し紛れ」とも言うべきかかる「反実仮想史」的言説は，高度経済成長による日本人の精神的堕落を嘆くこの唯美主義的国粋主義者さえ，政治的二重基準の欺瞞から自由でなかったことを示している．

ここに見られるような占領期改革の「おいしいところ取り」は，改革の結果が自己の政治的選好に合致してさえいれば，改革のプロセスが占領勢力の他律的強制によるものだとしても，その正統性を承認するものであり，改憲派が「主体性喪失」と論難する護憲派の姿勢と同じである．改革プロセスにおける主体性の有無に注目する「手続的正統化」原理と，改革の結果の実質の是非に注目する「実体的正統化」原理とを，憲法改正と農地改革とで二重基準的・御都合主義的に使い分けている．しかし，問題はそれだけではない．
　この使い分け自体が，改革結果が自己の政治的選好に合致しているか否かによってなされている．つまり，改憲派の「押し付け憲法」批判も，現憲法制定のプロセスの主体性欠如自体よりむしろ，現憲法の内容の一部が改憲派の政治的選好に反することを真の動機としており，結局，実体的正統化原理に依拠し，お気に入りの部分は不問にしている．この点で改憲派は護憲派の「主体性喪失」を批判する資格はない．吐いた非難の唾は自らに降りかかってくる．
　しかも，「押し付け」の容認は，護憲派よりも改憲派にとって一層深刻な思想的自家撞着を生み出す．護憲派は国民主権原理だけでなく，これと拮抗し，ときにこれを制約する原理として個人・少数者の基本的人権を保障する「実体的」な立憲主義に立脚するものとして現憲法を理解し擁護しているため，現憲法の制定過程において政治的集合体としての日本国民の主権性・主体性が貫徹されなかったという「手続的瑕疵」を容認することは，護憲派が現憲法の正統性を承認することの決定的な障害には必ずしもならない．
　しかし，日本の国家的・国民的主体性回復を主な動機とし，それゆえにこそ九条改正による自衛戦力の保有・行使の合憲性の明確化を要請する改憲派にとって，「占領勢力に押し付けられた改革も結果的に実益があればそれでよし」とするのが本音であることを自認するのは，深刻な思想的同一性危機をもたらすはずである．改憲派がこのような同一性危機に悩んでいるように見えないのは，自らの思想的自家撞着に目を閉ざす自己欺瞞に陥っているからである．

（2）　対米従属を維持強化する九条改憲

　改憲派の自己欺瞞性は，正統化の論理にだけではなく，提唱される改正内容自体にもある．九条改正は，自衛のための軍事力保有権と交戦権を明確に確立

することにより，日本の国家的な独立性を確保しようとするものだが，それと同時に，集団的自衛権に対する憲法的制約・桎梏を除去して日米安保体制の強化再編を可能にすることも狙いとしている．日本の国家的独立と政治的主体性の確立のために軍事力保有の必要を説きながら，実際には，安保体制の対米従属構造を維持強化し，米国の軍事的世界戦略に日本が組み込まれることを推進しようとしていることは，改憲派の「主体性喪失」の実相を示すもう一つの証左である．占領の主役となった最大の旧敵国に，その軍事基地を占領終了後も自国土に置き続けることを求める者が，「占領期に押し付けられた憲法」を政治的主体性回復の名において拒否するのは，太鼓持ちが殿様の振りをするがごとき思想的狂言といってよい．

　「六十年安保」反対闘争を「進歩的知識人」として指導した清水幾太郎は，その著書『戦後を疑う』［清水 1980a］に収録された 1970 年代の諸論考において，戦後民主主義を虚妄の舶来思想として斥ける右派ナショナリズムへの転向を宣明し，さらに進んで『日本よ国家たれ』［清水 1980b］において，日本の核武装の可能性も検討される必要があることを示唆した．彼の転向は無節操と批判されたが，対米従属構造から脱却しない限り，日本の真の独立と政治的主体性の回復はないという問題意識は，安保闘争の時代から転向後に至るまで一貫している．彼の日本核武装の可能性を示唆する議論は，9 条を固守しようとする平和主義者から激しく批判されたのは言うまでもないが，改憲を唱える右派・保守派からも「愚劣」と一蹴されるか，慇懃に無視されてきた．

　しかし，このことは，9 条改正を唱える改憲論者たちが，対米従属構造からの脱却という問題をまともに考え抜いていないことを暴露するものである．自己の軍事的世界戦略の駒として日本を使おうとする米国からの圧力に対する歯止めとして曲がりなりにも機能してきた 9 条の牙を抜こうとしながら，清水が日本国民に突きつけている米国への軍事的従属からの自立という課題を前にしては思考停止してしまう改憲派に，日本の政治的主体性の回復を語る資格が本当にあるのだろうか．

2 護憲論の真価と欺瞞

(1)「絶対平和主義」への誤解を正す

　護憲派の主流は，現憲法9条が日本の非武装中立を要求し，自衛のための戦力保有権・交戦権も放棄していると解釈した上で，それを擁護する．この非武装中立論は冷戦時代には共産圏の善意への幼児的願望思考と嘲笑され，脱冷戦時代になると，「平和ボケ」「一国平和主義のエゴ」などと糾弾された．しかし，もし護憲派の非武装中立論が自衛戦争か侵略戦争かを問わず戦争一般を不正とする絶対平和主義に思想的に立脚しているとするなら，このような批判は不当と言わなければならない．

　正義理念に対して価値相対主義的イデオロギー批判を試みる人々は，正義こそ人々を独善的・狂信的にし，戦争へと駆り立てる原因だとして，「正義よりも平和を」と説く．長尾龍一の言う「諦観的平和主義」の立場がそれである［長尾 1982: 70-71 参照．これに対する批判として，井上 1986: 5-7 参照］．この諦観的平和主義と対照的に，絶対平和主義は，まさに一切の戦争を不正とすることによって正義理念に深くコミットしている．それは不正な侵略者に対して，正義を棚上げにした忍従を我々に勧めるどころか，むしろ果敢な抵抗を要求する．自衛権を放棄しているわけでは毛頭ない．ただし，武力侵略という暴力に対して自衛戦争という暴力で対抗するのは，侵略者と同じ不正を犯すものだとして，非暴力的手段による抵抗を呼びかける．例えば，侵略者の銃弾に倒れながらも不服従を示すデモ行進，サボタージュ，ゼネストなどを続けることである．「殺されても，殺し返さずに抵抗する」ことを要請する絶対平和主義は，マハトマ・ガンディーやキング牧師の非暴力抵抗の思想にも連なる[4]．

---

　4)　ガンディー主義者を自任する伊勢崎賢治は，ガンディーがインド国内における英国の植民地支配体制に対しては非暴力抵抗を提唱したが，日本軍の侵略に対しては武力による抵抗を求めたとして，ガンディー主義は対外防衛に関しては非暴力抵抗の立場ではないことを指摘している［伊勢崎・井上・小林・山尾・他 2018: 113-114 参照］．ガンディー自身が実際にとった政治的立場はその通りであろう．ただ，非暴力抵抗思想を国内の専制支配への抵抗に限定することが，哲学的に首尾一貫していると言えるかは疑問がある．英国は勅許の東インド会社にインド人の抵抗を軍事力で排除させながら，1848-49 年の第二次シク戦争で全インドを最終的に植民地化し，1857-58 年のインド大反乱（セポイの乱）の鎮圧でインド植民地化を確立した．植民地化確立に至るまでの英国の軍事的侵略と植民地化確立後の英国による支配は，インドにとっては英国の軍

このような絶対平和主義は,「侵略などないはずだ」という幼児的願望思考や平和ボケとは無縁であり,むしろ,軍事力において圧倒的に優越した侵略者・弾圧者に対しては武力抵抗に訴えるより,非暴力抵抗の強い道義的アピールによって侵略者・弾圧者を非難する国際世論を高揚させる方が政治的実効性は高いという現実主義的な戦略判断にも基づいている．この絶対平和主義の戦略的実効性は過大評価さるべきではないが,現代世界においては覇権が軍事力以上に国際的正統性認知を調達するソフト・パワーに依存することが指摘されている［Nye 1990, Nye 2005 参照］ことを考えるなら,過小評価さるべきでもない．また,絶対平和主義は「一国平和主義」のエゴとも無縁であり,むしろ,殺されても殺し返さずに抵抗するというきわめて重い,苛烈な自己犠牲の責務を我々に負わせるものである．

(2) 護憲派の「倫理的ただ乗り」

以上のように,絶対平和主義を誤解に基づく批判から擁護したのは,護憲派を擁護するためというより,むしろ,本当に護憲派はこの絶対平和主義の峻厳な責務を引き受ける覚悟があるのかを審問するためである．護憲派の本音の回答は,ノーだと私は考える．実際,護憲派を自任する人々の中には,「侵略されたら,逃げよう」と公言する者もいる．この立場は,不正な侵略に対して抵抗する責任を放棄した国家の一億を超す国民をすべて受け入れてくれる優しい

事力によって支えられた不正な抑圧である点で変わりなく,植民地化確立までの英国の侵略には武力抵抗を許すが,植民地化確立後の英国支配に対しては非暴力抵抗に限定するという立場を哲学的・原理的に正当化するのは困難だと思われる．戦略的実効性という観点から正当化可能かもしれないが,それは状況に依存する．戦略的観点からだと,植民地支配に対しても,それを武力抵抗によって実効的に覆しうる場合にはそうしてよく,逆に,外敵の侵略に対しても,敵が軍事的に圧倒的な優位にあり,武力抵抗すると殲滅的な打撃を招く場合は,非暴力抵抗戦略を選ぶことになるだろう．

以上の理由により,私は非暴力抵抗思想を国内での専制支配に対する抵抗に限定することは,哲学的にも戦略的にも擁護するのが困難だと考える．しかし,いずれにせよ,ガンディー自身が実際にとった政治的立場をガンディー主義と呼ぶなら,それは限定的な非暴力抵抗思想ではあっても,絶対平和主義ではないことになる．これがガンディーの「政治的賢慮」を示すものか,彼の「政治的御都合主義」を示すものか,あるいは「先進文明国家英国の帝国主義には非暴力で抵抗するが,アジアの後進帝国主義国家日本の侵略には武力で戦う」という「欧米中心主義」的二重基準が,欧米中心主義と闘ったガンディー自身になお残ることを示すのか,ガンディー研究の専門家でない私としては判断を控えるが,検討の余地があるだろう．

国々が，現代世界に十分存在するという幼児的願望思考に惑溺しているだけではない．逃走するための資源・能力・機会に恵まれない人々に目を閉じて，逃げることのできる自分たちだけ助かればいいという，一国平和主義よりさらに露骨なエゴイズムに毒されている．この逃走論は真面目に受け止めるにはあまりに政治的に幼稚であり，道徳的に無責任である．

しかし，逃走論より，もっと「地に足がついた」かに見える仕方で絶対平和主義の峻厳な倫理を回避する護憲派の本音の回答がある．それは「裏口からの現状追認論」とも呼ぶべきものである．護憲派は自衛隊・安保の存在を憲法9条違反とみなすが，この違憲の事実は半世紀以上にわたって存続し，かつ国民の多数派によって支持ないし容認されてきた．ドイツの国法学者イェリネックの「事実の規範力」論［Jellinek 1905: 329-336（芦部・他訳 1976: 276-281）参照］に従うなら，この「違憲の事実」の持続により九条の規範的意味はその事実を「合憲化」するように変遷したということになろう．しかし，多くの護憲論者はかかる「九条変遷論」を斥け，「九条」が自衛隊と安保に違憲性の刻印を押し続けてきたからこそ，自衛隊の規模や安保体制下での日本の役割は現在の程度にとどめることができたのであり，「九条」の規範的意義は，それを裏切る政治的現実によって無効化されたのではなく，逆に現実政治による裏切りの余地を限定する桎梏として生かされてきたと主張する[5]．

この巧妙な論理により，護憲派は彼ら自身を含む国民全体が絶対平和主義によって課される峻厳な責務を回避して，自衛隊・安保によって供給される防衛サーヴィスという公共財を享受し続けることを事実上容認しながら，その規範的認知は留保して，「九条」に対する自らの「原理主義的な解釈」を温存することが可能となった．

「九条」が現実の裏切りを緩慢化させる程度の政治的抑止力[6]を持ちえたと

---

5) これは，私が「原理主義的護憲派」と呼ぶ立場である．近年では，専守防衛・個別的自衛権の枠内でなら，自衛隊と日米安保体制は憲法9条2項が禁じる戦力の保有・行使にあたらないから合憲だとする立場——私が「修正主義的護憲派」と呼ぶ立場——も台頭してきている．両者の議論に対する詳細な批判的検討は本章第2節以下を参照．

6) あくまで「緩慢化」であって，「凍結」ではない．憲法9条2項の文面は凍結できても，それを裏切る現実の進行は凍結できていない．周知の通り，1990年代以降，自衛隊の海外派遣の既成事実は急速に累積し，第二次安倍政権の下で，個別的自衛権の枠すら破られ，集団的自衛権行使が解禁された．「緩慢化」すら，もはやできていないとも言える．「緩慢化させる程度の政治的

いう護憲派の主張は正しい．しかし，この議論の問題性は，逓減する「抑止しえた部分」の価値に訴えることにより，逓増する「抑止しえなかった部分」がもたらす本来なら拒否すべきであるはずの利益の享受の事実を合理化（あるいは不問化）していることにある．自衛隊・安保の現状を「九条がなかったら，もっとひどくなっていたはずで，それに比べればまだまし」と事実上追認し，自らその下で安全保障便益を享受しながら，そのことへの規範的コミットメントを回避することにより，現状の事実的受容を正当化する倫理的責任を放棄している．これは実に見事な「大人の欺瞞」である．「頭は左，財布は右」と世間で呼ぶものにも通じるが，「現実への倫理的ただ乗り」と呼ぶ方が，一層正確である．

現状の事実的受容などしていないと，護憲派は反論するかもしれないが，それならばなぜ，憲法と乖離した現実を是正するために，自衛隊・安保の違憲性を明文化するように憲法 9 条を改正する「九条原理主義的改憲」の政治運動を改憲派に対抗して推進しようとしないのか．「負けるに決まっている」というのは理由にならない．現在の国民世論の状況では劣勢に立たされているなら，なおさら一層世論に働きかける対抗運動を推進すべき理由があるはずである．

それにも拘らず，護憲派主流は九条原理主義的解釈を明文化する改憲ではなく，憲法 9 条の「凍結」を主張している．憲法の「凍結」に固執しながら，防衛予算の対 GNP 比がじりじりと増え[7]，自衛隊の海外派遣の既成事実が積み上げられていく[8]のを，「それでも九条がなかったら，もっとひどくなってい

抑止力」という表現も，護憲派の主張に対して譲歩しすぎで，単に「漸次化効果」と言うべきだったかもしれない．本文後続文章中の「抑止しえた部分」と「抑止しえなかった部分」という表現も，「先送りできている部分」と「先送りできなかった部分」に変えるべきだろう．憲法 9 条に対する現実の裏切りを「抑止」することなど，結局できていないからである．

7) 防衛予算の対 GNP 比は 70 年代から漸増し，昭和 62 年度（1987 年度）に従来の一％枠を突破したため，政府はこの枠を廃止し，総額明示方式に転換した．それから平成初年度（1989 年度）までの 3 年間は対 GNP 比一％を超えた状態が続き，その後，一％以内に戻ったが，それは経済規模拡大によるもので，防衛予算総額はむしろ増大し，現在では五兆円を超えている．バブルが崩壊して，日本がかつての「世界第二位の経済大国」の地位を失った後も，防衛予算総額では，世界四位ないし五位の地位にあった．近年は円安傾向で，順位は低下しているが，それでも 10 位以内にはとどまっている．いずれにせよ，憲法 9 条 2 項が防衛予算に対して実効的な財政的統制をかけているという護憲派の主張には根拠がない．対 GNP 比一％枠は放棄されただけでなく，この枠内での防衛予算も，米国・中国に次ぐ日本経済の規模からすれば，世界有数の地位を占めている．

たろう」という反実仮想的主張を慰めとして追認していく姿勢は,「現実への倫理的ただ乗り」以外のものであるだろうか.

3　立憲主義の再生のために

(1)　九条の思想を九条の欺瞞から救う

　改憲論・護憲論双方の欺瞞に対する以上の批判を踏まえて,憲法問題に関する私見を簡潔に提示し,本節を締め括りたい.

　第一に,憲法論議の政治的主要争点は九条問題であるが,安全保障戦略はときに予測不可能な形でカタストロフィックに変動する世界情勢に即応して再吟味されなければならず,改正の困難な硬性憲法によって通常の民主的政治過程のアジェンダから外してしまうのは不適切である.平和主義・国際協調主義などの一般的原理を国政の指導理念として憲法が寛明するのはよいとしても,それを実現するための戦略[9]として,非武装中立,武装中立,集団的安全保障体制への参加など,いずれが実効的かについての政治的選択は,民主的立法過程

---

8)　PKO 等,国連の「集団的安全保障」体制の枠内での活動への自衛隊の参加が増えただけではなく,2001 年に勃発したアフガニスタン侵攻中の海上自衛隊によるインド洋上給油活動のように,米国および NATO の「集団的自衛権」行使活動に,日本が有志連合の一員として参加して行った活動もある.第二次安倍政権により安保法制が制定される前から,集団的自衛権行使は既に,事実上解禁されていたのである［伊勢﨑 2015: 84-86 参照］.さらに,2011 年には,なんと民主党政権の下で,アフリカのジブチ共和国に自衛隊の常駐基地が開設されている.

9)　ここで言う「戦略」とは,「軍事戦略（military strategy）」――軍事作戦行動（military operations）上の戦略――ではなく,すぐ後の「非武装中立,武装中立,集団的安全保障体制への参加など,いずれが実効的かについての政治的選択」という言葉が示すように,安全保障政策の基本指針の政治的選択という「政治的戦略（political strategy）」を意味する.この点を誤解して,軍事的な戦略の選択は民主的政治過程になじまないという批判を私に向ける者もいるので,あえて注記しておく.非武装中立か武装中立か,個別的自衛権限定か集団的自衛権行使容認か,集団的自衛権行使は不可でも国連の集団的安全保障体制への参加は可か,という安全保障の基本政策の選択こそ,軍事組織にではなく,それを統制すべき民主的政治部門の決定に委ねなければならない.
　ついでに言えば,憲法 9 条を削除して,安全保障政策の選択を民主的立法過程に委ねると,侵略戦争の選択も許されてしまうという懸念を抱く人々もいるが,現在の国際法では,個別的・集団的自衛権の行使と国連安保理の承認を経た武力発動措置への参加以外の軍事力行使は違法化されているので,これは安全保障政策に関する政治的戦略の選択肢にはそもそも入らない.国際法上違法化されている国家行動を国内立法により合法化することを憲法が立法機関に授権することは,一般法理上も不可能というべきだが,いずれにせよ,日本国憲法は前文で国際協調主義の理念を掲げているだけでなく,98 条 2 項において「日本国が締結した条約及び確立された国際法規は,これを誠実に遵守することを必要とする」と明確に規定しているので,9 条によらずとも,侵略戦争は憲法により禁じられている.

の討議に付すべきであり，この過程を通じた批判的再検討に開かれていなければならない（これが情勢変動への対応のためだけでなく政治的正統性調達のためにも必要であることについては後記を参照されたい）．[10]

　憲法9条が戦後憲法に加えられたのは本来の立憲主義の要請によるものではなく，日本の武装解除を求める初期占領政策の産物であり，そうであるがゆえに占領政策の右旋回以降の情勢変動の中で，それは現実政治に裏切られる運命を辿った．憲法9条は護憲派をも自衛隊・安保への倫理的ただ乗りの欺瞞に導くと同時に，政権与党による解釈改憲の実践を跋扈させることにより，政治権力を統制する憲法自体の規範的権威を掘り崩し，個人・少数者の基本的人権のような本来の立憲主義的保障事項に対する政府・世論の尊重姿勢の風化をも招いた．

　時々の情勢の変動に左右される政策選択を憲法に取り込んでしまうと，憲法自体が時々の政治力学の変動に翻弄され，立憲主義は形骸化されてしまうのである．「護憲」が「九条固守」とほぼ同義とされ，それにも拘らず憲法9条と乖離した現実が改憲派のみならず護憲派によってもなし崩し的に受容されてきた戦後の政治状況・思想状況が，どれほど憲法の規範性を「嘘くさい念仏」として茶番化し，日本における立憲主義の確立と発展を阻んできたか，護憲派にこそ特に，胸に手を当てて考えてもらいたい．憲法9条は固守するのでも改正するのでもなく，端的に削除すべきである．憲法9条は立憲主義にとって異物であるばかりか，それがはびこらせる政治的欺瞞は立憲主義の精神を蝕んできた．憲法の本体を救うために，この病巣を切除することこそ，真の護憲の立場である．

　第二に，誤解を避けるために付言すれば，憲法9条の削除を求めることは，この条文の思想内実とそれを追求する政治実践の削除を求めることと同じではない．既述のように，非武装中立の思想基盤としての絶対平和主義は，「一国平和主義」のエゴをはるかに超えた高度の倫理性[11]と「平和ボケ」を超えた現

---

10) この括弧内の記述と，そこで参照を求めている本節の後記は，2005年初出旧稿［井上2005b］を2006年の共同論集に改訂の上再録した修正旧稿［井上2006c］に加えたものである．初出稿では掲載誌の紙幅制約のため，込み入った議論を要する政治的正統性調達問題に立ち入れなかったが，立憲主義の観点からは重要問題なので，本節で再掲している修正旧稿の後記（1）で，この点に関する論述を補った．

実性をもつゆえに，真剣に受け止められるべき立場である．それは対米従属構造からの自立という，改憲派がごまかしている課題にも真正面から応えている．

　自衛隊・安保の現実に依存しながら，「九条を守れ」と空疎なシュプレヒコールを繰り返す自慰的運動には欺瞞しか見出せないが，「九条護教論」を隠れ蓑にしたこの現実への寄生を自ら断ち切るために，自衛隊・安保を廃棄する立法改革・条約改廃を民主的政治過程を通じて実現しようと真摯に努める運動には私は賛意は別として敬意を惜しまない．日本国民がこの運動を支持して成功させ，本当に日本を脱軍事化して絶対平和主義が含意する峻厳な非暴力抵抗の責務を引き受けることを世界に宣明するなら，その政治的リスクの巨大さにも拘らず，否それゆえにこそ，国際社会において，そして人類の歴史において，憲法前文の言う「名誉ある地位」を獲得することができるだろう．逆説的だが，「九条信仰」を捨てて現実と立ち向かうことなしに，「九条の思想」は生かされえない．

（2）　自衛戦力保持が含意する責任

　しかし，現在の護憲派も国民の圧倒的多数もこの絶対平和主義の峻厳な責務とリスクを真に引き受ける用意があるとは考えられない[12]．自衛戦力は保持するというのが本音であろう．しかし，自衛戦力を保持するなら，そして実際既に巨大な戦力を保持している以上，この戦力が本来の自衛目的以外に濫用されないための条件に関わる問題を真剣に考えなければならない．まず，国民多数が自己を安全地帯に置ける「自衛隊任せ」は，国民自身が無責任な好戦感情に駆られることや，危険な政府の軍事防衛政策への民主的統制の関心意欲を低下

---

11)　絶対平和主義の問題はむしろ，「高度の倫理性」が高度すぎること，それが「義務以上の奉仕（supererogation）」を求める点にある．これについては次節で論じるが，より詳細な検討は，井上 2012: 第5章参照．

12)　口先だけで絶対平和主義を唱える者はごまんといるが，非暴力抵抗が含意する峻厳な自己犠牲を引き受けてまで，絶対平和主義としての「九条の思想」に真摯にコミットする者はほとんどいないだろう．いたとしても，ごく少数で，日本国民の集合的選択たる民主的決定として，自国の軍備も他国の軍備による保護も絶て，この立場が選択される日が来ることは現実的には想定しがたい．しかし，九条削除論は民主的政治過程を通じてかかる集合的選択を日本人がする可能性は開いている．さらに，それは「九条空念仏」の隠れ蓑を自称「絶対平和主義者」から剝ぎ取り，民主的立法過程で自衛隊と安保の廃止に向けた運動を本気で行う気があるかどうかのテストを彼らに課す．

させることを放任ないし促進しないか．この点で，「過去の克服」に努めてきたドイツが徴兵制をしき，良心的兵役拒否の権利も代替役務を条件に承認している[13]ことの意義を我々自身考え直す必要がある[14]．

13) ドイツは冷戦が終焉し東西ドイツが統合された後，良心的兵役拒否権行使の代替的役務としての「市民的奉仕（Zivildienst）」を選ぶ者が増えたため，2011年に徴兵制を停止したが，憲法上は廃止しておらず，いつでも復活可能である．ドイツ連邦共和国基本法12a条1項は「男子に対しては，満18歳から軍隊，連邦国境警備隊または民間防衛団における役務に従事する義務を課すことができる」と定め，女子についても，同条4項で，満18歳以上55歳までの者には，防衛上の緊急事態において衛生施設・医療施設・野戦病院における非軍事的役務給付のための就労義務を課すことができるとしている．

　良心的兵役拒否権について言えば，これは，非暴力抵抗思想を国家が集合的に選択するのではなく，個人の人権として保障するものであるから，この拒否権を行使する者は「殺されても殺し返さない」という峻厳な自己犠牲を引き受けるだけの覚悟が要請され，この権利が国防のため徴兵に応じる同胞にただ乗りする利己心の隠れ蓑にされてはならない．そのためには代替役務は，消防隊・非武装看護兵など生命のリスクを自らも負う重い役務である必要があるだろう．ドイツの徴兵制停止の背景には，冷戦終焉や東西ドイツ統合による軍事的緊張緩和に加えて，代替的役務たる市民的奉仕の負担が軽すぎたという問題もある．ドイツ連邦共和国基本法12a条2項は，良心的兵役拒否権行使に伴う代替役務に関しては，法律の規定に委ねつつ，代替役務期間は兵役期間を超えない，良心の決定の自由を侵害しない，軍隊および連邦国境警備隊に何ら関わりのない代替役務の可能性を規定しなければならない，という三つの制約条件を課しており，代替役務を重すぎないようにする配慮を示しているが，上記のような利己的濫用を防ぐために代替役務を軽すぎないようにする配慮には欠けている．

14) 民主国家で戦力を保有するなら，これが国民の無責任な好戦感情や無関心により濫用されることを抑止するために，徴兵制が良心的兵役拒否権保障とともに導入される必要があることは私の年来の持論で，これを活字で公表したのは1993年に遡る［井上1993参照］．日本で徴兵制を採用し良心的拒否権を保障するには，もちろん憲法9条を削除するだけでなく，憲法18条の改正など他の憲法改正が必要である．

　これが示すように，九条削除論は憲法9条を削除して終わりという主張では毛頭ない．逆に，憲法9条により戦力は存在しないという建前になっているため，日本国憲法は徴兵制・良心的兵役拒否権の規定どころか，軍隊に対する文民統制や戦力行使に対する国会承認手続など最低限の戦力統制規範すら設定できないのである．憲法66条2項は「内閣総理大臣その他の国務大臣は，文民でなければならない」としているが，この「文民条項」は文民統制の規定ではない．文民統制の規定になるためには，「軍隊の最高指揮命令権は文民たる内閣総理大臣に属する」と明記しなければならないが，憲法9条2項がある以上，こんな規定を日本国憲法は置けるはずがない．憲法9条を削除することにより，憲法上，自衛戦力保有を立法で選択することが可能であることを明確にした上で，戦力保有が選択される場合を想定してその濫用を抑止するための戦力統制規範を明定することこそ，九条削除論の狙いである．

　本文では，文民統制規定だけでは文民政治家や一般市民が戦力行使に対して無責任化する危険性を抑止できないという判断に基づき，戦力行使の無責任化・放縦化を抑止する戦力統制規範として，徴兵制と良心的拒否権保障の採用を検討すべしという，きわめて論争的な主張にあえて踏み込んでいるのである．それに比べれば反発がほとんどないであろう文民統制や国会承認手続などの戦力統制規範が設定される必要があることは，私の九条削除論においては自明の前提である．異論の少ない最小限の戦力統制規範は必要だが十分ではないからこそ，徴兵制問題にここで論及

また，米国の軍事戦略のための日本の戦力の利用を抑止するには，日米安保に代わる地域的・国際的安全保障の機構と戦略を構想しなければならない．そのためには，米国の核の傘に守られながら「非核三原則」を唱えることの欺瞞性に気づかないほど安保体制下の対米依存を「自然」視している根深い「甘えの構造」から，我々は脱却する必要がある．

戦後六十年にわたって日本の政府と国民が憲法論議においてごまかし続けてきた問題を，いまや我々は直視せざるをえなくなっている．我々にいま必要なのは，「幼児的願望思考」も「大人の欺瞞」も超えて，自己の現実を批判的・客観的に見据え，それに対して責任をとる知的・倫理的な廉直性である．

後　記[15]

本文は，『論座』2005年6月号初出の旧稿に，標題と見出しの変更および若干の表現上の修正を加え，文献引用を補充したものである．旧稿に対して，公刊された論評を私はまだ見ていない（2006年3月初旬現在）．既に存在しているとしたら，気付いていないのは私の怠慢であるが，少なくとも私の下に送られてきたものはない．ただ，護憲派の立場に立つ方々から，私信や口頭での反論は頂戴している．これらへの全面的応答は他日を期したいが，私見を明確化する上で特に重要と思われる二つの係争点につき，この場を借りて，最小限の論及をしておきたい．なお，以下に呈示する反論は公表されたものではないため，その提起者の名をここでは挙げるのは適切ではないし，また私の要約の仕方に誤解が含まれている可能性もないとは断じきれないので，現実の反論を私が再構成した「ありうべき反論」への応答として以下の議論をご理解いただいて結構である．

したのである．
15) 脚注10で述べたように，この後記は，本書刊行にあたって付したものではなく，本節に再録された旧稿［井上 2006c］に，その基になった初出稿［井上 2005b］への補足として付されたものである．したがってこの後記の「時制」は2006年である．2006年版旧稿の本節への再録にあたっては本文だけでなく，この後記についてもごく僅かな語句の訂正のみを行い，現在の視点からの補足はすべて脚注で示した．

（1） 良心的護憲派への応答

　まず，私が批判するような欺瞞に陥っている護憲派もたしかに存在することを承認した上で，すべての護憲派が欺瞞的であるわけではなく，自衛隊・安保の廃棄に向けて真摯な努力を続けつつ，そのような運動のテコとして「九条固持」を主張する良心的護憲派も存在するとし，私の議論はかかる良心的護憲派から運動の士気と法的武器を奪うものであるとする反論がある．この反論によれば，「九条」を裏切る解釈改憲を巻き戻すための「九条原理主義的改憲運動」を「九条」の「凍結」によって回避している護憲派の自己矛盾に対する私の批判や，「九条」を削除した上で自衛隊・安保を廃棄する立法改革・条約改正を求める運動を展開せよという私の主張は，現代日本の政治状況――改憲プロセスの発動が「九条」の「原理主義的強化」でなくむしろ「現状追認的・現状促進的弱体化」に帰着する見込みが圧倒的に強く，立法過程を通じた自衛隊・安保の廃棄も成功が到底望めない状況――において，政治的なリスクやコストを無視した非現実的な議論であることになる．

　この反論に対しては，ここでは二つの応答をしておきたい．第一に，この反論が擁護する「良心的護憲派」がその主観的意図において，「自衛隊・安保への倫理的ただ乗り」を拒否していることは認めてよい．良心的護憲派の主観的な「良心」を私は疑わない．問題は，その「良心」の政治的機能である．負けるに決まっており，藪蛇をつつくに終わるだけだから，九条原理主義的改憲運動を回避し，また民主的政治過程を通じた立法改革・条約改正で自衛隊・安保の廃棄を実現することは困難だから，現状のさらなる悪化の加速的進行を押さえる手段として「九条」を凍結させるという良心的護憲派の「政治的現実主義」は，その実践の客観的な政治的帰結において，「九条がなかったら現状はもっとひどかったろう」という反実仮想の慰めによって「九条」を裏切る現実のなし崩し的進行の追認を合理化する欺瞞的護憲派と，どれほど変わるところがあるのか疑問である．

　これに関連して付言すれば，「良心の政治的陥穽」とも言うべき問題がある．かつて丸山眞男は，日本の支配層が「一億総懺悔論」によって自己の戦争責任を曖昧にしているだけでなく，反体制派たる戦後の日本共産党指導者たちも「獄中で不転向を貫いた」という自己の倫理的潔癖性によって，日本の軍国主

義的暴走をとめられなかった自己の政治的挫折に対する政治的責任を隠蔽していると批判し,「シンデモラッパヲハナシマセンデシタ」16)式に抵抗を自賛する前に党としての敗北の責任を認め，その理由を大胆率直に分析し公表することを要請した［丸山 1995 参照］.「九条ダケハハナシマセンデシタ」という自己の「良心」を，憲法9条と現実の乖離を克服できない自己の政治的無力性・政治的挫折に対する免罪符にすることにより，自己の政治的責任を隠蔽し，自己の政治的無力性を克服するための自己革新の試練を回避するという自己免責化の罠に良心的護憲派は陥っていないかどうか，自問する必要があるのではないだろうか.「九条の精神」は憲法9条という条文さえ残れば守られるわけではない．むしろこの条文を護符として凍結することは，「九条の精神」を「凍死」させてしまう．憲法9条を政治的免罪符にする甘えを断ち切って民主主義の闘技場の中で政治的改革を求め続ける実践によってしか，この精神は生かされえない．

　第二に，より重要な問題であるが，良心的護憲派も，九条原理主義的改憲プロセスや，立法改革的プロセスをバイパスして，自分たちの政治的選好を敗北のリスクを伴う民主的討議の試練に晒すことなく充足させようとしている点で，政治的正統性の大きな傷をもつと言わざるをえない．民主的な改憲プロセスや立法改革プロセスの「リスク」とか「コスト」なるものが，自分たちの政治的選好がそのプロセスにおいて挫折するリスクと等置されて回避されているのは，あまりに自己中心的な戦略的思考である．政治的見解が鋭く分裂対立する多元的社会において，安全保障のような問題に関する一定の政策の「正当性」への自己の私的信念は，自己と見解を異にする「他者」との民主的討議の試練に晒されることなく公共的な「正統性」の認証を得ることはできない．

　このような公共的正統性調達の努力を省く自己中心的な戦略的思考は，長期

---

16) 周知のように，この言葉が表現しているのは，日清戦争で戦死した陸軍歩兵の喇叭手，木口小平を神話的に英雄化した「軍国日本の美談」である．丸山がこの軍国美談を，あえてここで比喩として使ったのは，マックス・ヴェーバー的言辞［Cf. Weber 1992 [1919]］を使えば，現実的帰結の冷徹な査定を求める「責任倫理」が放逐され，「熱誠」や「忠純」など動機の純粋性を称揚する「心情倫理」が跋扈するという精神構造が，戦前・戦中の日本の軍国主義体制だけでなく，それを批判する共産党のような戦後の革新勢力にも浸透していることを指摘するためである．丸山のこの逆説的な指摘は「良心的護憲派」の自己欺瞞にも当てはまると，私は考える．

的に見て戦略的にも破綻する．立法過程であれ立憲過程であれ，民主的熟議の闘技場に自らを晒し，破れたとしても，さらに再挑戦し批判的再吟味を求め続ける試練を回避して，本物の立憲民主主義が日本に定着するはずがないからである．もちろん，民主的討議の敗者の最小限の拒否権を擁護するものとしての実質的立憲主義の制約はある．良心的兵役拒否の権利の保障や，市民的不服従の人道的処遇などこそ，立憲主義が本領を発揮すべき点である．しかし，安全保障体制に関する一部の者の政治的見解を民主的討議のアジェンダから外して多数者に押しつけることを立憲主義が正当化しうるわけではない．民主的プロセスの中で他者の同意を獲得すれば多数者になる可能性のある「政治的見解における少数者」と，人種的・民族的・性的少数者など，そのような可能性のない「構造的少数者」とをここで峻別することが必要である（宗教的少数者も，宗教的信条が政治的信念の変更に左右されない実存的帰依やアイデンティティに関わり，宗教的少数者が多数者を民主的討議により改宗させることは望めないという点では，構造的少数者と言えるだろう）．立憲主義は構造的少数者の人権については，違憲審査制などにより，これを民主的立法による侵害に対しても擁護するが，政治的見解における少数者には，民主的熟議のプロセスで多数者の支持を獲得しうるよう闘い続けることを要請する．

　本文で述べたように，非武装中立の思想を本当に実践する者に対しては私は深い敬意を抱く．しかし，単に「それが思想として優れているから，正しいから」という理由で，国民の圧倒的多数がそれを受容していなくても，憲法9条を民主的熟議による再吟味過程から免役化し，凍結させることによって，この思想を国民に押しつけていいと考えるような立場には賛同できない．自己の信念の「正当性」と多元的社会におけるその公共的「正統性」の区別という法哲学・政治哲学の基本的問題を切り捨てる偏狭な自己中心性をそこに見出すからである[17]．

17）以上の私の議論が，本書第Ⅰ部で提示した私の法哲学的立場，すなわち法の「正当性」と「正統性」を区別し，憲法も含めた法の正統性を保障する原理として法の支配と立憲主義を再定位する立場に依拠していることは明らかであろう．非武装中立が非暴力抵抗思想に根ざす絶対平和主義を理念としている限りで，この思想が，憲法9条を固守することによって他者に押し付けられてはならないことについては，別のさらなる理由が存在する．それはこの思想が，「殺されても殺し返さない」という峻厳な自己犠牲の引き受けを含意するがゆえに，「義務以上の奉仕

(2) パルチザン的抵抗論への応答

本文で私は護憲派を非武装中立論に立つものとし，この立場を的確に擁護するための思想的基盤になりうるのは非暴力抵抗思想であるとした．これに対して，護憲派は国家の常備軍の廃棄を求めるが，これは常備軍に編入されていない人民自身が自ら主体的に武器をとって戦うパルチザン的な武装抵抗を排除するものではなく，憲法9条は後者を承認していると解釈するのが護憲派の通説であるという反論がある[18]．この立場が憲法学界の護憲派の間で通説なのか，

（superogation）」の理想であって，自ら自発的に引き受ける者は称賛に値するが，他者に義務として押し付けることはできない性質のものだということである．日本国民が集合的選択として，憲法改正手続により9条を改廃し，通常の立法手続によって自衛のために戦力を保有し行使するのを，絶対平和主義者は，この思想に訴えて妨げることができないのである．この思想が求め得るのは，自国が自衛戦力を保有し徴兵制を採択した場合に，この思想の保持者が自発的選択として非暴力抵抗を実践する権利，すなわち良心的兵役拒否権の立憲主義的保障である．この点については本章2節，および井上 2012: 第5章参照．

18) ここで「通説」とされているのは，いまは亡き憲法学者，芦部信喜の見解である．芦部は憲法9条2項の言う「戦力」の意味を論じた教科書の一節で，自衛隊は憲法が禁じる「戦力」にあたると主張した上で，この主張に付した「『武力なき自衛権』論」と題する注記で，「本文に言う結論をとれば，自衛権はあると言っても，その自衛権は，外交交渉による侵害の未然回避，警察力による侵害の排除，民衆が武器をもって対抗する群民蜂起，などによって行使されるものにとどまる，ということになる」とだけ述べ，その後，これと異なる見解も紹介しているが，「民衆が武器をもって対抗する群民蜂起」を是認する自己の立場を積極的に擁護する議論は展開していない［芦部 2011［1997］: 60-61 参照］．

いかに著名な憲法学者によるものとはいえ，この程度の簡単な注記を「護憲派の通説」と呼ぶことに対しては，異を唱える護憲派も多いだろう．実際，芦部自身が，芦部の言う「武力なき自衛権」も含めて一切の自衛権行使を放棄するのが憲法の戦力放棄の趣旨だとするラディカルな護憲派の見解を「有力な異論」として紹介しているのである［芦部 2011［1997］: 61 参照］．芦部の見解は，せいぜいのところ種々ある「有力説」の一つと呼べる程度のものである．

誤解のないように付言すれば，学生時代，憲法学と国法学の授業で彼から学んだ者として，私は芦部憲法理論には全般的に敬意を抱いている．例えば，次節で論じるように，彼の門下の長谷部恭男など，現在の修正主義的護憲派憲法学者は，個別的自衛権の枠内で自衛隊を合憲とするかつての保守政権の「解釈改憲」を支持しながら，第二次安倍政権の集団的自衛権解禁を「解釈改憲」として攻撃するという政治的御都合主義に走り，立憲主義を自己の党派的イデオロギーの道具として歪曲している．自衛隊を違憲とする原理主義的護憲派も，専守防衛・個別的自衛権の枠内では自衛隊を政治的に容認している．この状況に鑑みるならば，自衛隊が違憲の戦力であり，自衛のための戦力行使も違憲であると明言して，修正主義的護憲派の欺瞞を峻拒しただけでなく，自衛隊を否定しながら自衛隊に寄生するという原理主義的護憲派の欺瞞も断ち，自衛隊に代わる自衛手段を模索した芦部は，知的誠実性と立憲主義への忠誠をいまだ失わずにいた憲法学者として記憶されるべきだと思う．

しかし，常備軍としての自衛隊は違憲だがパルチザン的武力抵抗は合憲という彼の見解は，自衛隊に代わる自衛手段を模索した結果だとしても，本文で批判するように，思想的にも憲法理論的にも「芦部信喜にあるまじき謬論」と言わざるをえない．そのせいか，学生時代に学んだ芦部

そうだとして，憲法学界を超えた我が国の護憲派一般の間でも通説と言える地位を占めているのかについては，私は寡聞にして判断しえない．しかし，問題は，パルチザン的抵抗論が通説かどうかではなく，それが非暴力抵抗思想よりも的確な説得力をもって護憲派の立場を思想的に擁護しうるものか否かである．この点でパルチザン的抵抗論には大きな疑問を禁じえない．

　根本的な問題は，パルチザン的抵抗論が思想的整合性をもつとは思えないことである．国家の組織された暴力装置としての常備軍は拒否するが，人民が分散的・無政府的に発動する暴力装置は承認するという「暴力承認の二重基準」は，一体いかなる思想的根拠をもちうるのか．国家の常備軍よりも人民の非正規軍の方が，暴力性が少ないというのは根拠にならない．正規の訓練を受け指揮命令系統の確立された常備軍よりも，このような規律の乏しい非正規軍の方が暴徒化しやすく，無差別テロへの誘因も高いとむしろ一般的には言えるからである．

　国家の常備軍は専制的だが，人民の非正規軍は民主的であるというのも根拠にならない．専制体制の国家ならともかく，立憲民主国家の常備軍はシビリアン・コントロールに服し，常備軍を統制する文民政府は国民の民主的統制に服するが，非正規軍は人民の名において戦うことを勝手に自称する「自選（self-chosen）」の武闘集団であり，立憲民主体制の制度的統制に服することなく，彼らを批判する他の人民を「反革命分子」，「敵に魂を売った売国奴」等々と断罪して抹殺しうるのである．これを避けるために，非正規軍を立憲民主体制の制度的統制の下に置くなら，それは国民皆兵ないし志願制の常備軍と，一体どこが本質的に違うのか．

　要するに，パルチザン的武闘集団という，より危険な軍事的暴力装置を容認しながら，立憲民主体制の国家が文民統制と民主的統制の下に常備軍を備えることを拒否するのは，首尾一貫した正当化の不可能な思想的二重基準であり，護憲派がこのような議論に走るなら，護憲派は改憲派を批判する根拠を失い，

説についての私の記憶からは，彼のパルチザン肯定論は完全に欠落しおり，それが「護憲派の通説だ」と反論者から言われたとき，「そんな馬鹿な」と思ったほどである．「あの慎重な芦部先生がそんな暴言を吐くはずがない」という思いと，「人民の武力抵抗をそんなにあっさり容認する見解が，平和主義を標榜する護憲派の通説になるはずがない」という思いとが，重なっていた．第一の思いは私の誤りだったが，第二の思いは外れてはいないようである．

逆に改憲派から「軍事的暴力の暴発の危険に無頓着なのは我々でなく，諸君の方だ」と切り返されてしまうだろう．武器を握った人民はそれを正しく使うはずだという人民性善説に依拠することも，護憲派が立憲主義にコミットする限り，許されない．政治的言動によって民主的プロセスに参画する人民も多数の専制を招く危険があることを自覚して，民主政に対する立憲主義的統制の必要性を説きながら，人民が他者を批判する自由な言説の主体であることを超えて，他者を殺す自発的な武器使用主体として現れるとき，その専制化を恐れずにすむと考えるとしたら，これは立憲主義の思想的自殺であろう．

第2節　九条問題再説──「戦争の正義」と立憲民主主義の観点から

1　本節論考の背景と目的

　第二次安倍政権──以下，単に「安倍政権」と呼ぶ──は，集団的自衛権行使という政権目標の桎梏となる日本国憲法9条の改正を容易化するために，改正発議要件を緩和する憲法96条改正を試みたが，護憲派のみならず改憲派の一部も含む世論の強い反発を受けてこれを断念した．しかしその後，集団的自衛権行使を違憲とみなす従来の内閣法制局見解を尊重してきた歴代政権の立場を変更して，集団的自衛権行使のための自衛隊出動を合憲とする憲法解釈変更を閣議決定した．このような安倍政権の姿勢は，変動する国際環境の中で強まる日本の安全保障体制再編動向と，日本国憲法の平和主義・戦争放棄の理念，さらに立憲民主主義の原理との緊張関係をめぐる論議を再燃させている．

　私はこの問題に関し，これまで二つの観点から私見を提示してきた．一つは立憲民主主義のあり方を問う観点からの九条削除論である．これは憲法9条が護憲派・改憲派双方の欺瞞の隠れ蓑になっており，立憲主義を蝕む病巣になっているため，その削除を求める立場である．この見解はかなり以前から私の持論であったが，まとまった論考として最初に公表したのは，朝日新聞社の月刊総合雑誌『論座』（現在休刊）の2005年6月号においてである［井上 2005b 参照］．その翌年，私の議論を敷衍した後記をこれに付した拡充版が，憲法問題に関する『論座』寄稿諸論文を同誌編集部が選集して刊行した単行書に掲載さ

れた［井上 2006c 参照］．さらに，上記のような安倍政権による「解釈改憲」への戦略転換が明確になった 2013 年秋，朝日新聞のほぼ一面を使ったオピニオン欄で，時局的状況とも絡めつつ，改めて持論を凝縮して提示した［井上 2013a 参照］[19]．

　この問題に関する私のもう一つのアプローチは，日本国内の憲法論議を超えた「世界正義（global justice）」[20]の観点からの考察である．世界正義の諸問題は過去 10 年くらい私の研究活動の主たる焦点の一つをなし，近年，これまでの研究成果を単著『世界正義論』に集成して公刊した［井上 2012 参照］．拙著では，世界正義論の課題として，①世界正義理念の存立可能性（メタ世界正義論問題），②国家体制の正統性の国際的承認条件，③世界経済正義（世界貧困問題），④戦争の正義（国際社会における武力行使の正当化可能性），⑤世界統治構造という五つの問題群を挙げ，それらについて，包括的・複眼的に考察を加えた．日本国憲法の平和主義が国際協調主義を意味するなら，これら五つの問題群すべてが何らかの形で日本の政治実践のあり方に関わってくるが，憲法 9 条問題と直結するのは，何よりも④の問題である．非武装中立論，専守防衛論，集団的自衛権行使論など，「九条問題」をめぐって対立する様々な立場の是非・功罪を原理的に検討するには，単に日本の国益の視点だけでなく，グローバルな秩序形成の規範的指針たる世界正義の視点から，国際社会における武力行使は，そもそも，いかにして，どこまで正当化可能かという戦争の正義の問題を考察せざるをえない．私はこの問題に関し，積極的正戦論と無差別戦争観を斥け，非武装中立が依拠する絶対平和主義について広く見られる誤解を正して，その積極的意義と限界を再同定した上で，正当な戦争原因を自衛に限定する消極的正戦論を再構成してこれを擁護する立場に立つ［井上 2012: 第 5 章参照］．

---

19) 以上に挙げた九条問題に関する私の言論活動は，本節論考初出時たる 2015 年 3 月段階でのものである．その後も，「止まらない立憲主義破壊」への危機感からさらに言論実践をこの問題に関して展開しているが，これについては本章の後の脚注 53 を参照されたい．

20) 近年 global justice の研究は，まさにグローバルな規模で飛躍的に進展し，日本でも関心が高まりつつあるが，日本の研究者の間では，この言葉は，「地球的正義」と訳されたり，「グローバル（な）正義」と音訳混じりで訳されたりすることが多い．「世界正義」という訳語を私が使用しているのは，単なる修辞的趣味によるのではなく，この価値理念が内包する問題意識と原理の核心に関わる実質的理由に基づく．この理由については，井上 2013b: 89-93 参照．

以上のような私の二つの見解，すなわち，九条削除論と，再編された消極的正戦論は，最初に活字として公表されたのは 2005 年頃だが，ともに 20 年以上前からの私の持論である．両者は統合された形で私の思考の深部に根を下ろしている．しかし，この二つの見解は，日本における立憲民主主義のあり方を問う論議と，世界正義の視点から武力行使の正当化可能性を問う論議という，別々の文脈で公表されたため，私の立場の「全貌」は一般には必ずしもよく理解されていないようである．特に，前者は世間の耳目を集めやすい護憲・改憲論議において，しかも月刊総合雑誌や新聞紙上で提唱されたため，「奇説・珍説」としてであれ，あるいは望むらくは「有力なる単独説」としてであれ，比較的によく知られていると思われるが，後者はボン大学ヨーロッパ統合研究所主催の共同研究参加者による国際共同論集に寄稿した英文論文［Inoue 2005b］で最初にまとまった形で公表され，その議論を日本語により拡充した論考が，2012 年末に，上記の拙著『世界正義論』の一章として公表されたため，まだあまり知られていないようである[21]．

また，前者についても，護憲派・改憲派双方の政治的欺瞞に対する私の実践的批判は知られていても，その理論的基礎には，私の「法の支配」論や立憲民主主義論［井上 2003a: 第 2 章，本書第 2 章・第 3 章参照］があることは，あまり理解されていないように思われる．さらに言えば，世界正義論の主題の一つである問題②に関する私見も，九条論議の基底にある安全保障体制問題と密接な関係がある．それは第一に，問題②と問題④との短絡を人道的介入論の誤った形態の要因として批判する立場に私は立つからであり，第二に，問題②の核心をなす国家体制の正統性問題は，立憲民主主義の意義の再同定に関わっているからである．世界正義に関する私見が九条問題に対してもつこの連関もいまだほとんど理解されていないであろう．

私の立場に対し少なからざる誤解曲解が存在するようだが，その一因は九条削除論の政治的効果のみが注目され，その基底にある私の法哲学立場の全体像が理解されていないことにあると考える．本節では，「九条」をめぐる問題群に関し，私がこれまで種々の論考で別々に提示してきた見解を集約統合するこ

---

21) これは，本節論考初出時（2015 年 3 月）の状況である．拙著『世界正義論』も第四刷が刊行され，本書刊行時点では，もう少し知られてきているのではと希望的観測をしている．

とにより，自己の立場を改めて明確化する．本節の目的は，新しい議論を提示することよりむしろ，問題に関する私の議論の全体構造を明確化することにあり，各論点に関する議論の詳細については旧稿（および本書第Ⅰ部）の参照を請いたい．ただし，旧稿では説明が不足していた点を補う議論や，私見と対立する若干の護憲派論者の見解への批判的検討を，私の立場の明確化に資する限りで付加したい．このような「再説（restatement）」的性格をもつ本節も，解釈改憲による集団的自衛権行使容認という安倍政権の姿勢[22]により，九条問題をめぐる論議が再燃している現在，真の係争点を明確化し論議を生産的なものにするのに，少なからざる寄与をなしうるものと信じる．

2　戦争の正義論から見た九条問題

（1）憲法解釈論から戦争の正義論へ

日本国憲法第9条の解釈として，いま，非武装中立論，専守防衛論[23]，集団的自衛権行使容認論という三つ巴の対立がある．日米安保などの軍事同盟を拒否しつつ，自衛のための武装は容認するスイスに倣った武装中立論という立場ももちろんありうるが，これは専守防衛論の一形態とみなせるだろう．後述するように，私は，あるべき安全保障体制に関する論議を憲法論議と直結させることに反対である．しかし，いま触れた九条問題に関する三つ巴の対立状況においては，二つの論議が密接不可分に癒着している．したがって，上記三つの立場の思想的・政治的位置を比較査定するためには，いずれが憲法論として正しいかを論じる前に，それと切り離して，国際社会における武力行使の正当化可能性に関わる「戦争の正義」の主張として，いずれが適切かという問題が考

---

[22]　現在（2018年秋）の安倍政権は，憲法9条2項を温存しながら，追加条文で「戦力でない実力組織」として自衛隊を明記し，従来の解釈改憲の欺瞞を憲法自体に追認させるという「安倍改憲案」の発議に向けて動きつつある．立憲主義にとって，これがさらに破壊的帰結をもたらすことについては本章第4節で論じる．

[23]　「専守防衛」という語は多義的で，集団的自衛権解禁派も日本の防衛に必要不可欠な場合に集団的自衛権行使を限定するから専守防衛だと主張する場合があるが，ここでは専守防衛論を，個別的自衛権に限定して自衛隊・日米安保を認める立場を指すものとする．また，自衛隊による防衛行動を，敵の攻撃に対する迎撃（いわゆる「盾」）に限定し，敵地攻撃（いわゆる「矛」）は認めない——これは米軍に委ねる——という，より強い意味で「専守防衛」が使われることもあるが，ここでは「盾」にとどまるか「矛」に及ぶかは別にして，敵の先制攻撃に対する個別的自衛権の発動に防衛行動を限定する立場を専守防衛論と呼ぶことにする．

察されなければならない．これに関して，以下の三点，注記しておきたい．

　第一に，三つの立場は，憲法解釈論として主張されていても，主張者たちは，「いい悪いは別にせよ，日本の安全保障に関し日本国憲法がＸという立場をとっているから，日本の安全保障体制はＸであるべきだ」と信じているのではなく，「安全保障のあり方としてＸが正しいからこそ，憲法もＸを採用していると解釈すべきだ」と信じているというのが実態である．解釈改憲による集団的自衛権行使容認という安倍政権の姿勢にそれは露骨に現れているが，非武装中立論に立つ「原理主義的」な護憲派や，専守防衛論を本音で容認している，または建前としてすら是認している「現実的」な護憲派においても，これは同様である．かかる護憲派もまさに「護憲」を唱道する限り，解釈改憲に対してだけでなく正規の憲法改正による集団的自衛権行使容認に対しても反対しているが，これは自己の立場が前実定憲法的ないし超実定憲法的正当性をもつとする信念が，「護られるべき憲法」の解釈の基底にあるからである．

　たしかに，安倍政権が変更しようとしている従来の内閣法制局見解は，「現憲法の解釈としては，集団的自衛権行使は不可能で，もしこれを容認したいのなら，憲法改正すべきだ」という立場で，正しい安全保障体制が何かに関する価値判断から独立した憲法解釈論に立つかに見える．しかし，この内閣法制局見解も，「憲法9条1項は自衛権を認めているが，9条2項で自衛のための戦力も放棄した」という建前をとりながら，自衛隊は2項が禁じる「戦力」ではないという詭弁を弄している．これは周知のように，1946年の衆議院帝国憲法改正委員会で，憲法9条は自衛のための戦力も放棄したと明言した後，警察予備隊・保安隊を経て導入された自衛隊につき，「自衛隊は軍隊ではありません」と開き直った，当時の首相，吉田茂以来の詭弁である．さらに，集団的自衛権行使を違憲とするその立場も，安保体制下で米国の軍事力──「戦力」でないとはさすがに言えない巨大な軍事力──に依存することは，集団的自衛権行使に至らないなら，自衛のための戦力と交戦権も放棄する9条2項の建前に反しないとするもので，これは要するに，米国の世界最強の戦力を自国の「戦力未満の武力」と結合させて自衛手段として利用しても，自衛のための交戦権の行使にはならない（！）というアクロバット的な解釈の芸当を演じるものである．これは本来なら，非武装中立論からは，解釈改憲と批判されるべきもの

である．しかし，実際には，非武装中立論の陣営からは，従来の内閣法制局見解自体による解釈改憲に対する批判は，現在はあまり聞こえてこない．これは，安倍政権による解釈改憲への「防波堤」として従来の内閣法制局見解を利用するために，現時点では，それへの批判を戦略的に手控えているからであろう[24]．

さらに，従来の内閣法制局見解は，集団的自衛権行使容認論から，「解釈改憲を否定する振りをしながら，解釈改憲権能を独占しようとする法制局官僚の専横」と批判されても仕方のないような「解釈論」である．実際には，このような批判が集団的自衛権行使容認論者からなされているわけではない．彼らは，自己の立場が「解釈改憲」ではなく「正しい憲法解釈」であると標榜しているから，こういう批判を本音ではやりたくても，公然と表出することは政治戦略上できない．しかし，内閣法制局見解を盾にとった彼らへの解釈改憲批判に対して，もし彼らがかかる反論をしたとしても，「対人論証（*argumentum ad hominem*）」的には筋が通った反論と言えるだろう．集団的自衛権行使容認への解釈改憲に向けて，安倍政権が長官人事で内閣法制局に圧力を加える強硬姿勢を示したことが，「解釈改憲から憲法を守る防壁としての内閣法制局」というイメージを世間に広めたが，このイメージは歪んでいる．古い解釈改憲を新しい解釈改憲から守ってきたというのが内閣法制局の実態である．

以上見たように，三つの立場はいずれも，あるべき安全保障体制についてのそれぞれの政治的価値判断を，その憲法解釈論の根本動機にしている．日本の安全保障体制をいかに構築すべきかという政治的問題を，憲法9条という法文の「解釈」に託して論議する現状に対して，本節3で示すように，私は深い危惧の念を有する．しかし，そのことの問題性は別として，三つの立場の政治的動機をなす安全保障体制観が，「戦争の正義」の観点から，いかに理解され，評価されるべきかを解明することは，日本の安全保障体制のあり方を原理的に考察するために，必要不可欠である．

---

24)「自衛隊は戦力でない」という従来の内閣法制局見解を批判する非武装中立論的護憲派論者も，この見解が「9条2項は自衛のための戦力も放棄した」という自らと同じ前提を共有するという「論理」を重視し，この「論理」が，従来の自衛隊・安保を合理化する詭弁に利用されたことを批判するよりも，それが専守防衛を超えた自衛隊・安保の拡大強化の歯止めになったというその政治的効用を評価するという姿勢をとっている．例えば，青井 2006，青井 2013a，青井 2013b 参照．

第二に，三つの立場の対立は憲法解釈論争の次元にとどまりうるものではなく，いずれまた憲法改正論争に突き進むのは避けられないと思われる．実際，安倍政権はまず解釈改憲で国民を集団的自衛権行使容認への安全保障方針転換に「慣れさせて」おいて，後で機を見て正規の改正手続に従い憲法9条改正を発議し，国民投票でこの方針転換とその強化推進を国民に追認させる企図をもっているという見方が，それを警戒する側からも支持する側からも囁かれている．安倍政権下でこれが実現するかどうかは別にして，そう遠くない将来に憲法9条改正論争が再燃するのは必至だろう．この憲法改正論争においては，改正に賛成する者も反対する者も，憲法解釈の枠を超えて，安全保障体制のあるべき形態は何かという戦争の正義論の問題と真正面から取り組むことが不可欠かつ不可避である．

　第三に，私の九条削除論は，安全保障政策を憲法によって特定すること自体に反対し，民主的立法過程で論議すべきだとする立場だが，私のような立場に立つ者——私以外にいないかもしれないが——も，九条削除後に民主的立法過程でいかなる安全保障体制が確立されるべきなのかについて，戦争の正義の観点から，自己の見解を提示し擁護する責任を当然負う．

　以上の点を念頭に置きつつ，戦争の正義をめぐる論議において，憲法9条の思想的根拠をなす原理はいかなる位置を占め，いかなる美点と問題点を孕むか，それに代替するより適切な立場は何かについて，以下で私見の骨子を示したい．

(2) 戦争の正義論における〈九条〉の思想的位置

　戦争の正義の問題に関して対立競合する諸見解は，二つの観点から識別同定されうる．すなわち，正しい戦争と不正な戦争とを，より正確に言えば，戦争原因の正・不正を差別化するか否かという観点と，戦争主体が追求する価値や利益の実現に有効な手段であるという理由で戦争に訴えることを許容するか否かという観点である．前者は差別化と無差別化の対抗軸，後者は手段化と非手段化の対抗軸を構成する．この二つの対抗軸を座標軸とする座標平面上の四つの象限に，戦争の正義論の四類型が位置付けられる．すなわち，差別化・手段化の象限に積極的正戦論，無差別化・手段化の象限に無差別戦争観，無差別化・非手段化の象限に絶対平和主義，差別化・非手段化の象限に消極的正戦論

戦争の正義論の四類型

	(−) 無差別化	(+) 差別化
(+) 手段化	[II] 無差別戦争観（政治的プラグマティズム） 戦争＝国益追求の政治的手段 戦争原因不問化 戦争遂行方法の規制 jus in bello	[I] 積極的正戦論（聖戦論） 戦争＝世界の道徳的改善手段 自衛目的以外への正当戦争原因拡張 aggressive jus ad bellum
(−) 非手段化	[III] 絶対平和主義 戦争＝原因を問わず不正な暴力行使 非暴力抵抗への正義回復手段の限定 絶対的戦争放棄	[IV] 消極的正戦論 戦争＝国民の自衛権行使 自衛への正当戦争原因限定 passive jus ad bellum ＋jus in bello

が位置する．戦争正義論の四類型のかかる位置付け・性格付けと，それらに対する評価について，詳細は拙著『世界正義論』［井上 2012］第5章の参照を乞う．ここでは拙著に掲げた上のような図解［井上 2012: 282］に即して，その骨子だけ示しておきたい．

積極的正戦論は，戦争主体の価値観に基づいて世界を道徳的に改善することを正当な戦争原因とみなす「攻撃的な戦争への正義／権利（aggressive jus ad bellum）」の原理に立つ．その宗教的形態は「聖戦（holy war）」やジハードであり，イデオロギー的形態は「ファシズム対民主主義」の戦争とみなされた第二次大戦や「共産主義対資本主義」の冷戦に典型的に見られるが，ポスト冷戦期においても様々な形で顕現している．邪教や邪悪なイデオロギーを殲滅するための侵略を許容するこの立場は，その狂信性・独善性ゆえに，戦争遂行方法を人道的に規制する戦時国際法の基礎にある「戦争における正義（jus in bello）」を無視しやすい．

無差別戦争観は，戦争原因の正・不正を不問にし，国家が国益追求手段として戦争に訴えることを容認する．戦争は外交と同様，国家が使える政治的カードの一つである．「戦争は他の手段をもってする政治の継続である」というクラウゼヴィッツの思想ともつながるが，積極的正戦論におけるような宗教的・

イデオロギー的狂信に基づく好戦衝動とは距離があり，国益追求にとっての有効性という醒めた政治的打算によって戦争という手段の使用を制御する．また，国家間の「決闘」としての戦争観もその基底にあり，戦争遂行手段を制約する「戦争における正義（*jus in bello*）」を具現した戦時国際法規（非戦闘員に対する無差別攻撃の禁止，中立の第三国に対する攻撃の禁止，捕虜の人道的処遇など）を「決闘の作法」として受容する．

絶対平和主義は戦争の正・不正を区別しない無差別化の立場に立つが，それは，戦争原因の正・不正を不問化する無差別戦争観とは逆に，自衛戦争も含めあらゆる戦争を不正とみなすからである．まさに，そうであるがゆえに，それは，正義理念に深くコミットしており，「正義よりも平和」という視点から不正な侵略に対しても忍従を説く「諦観的平和主義」とは相容れず，不正な侵略に対しては断固たる抵抗を要請する．しかし，その抵抗は不正な侵略者と同じ武力行使に訴えるものではなく，敵の武力に対してデモ・ゼネスト・サボタージュなど平和的手段で闘う「非暴力抵抗（nonviolent resistance）」でなければならない．自分たちが殺されても殺し返さないという峻厳な自己犠牲を引き受ける覚悟を要する抵抗である．これはマハトマ・ガンディー[25]や，マーティン・ルーサー・キング牧師の思想と実践に象徴される．

消極的正戦論は戦争原因の正・不正を区別する点では，積極的正戦論と同じであるが，後者とは異なり，「邪悪な体制の打倒」というような，戦争主体の価値観に基づく世界の道徳的改善のための手段として戦争に訴えることを排除し，正当な戦争原因を侵略に対する自衛に限定する．それは「消極的な戦争への正義／権利（passive *jus ad helium*）」の立場であると言ってよい．この立場は，積極的正戦論に浸潤するような宗教的・イデオロギー的狂熱による「敵の殲滅」衝動や支配欲動とは無縁であり，自衛のための必要不可欠性に戦争の正当化根拠を限定するため，戦争遂行手段についても，「戦争における正義」を具現した戦時国際法規の遵守も要請する．紛争解決手段・国策遂行手段としての戦争を違法化したパリ不戦条約に由来する思想である．

戦争正義論の以上の四類型のうち，積極的正戦論は，それが好戦衝動を放縦

---

[25] ガンディー自身は，非暴力抵抗を国内的専制体制への抵抗に限定し，外国の侵略に対しては武力抵抗を是認したが，このことの思想的一貫性の問題については，本章注4参照．

化させ，世界平和を破壊する危険性が高いだけでなく，その淵源にある宗教的・イデオロギー的な狂信や独断偏狭性のゆえに，正義概念に内包される視点の反転可能性テスト（perspectival reversibility）の要請——自己の他者に対する行動・要求が自己の視点のみならず他者の視点からも（その他者も同じテストを自己に課すならば）拒絶できない理由によって正当化可能か否かを自己批判的に吟味せよという要請——を蹂躙する危険性も高い［正義概念が含意する反転可能性テストについては，井上 2017 [2008]: 150-169, Inoue 2011 参照］．「人道的介入」を現代的大義にして積極的正戦論が実行される場合も，救済されるべき人々をかえって窮地に陥れる自壊性を持ちやすいだけでなく，介入主体の地政学的利害によって操作される可能性が高い．

　また，無差別戦争観は，宗教改革後の宗教戦争（大陸の三十年戦争やピューリタン革命前後の英国の宗教的内乱）を終息させたウェストファリア体制の確立後，欧州地域秩序において定着したことが示すように，積極的正戦論の好戦衝動を馴化する戦争限定機能をもったことは歴史的事実である．しかし，欧州域内の権力均衡が崩れ，その内部抗争が植民地として非欧米世界を争奪しあう帝国主義対帝国主義の闘争へと激化し，さらに軍事技術が高度化して戦闘機爆撃・毒ガス等の化学兵器使用などが可能になり，軍事力が経済力とも結合して戦争が「総力戦」化すると，それは戦争を限定するどころか，再び放縦化させるに至った．戦争原因の正・不正を不問化するだけでなく，戦争遂行手段を制約する「戦争における正義」すら，戦争主体をして蹂躙させるに至り，その破局は第一次世界大戦で凄惨な形で実証された．無差別戦争観の戦争限定機能は，一定の地政学的・軍事技術的・経済的条件の下でのみこの立場がもちうる偶然的な機能にすぎず，その論理に内在するものではないため，条件が変われば，それは戦争を放縦化させうるのである．また，「戦争における正義」の尊重を含意する「決闘としての戦争」のモデルも，国益追求手段としての有効性を重視するこの立場の政治的プラグマティズムと必ずしも予定調和の関係にはなく，後者は，貴族主義的な「決闘の美学」を国益追求に邪魔な場合はかなぐり捨てることを要請する．無差別戦争観は平和破壊の危険性においても正義の蹂躙という点においても，積極的正戦論と同様，斥けられるべき立場である．

　「戦争の正義」の原理として積極的正戦論と無差別戦争観が不適格であるこ

とについては，ここではこれ以上立ち入らない．この二つの立場はいずれにせよ，戦争放棄の理念を掲げる日本国憲法9条が，戦争正義論の座標平面上どこに位置するかという問題の考察においては，ともに問題外であると言ってよい．戦争の正義論における「九条」の思想的位置を同定するために検討に値するのは，絶対平和主義と消極的正戦論である．自衛隊と安保を否定して非武装中立を「九条」の要請とする原理主義的な護憲派の立場は，その思想的根拠を突き詰めるなら，絶対平和主義に帰着する．近年では，専守防衛の枠内で自衛隊・安保を容認する従来の内閣法制局の「古い解釈改憲」と同様な結論を，憲法解釈としても妥当とみなす修正主義的護憲派も登場してきているが，後者の立場は消極的正戦論に立つと言えよう［代表例として，長谷部 2004 参照］．

　私は，「前項の目的を達するため，陸海空軍その他の戦力は，これを保持しない．国の交戦権は，これを認めない」と9条2項で明言した憲法の解釈としては，「自衛戦力も放棄した」とする1946年の吉田茂首相答弁を挙げるまでもなく，文理の制約上，原理主義的護憲派の見解が正しいことは，日本語を解する者なら否定できないと考える．たしかに，9条2項の冒頭に「前項の目的を達するため」という文言を挿入した芦田均が，これにより自衛のための軍備を合憲と解する可能性を留保しようとする「隠された意図」をもっていたという事実に依拠して，自衛戦力保持合憲論を説く立場もある．しかし，仮に憲法解釈方法論として制憲者意思説を採ったとしても，この「芦田修正」利用論が成り立ちえないことは，「制憲議会で自説を開陳せず，批判者からの攻撃を回避した芦田の「意図」を制憲者意思に擬定することはできない」と愛敬浩二が主張する通りである［愛敬 2006: 157］．そもそも，「陸海空軍その他の戦力は，これを保持しない．国の交戦権は，これを認めない」という留保なしの端的な言明が，単に「前項の目的を達するために」という語句を冒頭に挿入するだけで，自衛戦力の保持と行使を容認していることを意味することになるなどという主張は，日本国憲法の名宛人たる日本国民の通常の日本語感覚からして理解しがたいことであり，このような「密教的解釈」を芦田の「隠された意図」によって正当化することは，「秘密法の禁止」という，法の支配の一大原則に反するだろう[26]．憲法9条の規範的意味，その思想的位置は，絶対平和主義であると言わざるをえない[27]．

しかし，憲法解釈論ではなく，戦争正義論の観点からは，私は，消極的正戦論が妥当であり，絶対平和主義はそのままの形では支持できないと考える．そのままの形では支持できないというのは，その「非暴力抵抗」の精神が，自衛戦争の否定としては支持できないが，「良心的兵役拒否」の権利の保障という形でなら，消極的正戦論の枠内に接合可能であるという意味である．私の立場は，戦争正義論において消極的正戦論をとる点では修正主義的護憲派と同様だが，9条2項の文理を捻じ曲げて，専守防衛のための自衛隊・安保の体制を合憲とする後者の立場は峻拒する．後者と同様な従来の内閣法制局見解の問題性については既に述べたが，このような解釈改憲に護憲派が便乗するなら，安倍政権による解釈改憲を批判する論理的・思想的資格を失うだろう．この問題には次節で戻るとして，ここでは，戦争正義論の観点から，絶対平和主義と消極的正戦論とを比較査定したい．

(3)　絶対平和主義の限界と消極的正戦論への批判的組み換え

　「九条の思想的位置」は絶対平和主義に求められるべきだが，この立場は戦争正義論としては支持できないと言った．まず，戦争正義論としてのその不適

---

26) 憲法改正作業部会である芦田小委員会で芦田委員長が憲法9条2項冒頭に「前項の目的を達するため」という句を挿入したのが，自衛のための戦力の保有・行使を承認する余地を残すためだったという主張自体が，現在では，事実に反するものとみなされている．そもそも，この小委員会は非公開の作業部会であり，後に公開されたその議事録においても，芦田がそのような意図を表明した事実は記録されていない．逆に，1946年11月3日，まさに新憲法が公布された日に出版された自著『新憲法解釈』で，芦田は，「前項の目的を達するため」という句を9条2項冒頭に挿入したのは，それによって「軍備撤退を決意するに至った動機が専ら人類の和協並びに世界平和の念願に出発する趣旨を明らかにせんとした」からだと説明している．「芦田修正」論は，芦田自身が朝鮮戦争を契機に後年変更した自分の立場を合理化するために，事後的に捏造した創作話であるというのが真相のようである［以上の事実の歴史的検証として，上丸 2016: 79-100 参照］．しかし「芦田修正」援用論の根本的難点は，その芦田の修正意図の真偽ではなく，本文で述べたように，仮に芦田の修正意図が伝えられる通りであったとしても，秘密作業部会の小委員長の未公開の意図を，制憲会議で吉田茂首相が公言した意図を覆す「制憲者意思」とみなすのは，秘密法の禁止という法の支配の大原則に反するという点である．

27) 九条について非武装中立論的解釈をとりながら，絶対平和主義は斥け，常備軍保有は不可だが，侵略に対し，「民衆が武器をもって対抗する群民蜂起」，いわゆるパルチザン戦は可とする立場もある［芦部 2011 [1997]: 60-61 参照］．しかし，このような立場は，パルチザン戦が軍事的暴力の恣意的暴走を常備軍以上に促進する危険性に対して無頓着であるため，軍事力に対する立憲民主主義的統制の思想として自壊的であり，九条解釈として自己破綻している．この点については，本章第1節後記（2）および注18参照．

格性の理由を正確に同定する必要がある．絶対平和主義は安全保障戦略ないし自衛戦略として非現実的で，「平和ボケ」だなどとしばしば嘲笑される．また，行為動機の倫理的純潔性に自己満足して，安全保障・自衛を確保する上での政治的実効性を無視する「心情倫理」に惑溺しているとするマックス・ヴェーバーの批判もある［cf. Weber 1992 [1919]: 68-70］．しかし，これらは必ずしも公正な批判とは言えない．たしかに，原理主義的護憲派の中には，非武装中立の立場をとった日本を攻撃してくる国はないだろうという楽観を抱く者もいるかもしれない[28]が，絶対平和主義はかかる「楽観のまどろみ」を貪っているわけではない．その基底にある「非暴力抵抗」の思想は，ガンディーにおいてもキング牧師においても，征服者・抑圧者の非情残虐な暴力的支配に晒される現実の下で提唱・実践されたのである．また，侵略者・征服者・抑圧者が軍事力において圧倒的に優位にある場合，武力抵抗で血の応酬をしたあげく「玉砕」するよりも，非暴力抵抗の方が，武力的加害主体の非道性と抵抗主体の対照的な人道性とを国際世論に広く訴えて加害主体に対する国際社会の圧力を高め，また侵略・抑圧主体が民主国家なら，その国内世論の良識ある部分にも強く訴えて政府に対する国内的な批判圧力を高めることにより，武力による侵略・抑圧を終焉させる効果を長期的にはより強くもつということも，十分考えられる．いずれにせよ，非暴力抵抗の実践は，成功するか失敗するかは別にして，単なる「心情倫理」ではなく，政治的実効性の考慮を踏まえた「責任倫理」の観点から遂行されうるものである．

---

28) 柄谷行人は，日本が非武装中立を宣言すれば，世界がそれに倣うはずだという主張として，この楽観をいまなお表明している．「私は，国連の根本的改革は一国の革命から開始できると思います．それが世界同時革命の端緒となるからです．例えば，日本が憲法九条を実行することが，そのような革命です．この一国革命に周囲の国家が干渉してくるでしょうが．日本が憲法九条を実行することを国連で宣言するだけで，状況は決定的に変わります．それに同意する国々が出てくるでしょう．そしてそのような諸国の『連合』が拡大する．それは旧連合軍が常任理事国として支配してきたような体制を変えることになる．まさにカント的な理念にもとづく国連になります」［柄谷 2016: 132-133］．一時的に「干渉」する国があっても，日本に同意する国々の「連合」が日本を守ってくれるということか？　しかし，「干渉」が武力干渉である場合，日本と同じく武器を捨てた国々がどうやって日本を守るのか？　こういう問いを明確に立て，答えようとしないで，国連を「旧連合軍が常任理事国として支配してきた」ことを認めながら，「日本が憲法九条を実行することを国連で宣言するだけで，状況は決定的に変わります」などと言ってすましていられる柄谷は，何とも幸福な精神の持ち主である．

絶対平和主義の問題点は，平和ボケとは反対に，「殺されても殺すな」という峻厳な責務，すなわち，侵略者によって同胞・家族が殺され自己も殺されそうな状況に置かれても，対抗的暴力行使によって敵を殺し返すことを禁じ，あくまで平和的手段で抵抗するという，苛烈な自己犠牲を伴う非暴力抵抗の責務を，国民全体に課すことにある．これはいわば，道徳的英雄（moral hero）に課される責務，すなわち，通常人にとっては，実行すれば賞賛に値するが，実行しなかったからといって不正とは非難されえない「義務以上の奉仕（super-erogation）」の要請である．ある国民が，自己犠牲を厭わずこのような非暴力抵抗の原理を引き受けるなら，国際社会からの賞賛に値するだろうが，それを拒否して，侵略に対する自衛のための戦力を保有し行使したとしても，戦争正義論の観点からはそれを批判することはできない．絶対平和主義がかかる非暴力抵抗の責務を，世界正義の普遍的責務として，すべての諸国に課す限りで，その主張は斥けられなければならない．

　したがって，すべての諸国に世界正義の責務として課されるべき戦争正義論の原理は消極的正戦論の立場である．ただし，誤解を避けるために，次の二つの留保が必要である．第一に，どの国も消極的正戦論が課す「義務以下」に振舞うこと，すなわち，自衛にとっての必要不可欠性という制約に反して戦争という手段に訴えることは許されないが，特定の国がこの立場が課す「義務以上の奉仕」として絶対平和主義の理想を追求することは，既に示唆したように，排除されない．

　もっとも，これに対しては，かかる絶対平和主義の立場をある国がとることは，その国を侵略し，さらには，被侵略国の国土資源を奪って自己の軍事力を強化し，さらなる侵略を企てるようなインセンティヴを無法国家に与え，世界平和を掘り崩す危険性があるから，消極的正戦論の立場からは，禁じられるべきだという批判もありえよう．しかし，国際社会が「自らに累が及ぶ」のを抑止するために，かかる無法国家の侵略行動に対して，グローバルな集団的安全保障体制を構築して制裁を科すことは，消極的正戦論の立場からも承認されうる．絶対平和主義に立脚する国家は，その思想を貫徹するなら，侵略に対する自衛手段を，侵略国に対する平和的手段による国際的圧力に求めることはできても，自衛のために国際社会に武力介入を自ら要求することは，自己矛盾やた

だ乗りの誇りを受けることなしには不可能だが，他方，武力抵抗を放棄した結果，自らが侵略国に征服され他の諸国への侵略の足場にされた場合に，国際社会が武力介入することまで拒否する権利を主張することはできない．

　第二に，消極的正戦論に立つ国家が自衛のための戦力を保有し，かつ徴兵制を採用した場合は，絶対平和主義の基底にある非暴力抵抗思想にコミットする者に対しては，良心的兵役拒否権が承認されるべきである．絶対平和主義は，消極的正戦論の枠組の中で，このような限定的であるが重要な位置を保持しうる．もちろん，良心的兵役拒否権は徴兵制の存在を前提するから，およそ徴兵制が許されないなら，良心的兵役拒否権という形で絶対平和主義が消極的正戦論の枠内で占めうる位置もありえないことになろう．しかし，私は，徴兵制は単に許容可能であるだけでなく，ある国が自衛のために戦力を保有するなら，志願兵制ではなく徴兵制が採択されるべきだと考える．以下，その理由を述べよう．

　民主国家において戦力の発動に対するシビリアン・コントロールを確立するだけでは，自衛に必要不可欠な限度を超えて戦力が濫用される危険を抑止するには不十分である．国民の多数派が無責任な好戦感情に駆られて政府による戦力の濫用を是認・促進する危険を，シビリアン・コントロールはかえって増大させる可能性すらある．このような危険に対する最大の歯止めは，かかる戦争を許すなら，自らが，または，自らの子が，兵士として戦争に参加し，殺される危険を負うだけでなく，敵国民を殺して手を血で汚すという，深い心的外傷をしばしば伴うモラル・コストを払わざるをえない状況に，国民全員[29]が置か

---

29) 病気・障害等の理由による一時的または恒久的兵役免除が認められることは当然である．問題になるのは，女性の兵役免除である．徴兵制を採用する諸国においては，イスラエルなど少数の例外を除いて，女性には兵役義務を免除するのが一般的だが，そこにあるのは，「男は武器を取って戦い，女は銃後を守る」というジェンダー・ステロタイプに根ざした不当な性別分業観であり，「男は外で働き，女は家庭を守る」という性別分業観を不当な差別として斥けるなら，兵役を男性にだけ課し女性は免除するという措置も当然否定されるべきである．フェミニズムの立場からもこの点は同意されるだろう．フェミニストが自衛のための戦力も放棄する絶対的平和主義に立つか，あるいは志願兵制による自衛軍を保持する立場に立つなら，男女問わず強制的兵役務は課すべきでないと主張し，徴兵制による自衛軍を承認するなら，男女問わず兵役を課すべきだと主張せざるをえないはずである．

　なお，付言すれば，志願兵制については本文で指摘するような一般的な問題点だけでなく，フェミニズムの観点から特に問題になる点もある．第一に，「男は外で働き，女は家庭を守る」と

第 4 章 九条問題 231

れることである．これは国内体制が共和制であることを恒久平和の一条件とし
たカントの議論の現代的含意でもある．

　志願兵制では，少数の入隊者——その多くは通常，他に雇用機会の少ない貧
困層や被差別集団の者である——に戦争の最も悲惨な危険とコストを転嫁して，
多数者は「安全地帯」に身をおいたまま，戦力行使による国威発揚の情動に惑
溺することがいとも容易である．米国のベトナム戦争において，当初，徴兵制
はあったが，予備役が圧倒的に多く国民の関心は低かった．しかし戦争が泥沼
化し，予備役登録されていた白人ミドルクラスの多数派までもが戦地に送られ
るようになると，それまでベトナムへの政府の軍事介入を容認是認していた世
論の大勢が変わり，反戦運動が国民的規模で高まることになった歴史的事実が
この点を明確に例証している［井上 2012: 325-327，330 注 10 参照］．無責任な好
戦衝動の暴走を抑止するためには，徴兵制は無差別公平でなければならず，開
戦決定に強い政治的影響力をもつ政治家・富裕層一族の兵役逃れを許してはな
らないことはもちろんだが，民主政の下で政治家をつきあげてタカ派的戦略を
とらせる情念に駆られたり，政府の好戦的政策を無関心に放置する危険性から

いう性別分業による女性の劣位化が，法的強制によらずとも社会的意味秩序としてのジェンダ
ー・ステロタイプによって再生産されるように，「男は武器を取って戦い，女は銃後を守る」と
いう性別分業による女性の劣位化も，男性限定の徴兵制という法的強制によらずとも，志願兵制
の下でも同様なジェンダー・ステロタイプによって再生産されうる．志願兵制をとる諸国におい
ても，女性兵士はもちろん存在するが，多くの場合なお例外的な少数にとどまる．
　第二に，米国のように，志願兵制下でも女性兵士の数が増えつつあるところもあるが，このよ
うな女性兵士の多くは，一般社会で得られる雇用より，軍隊での雇用の方が収入や諸種手当がよ
いために，生活の必要上やむなく入隊しているというのが現実である．シングル・マザーで子を
親戚などに預けて入隊する女性兵士も少なくない．志願兵制の下では，自衛目的を超えた戦力の
濫用——本文で指摘するように，徴兵制なら自己または自己の家族が動員される国民マジョリテ
ィの反発で抑制されえたであろう戦力濫用——に伴う犠牲のリスクを引き受ける志願入隊者の多
くが社会の下層の人々であるという現実は，労働市場における待遇や扶養コスト負担等における
性別格差がなお存在する状況では，男性以上に女性に重くのしかかると言えるかもしれない．
　女性兵士問題を扱った NHK のあるドキュメンタリー番組で，イラク侵攻に従軍した米国の女
性兵士が，戦地でテロ要員とみなされたイラクの少年を射殺し，軍務を離れて帰国した後も，そ
のトラウマで自分の子を育てることができなくなったというような痛ましい事例が紹介されてい
たが，これはいま述べた問題の象徴的例証である．
　以上の二つの問題点を考えるなら，フェミニズムにとっても，もし自衛戦力の保持・行使を認
めるなら，男女共通に兵役を課す徴兵制の方が，志願兵制よりも公正であるとみなすべき理由が
あるだろう（補注：ノルウェーは 2015 年に，スウェーデンは 2018 年に徴兵制を女性にも適用し
た．いずれも男女平等を徹底させている国である）．

免れていない国民マジョリティにも「敵を殺し敵に殺される兵士になるのは，他者ではなく自分自身また自分の子どもたちだ」という自覚をもたせるものでなくてはならない．

　自衛のためとはいえ戦力を保有し行使することを承認した国においては，自衛戦争に伴う犠牲を社会の周辺的少数者に集中転嫁せず，国民の誰もが平等にこれを負うことは，無責任な好戦感情の暴走を抑止するために必要であるだけでなく，自衛戦力行使の犠牲とコストを他者に転嫁して，自らは自衛戦力がもたらす安全保障上の便益だけを享受するというフリー・ライディングを排除する公平性の要請でもある[30]．この要請は，対立競合する正義の諸構想に通底する正義概念たる普遍化不可能な差別の排除という原理により含意されると私は考える［井上 2003a: 第 1 章参照］．

　良心的兵役拒否権にもこの要請は貫徹され，自衛のための戦力行使を良心的理由により真摯に否定するのではなく，その安全保障上の便益を自らは享受しながら，他者に自衛戦争の犠牲を転嫁しようとするフリー・ライダーの隠れ蓑

---

[30] 「無責任な好戦感情の暴走を抑止するために必要であるだけでなく，……公平性の要請でもある」という本文の主張の傍点をここで付した部分の表現が示すように，公平性要請（正義概念が含意するただ乗り禁止要請）だけから徴兵制が含意されると私は主張しているわけではない．本文のこの箇所や本章前節 3 (2) を読めば明らかなように，私の議論の大前提をなすのは，志願兵制が国民マジョリティを戦力行使に関して無責任化する危険性があるという認識である．それに加えて公平性要請が補助前提として援用されているのである．大前提だけでも補助前提だけでも十分とは言えず，両者が相互補完して私の徴兵制論の論拠をなす．「相互補完」ということの趣旨は以下の通りである．
　　政府の公共財供給への「ただ乗り」にならないために国民が負担すべきコストが何かは，公平性要請だけで一義的に決せられるわけではなく，問題となる公共財供給の性質に依存する．戦力行使による防衛以外の公共財供給，例えば消防などは，一般国民は納税コストを払うだけにとどめても「濫用される危険」は考えにくい．しかし軍事的防衛に関しては，上記の「大前提」により，納税を超えた「血のコスト」の負担まで国民に求めないと軍事力が濫用される危険があるため，これを国民に課すことが要請される．ただ，戦力行使に対するマジョリティの無責任化を抑止するという大前提の要請だけなら，例えば有権者の一割までは一定額以上の納税ないし免除金の支払いを条件に軍役を免除するという措置を許す余地も生まれるかもしれない．これを排除し無差別公平な徴兵制を正当化するには公平性要請が補助前提として効いてくる．本文の後の論述が示すように，公平性要請は良心的兵役拒否権行使の条件としての代替役務を「軽すぎない」ものにする要請の根拠の一部でもある．
　　公平性要請により徴兵制が正当化されるなら，消防役務など他の公共サーヴィスにも強制徴用が要請されるという「不合理な帰結」が生じるとして，私の議論を批判する者もいるようだが，これは私の徴兵制論の核心をなす大前提から公平性論を切り離して揚げ足をとろうとする「木を見て森を見ず」式の「難癖付け」である．

として，この権利が濫用されることへの歯止めが必要である．「殺されても殺すな」という峻厳な非暴力抵抗の思想が良心的兵役拒否権の基盤にある以上，これは「武器を取って敵を殺すことを拒否する権利」であって，「生命を賭して戦う同胞兵士に守られながら，自らは死の危険を免れた安全地帯に身を置く権利」ではない．したがって，良心的兵役拒否者に課される代替役務は，「安全な社会奉仕活動」を超えて，戦時における戦傷者・爆撃被災市民等のための非武装看護救助要員や，平時においても起こる大規模災害や汎発流行病（pandemic）などにおける救助看護要員としての役務など，自らも大きな被害リスクを負いながら苦境にある人々の救済にあたる任務でなくてはならない．これは，良心的兵役拒否権の思想基盤から要請されるとともに，フリー・ライダーの隠れ蓑としてこの権利が濫用される危険を抑制するためにも必要である[31]．

　ナチズムの歴史的惨禍を経験した後，戦後ドイツは戦後日本と同様，「過去の克服」を国民的課題として背負った．しかし，この課題に対処する方途は日本と大きく異なり，再軍備後の西ドイツはボン基本法で「防衛のために軍隊を設置する」ことを明定し（87a 条 1 項），さらに徴兵制を採用するとともに良心的兵役拒否権も承認し（12a 条 1 項，2 項），東西ドイツ統合後もこの枠組は継承された．「闘う民主主義」がナチズムの亡霊の排除だけでなく，ドイツ赤軍派などによる左翼テロの排除を名目にした思想統制とも癒着するなど，負の側面も戦後ドイツにはあったが[32]，戦争正義論に関する立場としては，上述の理由により，私は戦後ドイツのこの選択が基本的に妥当であると考える．

　ただ，ドイツも，冷戦構造の崩壊と東西ドイツ統合という歴史的な転換の後，兵力削減要請が高まり，兵役を拒否して「市民奉仕（Zivildienst）」という代替役務を選ぶ者が急増するなど，政治的社会的情勢が大きく変わり，徴兵制見直

31）　徴兵制をもつ韓国で兵役を終えた後に日本に留学したある韓国人学生から，韓国では消防隊員の役務も兵役とみなされており，彼も兵役中は消防隊員として働いたと聞いた．韓国では良心的兵役拒否権が法的には認められていないが，消防隊員役務を兵役とみなすことにより，良心的兵役拒否権の「機能的等価物」を提供していると言えるが，それと同時に，かかる「機能的等価物」に課される代替役務が消防隊員役務という，平時活動でありながら，戦地での活動に準じる危険性を伴う役務であることは，この「機能的等価物」の濫用を抑制する狙いを示すと言えよう．

32）　戦後ドイツの「闘う民主主義」が孕むこの問題は，特に，緊急事態法制が対外的防衛事態だけでなく対内的緊急事態にまで拡大されていく展開において顕著に現れている．この点の詳細な記述として，水島 1995: 225-253 参照．

しの機運が高まった［水島 1995: 438-505 参照］．その結果，1956 年以降続いた徴兵制は 2011 年に中止されるに至った（廃止ではなく安全保障情勢変化によっては復活可能である）[33]．そこには，東西対立終焉により軍事的緊張感が緩和したことや，代替役務たる市民奉仕の負担が「非暴力抵抗精神」の要請する水準に比して軽く「非良心的なただ乗り」の誘因を与えていることに加え，軍事力の効率化という要因もある．軍事技術の高度化により，軍事力の実効化という点では，高度の専門能力をもつ職業軍人と志願兵からなる体制の方が，徴兵制より優れているという認識が広がっている．また，徴兵制は多数の若い世代の人々を一定期間，教育課程や労働市場から離脱させるという社会的経済的コストも伴う．ドイツ以外にも，ファシズムという「過去の克服」の課題を背負っていたイタリアをはじめ，徴兵制を中止ないし廃止する国が増えた背景には以上のような事情があるだろう（補注：もっとも，最近では，スウェーデン，フランスなど欧州先進諸国でも，徴兵制を復活させる傾向が見られる）．

しかし，徴兵制の存在理由は，軍事力の効率的強化ではなく，既述のように，軍事力の保有と行使がもつリスクの公平な負担により軍事力濫用を統制する重い責任を国民全員に負わせることにある．軍事力の効率的強化の近視眼的追求は，軍事力を保有する選択をした国民に課せられる，軍事力濫用抑止に対する政治的責任を掘り崩す危険性がある．冷戦構造崩壊後も，東西対立の枠を超えた軍事紛争がかえって統制困難な仕方で拡散している現在，軍事力をもつ国民のこの政治的責任はきわめて重大である．米国の陪審制を人民の民主的責任意識を陶冶する制度と見たトクヴィルが提示した「米国において陪審制は単なる司法制度ではなく政治制度である」という命題［トクヴィル 2005-2008［1835］: 第 1 巻（下），182-191 参照］に倣って言えば，「軍事力を保有する民主国家において，徴兵制は単なる軍事制度ではなく，軍事力を民主的に統制する政治制度である」と言えよう．徴兵制がかかる政治制度として実効的に機能しうるためには，軍事力の保有・行使が孕むリスク・コストの負担の無差別公平化だけでな

---

33) 国民に軍役従事義務を課す権能を政府に付与するドイツ連邦共和国基本法 12a 条 1 項は存続しており，いつでも徴兵制を復活させることは憲法上可能である［本章注 13 参照］．なお，ドイツが NATO 加盟のため憲法改正して再軍備したのは 1955 年であり，その翌年 1956 年に直ちに，徴兵制が開始されたという事実は，軍事力を保有する以上は徴兵制が必要だという明確な自覚がドイツにあったことを示すものとして記憶されてよい．

く，兵士の根本的責務は立憲民主主義体制とその下で生きる人民の生命・人権の防衛であり，軍事規律や上官の命令はその制約に服すること，兵士自身も「制服を着た市民」として，個の尊厳と基本的人権を保持すること，侵略国の兵士・国民に対しても消極正戦論が許容する限度を超えた攻撃を加えてはならないこと等を覚知させる政治教育の徹底が必要である．戦後ドイツが，再軍備後，軍内部において「過去の克服」を貫徹するために行った「内面指導（Innere Führung）」の軍制改革は，制度の理念と運用実態の乖離が批判される面もあったとはいえ，かかる政治教育のあり方を考える上で重要な示唆を含む［これについての詳細な紹介・検討として，水島 1995: 57-92 参照］．

以上，積極的正戦論と無差別戦争観を斥けた上で，九条の思想基盤たる絶対平和主義が高度の倫理性と責任性をもちつつも，まさにそこに限界があり，戦争正義論としては消極的正戦論が最も妥当な立場であることを論じた．国際社会の現状が消極的正戦論に対して新たな挑戦を突きつけていることはたしかである．特に，ある国の内部でジェノサイドのような大規模人権侵害が起こった場合に，その被害集団を救済するために国際社会が武力介入する「人道的介入（humanitarian intervention）」は，積極的正戦論の新たな形態として擁護可能ではないか，他国への侵略がない限り武力介入を禁じる消極的正戦論は，このような人道的危機に的確に対処できないのではないかという問題が提起されている．拙著『世界正義論』［井上 2012］において，私は，人道的介入は積極的正戦論の枠組において唱道される限り，介入主体の独善性や地政学的利害の欺瞞的追求によって濫用されること，むしろ，専制化ないし破綻した体制を改革する機能と責任は第一次的にはその体制下で生きる人民自身にあるとする政治的自律の原理に立脚するものとして消極的正戦論を再構成した上で，その枠組の中で，かかる改革主体たる人民自身を集団的に抹殺しようとする暴力に対しては，国際社会はまさに人民の政治的自律を擁護するためにかかる暴力を制止する責任を負うという観点から，人道的介入の真に擁護可能な形態が同定されるべきことを論じた［井上 2012: 300-307 参照］．私のこの見解は，本節1で示した世界正義論の五つの問題系のうち，問題②（国家体制の正統性の国際的承認条件）と問題④（国際社会における武力行使の正当化可能性）を短絡直結させる思考様式——武力介入を制限するために国家体制の国際的正統性条件を規範的

に希薄化させるロールズと，後者の条件を介入主体の観点から「高度化」して武力介入を容易化するネオコンやリベラル・ホークのような現代の積極的正戦論者という一見対立する立場が共有する思考様式——を拒否する複眼的アプローチに依拠する．この問題についての詳論は，拙著の議論［井上 2012: 49-54, 136-173, 274-330］の参照を請うにとどめ，ここでは，消極的正戦論の「集団化」が孕む問題についてだけ若干付言したい．

　ある国が自衛のための戦力を保持していたとしても，軍事的に圧倒的優位に立つ強大国に先制攻撃された場合，単独で自衛権を実効的に行使することはできない．消極的正戦論が自衛権をすべての国に認めるなら，各国が自衛権を実効的に保障するために集団化された安全保障ネットワークに参加する権利も承認せざるをえない．問題は自衛権の集団的保障のあり方である．これに関しては，集団的自衛権と集団的安全保障体制が区別される．集団的自衛権は，密接な関係にある一定の諸国が軍事的同盟関係を結び，同盟外にある可能的攻撃国として想定された敵国（仮想敵国）ないしその集団に対抗して，同盟内の一国が仮想敵国に攻撃された場合は他の同盟国が協働で防衛にあたる相互的責務を負う体制に加入する権利である．集団的安全保障体制は，国際社会を全般的ないし広範に包摂するもので，「敵」と「味方」の事前の線引きをせず，どの国がどの国に先制攻撃されても，攻撃国に対する被攻撃国の防衛に他の諸国が協働であたる体制である．

　冷戦期におけるNATOとワルシャワ条約機構は集団的自衛権の典型である．国連はその理念においては集団的安全保障体制の構築をめざすものである．自衛権の集団的保障は消極的正戦論の立場からは論理的には承認しうるものであるが，現存する集団的自衛権体制や国連の安全保障体制の実態が，消極的正戦論の立場から正当化可能な自衛権の集団的保障のあり方と合致しているわけではない．国連の集団的安全保障体制は，周知のように，安全保障理事会常任理事国たる五大国（P5）の拒否権や常設国連軍の不在により，その目的を十分果たすには至っていない．ベトナム戦争，アフガン戦争，2003年以降のイラク戦争等が示すように，P5自体が侵略主体である場合に，国連はそれを制止する力をもっていない．国連憲章は安全保障理事会による実力行使措置を侵略国に対する制裁に限定していないから消極的正戦論にコミットしていないとい

う見解すらある[34]．集団的自衛権体制も，ワルシャワ条約機構下で，ハンガリー自由化やチェコのプラハの春をソ連が軍事的に鎮圧したことが示すように，中核的な盟主国と他の参加諸国に大きな権力格差がある場合は，盟主国の覇権の道具になる．NATOも，旧ユーゴ分裂過程におけるその介入の恣意性が示すように，米国の利害に左右されやすい．

いずれも問題があるにせよ，国際社会をア・プリオリに敵味方に分断せず広範に包摂し，軍事的手段だけでなく経済的・文化的な協力ネットワークも活用して集団的安全保障を包括的・多角的に図る場として，国連が集団的自衛権体制よりもまし（lesser evil）であり，その欠陥を改善する漸進的努力を地道に重ねてゆくしかないという立場，すなわち「たかが国連，されど国連」という立場に私は立っている［井上 2012: 307-312 参照］．日米安保体制を，集団的自衛権行使を認める方向で強化する安倍政権の方針については，日本の安全保障を強化するより，米国の軍事的世界戦略のための日本の道具化をさらに進め，日本の安全保障をかえって危うくするだけだと考えている．

3 立憲民主主義から見た九条問題

（1）戦後日本における九条論議の欺瞞性

以上，戦争の正義論の観点から，九条の思想たる絶対平和主義の意義と限界を示し，私が支持する代替理論たる消極的正戦論の意義について，またそれが絶対平和主義の非暴力抵抗思想をいかなる仕方で摂取しうるかについて，敷衍した．以下では，立憲民主主義の観点から，「九条」が孕む問題性について私見を述べたい．

この点でまず問題にされなければならないのは，「九条」が戦後日本の憲法論議を歪めてきたことである．護憲派と改憲派の対立は，「九条」だけでなく基本的人権や天皇制の位置付けを含め憲法全般に及ぶが，中心争点は何と言っても「九条問題」である．私は双方の欺瞞性を旧稿で指摘したが，その骨子は以下の通りである．

改憲派は，「押し付け憲法」反対を唱え，日本国家の政治的主体性の回復の

[34) 郭 2013: 48-50 参照．国際法学ではこの見解が通説なのかどうか，寡聞にして知らないが，私は国連憲章のこのような解釈には反対である．これに関して，井上 2013b: 100-101 参照．

ために改憲，とりわけ「九条改正」を唱えるが，前節で示したように，その本音は日本の主体性回復とは逆である．占領軍は松本草案を蹴ってマッカーサー草案を押し付けたというが，同時に，日本政府による微温的な第一次農地改革案を蹴って，より徹底的な第二次農地改革を押し付けた．農地改革は土地所有という「下部構造」を変える社会経済的革命であり，法的な「上部構造」としての憲法の改革以上に体制変革としてはラディカルであり，土地所有層と支配層の抵抗はきわめて強い．実際，かかる抵抗のゆえに，多くの開発途上国で内発的な農地改革は失敗している［大塚 2014: 174-185 参照］．しかし，占領軍がまさに「強権的」に遂行した第二次農地改革によって大量創設された自作農層が戦後日本の長期自民党支配の支持基盤になったために，改憲派は，これを「押し付け農地改革」として批判するどころか，本音では歓迎しながら不問に付している．要は，結果が自分たちに政治的に都合がよいかどうかが問題であって，日本が主体的に選択したかどうかは真の関心ではない．さらに，九条改正でめざすところは，集団的自衛権行使など，米国の軍事的世界戦略の駒として日本をさらに有用な存在にしようとする戦略であり，これは日本の政治的主体性を高めるどころか，逆に，軍事的な対米従属構造をさらに強化するものである．

　他方，護憲派は，より正確に言えば，従来その主流であった非武装中立を説く原理主義的護憲派は，「九条を守れ」と主張しながら，六十年安保闘争の終焉以後は，自衛隊・安保を拡大強化する既成事実が積み上げられている現実に対して大規模な反対闘争を推進せず，「九条がなかったら，現実はもっとひどくなっていただろう」という理屈で自らの政治的無力性と怠慢を合理化し，結果的に，自衛隊・安保強化の既成事実の進行を事実上追認して，その安全保障上の便益を享受しながら，そのことに対して自己批判もせず，率直に便益享受を正当化する責任も負おうとしないという「倫理的ただ乗り」の欺瞞に陥っている．「便益など享受していない」と護憲派は当然主張するだろうが，少なくとも，「九条」が絶対平和主義に基づき非武装中立を要請していると解するなら，その非暴力抵抗の思想が課す「殺されても殺し返さない」という峻厳な自己犠牲責任を負わざるをえないにも拘らず，自衛隊と安保のおかげでそれを回避できているという便益を，護憲派はちゃっかり享受しているのである．このことを護憲派が自覚していないという事実は，彼らが「平和ボケ」を超えた峻

厳な非暴力抵抗思想としての絶対平和主義に本当にコミットしているのかどうかを疑わせ，この点でも，その欺瞞性が問題になる．要するに，護憲派は，日本国憲法という法典中の9条1項・2項という条文だけは変えさせないという姿勢をとることに自己満足して，「九条」の思想を裏切る現実への便乗を合理化しているのである．

以上述べた原理主義的護憲派の欺瞞は，専守防衛の範囲で自衛隊安保を合憲とする修正主義的護憲派には当てはまらないが，修正主義的護憲派が護憲派の名に値するかどうか，大きな疑問符が付されよう．この立場は，集団的自衛権行使に至らない限りで自衛隊・安保を明示的に是認する点で，すなわち，自分たちが享受している自衛隊・安保の防衛上の便益を率直に承認し，それを正当化しようとしている点で，原理主義的護憲派より，ある意味で「正直」ではある．しかし，上述したような従来の内閣法制局の見解と同様な歴然たる解釈改憲に依拠しながら，護憲を主張するという別の欺瞞に耽っている．

以上見たように，改憲派も護憲派も，ともに欺瞞に耽っているが，そのあり様は異なる．改憲派の欺瞞は，日本という国家の政治的主体性の回復を，憲法改正を要請する根拠としながら，その本音は日本の政治的主体性と無縁な，また矛盾さえする政治的御都合主義であるという意味で，単に政治的な欺瞞である．自己の政治的欺瞞を憲法によって隠蔽しようとはせず，「邪魔な憲法」の改正を率直に主張している．護憲派の場合は，憲法を尊重している振りをしつつ，九条を裏切る自衛隊安保の現実にこっそり便乗，ないしそれをはっきり是認さえする自らの政治的御都合主義を，憲法を利用して隠蔽しようとしている点で，政治的欺瞞に加えて憲法論的欺瞞を犯している．その意味で，護憲派の欺瞞の方が，立憲主義の精神を腐食させる点で，一層危険である．安倍政権が，集団的自衛権行使容認の憲法改正による実現をとりあえず棚上げして，解釈改憲で安保法制を実現する戦略に転換したのは，改憲派が護憲派の欺瞞を「より便利な方法」として模倣してきたことを意味する[35]．これを護憲派が立憲主義

---

35) ここで言う「護憲派」は，一次的には，自ら解釈改憲に惑溺する修正主義的護憲派を指すが，二次的には，憲法解釈論としてはこれと対立するはずの原理主義的護憲派も含む．後者も，憲法9条明文改正を拒否するという政治的目的のために修正主義的護憲派と政治的に野合しているだけでなく，この野合を合理化するために，集団的自衛権行使を解禁する安倍政権の憲法解釈は解釈の枠を超えた「解釈改憲」だが，修正主義的護憲派の憲法解釈は「可能な憲法解釈」の枠内に

の蹂躙と批判するのは,「天に唾する」行為であり,その唾は自らに降りかかってくる.

このような護憲派の,そして最近では改憲派も模倣しつつある憲法論的欺瞞は,憲法論を「嘘臭い念仏」と化すことにより,憲法の規範的権威を失墜させ,戦後日本における立憲主義の確立を阻害する要因になってきたと私は考える.

(2) 九条削除論の法哲学的根拠——法の支配と立憲民主主義の再定位

私の九条削除論は,上に見たような戦後日本の憲法論議の欺瞞の根を断つことを狙いにしている.しかし,欺瞞の根を断つためには,私が支持する消極的正戦論の枠内で自衛戦力の保有行使を承認することを憲法上明文化するような「九条改正」を提唱すればよいではないか,なぜそれを超えて「九条削除」を主張するのか,という疑問が当然向けられよう.私が「九条改正」ではなく「九条削除」を主張するのは,日本の安全保障体制に関する「正しい立場」と自ら信じるところを憲法規範化して固定化しようとすることを排除するような,立憲民主主義のあるべき基本構造に関する一定の見解に依拠しているからである.それは「憲法は政争のルールであって,政争の具ではない」という命題に要約できよう.この命題が要約しているのは,法の支配,またそれを具現する立憲民主主義体制についての次のような見解である〔以下の私見の詳細は,本書第 2 章・第 3 章参照〕.

政治社会は利害のみならず価値観をめぐって対立する諸勢力の間の抗争の場である.自然状態の暴力闘争を終焉させるために国家を設立しても,かかる対立抗争が解消できるわけではない.政治的決定を「合意の産物」とみなすのは有害無益な虚構である.むしろかかる対立が解消しえないからこそ,反対者をも拘束する集合的決定としての政治的決定が要請される.民主政においても事

あるとして,それを許容しているからである.安倍政権による解釈改憲と,修正主義的護憲派による解釈改憲とに対するこの二重基準的評価は,論理的に正当化しうる代物ではない.原理主義的護憲派は専守防衛・個別的自衛権の枠内なら自衛隊・安保は違憲だが政治的に是認するという自らの欺瞞に加えて,自らの憲法解釈論に従うなら否定すべき修正主義的護憲派の解釈改憲の欺瞞を許容するという二重の憲法論的欺瞞に開き直っている.安倍政権は,原理主義的護憲派に対しても,修正主義的護憲派の解釈改憲が「可能な憲法解釈」だとするなら,我々の新解釈も「可能な憲法解釈」の一つだと主張できるだろう.本文で「修正主義的護憲派の欺瞞」という限定的な表現ではなく,「護憲派の欺瞞」という表現を使ったのは,この理由による.

態は同様であり，民主的決定はたかだか「多数者による少数者の支配」であり，「少数者支配の鉄則」が民主政にも貫徹されるという見方すらある．かかる政治社会において，政治的決定に至る政治的闘争の勝者が敗者に対して，自らが正しいとみなす価値観を無制約に押し付けるならば，敗者はそれを単なる「勝者の正義（victor's justice）」としての力の支配とみなして抵抗し，政治社会は自然状態に回帰する危険性に絶えず晒されるだろう．

　この危険性を克服するには，政治的闘争の産物たる政治的決定は，この闘争の敗者，すなわちこの決定を「誤った」決定，「正当性（rightness）」を欠く決定とみなす者もまた，自己の政治社会の公共的決定としての「正統性（legitimacy）」をこれに承認し，政治的闘争の「新たなラウンド」で覆せるまでは，それを尊重するという態度をとることを可能にするような，敗者に対する最小限の公正な配慮を示す規範的制約に服するものでなくてはならない．法の支配とは，このような，勝者の正義を超えた政治的決定の「正統性」を保障する規範的制約原理である．それは「右」か「左」か，「保守」か「革新」か「中道」かを問わず，どの勢力が政治的闘争に勝とうとも尊重すべき〈公正な政治的競争のルール〉であり，すべての政治勢力に政治的決定の「正当性」に関する自己の信念の他者への無制約な押し付けを「正統性」への配慮によって自制することを要請する．

　このような法の支配の理念の規範的内実をなす基本的指針を，私は「正義への企てとしての法」という法概念に依拠して，法の「正義要求（justice-claim）」（正義適合性承認要求）が含意する「正義審査への原権利（the proto-right to justice-review）」の保障と，対立競合する「正義の諸構想（conceptions of justice）」に対する「正義概念（the concept of justice）」の基底的制約性という二つの原理に求め，そのさらなる具体的含意を探究するアプローチをとっている．前者は，実定法を産出する政治的決定の正義適合性を絶えず批判的に再吟味する基底的権利——実定的権利規定をも争う権利という意味で「原権利（proto-right）——の制度的保障を求める原理である．後者は基底的な「正義概念」の規範的核心たる普遍化要請（普遍化不可能な差別の排除）とそれが含意する諸公準，特に「位置の反転可能性（positional reversibility）」と「視点の反転可能性（perspectival reversibility）」の公準を，「正義の諸構想」の対立を裁断する政治的

決定に対し，その正義要求の真理性ではなく真摯性のテストとして課す原理である．

　法を産出する政治的決定の「正当性」と区別された「正統性」の保障は，自己の政治社会の決定を不当とみなしながら，なおそれを尊重する「政治的責務」や「遵法義務」がそもそも，またいかにして成立しうるのかという法哲学の根本問題と直結している．私見によれば，政治的責務・遵法義務[36]は，自己の特定の正義構想に合致した政治的決定を反対者に執行しうるという「統治便益（governmental benefit）」――従来のフェアネス論が受益対象として想定する単なる公共財ではない――を供給する政治システムへの道徳的ただ乗りを排除する「統治的フェアネス論」によって正当化可能であるが，上記のように再定位された法の支配の要請への政治的システムの適合性は，この統治的フェアネス論が妥当性をもちうるための前提条件をなす．

　法の支配と立憲主義の法哲学的基礎に関する以上のような私見は，本書第2章・第3章で詳論したので，ここではこれ以上立ち入らないが，本節の問題にとって最も重要な点は，法の支配が，どの政治勢力が政治的闘争に勝とうとも，政治的決定の「正当性」についての自己の信念を他者に押し付ける欲動を，他者にとっての「正統性」への配慮によって自制することを要請する〈公正な政治的競争のルール〉だということである．立憲民主主義体制は，このような法の支配の理念を現実化・具体化する制度装置である．政治的闘争の敗者が勝者の決定を不当としつつもそれに敬譲すべき理由は，「統治的フェアネス論」によれば，目下の政治的闘争の敗者も，もし勝者となったなら，自らが正当とみなし，その時点での敗者が不当とみなす政治的決定を後者に対して押し付けるだろうから，自らが敗れたときにだけ勝者の決定への敬譲を拒否するのは不公正であるという，正義概念が含意する反転可能性の公準に存するが，この議論

---

36) 政治的責務と遵法義務を，前者は政治社会の成員に限定されるのに対し，後者は自国領土内の外国人にも適用されるという理由で区別する立場もあるが，私は，政治社会の成員については両者は本質的に異ならないという立場に立つ．外国人の遵法義務の根拠が当該社会の成員の政治的責務の根拠とは異なるとしても，成員の遵法義務の根拠も彼らの政治的責務の根拠とは異ならなければならないということにはならないからである．この点については，本書第3章注9参照．さらに言えば，X国に滞在する外国人の遵法義務の根拠についても，X国民がX国の政治的決定に対して不当でも「正統」と尊重する遵法義務を承認していることに依存する派生的責務（「郷に入らば郷に従え」という責務）として説明する可能性もある．

が成立しうるのは，政治的闘争の勝者と敗者の「反転」が，単に「反実仮想的（counterfactual）」にではなく，現実的にも可能であるような統治制度，すなわち政権交代を可能にする民主的制度が確立されている場合である．特定の勢力が勝者の地位を永続化できる非民主的体制においては，この議論は単なる欺瞞に陥るだろう．また，民主的制度が確立されていても，民主的競争の勝者になる可能性がきわめて乏しい構造的少数者（人種的・民族的・宗教的・文化的少数者や性的指向性における少数者など）の場合には，この議論が欺瞞に陥らないためには，どの政治勢力が勝者になろうと，かかる少数者の基本的人権の侵害を勝者に許さない制度的保障，すなわち立憲主義的人権保障制度が必要である[37]．

　立憲民主主義体制は，以上のような意味で，法の支配の理念が要請する公正な政治的競争のルールを制度的に確立することを存在理由とする．その憲法が成文硬性憲法であることは，ある時点での民主的政治競争の勝者が自らの勝者としての地位を永続化したり，構造的少数者に対する差別抑圧を容易化したりするために，政治的競争のルールとしての憲法を自分に都合のいいように容易に変えられるという事態を排除するための制度的工夫であり，政治的競争ルールの公正性を担保するものとして，それ自体，法の支配の要請である．しかし，改正要件を加重厳格化した成文硬性憲法によって通常の民主的立法過程を通じた修正から保護さるべき憲法規範は，民主的政治競争の公正性と被差別少数者が侵害されやすい基本的人権を保障することにより政治的決定の「正統性」を確保するルール（およびかかるルールを運用し担保する諸機関の権限配分ルール）に限定され，「正当な政策」が何かをめぐる論争は通常の民主的政治過程で裁断され，かかる裁断もこの民主的政治過程における再検討・修正に開かれるべきである．政治的諸勢力が自らの政治的選好に合致した政策選択を硬性憲法に埋め込んで，かかる民主的政治過程を通じた対抗勢力によるその再問題化・批判的修正を排除しようとするのは，憲法を，それが都合よければ都合よ

---

37) 立憲民主主義体制の「正当性」を，ア・プリオリに前提された人権リストから導出するのではなく，「正当性」をめぐる価値抗争を孕むすべての政治社会に妥当する「正統性」保障装置として立憲民主主義体制を要請するこのアプローチを，私は「正義概念基底化論」と呼んで，世界正義論の課題②「国家体制の正統性の国際的承認条件」の問題にも適用している［井上 2012: 第3章参照］．本書第3章第2節5 (2) 〈iii〉でもこの立場を敷衍している．

いように利用し，都合悪ければ無視ないし曲解しようとする諸勢力による「政争の具」にしてしまう．それは，〈公正な政治的競争のルール〉たるべき憲法に対する政治的御都合主義を超えた尊重と信頼を損ない，「正統性」保障装置としての立憲民主主義体制の基盤を掘り崩すことになる．

「正しい安全保障政策」が何かは，まさに，通常の民主的政治過程で争われるべき政策課題である．これについて対立競合する政治勢力がそれぞれの政治的選好を憲法規範化して「固定」ないしは「凍結」させようとする一方で，敵にそれをやられたら逆に憲法を無視・曲解するのは，憲法を〈公正な政治的競争のルール〉から「政争の具」へと堕落させるものである．前項で示した護憲派・改憲派双方を蝕む憲法論議の欺瞞は，戦後日本において，「九条」が憲法を政争の具に堕落させてきた状況をあからさまに示している．私が戦争正義論において「再編された消極的正戦論」の立場をとりつつも，それをそのまま憲法規範化するような「九条改正」を提唱せず，端的に「九条削除」を提唱するのは，政争の具に貶められた状況から憲法を救済し，〈公正な政治的競争のルール〉として憲法を復権させるためである．

(3) 九条削除論の憲法論的位置

本節の締め括りとして，法の支配と立憲民主主義の原理に関する上記のような法哲学的立場に立脚する私の九条削除論が，現在の憲法論議においていかなる位置を占めるかを，対抗する立場との対比によって，明確化しておきたい．ここでは，九条削除論の憲法論的位置の明確化が目的なので，憲法論的欺瞞に陥っていると私が考える修正主義的護憲派と原理主義的護憲派の議論の批判的検討に焦点を置く．

〈ⅰ〉 修正主義的護憲派による解釈改憲の問題性

日本国憲法9条は立憲民主主義の精神にそぐわず削除されるべきだと私は考えるが，現行実定憲法規範として存在する以上，憲法96条の憲法改正手続に従って改廃されるまでは，その本意通り尊重さるべきであり，自衛隊・安保は専守防衛の枠内であっても違憲と言わざるをえない．日本の自衛戦力を無差別公平な徴兵制と重い代替役務を伴う良心的兵役拒否権の保障に基づいて改組し，

自衛権保障の集団化の基軸を，米国主導の集団的自衛権体制から，安全保障理事会常任理事国（P5）の専横を制御する方向で改革された国連中心の集団的安全保障体制へ移すという，私の消極的正戦論の構想も，戦争正義論の立場としては擁護可能だと考えるが，現憲法下では違憲であることを承認する．

　もっとも，私の消極的正戦論の構想が現行憲法下では違憲であるというのは，あくまで憲法9条違反という点である．自衛戦力を保有した場合に私が必要だと主張する無差別公平な徴兵制が，「何人も，いかなる奴隷的拘束も受けない．又，犯罪による処罰の場合を除いては，その意に反する苦役に服させられない」と定めた憲法18条に違反すると主張されることがあるが，このような主張を私が重視しているという意味ではない．「奴隷的拘束」について言えば，自国を侵略から防衛するための兵役を政治家・富裕層の一族も含む全国民に無差別公平に課す徴兵制を，奴隷所有者としての主人と所有物としての奴隷との階層的差別を本質とする奴隷制の拘束と同視するのは，まったく的外れである．むしろ，志願兵制の方が，中流以上の社会層が，自衛戦力保有の利益を享受しながら，戦力要員としての過酷な犠牲とリスクを，雇用機会を求めて志願兵になる相対的に貧しい社会層出身者に転嫁することを可能にするもので，より「奴隷制」的である．さらに，憲法18条は，憲法の私人間適用によってであれ，民法90条を媒介にした間接適用によってであれ，自発的に奴隷になることに同意する奴隷契約をも無効化する以上，もし徴兵制が兵役務の奴隷的拘束性を理由に18条違反になるなら，志願兵制も同じ理由で18条違反になるはずであり，徴兵制だから18条違反という論理は破綻している[38]．

　「意に反する苦役」について言えば，憲法18条が例外を「犯罪による処罰の場合」に限定しているのは，まさに，憲法9条が自衛のための戦力の保有・行

---

[38]　憲法18条は「意に反する」という限定詞（modifier）を「苦役」にのみ付し，「奴隷的拘束」には付していない．これは18条の言う「奴隷的拘束」は単なる「意に反する拘束」ではなく，契約に基づいて引き受けられた責務であっても，その責務の内容が奴隷的な従属や搾取とみなされるものを指すと解すべきであろう．したがって，主人の所有物のように使役され売買されることを引き受ける奴隷契約は，18条により直接に，あるいは民法90条を通じて間接的に無効化される．仮に——私見では，これは反実仮想だが——兵役が18条によって禁じられた「奴隷的拘束」にあたるとしたら，それは軍事的役務の内容が「奴隷的拘束」とみなされるからであり，その拘束が徴兵制により他律的に課されたか，志願兵制により「自発的」に引き受けられたかは関係がない．

使も禁じている以上，徴兵制はありえないという前提に 18 条が立っているからである．戦力放棄原理としての 9 条による 18 条の規範論理的制約に注目するなら，志願兵制としての自衛隊は合憲だが，徴兵制は違憲という結論を 18 条から導出することはできない．いずれも違憲であり，その根拠たる 9 条こそが問題である．憲法 9 条を削除した場合，あるいはまた自衛のための戦力の保有行使を認めるように憲法 9 条 2 項を改廃した場合は 18 条の規範論理的前提が変わるから，「法律により徴兵制を定めた場合の兵役」を 18 条の例外条件に加える憲法改正が必要であるが，これは「意に反する苦役」を憲法が想定し許容する場合に限定するという 18 条の法意を変えるものではない．

　徴兵制と憲法との関係に触れたので，これに関連する九条削除論の立場について補足しておこう．非武装中立か武装中立か，専守防衛か集団的自衛権行使容認かなど，日本の安全保障体制の基本原理の選択は民主的立法過程に委ね，憲法規範化すべきでないとするのが九条削除論の立場だが，もし戦力の保有が民主的立法過程で選択されたなら，無差別公平な徴兵制を採用し，利己的理由による兵役回避手段として濫用されない程度に重い代替役務を伴う良心的兵役拒否権を保障することを要請する「条件付け規範」[39]を憲法で設定することは，

---

39)　「条件付け規範」という語は，本節論考初出時に使ったもので，現在では「戦力統制規範」という用語に換えている．これは，非武装中立か武装中立か，個別的自衛権か集団的自衛権か，集団的自衛権か集団的安全保障体制か，というような安全保障政策の選択を示すものではなく，どの安全保障政策をとるかに関わりなく，戦力が濫用されないよう，戦力の組織・編成・行使手続を限定する規範である．軍隊に対する文民統制，戦力行使に対する国会承認手続，軍事司法制度などは最低限必要な戦力統制規範で，これらはある意味当然で異論の余地が少ない．しかし，私は文民政治家や国民が戦力行使に関して無責任化する危険性を抑止するために徴兵制が必要だとする既に述べた私見に基づき，重い代替役務を伴う良心的兵役拒否権とカップリングした徴兵制を戦力統制規範に加えている．本文で戦力統制規範として徴兵制に議論を集中させているのは，他の最低限の戦力統制規範を無視，あるいは不要視しているからではなく，それらの必要性については異論が少ないのに対し，徴兵制は最も重要な戦力統制規範であるに拘らず，きわめて反発が強く，これを論じる特段の必要があると考えているからである．

　なお，「条件付け規範」という語をここで使ったのは，次の理由による．九条削除論の立場からは，非武装中立の選択を憲法で指定してはならないが，非武装中立も他の安全保障政策と同様，通常の民主的立法過程で選択される可能性を憲法は開いておくべきであり，戦力の保有を憲法は義務付けるべきではない．したがって，憲法は，戦力を保有するか否かについての民主的な決定手続を定める戦力統制規範，すなわち，戦力保有を条件付ける規範を定めると同時に，「もし戦力保有が選択されたならば」という条件の下で遵守すべき戦力統制規範，すなわち，戦力保有に条件付けられた規範を定めなければならない．戦力統制規範を「条件付け規範」と呼んだのは，この二重の意味においてである．ただ，「条件付け規範」という言葉は意味が一見して明白とは

九条削除論の観点からも，可能であり必要である．このような条件付け憲法規範は，上述のような安全保障体制の基本原理をめぐる対立に関して特定の立場を憲法で固定化するものではないし，戦力保有・行使が伴う犠牲・コストを相対的に貧しい社会層出身者や，「忠誠心の証明」の圧力を多数派から受ける被差別少数者に集中転嫁する可能性のある志願兵制の排除と，重い代替役務を伴う良心的兵役拒否権の保障は，万人に公平に基本的人権の保障を図る点で，九条削除論の法哲学的根拠たる立憲民主主義観によって排除されるどころか，要請されている．

ただし，志願兵制がかかる「多数の専制による差別化」により戦力行使の無責任化を招く危険性が，社会保障の充実や被差別集団の人権保障の強化によりもし除去できるなら，徴兵制と良心的兵役拒否権の結合に代えて志願兵制が承認される可能性も論理的には存在する．このような可能性を残すために，戦力保有に対する憲法の条件付け制約から徴兵制採択を外し，もし民主的立法過程で戦力保有と徴兵制を選択したなら，重い代替役務を伴う良心的兵役拒否権を保障すべしという弱い条件付け憲法規範に転換するという選択肢もア・プリオリには排除できない．ただし，志願兵制が孕む「多数の専制による差別化」の危険性が解消される可能性はあくまで論理的なもので，現実的には実現困難と思われるので，単なる論理的可能性の想定により憲法の条件付け制約を弱めることには慎重であるべきだと考える[40]．

言い難いので，現在ではより直截な「戦力統制規範」という語を使っている．しかし，九条削除論の立場からは，戦力統制規範が「戦力保有を条件付ける規範」と「戦力保有に条件付けられた規範」の二重構造を含むこと，非武装中立の選択は，憲法により指令されていないが許容されていること，これらの点を強調するために「条件付け規範」という語を当初使ったことに，読者の注意をここで喚起しておきたい．

40) 本文では，社会経済的平等化の観点からの徴兵制不要論に対して，それが妥当する論理的可能性は認めつつ，現実的には困難だとしているが，論理的可能性を承認するという「譲歩」は，次の前提に立っている．貧困のような経済的圧力や被差別集団の忠誠証明のような社会的圧力がまったくないという条件の下では，志願兵制の下でも，国民マジョリティが好戦感情に走った場合には，志願兵は兵役離脱が容易にできるから，戦力行使に対する国民マジョリティの無責任化に歯止めがかけられる，という前提である．しかし，この前提が成立しない場合もある．社会的・経済的平等が確立され，誰も兵役志願への経済的・社会的圧力に晒されていない結果として，好戦感情と暴力衝動のきわめて強い「戦争マニア」が概して志願兵になり，マジョリティは政府の軍事的対外政策に無関心であるという状況は想定できる．この場合には，マジョリティの好戦化による戦力行使の無責任化は生じないとしても，マジョリティの無関心化と志願兵マイノリテ

本論に戻ろう．私が自己の消極的正戦論の構想は憲法9条違反で現憲法下では許されないことを承認するのは，解釈改憲を容認するためではない．逆に，「九条の絶対平和主義」が戦争正義論として誤っているとしても，また立憲民主主義の原理から言えば削除されるべきものだとしても，集団的自衛権行使容認を閣議決定した安倍政権や，専守防衛の自衛隊・安保を合憲とした従来の内閣法制局と修正主義的護憲派のように，正規の憲法改正手続によって9条を明文改正──または私が主張するように，削除──せず，解釈改憲によってこれを潜脱するのは，憲法改正要件を緩和する96条改悪を試みた当初の安倍政権の戦略よりももっと陋劣な仕方で，〈公正な政治的競争のルール〉としての憲法の生命線と言うべき憲法改正手続の「硬性」を掘り崩してしまうことを指弾するためである．

当初の安倍政権は現行憲法96条の硬性の改正手続に従って明示的に96条を「軟性化」する改正をした後で，さらに憲法9条明文改正に進むことを試みた．

ィの好戦化による戦力行使の無責任化という別の問題が生じるだろう．社会的・経済的平等が確立した社会でも生じうる後者の問題に対処するためには，やはり徴兵制が必要である．

本節論考初出後に刊行された著書で瀧川裕英は私の徴兵制論に対し，次のように反論している．「しかしながら，徴兵制こそが公平な制度であるとはいえない．例えば，くじ引きで兵役負担者を選抜する『兵役くじ制度』は公正である．また，自ら希望する者のみが兵役負担を負う『志願兵制度』や，対価と引き替えに兵役負担を負う『傭兵制度』も，経済的事情によって兵役以外の選択肢がないといった事情がなく，兵役負担の内容について十分な情報が与えられた上での同意があれば，公正である」[瀧川 2017: 188]．瀧川のこの反論は本章注30で触れた「公平性要請だけで徴兵制は正当化できない」という反論と同様，私の議論が単に「公正」ないし「公平性」の要請だけを根拠にしているわけではなく，戦力行使に対する国民の無責任化を抑止するために徴兵制が必要だという大前提に立っていることを無視している．注30や本注は，この大前提と結合させて公平性要請を私が論じていることを明確にするためのものである．瀧川の反論のうち，傭兵制や志願兵制に関する部分は，本注の上記の議論によって斥けられる．

瀧川の「兵役くじ制度」の提案は，そもそも私の徴兵制論への反論になっていない．この制度が公正だと言えるためには，兵役籤は誰も免れない強制参加籤でなければならず，さらに，籤に「当たった」者は，障害や病気などの兵役従事不能事由がない限り兵役を拒否できない．さらに，兵役籤は防衛上の必要に応じて，何度でも行われる．一度，籤に当たり兵役に従事した者は，その後の籤への参加を免除され，残りの人々が籤への参加を強制されることになるだろう．そうだとすれば，これは，国民の意志に反してでも貫徹される兵役務への国民の徴用そのものであり，徴兵制と本質的に変わらない．徴兵制の下でも，全員が直ちに軍務に付くのではなく一定の訓練を受けつつ予備役として登録され，防衛上の必要に応じて現実の軍務を割り当てられるのが通常である．瀧川の「兵役くじ制度」は，国民全員を予備役に置く徴兵制の一種であると言える．兵士として「血のコスト」を払うリスクを誰に対しても平等に負わせることによって，戦力行使に対する国民の無責任化を抑止することが徴兵制の根本目的であり，「兵役くじ制度」はまさにこの目的に資する徴兵制の一形態なのである．

これが立憲民主主義を掘り崩すものとして許されないのは言うまでもないが，少なくとも，彼らは二段階の憲法改正手続を明示的に踏むことを試み，そのため護憲派のみならず改憲派の中の憲法「軟性化」反対派も含めた強い批判を浴びて失敗した．その結果，改正手続をバイパスして同じ憲法改正目的を実現できる解釈改憲という一層容易な，したがってまた立憲主義にとっては一層危険な戦略に転換したのである．自分たちの気に食わない憲法条文を，改正手続をバイパスして解釈改憲で変えてしまうという戦略は，硬性の改正手続に従った憲法の「軟性化」戦略よりも隠微で危険な仕方で硬性憲法を骨抜きにするものであるが，この点については従来の内閣法制局見解や修正主義的護憲派も同罪と言わざるをえない．

　もっとも，修正主義的護憲派の代表的論客の一人である長谷部恭男は，専守防衛の枠内でのみ自衛隊・安保は合憲であるという彼の「解釈」は解釈改憲ではなく，正当な憲法解釈であると主張している．彼は自己の立場を，私が理解する限り，以下の四つの理由で正当化しようとしている．

①憲法9条は原理であってルールではないから，法解釈の専門家による柔軟な解釈に委ねてよい［長谷部 2004: 171-174 参照］．
②徴兵制と絶対平和主義は特定の「善き生」の観念を強制することになるから，多様な「善き生」の自律的探究の保障という立憲主義の基本前提に反する［同書 158-159, 158-159, 166-168 参照］．
③防衛問題に関しては，民主的政治過程の欠陥はあまりに大きく，適切な結論が得られる蓋然性は低い［同書 152-155 参照］．
④いったん有権解釈によって設定された基準については，憲法の文言には格別の根拠がないにしても，どこかに線を引くことが必要である以上，なお，それを守るべき理由がある［同書 162-164 参照］．

これらについて以下，簡単に検討しておく．
　〈①について〉　ある憲法条文をルールでなく原理だと言えば，文理を無視した解釈を「専門家」ができるとなると，「専門家」の政治的イデオロギーに応じて憲法規範が融通無碍に操作されることになる．いずれにせよ，憲法学者の

中にも，九条は集団的自衛権行使を排除していないと主張する者もいる［例えば，大石 2007 参照］以上，集団的自衛権行使容認派も，この理屈を利用して自分たちの解釈は解釈改憲ではないと主張できてしまうだろう．

〈②について〉 徴兵制は特定の善き生の強制という「卓越主義（perfectionism）」とは無縁である．「兵士としての生き方が卓越しているから兵役が課される」のではなく，戦力行使無責任化を抑止するという観点から，自衛戦力の防衛利益を享受しながら，自衛戦力の保有・行使に伴う犠牲・リスクを一部の者に転嫁するフリー・ライディングを排除するという公平性の要請に基づいて徴兵制が採用されるのであり，また，良心的兵役拒否権とも接合できる．

絶対平和主義は戦争正義論の観点から私もこれを斥けるが，それは絶対平和主義が，特定の善き生を強制する卓越主義だからではない．絶対平和主義は侵略をまさに不正とみなしてそれを是正するために断固闘うことを要請する点で，匡正的正義の一構想であり，それが斥けられるべきなのは，それが要請する不正是正方法としての非暴力抵抗が，「義務以上の奉仕（supererogation）」と言うべき過重な自己犠牲リスクを課すからである．絶対平和主義を斥ける根拠は，特定の善き生の観念の強制を禁じるリベラルな反卓越主義ではなく，「当為は可能を含意する（*Ought* implies *can.*）」というカント以来の規範論理的原理や，「法は不能を強いず（*lex non cogit ad impossibia.*）」という法原理にも一脈通じるような，正義の義務が課す負担・犠牲を限定する原理にある．正義の義務の履行負担限定問題と反卓越主義の問題は混同されてはならない．リベラルな立憲主義は，過重な自己犠牲を要請しない「善き生」の構想であっても，それを強制する卓越主義を排除する．リベラルな反卓越主義を根拠に絶対平和主義を斥けるのは，戦争正義論の主張として妥当ではない．また，かかる戦争正義論上の主張から直截に，憲法 9 条の文理を超えて専守防衛武装容認的解釈を正当化するのは無理がある．

〈③について〉 防衛問題といっても，戦術決定や，武力装備・兵站・防衛情報収集・軍事通信網等の防衛システム設計など，まさに専門技術的な問題と，国の安全保障体制のあり方に関する基本原理の問題とは次元が異なる．前者について民主的政治過程で適切な判断ができないとしても，後者については，民主的政治過程では適切な結論が得られる蓋然性が専門家の憲法解釈に委ねるよ

りも低いと断定する根拠はない．東日本大震災における福島原発事故問題は，日本の原子力エネルギー政策を牛耳ってきた学者・技術者・官僚などのテクノクラートが，民主的政治過程における監視と批判的統制が不十分だと，いかに無能化・無責任化し，いかに破局的な被害を国民にもたらしてしまうかを証明した．安全保障体制の基本原理について，憲法学者・裁判官・法制局官僚などの憲法解釈の「専門家」が，民主的政治過程における熟議を経た決定よりも適切な判断ができるなどと主張するのは，かかる専門家の「夜郎自大」的な自惚れにすぎない．安全保障政策選択において民主的政治過程の暴走の危険性を抑止する適切な方法は，「専門家」任せではなく，民主的政治過程の熟議機能の強化を図る制度改革や実践である[41]．

実際，長谷部自身が，集団的自衛権行使容認のための解釈改憲を批判する文脈で，「国際情勢の変化等を理由に，集団的自衛権の行使を認めるよう憲法を変化させることが，まったく認められないわけではありません．しかし，そのためには国民的議論を尽くした上で，憲法を改正するという正規の手続を踏むべきでしょう．……少数の「専門家」の議論だけで，いつの間にか憲法の意味が変わってしまい，そのために安全保障の上でも，外交交渉の上でも，国民の思いもよらない結果を押し付けられることのないように，十分に時間をかけた冷静な議論が必要です」と述べている［長谷部 2014a: 212 参照］．私は長谷部のこの主張には，あるべき憲法改正が，集団的自衛権行使容認への９条明文改正ではなく，憲法９条の削除であるという留保を付した上でだが，「異議なし！」と声援を送りたい．しかし，彼のこの議論は，占領政策の右旋回，冷戦の緊張の高まりというような国際情勢変化の下で，かつての保守政権執行部を担った政治家の意を酌んで内閣法制局官僚のような「専門家」が編み出し，修正主義的護憲派の憲法学者のような「専門家」が後に支持した「専守防衛の自衛隊・安保」合憲論，すなわち，「自衛隊は戦力でない」とか「日米安保体制下で米

---

41) 民主的立法システムの改善のためには，その機能不全を違憲審査制だけで制御することの限界を自覚した上で，立法の「正当性」のみならず「正統性」の保障という観点から，民主的立法システムそのものの規範的改革構想を探究する学としての「立法理学（legisprudence）」を発展させる必要がある．このような学が必要とされている現代日本の議会民主政の問題状況を分析し，かかる学を発展させるために必要な法哲学の自己変革の方向を提示するものとして，本書第 1 章第 3 節参照．

国の巨大な戦力を利用して自衛戦争をするのは交戦権の行使ではない」というような，「国民の思いもよらない」アクロバット的解釈で，「いつの間にか憲法の意味が変わって」しまう状況を作り出してきた「古い解釈改憲」の批判にもそのまま転用されうるだろう．

〈④について〉　憲法の「有権解釈」ができるのは最高裁判所のみである．しかも最高裁の「有権解釈」でさえ，当該事件についてその判断を覆しえないというにすぎず，その後の憲法解釈を拘束する無謬性を標榜できるわけではない．この点は別としても，砂川事件判決や長沼事件判決以来，最高裁は日米安保を合憲とし，自衛隊について，違憲判断を回避してきたが，集団的自衛権行使が合憲か違憲かは判断していない．集団的自衛権行使容認派が，砂川事件判決が集団的自衛権行使を合憲としたと主張するのは根拠がないが，集団的自衛権行使が違憲だとも最高裁は断定していない．「外交・防衛問題に関わりたくない裁判所は明確な憲法判断を示そうとしない」と長谷部自身が認めている［長谷部 2013: 72 参照］．「いったん有権解釈によって設定された基準については，それを守るべき理由がある」と長谷部は言うが，最高裁は「自衛隊・安保は専守防衛の枠内でのみ合憲で，集団的自衛権行使は違憲である」とは明確に判示していない以上，従来の内閣法制局見解や修正主義的護憲派の立場が「有権解釈によって設定された基準」であるとは言えないのである．

さらに言えば，砂川事件判決についても，当時の田中耕太郎最高裁長官が判決前にマッカーサー二世駐日米国大使ら米国政府関係者と密議し，跳躍上告された一審の安保違憲判決を最高裁の裁判官全員一致で覆すことを約束するという，日本の司法の独立と裁判官の独立をまったく無視した強引な政治的司法操作をしたことが最近明らかにされている［布川・新原編著 2013 参照］．大津事件において，ロシアの顔色を窺った明治国家の圧力に抗して司法の独立を守った大審院長，児島惟謙がいま生き返ってこれを知ったら，「立憲民主主義体制となったはずの戦後日本の司法のこの体たらくは何だ！」と驚愕するとともに激怒するだろう．最高裁長官が筆頭に立って政治権力に追随するこんな情けない戦後日本の司法の「有権解釈」によって，「自衛隊・安保は合憲」という古い解釈改憲を正当化するのは無理である．

長谷部の意図は，イェリネックの言う「事実の規範力」の適用としての憲法

変遷論，すなわち，古い解釈改憲の線に沿った自衛隊・安保の体制が戦後日本で長く続いてきたという事実が，憲法9条の意味を古い解釈改憲に合致するように変容させたという点にあるのかもしれない．しかし，安倍政権による「新しい解釈改憲」に対する古い解釈改憲の憲法理論的優位性の主張を，この議論で正当化することはできない．違憲の事実状態も一定期間持続すれば，憲法規範の意味がその事実状態を合憲とする方向に変容するという議論に依拠するなら，「新しい解釈改憲」もそれに適合した違憲の事実状態を政治力により一定期間持続させれば，憲法の意味を変容させられることになるだろう．それを古い解釈改憲の立場から批判することはできない．自己の政治的選好で左右できないような憲法の規範的権威への敬意を欠き，むしろ政治的必要性と自分が判断するものに憲法解釈を合わせることにより，憲法に対する政治の優位を容認する点で，どちらも同罪だからである．

〈ⅱ〉 原理主義的護憲派の政治的御都合主義

専守防衛の枠内の自衛隊・安保も現憲法下では違憲とする点で，憲法解釈論としては，私は原理主義的護憲派と同じ立場に立つが，立憲民主主義に関する思想的立場は彼らの対極に位置する．私は，立憲民主主義の原理にそぐわない九条を削除して，立憲民主主義の基盤を侵食する違憲事態の固定化を解消することを主張するのに対し，原理主義的護憲派は，現状の自衛隊・安保を九条違反で違憲としながら，憲法9条がなかったら事態は自分たちの政治的選好からもっと乖離する方向へ進むだろうという理由で，その改正に反対し，違憲事態[42]をこのまま固定化させようとしている．もちろん，民主的立法過程で自衛隊・安保を廃棄し非武装中立を実現することにより違憲事態を解消する道が，彼らにも理論上は開かれている．しかし，実際には，原理主義的護憲派は，専守防衛の枠を超えた自衛隊・安保の強化の動きが出るとそれに反対する政治運動はするが，自衛隊・安保自体を廃棄する政治運動をもはや本気でやろうとは

---

42)「違憲状態」と言わず，「違憲事態」という言葉をここで使用するのは，前者の用語が議員定数是正訴訟の文脈などで，「違憲とはっきり断定できないが，限りなく違憲に近い状態」というようなニュアンスで使われることがあるからである．自衛隊・安保の存在は違憲とはっきり断定されるべき事態であるという意味で「違憲事態」である．

していない[43]．そもそも，既述のように，自衛戦力の放棄を要求する絶対平和主義の根底には非暴力抵抗思想があるが，この思想が課す峻厳な自己犠牲責務を引き受ける覚悟が彼らにあるとは思えない．非武装中立になっても，日本を侵略する国はないだろうとか，侵略の危険が迫ったら「正義と平和を希求する国際社会」が日本を守ってくれるだろうという願望思考に一方で浸りながら，他方で，侵略の危険への不安を，自らが違憲の烙印を押している自衛隊・安保の現実がもつ防衛効果への便乗によって紛らわせているというのが本音だろう．

　原理主義的護憲派が，憲法9条改正反対を叫びながら，まさにそのことによって憲法9条に反する違憲事態を固定化させようとしているというのは，皮肉というより，憲法の基盤にある立憲民主主義の原理に対する裏切りである．修正主義的護憲派は，その解釈改憲の欺瞞ゆえに，護憲派の名に値するかどうか疑わしいと述べたが，少なくともこの違憲事態の固定化が解消されなければならないという問題意識だけは私と同様に強くもっている．しかし，原理主義的護憲派においては，この問題意識は既に蒸発したか著しく希薄化している．専守防衛の自衛隊・安保を事実上容認しておきながら，これを違憲にする憲法9条解釈と，そう解釈された憲法9条という条文を彼らが固守しようとするのは，自衛隊・安保をめぐる政治的対立の綱引きにおいて，自衛隊・安保が専守防衛以上に強化されるのに対抗するために，「専守防衛ですら既に違憲なのに，ましてや集団的自衛権などとんでもない」と主張させてくれる憲法9条が，強い交渉カードとしての政治的利用価値をもつと信じているからである．自分たちの政治的選好に可能な限り近い状況を維持するための政治的手段として，違憲事態の固定化が利用できるなら，これを利用して何が悪いと開き直っているのである．

　憲法9条が自衛戦力をも放棄したと解する護憲派の立場を私は「原理主義的護憲派」と名付けたが，実はこの名称は「誤称（misnomer）」かもしれない．彼らには，「九条の絶対平和主義の思想」への真摯なコミットメントが本当にあるとは思えない点で，「原理主義」と呼べるかどうか疑わしいだけでなく，

---

43)　もちろん，非武装中立化に向けた改革のロードマップについての理論的研究はなされている［その紹介検討として，水島 1995: 2-22, 475-505 参照］．しかし，理論的研究を超えて，自衛隊・安保の廃棄に向けた政治運動を国民的規模で推進する実践はなされていない．

「違憲事態の固定化を利用する護憲派」である点で，護憲派の名に本当に値するのか，修正主義的護憲派と少なくとも同程度に疑わしい．原理主義的護憲派が，修正主義的護憲派の解釈改憲という便法を否定するなら，憲法の規範的権威を掘り崩す違憲事態の存続を解消するためには，この問題につき，硬性の憲法改正手続に従い，国民的規模での熟議を貫徹して決着をつけるしかないはずである．「原理主義的護憲派」にとって，自衛隊・安保を明確に否認する憲法改正案を国会に発議させることは，諸党派のいまの勢力分有状況では無理だろうが，逆にこれを明確に認知する憲法改正案が国会で発議された後の国民投票において，これを否決させるための大規模な政治運動を推進することは十分可能である．しかし，彼らは，自己の政治的敗北のリスクを避けるために，かかる憲法改正プロセスを発動させて国民に信を問う事自体に反対している．彼らが守ると標榜している憲法自体が，憲法価値をめぐる政争を公正に裁断するためのルールとして，硬性の憲法改正プロセスを設定しているにも拘らず，このプロセスで正々堂々と勝負することを，「負ける試合はしない」と拒否し，自分たちの政治的選好を可能な限り充足するために違憲事態を固定化する方を選んでいる．そこには，法の支配の理念に依拠した立憲民主主義が要請する〈公正な政治的競争のルール〉としての憲法に対する真の敬意が見られない．政治的対立状況の中で自らの政治的選好を最大限実現するための政治的駆け引きの便法として，すなわち「政争の具」として憲法を利用しようとする政治的御都合主義がぎらついている．

　私の九条削除論を批判した愛敬浩二の議論は，上述のような護憲派の政治的御都合主義を如実に示している．彼は私の立場に対し「九条改定の問題はあくまで政治問題であって，倫理問題ではない……私にとって九条改定の問題は現代改憲の『思惑』との関係で，その改憲に賛成するか否かという問題である」と答えた上で，「井上は自説の『九条削除論』を改憲・護憲を超える『第三の道』であるかのように論じるが，これはまったくの勘違いである．改憲派の『思惑』からすれば，九条全面削除が最も望ましい」とする．さらに，九条を削除しても対米追随の軍事大国化がとめられる保障はなく，「井上は，自衛隊・安保条約の廃棄を民主的過程で実現しようとする運動への傍観者的な敬意を表するのみ」であり，「井上の議論の核心は，九条を削除すれば，日本にも

立憲主義が定着するという『期待』のほうにある」が，九条を削除しても基本的人権保障における日本の司法の欠陥が改善される保障はないと批判する［愛敬 2006: 148-151］．

　まず，私の立場に対する誤解を除いておこう．私の戦争正義論の立場は絶対平和主義に基づく非武装中立論ではなく，既述のような消極的正戦論である．絶対平和主義はその非暴力抵抗の原理が人々に課す自己犠牲の過重性ゆえに，すべての諸国民に対し義務として課すことはできないが，も̇し̇日本国民が絶対平和主義の原理を，それが課す犠牲を覚悟した上で，自発的にこれを引き受け̇る̇な̇ら̇，賞賛に値するだろうと私は言った．しかし，これは反実仮想である．実際には日本国民にその覚悟を期待できないだけでなく，非武装中立の提唱者たちにも非暴力抵抗を実践する覚悟が本当にあるとは私は信じていない．自衛隊・安保の強化に対する反対を超えて，その廃棄をはっきり要求する政治運動がいま推進されているとは思えないが，一部にそのような運動があるとしても，「殺されても殺し返さない」という峻厳な覚悟ではなく，「非武装中立の日本国民を侵略する国などないだろう，侵略国が現れたとしても国際社会が日本を守ってくれるだろう」という甘えに立脚したものと私は考えている[44]．したがって，彼らの「運動」には，失礼ながら「傍観者的敬意」すら，払ってはいない．

　また，「九条」が日本における立憲主義の定着を阻害する要因の一つであり，それを除去することは立憲主義の定着の必̇要̇条件であると私は考えるが，十̇分̇条̇件̇であるなどと主張した覚えはない．立憲主義的人権保障における日本の司法の欠陥は九条問題とは別の諸要因が種々絡んでおり，それを摘出し改善する努力が必要なのは当然で，私自身，司法改革問題については別途考察している［本書第6章第1・2節参照］．

　さらに，最も根本的な誤解だが，私が軍事的な対米従属構造からの日本の脱却を志向しながら，安全保障体制のあるべき形態が何かは憲法で固定するのではなく民主的立法過程で持続的に模索さるべきだと主張するのは，この問題を民主的立法過程に付すことが，自分が正しいと信じる安全保障体制を実現するための政治的手段として有効だと考えるからではない．逆に，民主的立法過程

---

44) 本章注28で触れた柄谷行人の立場はこの種の幼児的願望思考の典型である．

のアジェンダにこの問題を置くことが，自己の政治目的実現の障害になったとしても，〈公正な政治的競争のルール〉たる立憲主義の原理によって要請されると考えるからである．

　最後に触れた誤解が示すように，愛敬が「九条改定の問題はあくまで政治問題であって，倫理問題ではない」と主張するとき，彼は自分が正しいと信じる安全保障体制を実現する上での九条の政治的有用性という観点からしか，この問題を捉えていない．個人の生き方に関わる「倫理問題」ではなく，また単なる党派的政治抗争で勝つための戦略問題としての「政治問題」でもない，より根本的な「政治道徳」の問題，すなわち価値観が多元的に分裂し抗争する政治社会において法の支配が要請する〈公正な政治的競争のルール〉としての立憲主義の問題に，彼は関心がないのである．愛敬が「改憲派の『思惑』からすれば九条全面削除が最も望ましい」として私の九条削除論と「改憲派」——ここでは「右の改憲派」の謂，以下同様——の立場を同視するのも，この無関心に由来する．「改憲派」にとっては，従来の護憲派がそうしてきたように，彼ら自身の政治的選好（自衛隊・安保の拡大強化）を憲法規範として固定して，通常の民主的政治過程における対抗勢力による将来ありうべき批判的巻き返しに対して保護できる方が，問題を民主的政治過程での持続的討議に委ね，巻き返されるリスクをとるという，九条削除論の要請に従うよりも，彼らの政治的思惑からすれば，はるかに望ましいのである[45]．成文硬性憲法としての日本国憲法の下で，民主的立法過程に委ねることと憲法規範化することとの間に存するこの基本的な区別に，憲法学者の愛敬が無頓着であるのは驚くべきことだが，これは，彼が少なくとも九条問題に関する限り，立憲主義の意味を理解している憲法学者としてではなく，己の党派的政治選好を追求する戦略にしか関心のない「政治運動家」的視点で思考していること——彼が実際に政治運動に関与しているかどうかではなく，その思考様式が「政治運動家」的であるということ——を示す．

---

45) 右の改憲派の中には，憲法9条2項削除を唱える者はいるが，9条全体の削除を主張する者はいない．彼らも，侵略を禁じただけで自衛のための戦力の保有・行使を容認していると一般に解されている9条1項は固持し，自衛のための戦力の保有・行使も禁じられているという主張の根拠をなす9条2項だけを削除して，安全保障に関する自らの政治的選好に「憲法の御墨付」を得ようとしているのである．

さらに言えば，政治運動家的視点から，彼が「改憲派にとっては九条削除が最も望ましい」などと，私から見れば政治的にも根拠のない臆断をするのは，民主的立法過程では「非武装中立派と専守防衛派が結託しても，集団的自衛権容認派にいまは勝てないし，今後もずっと，巻き返すことは無理だ」という判断によると推察できる．そうだとすると，民主的政治闘争における自らの敗北の永続性を前提するこの諦観的姿勢は，政治運動家的視点からも批判さるべき「やる気のなさ」——活発な政治運動の気概がまだ少し残っていた私が若い頃の日本社会の，いまでは「死語」になってしまった政治用語では，まじめに運動を推進しない「堕落した幹部」のことを「だら幹」と呼んだが，まさにこの意味での「だら幹」的な無気力性——を露呈しているのではないか，という疑問が当然生じる．しかし，それ以上に問題なのは，民主主義の闘技場で自己の政治勢力が民意の支持を得て勝つのは無理だから，自分たちの政治的選好を憲法によって固定化する方が得策だとする姿勢，すなわち，まさに憲法を「政争の具」としてしか見ていない姿勢が，ここに露骨に現れていることである．

　非武装中立論者を「原理主義的護憲派」と呼ぶのは「誤称」で，彼らは絶対平和主義に真摯にコミットする「原理主義」を捨て，違憲事態の固定化を歓迎することにより立憲主義を尊重する真の護憲精神も捨てていると先に示唆したが，非武装中立論的九条解釈をとる愛敬は，このことを天真爛漫とも言うべき率直さで承認している．彼は「九条のおかげで自衛隊は侵略的な軍隊になるおそれがないし，自衛隊が認められるなら，九条を維持したほうが賢明だと考えるのが，『おじさん的思考』である」とし，彼が内田樹に帰したこの『おじさん的思考』に「本章で紹介したどの九条論よりも，私は魅力を感じる」と言い放った上で，「しかし，だからこそ，九条は絶対平和主義的に解釈されるべきだと私は考える．……戦後の政府解釈は，自衛戦争も放棄したと述べる吉田首相の——まったく『おじさん的』ではない——答弁から出発した．政府解釈がここから出発したからこそ，少なくとも現在まで，憲法九条は『軍事的なるもの』に対する一応の『封印』たりえた」と主張する［愛敬 2006: 159-160］．さらに，「もし，徹底した非武装平和主義（絶対平和主義）だけを『護憲』と考えるならば，護憲派はかなり小さくなるだろう．もちろん，このような『ファンダメンタリズム』も一つの立場だが，私はどうも『ファンダメンタリズム』が

苦手である．それに，現代改憲の是非を考えるうえで，このように『ファンダメンタル』な立場への賛否を『改憲』派と『護憲』派の区別の基準にすることは，改憲派の側に不当な利得を与えることになる」と本音を表白している［愛敬 2006: 159-160］．

憲法9条を絶対平和主義的に解釈すべきであり，かつそのように解釈された憲法9条を固守すべきだと主張する「原理主義的護憲派」が，実は，自衛戦力をも拒否する絶対平和主義に真摯にコミットする「ファンダメンタリズム」を捨てており，専守防衛の枠で自衛隊を保持するための戦略的レトリックとして「絶対平和主義の九条」擁護の看板を掲げているだけだということ，私が彼らの「隠された本音」として指摘してきたこのことを，かくまであっけらかんに公然と承認されてしまうと，しかも悔悟の念ある告白としてではなく，自分たちの「賢明さ」（政治的狡知）を誇る自慢話として強調されてしまうと，もはや，唖然とするしかない．さらに理解に苦しむのは，「おじさん的思考」の狙いを実現するには，「『おじさん的』でない」ふりをした方が得策だという愛敬のこの言明自体が，自分たちが実は「おじさん的」であることを世間にばらしており，自分たちが「おじさん的」でないふりをし続けることをもはや不可能にする自壊性をもつということをまったく自覚せずに，彼が得々とこれを言い放っていることである．ここに露呈しているのは，愛敬自身の比喩の語法に従うなら，「おじさん的」な政治的狡知と言うより，むしろ「お坊ちゃま的」な政治的幼稚性と言うべきだろう．

こんな自壊的言明をその自壊性を自覚せずに言い放つ政治的幼稚性，さらに自己のこの政治的幼稚性を「政治的叡智」と誤解して悦にいる倒錯性は，いったい何に起因するのか．それは，報道されることを忘れて自分の後援会で放言してしまう政治家と同様，愛敬には「他者」が見えていないからだとしか，考えようがない．彼は，「専守防衛の自衛隊はOK」という政治的選好を本音では共有する修正主義的護憲派に対し，「われわれが共有する政治的選好を充足するには原理主義的護憲派のふりをした方が得策だよ」と説得する「お仲間トーク」に耽っているのである．護憲派を批判する「他者」にも読まれうる公刊された著書の中で，「他者に知られるとやばい」はずのこんな「お仲間トーク」に堂々と耽ることができるのは，他の乗客の視線など眼中になく通勤電車の中

でお化粧に励む若い女性にとって，他の乗客が「人」というより「モノ」のような存在であるのと同様に，愛敬にとって，自らの政治的立場に批判的視線を向ける他者は，真摯な相互批判的対話の相手として尊重さるべき人格ではなく，無視してよい「モノ」にすぎないからだろう．「他者」が見えていないこと，これこそ彼が憲法を，政治的見解において自己と対立する他者との〈公正な政治的競争のルール〉としてではなく，自己の政治的選好を他者に押し付けるための「政争の具」としてしか見ない根本的理由だと思われる．

「お仲間トーク」に耽る愛敬に見えていない「他者」は，彼と対立する改憲派の政治家や知識人だけではない．彼が無視することによって最大の侮辱を与えている「他者」は，自衛隊員である．日本が侵略された場合には生命を賭して日本を防衛し，そのような侵略を抑止するために平時から防衛警戒業務に精励する自衛隊員の存在が提供する安全保障の便益を，愛敬は，専守防衛の自衛戦力ならOKとしてちゃっかり享受しながら，日本の安全保障体制を自己の政治的選好が許容する枠内に固定化するための戦略的レトリックとして原理主義的九条解釈を利用し，自衛隊に対し「違憲の烙印」を永遠に押し続けることを要請している．彼が賞賛するこの原理主義的護憲派の欺瞞によって，自衛隊員たちは，いわば，「認知」を拒まれ続けながら，「認知」を拒み続ける父親に生命を賭して奉仕することを要求される「私生児」と同様な地位に置かれている．しかも，「憲法的私生児」の烙印を押されながら日本の防衛に奉仕する自衛隊員の少なからざる部分は，大学進学のための経済力が家族に十分ないため，高卒で入隊するか，給料をもらえる防衛大学校に入学した中流以下の社会階層の出身者である[46]．このことに，愛敬は気付いているのだろうか．気付いていないなら，彼は政治的にも倫理的にも幼稚な「お坊ちゃま」である．気付いていながら，自衛隊員に対してその地位に甘んじ続けよと要求するなら，「政治的に幼稚なお坊ちゃま」と「倫理的に無責任で身勝手なおじさん」とが彼の精神に同居していることになる．どちらが真かは断定できないが，私としては前者

---

46) 陸上自衛隊には，さらに，中学校卒業後入学し，給料を支給されながら高等学校教育を受けられる高等工科学校がある．なお，本文の記述は，経済力ある家庭の出身者であえて自衛隊員のキャリアを志願する者がいることを否定するものではないし，経済力の乏しい家庭出身の自衛隊員すべての自衛隊志願の主動機が経済的理由だと主張するものでもない．

だろうと思いたい．後者が孕む倫理的な罪は赦されるにはあまりに深すぎるからである．

　以上，修正主義的護憲派と原理主義的護憲派の欺瞞の批判的分析を通じて私の九条削除論の憲法論的意義の明確化に努めた．安全保障体制のあり方に関する政治的立場に関しては，徴兵制の問題を別とすれば，専守防衛の自衛戦力保持と米国主導の集団的自衛権体制への編入拒否という点で，彼らと私との間に大きな違いがあると思わない．しかも，本音では専守防衛論を容認している原理主義的護憲派が，もし非武装中立の理想をまだ本当に捨てていないのなら，徴兵制問題についても，国民の戦力保有選択に徴兵制を条件付ける私の主張を，一般国民に戦力保有の是非を「他人事ではなく自分が巻き込まれる」問題として真剣に再考させるインセンティヴを与えるという点で，少なくとも検討に値すると考えるだろう．もし原理主義的護憲派が，このことを想像もできないのなら，彼らの非武装中立論はやはりただの欺瞞である[47]．

　彼らと私との根本的な対立は，政治的立場の違いよりも，憲法観の違い，もっと言えば立憲民主主義の存在理由の理解の違いにある．すなわち，政治的に対立する自己と他者との間の〈公正な政治的競争のルール〉として憲法を位置付ける立憲民主主義の原理が，自己の政治目的を追求する手段として憲法とその解釈を利用すること，憲法を「政争の具」にすることに対して課す制約を真剣に受け止め尊重するか否かにある．私は二つのタイプの護憲派が，基本的人権保障を重視する立場は私と共有しながらも[48]，こと安全保障問題となると，

[47) 原理主義的護憲派には，戦力保有の是非を国民に真剣に考えさせるという狙いとは逆に，憲法と自衛隊の矛盾の黙認に国民を誘導するレトリックとして徴兵制論を利用する者もいる．例えば，原理主義的護憲派の伊藤真は，彼と私が参加した公開討論［伊藤・伊勢﨑・井上・今井・堀・吉田 2018］で，もし戦力を保持するなら「国民皆兵制」を採用すべきだと，一見私と似た主張をした．しかし，彼は専守防衛の枠内でなら自衛隊を政治的には容認するという原理主義的護憲派の欺瞞に開き直り，しかもこの枠内でなら自衛隊は戦力でないから合憲とする修正主義的護憲派との政治的野合も是認している．自衛隊が戦力であるがゆえに違憲だとしながら，修正主義的護憲派と野合して，志願兵制の戦力たる自衛隊に寄生することを容認する彼の「国民皆兵制論」は真面目な主張とは程遠い．こんなふざけた議論を彼がするのは，「戦力の保有・行使を憲法上明示的に承認すると徴兵制になるぞ，怖いだろう，だからやめておけ，憲法的私生児としての自衛隊に寄生する方が得策だ」と国民を「恫喝しつつ誘導」するのが本音の狙いだとしか，解しえない．

いずれも憲法を「政争の具」にすることにより，〈公正な政治的競争のルール〉としての憲法への日本国民の敬意と信頼を腐食させていると考える．安全保障問題に関し自己の政治的立場を固守する手段として憲法を利用することによって，たとえ集団的自衛権行使抑止という彼らと私が共有する政治的目的がより実効的に実現できたとしても，この政治的利得よりはるかに大切なものを我々は失ってしまう．失われるのは，政治的価値観が先鋭に対立する我々の社会において，「独善と独善との仁義なき闘い」を超えて政治的決定の共通の「正統性」承認基盤を確保せんとする法の支配の理念，そしてそれに立脚した立憲民主主義の原理そのものである．

第3節　九条問題「政治化」論の欺罔と欺瞞

　前節で私は，年来の持説たる九条削除論を，その根拠をなす「戦争の正義」と法の支配および立憲民主主義とに関する私の法哲学的立場の全体像を提示することにより，再定式化し再擁護する議論を展開した．その中で，修正主義的護憲派と原理主義的護憲派を，それぞれ長谷部恭男と愛敬浩二の議論に焦点を当てて批判した．この論考は『法の理論』33号に掲載された前節と同じ題名の旧稿［井上 2015a］――以下，「再説」と略記――を再録したものである（再録にあたって若干の改訂を加えたが，本文については分かりにくい表現を若干改めるだけにとどめ，論旨を敷衍する実質的加筆はすべて，新たに付加した注で行った．新注での加筆も私見を敷衍するものであって変更するものではない）．

　愛敬は，旧稿での私の批判に対する応答［愛敬 2016］を『法の理論』34号に提出したので，同誌編集者より私も再応答を求められ，同誌同号に応答［井上 2016b］を寄せることになった．私の護憲派批判の論旨と九条削除論の趣旨

48）　例えば，自民党の日本国憲法改正草案が孕む「人権保障の弱体化」についての愛敬の懸念［愛敬 2013 参照］を私も基本的に共有する．もっとも，この点に関して，彼が法哲学者J・ウォルドロンのリベラルな権利論を援用している点［愛敬 2013: 132 参照］はミスリーディングと言わざるをえない．ウォルドロンはリベラルな人権保障の制度装置として民主的立法の優位を説き，違憲審査制批判の先鋒に立つ法哲学者だからである［Waldron 1999a 参照］．ウォルドロンへの私の批判として，本書第3章第2節3参照．

をさらに明確化するため，愛敬の応答への私の応答を以下に再録する．前節の場合と同様，本節の旧稿再録においては，本文については形式的な表記の訂正を加えるにとどめ，趣旨を敷衍する補足的な加筆は注で記している．

　予めお断りしておくが，本節での私の愛敬批判は，前節での批判よりもさらに厳しさを増しており，一部の読者は驚かれるかもしれない．日本の護憲派憲法学者が，こと九条問題に関する限り，憲法の公共的「正統性」への配慮も学問的誠実性もかなぐり捨てて，自己の党派的選好を実現する手段として憲法を歪曲濫用する政治的御都合主義に走っていることを私は批判したが，愛敬は私の指摘した事実を否定するどころか，そのどこが悪いと言わんばかりに公然と政治的御都合主義を是認し，私の批判にまともに応答することなく，それに開き直っている．読者が驚くべきなのは，憲法学界で有力な地位を占める護憲派憲法学者がこのような開き直りをして平然としているという事実である．こういう言説が厳しく指弾されずに横行するなら，既に危うくなりつつある憲法学の学問的信憑性が致命的損傷を負うばかりか，日本の立憲主義が憲法学によって扼殺されることになろう．愛敬に対する以下の私の再批判は，日本の立憲主義を救済するための言論実践であると同時に，日本の憲法学への，その学問的更生を願う「愛の鞭」でもある．

＊＊＊＊＊

　論争を深化発展させる契機になることを期待して愛敬の「応答」を読んだが，期待は見事に裏切られた．率直に言って，私はいま「何をか言わんや」の心境である．愛敬は彼に対する私の批判の核心的な論点に対して何ら応答せず，これを無視ないし隠蔽して自説を反復しているだけだからである．私に対する「逆襲的」な反論は若干あるが，これらは彼の基本的立場の欺瞞性・自壊性・倒錯性に対する私の「再説」での批判に対する応答になっておらず，論点をそらすための煙幕であるだけでなく，それ自体としてさらなる自壊性・倒錯性を示している．以下，私の批判の眼目を摘要した上で，論点の隠蔽・回避の問題と，「逆襲」的反論の自滅性の問題について指摘する．

1 私は何を批判したか

「再説」で私が愛敬のいかなる主張を検討し批判したかを再確認する．私が問題にした彼の主張は以下の命題から成る．

①原理主義的九条解釈論　憲法9条は自衛のためか否かを問わず，一切の戦力の保有と交戦権の行使を禁じている．したがって自衛隊と日米安全保障体制は専守防衛の枠内であっても違憲である．憲法9条が許容する日本の安全保障体制は非武装中立である．

②九条護持論　①のように解釈された憲法9条は改正されてはならない．改正プロセスを発動させて最終的に国民投票で改正の是非を国民に問うこともすべきでない．集団的自衛権行使容認を明記するような憲法改正のみならず，専守防衛の枠内でのみ自衛隊と安保は許されることを明記するような憲法改正，さらには非武装中立を明記するような憲法改正を含めて，憲法9条についての明文改正を求める憲法改正運動は一切すべきではない．現行憲法9条はそのまま凍結されるべきである．

③自衛戦力是認論　憲法論とは別に，国際社会における武力行使の正当可能性の問題として，すなわち戦争正義論の問題として，日本が自衛目的に限定して戦力を保有し行使することは是認される．集団的自衛権行使は許されないが，専守防衛（個別的自衛権）の枠内でなら日米安保体制を少なくとも当座は維持し，国連の平和維持活動に協力することも是認される．

④違憲事態固定化是認論　専守防衛の枠内の自衛隊と安保も①により違憲であるが，違憲の烙印を押しつつ，その存在を事実上是認すべきである．違憲の烙印を押し続けることが，自衛隊と安保を専守防衛の枠内にとどめるために政治的に有効だからである．

私は①については愛敬に全面同意し，③についても，消極的正戦論に立脚しつつ集団的自衛権体制と区別された国連中心の集団的安全保障体制の発展を要請する私の戦争正義論上の立場と合致する限りで，基本的に同意する[49]．私が批判しているのは②と④である．①と③を承認するなら，すなわち，専守防衛

の枠内での自衛隊・安保の存続を是認しながら，それを合憲とする修正主義的護憲派の九条解釈を否定し，憲法 9 条は自衛目的の戦力保有・交戦権行使も禁じていると解釈するなら，自衛戦力の保有・行使を許容する憲法改正を要請しなければならない．私の九条削除論に反対するなら，専守防衛是認を明記する憲法 9 条明文改正を提唱しなければならない[50]．①と③の連言は，②と論理的に矛盾し，②の否定を論理的に要請している．それにも拘らず，愛敬が論理的矛盾などお構いなしに②を主張する理由は④である．私は④が最大の問題を孕むとし，批判の焦点をここに置いた．私の批判の眼目は以下の三点であった．

　第一に，安全保障体制のあり方についての自己の政治的選好を実現する手段として政治的に有効なら，違憲事態を固定化して何が悪いと開き直るのは，立憲民主主義およびその根底にある法の支配の精神に対する最大の冒瀆である．あるべき安全保障体制は何か，それと憲法は整合するかをめぐって厳しい対立が存在する以上，しかも愛敬自身が自分の支持する専守防衛体制が憲法に反することを認めている以上，憲法の価値をめぐる論争を裁断するプロセスとして憲法自体が設定している憲法改正手続に従って，改憲プロセスを発動させ，国会のみならず国民の間で集中的に論議し，最終的には国民投票で国民に信を問うことが立憲主義の要請であり，さらには憲法改正権力を国民に帰する国民主権原理の要請でもある．憲法改正手続を軟性化させる「憲法 96 条改悪」に反対する立場は私も支持するが，硬性を保持された 96 条の下での改憲プロセスの発動にも反対というのは，あまりに卑劣である．改憲プロセスを発動させると自分たちの勢力が負けるリスクがあるから発動させないという姿勢は，立憲主義や民主主義を自分たちの政治的選好実現に有利な限りで援用し，不利な場合には無視するもので，憲法を「政争の具」として濫用し，〈公正な政治的競争のルール〉として憲法を尊重することを要請する立憲民主主義の理念を蹂躙

---

49) 「基本的に」という限定を付けたのは，愛敬が「井上の分析枠組みに（無理やり）押し込めるとすれば，拙論は多分，消極的正戦論に分類されることになるだろう」［愛敬 2016: 150］という，もって回った表現で留保――何を留保したいのか不明だが――を残そうとしているからである．
50) 原理主義的護憲派には，憲法 9 条 1 項も自衛戦力の保有・行使を禁じているとする立場もあるが，その場合は憲法 9 条全体の明文改正を提唱する必要がある．9 条 1 項は自衛戦力の保有・行使を禁じていないが，2 項によりそれが禁じられているとする立場をとるなら 9 条 2 項の明文改正を提唱する必要がある．

している．

　第二に，違憲事態固定化が自衛隊と安保を専守防衛の枠内にとどめるために政治的に有効だという判断を，愛敬は政治的叡智だと誇っているが，これはむしろ政治的幼稚性を露呈するものである．愛敬は，修正主義的護憲派の「大人の知恵」――愛敬の言う「おじさん的思考」――に賛同しつつ，専守防衛維持というその狙いを達成するには，自衛戦力も放棄したという九条原理主義的解釈に固執して自衛隊安保の違憲性を主張する「おじさん的でない」立場をとっているふりをし続ける方が政治的に有効だと公然と主張しているが，この言動自体が，自分たちが実際は「おじさん」であることを世間にばらし，「おじさんでないふり」をし続けることを不可能にする自壊性をもつことを私は指摘した．「非武装中立なんて信じていませんよ，でも，非武装中立の九条守れと言ってれば，自衛隊安保を専守防衛の枠で保持できるから，そう言い続けましょうよ」という，こんな自壊的言明に一体誰が説得されるだろうか．愛敬はこれで修正主義的護憲派の「大人の知恵」を実現する一層有効な手段を提供しているつもりだが，修正主義的護憲派に本当に「大人の知恵」があるなら，「愛敬君，迷惑だからやめてくれ」と言うだろう（護憲派勢力の野合を維持するために，はっきり言えなくても，腹ではそう思うはずである）．いずれにせよ，「再説」で批判したように，「自衛隊は戦力でないし，世界最強の戦力たる米軍と協力して遂行する自衛戦争は交戦権の行使ではない」というアクロバット的な解釈改憲をやっておきながら，安倍政権の解釈改憲を批判する修正主義的護憲派の「大人の知恵」ですら，その欺瞞性が既に見透かされている[51]．まだ騙される有権者はいるだろう．だから有権者を騙し続けようというのは，立憲民主

---

51) 例えば，今井 2015 参照．今井は，解釈改憲で自衛戦争を容認する修正主義的護憲派と，本音でそれを認めながら建前上自衛戦力放棄を説く原理主義的護憲派が野合して，態度を曖昧化させている九条の会に対し，「権力者が勝手な解釈で，条文を残したまま憲法九条を大きく歪めようとしているいま，自衛戦争を認めるか認めないかは明確にしないのが『大人の知恵』だなどと言って曖昧にしたままやり過ごすのは，もうやめるべきだと私自身は考えています」として，九条の会としての立場の明確化を求める質問状を 2014 年 8 月 8 日と 2015 年 3 月 19 日に二度も送っているが，彼の新著刊行時点（2015 年 8 月 15 日）でいまだに回答を得ていないという．因みに，今井自身は平和主義に真摯にコミットしているが，これと立憲主義とを峻別し，平和主義の名において立憲主義を捻じ曲げる日本の護憲派の欺瞞を批判し，この問題について改憲プロセスを発動させて国民に信を問うべしする立場を一貫して提唱している［今井 2003 参照］．

主義に対する許し難い冒瀆である．愛敬の違憲事態固定化論は護憲派の欺瞞を隠蔽するよりむしろ，一層露骨な仕方で露呈させている．その意味では彼の議論は護憲派を批判する改憲派にとってこそ政治的利用価値があるとすら言えるだろう．

　第三に，違憲事態固定化論の欺瞞性は，その尻拭いをさせられている自衛隊員の立場から見るとき，より悪辣なものとして立ち現れる．違憲事態固定化論により，自衛隊員たちは，「君たちは違憲の存在だから法的には認知できない」と宣告され「憲法的私生児」の扱いを受けながら，「一朝，事あらば，すなわち，日本が侵略されるなら，日本の防衛のため生命を賭して戦え」と要請されているのである．しかも，この欺瞞を解消する憲法9条明文改正は拒否され，自衛隊員たちはこの不当な地位に今後とも甘んじ続けよと要請されているのである．自分の私生児の認知を拒否しながらその子に寄食する無責任な父親と同様な，あるいはそれ以上にひどい身勝手さがそこにはある．

2　論点の隠蔽と回避

　私の以上のような批判に対して，愛敬は何と答えたか．曰く，「拙著『改憲問題』の時点で，私が絶対平和主義でないことは明言していたつもりである」．さらに「国連による武力行使の可能性をも一切否定する議論」にも別稿で疑問を表明していた，と［愛敬 2016: 149-150］．要するに，上記③の自衛戦力是認論へのコミットメントを自分は隠した覚えはないから，それを指摘されても痛痒を感じないと主張して私に反論したつもりでいる．

　しかし，彼が③に「こっそりコミットしていること」を暴くことが私の批判のポイントなのではない．むしろ，「再説」で私は，彼が①の自衛戦力違憲論を提唱し②の九条護持論を説きながら，その著書の中で③を支持していることを「天真爛漫とも言うべき率直さ」をもって「あっけらかんに公然と承認して」いることこそが問題であるとし［井上 2016b: 42-43（本書 258-259）］，それが孕む明白な論理的矛盾を糊塗するための④の違憲事態固定化論に対し，上記三点の批判を加えたのである．愛敬は，これらの私の批判にまったく答えることなく，専守防衛体制維持と対米従属構造拡大阻止という私も基本的に支持する政治的目的を実現する手段として自己の違憲事態固定化是認論（④）より私の

九条削除論の方が政治的に有効なら改説する用意があるが，そうでないから改説しないと主張している．

要するに，憲法を自己の政治目的を実現する手段としてのみ利用しようとする彼の政治的御都合主義に対して加えた私の上記の批判（特に第一点）など，まるで聞こえなかったかのように無視して，政治的御都合主義の立場に独断的に開き直っている．しかも，自己の立場の政治的有効性を標榜しながら，彼の立場の政治的自壊性とそれを自覚しない政治的幼稚性に対する私の批判の第二点にまったく応答していない．

私の批判を少しは意識しているかのような印象をもたせるのは，「自衛隊員が海外の戦場で『殺し，殺される』状況に陥ることを何としても止めたいと思っている」という彼の言明［愛敬 2016: 152］である．愛敬は私の上記批判の第三点に対する応答のつもりでこう述べたのかもしれない．しかし，「海外の戦場で」という限定が示すように，これは集団的自衛権行使のために自衛隊員が海外派兵されることに反対しているだけで，日本が侵略された場合に日本の防衛のために自衛隊が戦闘行動をすることに反対しているわけではない．しかも，自衛のための戦闘行動の責務を自衛隊員に負わせつつ彼らの存在に違憲の烙印を押し続けることの身勝手さ・無責任さを指摘する私の批判第三点の核心に，何ら答えてはいない[52]．

---

[52] 実は，自衛隊員は海外の戦場で殺される状況にはまだ置かれていないという状況認識自体が欺瞞である．イラク戦争の際サマーワに派遣された自衛隊は何度も攻撃された．自衛隊の輸送車列が路上に仕掛けられた遠隔操作の爆撃装置により攻撃され，輸送車間のわずかな隙間をロケット弾が通過したため被害を免れたというような事例さえある．死者を出さなかったのは奇跡としか言いようのない状況に自衛隊は既に置かれているのである［瀧野 2015 参照］．「戦力と一体化しない」という政府の嘘により，戦場で殺される危険性に晒されながら武器使用を制約される状況に置かれた自衛隊員の中からは，サマーワからの帰還後，PTSD による自殺者も出た．

護憲派論者には，いまだに，「自衛隊のイラク派遣に際して，海外で武力行使ができず，『復興支援』の名の下に，給水や学校補修などの活動を行っていたからこそ，イラクの武装勢力は自衛隊を攻撃しないことで合意した．誰も死なずに済んだのは偶然ではなく，『9 条の貯金』のおかげだった」などという嘘を公然と主張する者がいる［水島 2014］．自衛隊は後方支援に任務を限定されようと，国際法上は交戦団体たる多国籍軍と一体化したものとみなされ，そうであるがゆえに武力攻撃の対象となりうるのであり，実際，攻撃され，それでも死者が出なかったのは奇跡とも言うべき「偶然」の結果なのである．護憲派のこの嘘は，自衛隊の海外派遣の実態が孕む危険性から国民の目をそらさせる点でも，自衛隊員に対する日本政府の非道で無責任な扱いを隠蔽している点でも，「自衛隊は戦力と一体化していないし，自衛隊は戦闘地帯にいない」という歴代自民党政権の嘘とまったく同様の政治的・倫理的欺瞞性をもつ．

私の批判の論点を回避隠蔽する愛敬の態度は，彼の次の言明にも露呈されている．

「実際には，原理主義的護憲派は，専守防衛の枠を超えた自衛隊・安保の強化の動きが出るとそれに反対する政治運動はするが，自衛隊・安保を破棄する政治運動をもはや本気でやろうとはしていない」と井上が論難する以上（三七頁），**民主的過程を通じて集団的自衛権行使が解禁されようとしている今こそ，従来の政府見解との整合性等の九条の解釈問題に拘泥することなく，**

　南スーダンにおいても，NHKのドキュメンタリー番組『NHKスペシャル』で報道されたように，自衛隊のキャンプを挟んで両側から政府軍と反政府軍が銃撃戦を行い，死を覚悟して家族に遺書を書いた自衛隊員もいた．何よりも問題なのは，東アフリカのイスラム国家ジブチに自衛隊の常駐基地が民主党政権下で設置されたという事実である．自衛隊員は，「海外で殺し，殺され」うる状況に，いまや臨機の海外派遣の場合だけでなく，常態的に置かれており，しかも，この事態は，安倍政権を憲法破壊勢力と批判する立憲民主党の前身が参加していた民主党政権下で作り出されたのである［伊勢﨑 2015 参照］．因みに，南スーダンに自衛隊を派遣したのも民主党政権であった．

　さらに，「海外の戦場で自衛隊員が殺されるのは止めたい」という言説が孕むもう一つの重大な欺瞞をここで特記しなければならない．それは，「海外の戦場」での自衛隊員の死の回避だけが問題であるかのように語るというまさにそのことによって，既に膨大な数の自衛隊員が国内で訓練中に殉職しているという事実を無視ないし隠蔽している．元陸上幕僚長，冨澤暉によれば，自衛隊発足後60年間で訓練死者は1500名を超えるという．自衛隊がいざ出動となったときに戦闘能力を現実に発揮できるためには，「厳しい命懸けの訓練」を日頃から行っていなければならない．その訓練の中での殉職たる「訓練死」は「戦死」に準じるものである．実際，帝国陸海軍は昭和初期からは訓練殉職者も戦死と認定するようになった［冨澤 2015: 298-300 参照（正確に言えば，警察予備隊・保安隊時代も含めると殉職者総数は 2015 年 3 月末までで，1800 名を超え，訓練中以外の殉職者がほぼ 300 名で，それを差し引いて算出された「訓練死」殉職者が 1500 名以上となるようである）］．

　日本に対する侵略を現実に抑止する軍事的要因が日米安保体制だということは，一般に認識され，一部の護憲派ですらこれを承認しているが，日米安保条約は自動執行性をもたず，日本の領土・領海・領空が侵犯されても，米国政府は米国議会の承認を得られる見込みがなければ，米軍を出動させない．日本を防衛する第一次的な責任は日本自身に，したがってまた自衛隊に存するのである．「厳しい命懸けの訓練」の日常的遂行は，自衛隊がこの責務を遂行する現実的能力を練磨し，かつ，かかる能力練磨の事実を立証することで日本に対する軍事的侵攻を抑止するためのものである．その意味で，自衛隊員の訓練死は戦死に準じるのである．愛敬は，海外の戦場で自衛隊員が殺される事態は回避したいという願望を表明することで，自衛隊を憲法の私生児として扱いながら，その防衛力に寄生する自己の立場の欺瞞性を償うリップサーヴィスを払っているつもりなのかもしれない．しかし，彼のこの言明は，国内で既に警察予備隊時代以降を含めて1500名以上の自衛隊員が訓練死という準戦死に殉じているという事実から目を背けている点で，彼の立場の欺瞞性を表面的に繕うことさえせず，むしろ，その欺瞞の根深さを一層あからさまに暴露するものである．

自分が「考えている」ことを民主過程で実現できる方策について，何らかの提言があってしかるべきではないだろうか［愛敬 2016: 152．傍点による強調は愛敬，太字による強調は井上．文中の丸括弧内の頁数は，私の旧稿（井上 2016b）からの引用の愛敬による頁表記］．

この文章を読んで私は唖然としてしまった．自衛戦力の保有行使は是認されるべきだが，憲法9条はそれも禁じていると解釈するほかない以上，私見（九条削除論）に従い本条を削除するか，あるいは少なくとも，専守防衛の自衛隊安保は許容されることを明記する憲法9条明文改正が必要であるというのが私の立場である．この立場から私は，九条護持を説きながら解釈改憲や違憲事態固定化論で専守防衛体制の現実を保持しようとしている護憲派も，解釈改憲拡張で集団的自衛権行使を解禁しようとしている安倍政権も，憲法9条を正規の改正手続によって改廃することなく死文化させて立憲主義を掘り崩している点で同罪だと批判しているのである．私は「再説」刊行後も，安全保障体制と憲法の問題について広く社会的論議を喚起するために，知識人の世界を超えて，一般市民に向けて，護憲派の欺瞞を批判するだけでなく安倍政権の集団的自衛権行使解禁論の愚劣さをも批判する言論活動を私の体力と精力の許す限りで展開している[53]．しかし，憲法9条が存在する現在において，安全保障体制

---

[53] 本節の論考の旧稿原稿脱稿時点（2015年秋）でのかかる言論活動として，啓蒙的著書『リベラルのことは嫌いでも，リベラリズムは嫌いにならないでください』［井上 2015b］，総合雑誌論文「憲法から九条を削除せよ」［井上 2015c］参照．この著書は一般市民向け法哲学入門書であるが憲法問題にも触れ，予想外の大きな反響を得たため，これに関して，『東京新聞』（2015年9月16日）28-29頁，『朝日新聞』（2015年9月15日）15頁，『毎日新聞』（2015年9月20日）30頁，『産経新聞』（2015年8月30日）15頁にインタビュー記事が出ており，『毎日新聞』のウェブサイト版で私がかなりの校訂作業をしたロング・インタビューが2015年9月30日より三回連載で掲載されている．発表済みのものは既にネット上で活発な論議を呼び起こしている．また，2015年8月22日に，国民投票・住民投票について長年調査報道してきた今井一氏との九条問題に関する公開対談を関西大学東京センターで行い，メディア関係者や一般市民の参加者とも突っ込んだ討議をした（動画は http://dmcr.tv/ を参照）．

その後も，一般社会に向けて九条問題に関して問題提起する言論活動は現時点（2018年末）に至るまで続けており，著書『憲法の涙』［井上 2016a］や，様々な立場・分野の論客との対談・討議形式の共著［井上・小林 2016, 大澤・井上・加藤・中島 2016, 井上・香山 2017, 伊藤・伊勢崎・井上・今井・堀・吉田 2018, 井上・小林・駒村・曽我部・山尾 2018, 伊勢崎・井上・小林・山尾・他 2018, 山尾編著 2018 等］を刊行するとともに，種々の公開討論，講演，テレビやラジオの討論番組・報道番組等において持論を展開している．専守防衛の自衛隊・安保

についての自分の政治的立場を，「九条の解釈問題に拘泥することなく」，すなわち憲法9条の規範的要請を無視して，民主的政治過程で実現する方策を提言するなど，私が批判している護憲派や安倍政権と同じ罪を立憲民主主義に対して犯すことであり，私にできるはずがない．

　私は従来の政府見解・内閣法制局見解や修正主義的護憲派の見解を解釈改憲と批判しているが，これは解釈の名において憲法9条を死文化させることに反対しているのであって，まさに存在する憲法9条の規範性を尊重するがゆえに「九条解釈問題に拘泥」しているのである．安全保障体制のあり方が，「九条解釈論議」に委ねられる現状は望ましくなく，民主的政治過程で実質的な討議が持続的に行われるべきだが，それを可能にするためにこそ，憲法9条の削除が先決問題として必要だと私は主張しているのである．自己の政治目的追求のために憲法9条を死文化させて立憲民主主義を掘り崩す護憲派・安倍政権の姿勢を批判し，立憲民主主義を救済するためにこそ「九条削除」を要請する私に対し，憲法9条が存在するいま，「九条解釈問題に拘泥することなく」私自身の政治的目的を民主的政治過程で実現する方策を提言せよと愛敬が要求するとき，彼は憲法に対する自分の政治的御都合主義の姿勢を，まさにそれを批判している私が採って「しかるべき」だと想定している．私の批判の論点に対する，これ以上に傲然たる無視がありえようか．

　愛敬は私の立場を「あるべき憲法」の観点から「ある憲法」を「批判的に検証するための視点・基準を提供する点で，憲法学にとっても有意義な議論である」と評価しつつ，「『ある憲法』を取り巻く固有の歴史的条件も考慮に入れる必要がある」と批判する［愛敬 2016: 156］．まるで，私が「あるべき憲法」論の立場から「ある憲法」を無視・軽視しているかのような言い草であるが，事態は正反対である．愛敬をはじめとする護憲派や安倍政権こそが，自分たちの政治的選好（「あるべき憲法」観）に合わせて，「ある憲法」（九条）の規範的要請を歪曲ないし僭脱している．私が「あるべき憲法」の観点から「ある憲

にはただ乗りしつつ「九条守れ！」と空疎で欺瞞的なシュプレヒコールを繰り返す集団的示威運動などよりも，このような運動の問題性も含めて安全保障と憲法のあり方を一人一人の市民が真剣に自分の頭で考え，あるいは「識者の見解」を批判的に吟味し，率直で真摯な議論を相互に闘わせる社会的熟議実践を広げ深めてゆくことが，日本の立憲民主主義を発展させるために本当に必要な政治的実践だと私は考え，自己の言論活動を通じて，その推進に寄与しようと努めている．

法」たる九条を批判し，その正規の改廃を要請するのは，まさに九条の規範性を，それが「ある憲法」である限りにおいて尊重しているからである．

　愛敬は，彼の政治的御都合主義に対する私の批判への応答において，私の批判の論点を隠蔽回避して自分の立場に開き直っているばかりか，批判されている自分の立場を批判者たる私に投影しようとしている．彼の応答は彼の欺瞞性に対する私の診断を反証するよりもむしろ再度証明している．因みに，愛敬の欺瞞の深刻さを示す例証をもう一つ追加しよう．「再説」刊行後に，ある憲法学者から教示されたことだが，護憲派有識者集団「国民安保法制懇」は「集団的自衛権行使を容認する閣議決定の撤回を求める」と題する報告書を2014年9月29日付けで，ネット上で発表している（http://kokumin-anpo.com/59）．この報告書は冒頭部分で「国家が自国の独立と存続を保持し，国民の生命・自由等の諸権利を保護するための措置をとることは，その最低限の任務であり，憲法がそれを否定しているとは考えられない」として個別的自衛権の枠内での自衛隊・安保の存在の合憲性を明示的に主張している．この報告書の共同提言者として文末に掲げられた国民安保法制懇メンバーリストに，長谷部恭男のような修正主義的護憲派の名が見えるのは不思議ではないが，なんと九条解釈では自衛隊安保違憲論であるはずの愛敬も，同様な違憲論者であったはずの樋口陽一や青井未帆らとともに名を連ねている．

　個別的自衛権の枠内の自衛隊・安保合憲論を明示的に主張する報告書に共同提言者として名を連ねるということは，修正主義的護憲派の立場に改説したことを報告書の名宛人たる一般社会に宣言したことを意味する．改説したのであれば愛敬は私への応答でそのことを承認し，改説の理由を示すとともに修正主義的護憲派に向けた私の批判に応答すべきだったはずだが，彼は応答の冒頭で「従来の自説を変更すべき理由は見当たらない」と主張している［愛敬 2016: 147-148］．改説していないのであれば，彼は一般社会に対し虚言を弄したことになる．この点について何も言わないのは「そらとぼけ」である．いずれにせよ愛敬の欺瞞の罪は深い．彼が自分の欺瞞にまったく無頓着であるがゆえに，一層その罪は深い．

3 「逆襲」的反論の自壊性・倒錯性

　最後に，愛敬の「逆襲」的反論の自壊性・倒錯性の問題にも簡潔に論及しておく．私の立場を歪曲する彼の議論の非を正すことは自説の明確化に資するからである．

　第一に，「現実に存在する立憲民主主義憲法の多くは，軍隊の指揮命令権の所在と議会による統制方法について明文を置いている」から，私がそれについても通常の民主的立法過程に委ねることを主張するなら，異例だ（現実性が乏しい）という批判について．

　「再説」で私は，非武装中立か武装中立か，個別的自衛権か集団的自衛権か，というような安全保障体制の基本的なあり方を憲法で定言的に規定すべきではないが，「もし戦力を保有するなら，無差別公平な徴兵制を採用し良心的兵役拒否権を保障すべし」というような条件付け制約を憲法に盛り込むことは必要だと主張している．軍隊に対する文民統制・議会統制もその基本原理が条件付け制約として憲法に盛り込まれるべきなのは当然である．再説で後者に触れなかったのは，それは当然で否定する者はあまりいないからであり，文民統制や議会統制だけでは不十分で，多くの者が嫌う徴兵制という条件付け制約がさらに必要であるという，論争的だが一層重要な論点に議論を集中したからである．

　愛敬の批判は実は彼自身に返ってくる．九条で戦力放棄を宣言した日本国憲法において，戦力は存在しえないはずだから戦力の組織編成・行使手続に関する憲法的統制規範も存在しえない．自衛隊の「指揮命令権の所在や議会による統制方法」は憲法では定められず，民主的立法過程で違憲の法令によって定めるしかないのである．まさに九条を含む現行日本国憲法こそ，愛敬が「異例」と疑問を表明している憲法体制なのであり，これを彼は護持せよと主張しているのである．私の九条削除論に向けた彼の疑念が，私の立場ではなく彼自身の九条護持論にこそ向けられるべきものであることを自覚できない愛敬の知的倒錯には驚くしかないが，これは従来あまり強調されてこなかった護憲派の以下のような自壊性を証示する点で有益である．彼らの九条護持論は，自衛隊という軍事組織と日米安保という軍事同盟のあり方を憲法によって統制することを，すなわち，軍事力の立憲主義的統制を不可能にしているのである．

第二に，私の議論の基底にある「法の支配」論と立憲民主主義論は私の「批判的民主主義」の立場と結合しているが，「井上がいくら批判的民主主義の理念型を想定しても，現実に存在していないという問題がある」[愛敬 2016: 154-155]という批判について．

　九条削除論の前提たる私の「法の支配」や立憲民主主義の原理論は，私の批判的民主主義より一層抽象度の高い議論である．私は法の支配と立憲民主主義の原理をさらに具体化する民主政構想としては批判的民主主義が反映的民主主義よりも優れていると考えるが，正しい安全保障政策が何かは憲法で固定せず民主的立法過程に委ねるべしという私の主張は，より具体的な民主政モデルの比較評価の問題には依存しておらず，民主的立法過程が反映的民主主義モデルに即している場合であっても妥当する主張である．また愛敬の批判は私の批判的民主主義論に対する小堀眞裕の批判に依拠しているが，私の立場を「日本政治の英国化」を求める潮流に属するとみなした上で，英国モデルが変動しつつあることをもって私の立場を批判する小堀の主張は，英国モデルをも批判する民主政の規範的改革構想としての私の批判的民主主義論に対する根本的誤解に根ざすものである．小堀の批判に対する立ち入った反論は，本書第1章補論で提示しているので参照されたい．

　いずれにせよ，立憲民主主義の規範的モデルを「現実に存在していない」という理由で批判するのは的外れであるだけではない．それは憲法9条を自衛戦力も放棄するという「人類史上例のない平和憲法の理想」[54]を掲げたものとして解釈した上で護持せよと主張する原理主義的護憲派にとって，この原理主義的解釈が愛敬におけるように建前であって本音ではないにしても，それを建前

---

54) 人類史上例がないとまで本当に一般化できるかどうかはともかく，近代国家憲法で例がないということは言えるだろう．戦争放棄に関してしばしば日本国憲法と比論されるコスタリカ憲法でさえ，常備軍の保持は禁止しているが，国家の防衛のため必要な場合には一定の手続に従って軍事力を組織できることを明定し，国民の祖国防衛義務を定めることにより，徴兵制を採用することも可能にしている．コスタリカ憲法は一般の世界憲法集には掲載されていないため，それについての虚像が日本で跋扈しているが，私は最近の共著において，コスタリカ憲法の条文に即して，この点を明らかにしている[伊勢﨑・井上・小林・山尾・他 2018: 60-66 参照]．スペイン語原文からのコスタリカ憲法全訳として，吉田 2003 参照．一切の戦力を放棄し交戦権行使を否定したと解される日本国憲法9条は「世界唯一の徹底した非戦条項」である[今井 2003: 110 参照]．

として主張し続けることを不可能にするという論理的自壊性をもつ[55]．

　最後に，愛敬がジェレミー・ウォルドロンを擁護して私を批判しようとしている点について．これも自壊的としか言いようがない．私が「再説」注 (13)［井上 2015a: 50，本章第2節注48］で愛敬がウォルドロンのリベラルな権利論を援用しているのを「ミスリーディング」と指摘したのは，ウォルドロンの法哲学的立場が愛敬の立場を根底的に否定するものであるから「あなたのためになりませんよ」と愛敬に「親切な警告」を送るためであった．ウォルドロンが行政的司法審査や「弱い違憲審査」を認めているとか，民主的政治部門が完全に堕落しきった限界状況においては「強い違憲審査」も例外的に認めているとかという点は問題の本質から外れている．正しい政策や最善の正義構想が何かをめぐって先鋭な対立がある中で集合的決定を下さなければならない「政治の情況」においては，政治的決定の「正当性 (rightness)」と「正統性 (legitimacy)」は区別されなければならず，「政治の情況」における政治的決定の「正統性」を保障するためには，成文硬性憲法下の違憲審査制は基本的に不適格であり民主的立法の司法に対する優位が原理的に要請されるとするウォルドロンの立場は，基本的人権保障についてさえ原則的に妥当するものと主張されているから，個人や被差別少数者の人権保障を超えた安全保障政策については一層強い理由をもって貫徹される．ウォルドロンの立場からは愛敬の九条護持論は斥けられ，私の九条削除論こそが擁護されるのである．

　私は本書第3章第2節3で論じたように，「政治の情況において政治的決定の正当性と区別された正統性をいかに保障すべきか」というウォルドロンの問題提起を高く評価しており，この問題意識が私の「法の支配」論や立憲民主

---

[55] 原理主義的護憲派が，私の民主主義モデルを「現実に存在しない」という理由で批判するなら論理的に自壊するというのは，彼らが憲法9条を，これまで現実に存在しなかった徹底的な戦力放棄の理想を定めたものとして擁護しているからだけではない．専守防衛・個別的自衛権の枠内でなら自衛隊・安保は違憲だが政治的に容認するという彼らの立場の欺瞞性を糊塗するために，彼らは，自衛のための戦力も放棄するという憲法9条の理想は現実と矛盾するが，理想は現実と矛盾してこそ理想としての意味があるなどという詭弁を弄しており，私への「現実主義的批判」はこの彼らの詭弁をも自壊させるからである．もっとも，この詭弁は私に対する「現実主義的批判」とは関係なく，それ自体として自壊している．彼らが建前に掲げる理想と矛盾する専守防衛の自衛戦力保持という現実を彼らは本音で是認しているのみならず，愛敬においては，この現実を固守するために理想を便利な嘘として唱え続けよと公然と主張し，その理想への真摯なコミットメントの放棄を社会に対して自認しているからである．

義論の根底にもある．私は人権保障についてまで違憲審査制を原則的に斥けるウォルドロンの解答は誤っているとしたが，人権保障を超えた安全保障政策の問題についてはウォルドロンと同様，これを成文硬性憲法で固定化すべきではなく民主的立法過程に委ねるべきだと主張しているのである．愛敬は私が彼のために「論敵に塩を送る」助言を提供したにも拘らず，なぜかこれを突っぱね，自分の立場を掘り崩す法哲学者を自壊的に擁護している．

以上，私の批判の論点を隠蔽回避し，自壊的な論点そらしの煙幕を張る愛敬の応答の問題点を指摘した．愛敬の応答に私は一種の「既視感覚」を覚えた．特定秘密保護法や安保法制の審議過程で野党側からの批判的質疑に対し，まともに応答せずに同じ主張を反復したり，論点をそらしたりしている安倍政権側の不誠実で傲慢な応答振りを思い出したのである．これは偶然の一致ではない．欺瞞的な立場に立つ者は批判者への応答も欺瞞的にならざるをえない．嘘をついた者は嘘を指摘されるとそれを糊塗するために別の嘘をつかざるをえないように，欺瞞的主張をする者はその欺瞞性を暴く批判者に対して別の欺瞞的論法によって応答せざるをえない．愛敬はいま「欺瞞の蟻地獄」に陥っている．私の厳しい再応答は彼を貶めるためではない．彼をこの蟻地獄から救い出そうとする試みである．私の応答の狙いは，彼への次のメッセージに要約される．

　愛敬さん，あなたは私の九条削除論に同意する必要はありません．しかし，私があなたに向けた批判には真面目に答えてください．政治的には絶対平和主義を斥けると言いながら，憲法9条の絶対平和主義的解釈に固執してその護持を唱え，しかも専守防衛の自衛隊安保は事実上認めるという欺瞞はやめてください．私の九条削除論に反対するなら，専守防衛を是認する憲法9条明文改正の必要をはっきり認めてください．それができないと言うなら，せめて修正主義的護憲派に改説したことをはっきりと承認してください．そして修正主義的護憲派自身があからさまな解釈改憲に惑溺している点で安倍政権と同罪であるという私の批判にまともに答えてください．この改説は私が支持したかつてのあなたの九条解釈を捨てるものですから，改説の理由もちゃんと明記してください．私があなたに求めているのは，あなたが政治の名

で無視しようとしている非政治的な倫理性ではありません．あなたの政治的言動の批判者に対する応答責任の誠実な遂行，あなたの政治的言動の名宛人たる一般市民への説明責任の誠実な遂行，要するに，あなたの政治的責任の誠実な遂行です．

第4節　立憲主義の救済――九条問題解決への道程

1　戦後憲政史における「少年国家日本」の実像
　　――九条信仰と米国信仰からの脱却へ

　1951年4月，戦後の日本占領の主導者である連合国軍最高司令官ダグラス・マッカーサーは，朝鮮戦争での文民統制違反を理由に，トルーマン大統領により解任された．同年5月に，米国上院公聴会で，自らの解任問題と極東情勢について質問に答えたが，その中で，次のような有名な，あるいは悪名高い，日本人観を開陳している．「近代文明の尺度で測れば，我々が45歳の熟年であるのに比し，日本人は12歳の少年でしょう」．

　日本文化の成熟性，日本人の教育水準の高さといったことにまったく無知で無関心な，一人の傲慢な軍人のたわごと，あるいは，欧米中心主義的偏見の典型例として，この発言を批判することは間違いではない．しかし，それは，私たち日本人の「文化的精神年齢」に関しては不当な偏見だとしても，その「政治的精神年齢」については，あながち不当と一蹴しきれない「真実の粒」も含んでいるように思える．

　軍国日本の指導者たちは，軍事的経済的実力における彼我の圧倒的格差を無視し，数ヵ月分の石油備蓄しかないのに日米開戦に踏み切った．天皇の権威を笠に着て，戦略的合理性などお構いなしに精神主義を振り回し，アジア諸国に対して破壊的であるのみならず，日本にとっても自滅的な戦争を遂行した．この驚くべき政治的幼稚性．圧倒的に多数の日本国民は，戦前戦中はこんな幼稚な指導者に追従した．ところが，敗戦後は，人間宣言した天皇に代えて，占領軍の将たるマッカーサーを父のように敬慕し，離日する彼に熱烈な感謝と哀惜の情を送った．この悲しむべき小児的依存性．

しかし，問題は過去ではない．マッカーサーに「12歳の少年」と言われてから，70年近く経ったいま，私たち日本人の政治的精神年齢は少年期を越えられたであろうか．私たちは政治的に大人になれたであろうか．この問いに対する私の答えは「否」である．

いまの日本人の政治的未熟性が最も深刻な形で現れているのは，立憲民主主義と安全保障の根幹に関わる「九条問題」である．本章のこれまでの論述で，九条問題をめぐっては右の改憲派や安倍政権だけでなく，護憲派も，立憲民主主義の要請を蹂躙し，日本の安全保障問題と真剣に向き合うことを回避してきた点で同罪であると私は批判した．ここで日本人の「政治的精神年齢」の測定という観点から，私の主張の骨子を再定式化する．これは，憲法・安全保障問題に関して我々が今後進むべき道を考えるための前提をなす戦後憲政史の寸描である．

日本国憲法を「押し付け憲法」などといまだに言っているウヨク[56]は，「政治的知能」を疑われてしかるべきである．占領期においては，たしかに，押し付け憲法だった．しかし，1952年にサンフランシスコ講和条約が発効して日本が主権回復した後は，日本国民が望むなら，憲法96条の改正規定に従って，9条を含めて憲法を改正できた．歴代自民党政権がそれをしなかったのは，占領軍のせいではなく，日本国民の多数が戦後憲法を支持したから，あるいは，その改正を政界への圧力になるほど強くは望まなかったからである．主権回復後60年以上の間，日本国民は日本国憲法を基本的には受容し続けてきた[57]．日本国憲法を「押し付け憲法」として，その正統性を全面否認してしまったら，この憲法に従って成立してきた，ウヨクが支持する歴代自民党保守政権の正統

---

[56] 思想的・政治的に退廃した日本の左翼を戯画化するために彼らを「サヨク」という片仮名表記で指す語法が「右翼」の側で使われている．しかし，私見によれば，思想的退廃・堕落という点では，米国への日本の軍事的属国化を日本の政治的主体性回復と混同する現在の日本の「右翼」も同罪である．彼らの思想的倒錯の方が一層滑稽でさえあるので，私はここでは，「ウヨク」という片仮名表記で彼らを指すことにする．

[57] 戦後憲法を国民多数派は基本的に受容してきたというのは，憲法全面改正を求める声は大きくなかったということである．憲法9条改正に限定すれば，戦後の世論調査の結果には通時的に変動があり，改憲論優勢の時期もあったが，政治課題の中で憲法問題の優先順位は経済問題等に比して概して低く，自民党保守政権も改憲を国民投票に付する政治的リスクを冒す必要なしとしてこれを回避してきた，すなわち日本の「お家の事情」で改憲は回避されてきたというのが実情である．本章注2参照．

性も否認しなくてはならなくなるが，ウヨク諸君の頭はなぜかそこまで回らないらしい．さらに言えば，占領期のもう一つの「押し付け改革」である第二次農地改革の自作農創設で土地を得た多くの農民たちが，その後自民党保守政権の安定的な支持基盤にもなった．「押し付け憲法」を否定したら，「押し付け農地改革」も否定しなければならないことにも，ウヨクの思いは及ばない．自分たちが依存しているものを否定して喜んでいるのは，「親に甘えながら親を馬鹿にして喜んでいる反抗期の子ども」と同じである．

　さすがに歴代自民党政権を担った保守本流はこれほど愚かではなかった．彼らは戦後憲法に心服してはいなくても，自分たちが政治的に依存している憲法の利用価値をよく知っていた．憲法9条については専守防衛・個別的自衛権の枠内であれば自衛隊・日米安保は合憲という第一段階の解釈改憲をした上で，米国からの軍事的貢献増強要請にずるずると従いながらも，専守防衛・個別的自衛権の枠を超える米国の要求に対する消極的抵抗の手段として，「九条の制約」を利用した．しかし，米国は海外における自己の最大かつ代替不能な世界戦略拠点を日本からほぼただで——従来在日米軍駐留経費の75%は日本負担，最近は80%を超える——提供されており，日米安保への依存度は米国の方が大きい．この事実を踏まえて，米国に対しては「君たちは既に十分うまい汁を吸っているのだから，これ以上要求してくるなら，こっちも日米安保の現状を考え直しますよ」と主張して，大人の政治的交渉をすべきであった．しかし歴代自民党政権にはこの大人の政治的交渉力がなかった．その欠損を埋め合わせる手段として，「九条」が利用された．それは米国と対等に渉りあえない自民党保守勢力の悲しい知恵であった．さらに悲しむべきことに，「九条カード」に依存し続けたことにより，自民党保守政権は米国に対して大人の政治的交渉力を陶冶する機会を失った．

　安倍政権は，集団的自衛権行使解禁という第二段階の解釈改憲をして安保法制を押し通し，「保守の悲しい知恵」としての九条カードを捨てた．しかし，これは米国に対する日本の政治的主体性を高めるどころか，米国が勝手に始める軍事行動への自衛隊の参加を地域限定すら外して拡大するものであり，軍事的対米従属構造を強化するものである．しかも，日本のこのような「軍事的追加給付」に見合う「軍事的反対給付」の明確な約束を米国からとりつけたわ

けではない．米国に対する大人の政治的交渉力がないままに，その欠損を埋め合わせる九条カードも捨てたのは，「米国に従わないと，米国は日米安保から撤退し，日本は米国に見捨てられる」という「見捨てられ不安」が根底にあるからだ．しかし，米国が，日米安保により「日本を守る」のは，日本のためというよりむしろ，グローバルな軍事力バランスにおける自己の優越的地位を保持するのに必要不可欠な最大の海外戦略拠点を確保するためである．このことを認識するなら，この「見捨てられ不安」には根拠がないことが分かるはずである．日本を優しく守ってくれる慈父であるかのように米国を慕う幼児的な対米依存心が，政治的リアリズムの成熟を阻んでいる．米国の日本への依存性を逆手にとって，米国のエゴに日本が振り回されることに釘を刺し，対等に交渉する大人の政治的主体性など，ここにはない．

　近時，金正恩体制下での北朝鮮の核武装化の推進とそれに対する米国トランプ政権の強硬な反発により，朝鮮半島情勢は緊迫し軍事衝突の危険性が高まった．米朝首脳会談で一触即発の危機は緩和されたかに見えるが，問題が先送りされただけで，軍事衝突の危険性はなくなったわけではなく，いつでも再顕在化する可能性がある．北朝鮮は日本を射程内に含めた中長距離ミサイルを既に数百発有しているが，日本の迎撃態勢は正直言ってザルである[58]．米国が北朝鮮に軍事攻撃を加えたら，米国の軍事力をもってしても北朝鮮の反撃能力を瞬時に一挙粉砕できない以上，多数の米軍基地をもつ日本は北朝鮮の攻撃に晒される．最終的に北朝鮮の金体制が壊滅したとしても，それまでに多大の被害を日本も受けるだろう．

　こんな状況下で，安倍政権は，戦力の保有行使を禁じた憲法9条2項を残したまま3項ないし9条の2のような枝番条文を加えて自衛隊を認知するという安倍改憲案を提示している．これでは自衛隊を戦力でない実力組織とする現在

---

[58] 2018年段階で自衛隊のイージス艦のうち迎撃ミサイル発出能力のあるのは四艦のみで，一艦につき同時に発射できる迎撃ミサイルは二発である．迎撃ミサイルが100％の確度で攻撃ミサイルを破壊できるわけではないが，仮に確度が100％だとしても，また米軍イージス艦の援護が得られ，さらに新規設置予定のイージス・アショア二基が補充されたとしても，北朝鮮が大量のミサイルを連射した場合には，多くの攻撃ミサイルがこの第一次的な迎撃網を通過することになる．しかもそれに備えた第二次的迎撃網たる迎撃ミサイル運搬発出車たるPAC3は34基しかなく，全国どころか首都東京でさえ全部をカヴァーすることはできない．

の欺瞞をそのまま保持することになる．9条2項がある限り自衛隊の武力行使を憲法的・法的に統制できず，自衛隊は「危なくて使えない軍隊」のまま放置され，防衛のための実効的な軍事行動ができない．軍事衝突の危険性がいつでも切迫化しうる状況にあるにも拘らず，こんな中途半端で呑気な改憲案を安倍政権が出し，日本会議等の保守系論客の多くも，それを叱るどころか擁護している．

彼らは安倍改憲案が中途半端であることは認めつつ，まずこれを実現して国民を「改憲慣れ」させた後で，自衛隊を戦力として明示的に承認する本格改憲に乗り出すのが現実的戦略だと主張する[59]が，この戦略の現実性も怪しい．憲法改正は一回で終わらない持続的プロセスだというのはその通りだが，通常の法律の改正とは違って，憲法改正は，国会発議の高いハードルを越え，さらに国民投票へ国民の関心を動員するために厖大な政治的資源とエネルギーの投入を必要とし，毎年のように行えるわけではない．10年に一度できるかできないくらいであろう．しかも，憲法9条以外でまず「お試し改憲」してから9条改正へ，というならまだしも，本丸の9条で「お試し改憲」してしまうなら，国民の多くはこの問題は一応決着したとみなし，再改正へ国民の機運を盛り上げていくには，さらに多くの年月を必要とするだろう．それでOKだと保守派論客が考えているとしたら，それは日本の防衛に関する彼らの危機感が護憲派なみに甘いことの証拠である．

何よりも問題なのは安倍政権の対米追従姿勢である．北朝鮮との軍事衝突への実効的対処の体制が軍事的にも法的にも十分整っていないにも拘らず，国連演説で「北朝鮮体制完全破壊」を宣告したトランプ大統領の尻馬に乗って，安倍首相は「対話より圧力」を強調し，北朝鮮を軍事的暴発に追い込みかねない危険な対決姿勢をとった．トランプ政権が対北宥和路線に転換するとそれに追従しているが，米国が北朝鮮政策を硬化させたら，また「右に倣え」となる可能性が大きい．現時点（2018年末）では北朝鮮はワシントンに届く大陸間弾道ミサイルは開発済だとしても，それに搭載可能な小型で大気圏再突入の熱に耐

---

[59] BSフジの報道番組『プライムニュース』に私は何度か出演し，安倍政権を支持する保守派論客たる西修，百地章，櫻井よしこらと別々の機会に討論したが，彼らはいずれも安倍改憲案に忸怩たる思いをもつことを吐露しつつも，本文で述べたような「現実的戦略」論でこれを擁護した．

えられる核弾頭はいまだ開発できていないようだが，もし米国がかかる核弾頭開発前に北朝鮮に対し，その軍事的無能力化を狙って強硬な軍事姿勢をとり，北朝鮮がそれを自国への攻撃のシグナルと認識ないし誤認して反撃に出たとしたら，真っ先に被害を受けるのは米国本土ではなく，既述のように，在日米軍基地を抱える日本である．こういう状況にも拘わらず，自衛戦力保有を明確に承認する憲法改正を呑気に先送りする安倍政権とそれを支持する右派勢力を見ると，彼らも平和ボケに陥っているとしか言いようがない．この「右派の平和ボケ」の背景にあるのは，「大丈夫，いざとなったら米国が守ってくれる」という幼児的な願望思考である．

しかし，米国は日本を保護する強くて優しい慈父ではない．前節注52で述べたように，日米安保に自動執行性はなく，米国議会の承認を得られる見込みなしに米国政府は米軍を出動させえない．例えば，仮に尖閣諸島に中国が軍事侵攻したとして，米国の政府と議会が米中戦争のリスクを冒してまで，米軍出動を承認するはずがない[60]．米国は自国益上の重大な犠牲を負ってまで日本全土を——在日米軍基地は別として，米軍の活動圏域ではない日本の領土・領海・領空を——守るほど「優しく」はないし，相手が誰であれ，さしたる自己犠牲なしに軍事的防衛行動を日本のために実効的に遂行できるほど「強く」もない．北朝鮮についても，在日米軍基地が攻撃されたら米軍は北朝鮮を最終的に軍事的に壊滅させるだろうが，日本に何ら被害を負わせることなく，瞬時かつ一挙に北朝鮮の攻撃能力を全壊させる神のごとき全能性をもっているわけではない．日本を防衛する第一次的責任は日本に，したがってまた自衛隊に存するのである．安倍政権とその支持勢力は，この軍事的リアリティから目を背けているからこそ，戦力としての自衛隊の明確な憲法的位置付けを先送りして平然としていられるのである[61]．

---

[60] 元防衛官僚の柳澤協二によれば，安倍首相訪米を控えた2013年2月3日，尖閣諸島防衛に関して，米軍機関紙『スターズ・アンド・ストライプス』に，「無人の岩のために俺たちを巻き込まないでくれ」という論評が掲載された．これについて柳澤は，「つまり，尖閣諸島のような，アメリカにとってはなんの値打ちも，戦略的価値もない島の領有権争いに地上兵力を投入して軍事的介入をするなど，アメリカの論理ではあり得ないということなのです」と的確に解説している[柳澤 2015: 144-145 参照]．

[61] 誤解のないように付記すれば，私は日米安保体制廃止と自衛隊による単独防衛を求めているのではなく，日米の対等なパートナーシップへの安保体制の転換を提唱している．ただ，米国が

護憲派は，六十年安保闘争までは，九条の非武装中立の精神を現実化するための国民的運動を真剣に展開した．しかし，その後は，この種の運動は下火になり，やがて，専守防衛・個別的自衛権の枠内なら自衛隊・安保の存在を容認する方向に護憲派も変質した．この変質は，原理主義的護憲派と修正主義的護憲派において，二つの異なった形態をとっているが，いずれも護憲の旗を掲げながら憲法を蹂躙する欺瞞に耽っている．

　原理主義的護憲派は自衛隊・安保に違憲の烙印を押し続けながら，この枠内なら政治的に受容可能として違憲状態凍結を主張する．違憲状態の凍結が護憲だなどという主張は，カフカの不条理小説も顔負けの倒錯である．非武装中立の理想をもはや彼らが本気で受容していないことは，集団的自衛権行使を解禁する安保法制には反対しても，自衛隊・安保自体の廃止を求める運動をやらないことから明らかである．

　さらに，原理主義的護憲派の看板をいまは建前にしている共産党の志位委員長は，2017年10月の衆議院総選挙での党首討論や街頭演説など，これまで様々な場で，「自衛隊がなくても大丈夫だと圧倒的多数の日本国民が思うまでは自衛隊の存在を認める」と公言している．かつて新憲法制定時に9条に関して，自衛のための戦力も放棄するという趣旨なら不当ではないかと吉田茂首相に詰問したのが共産党の野坂参三であったことを想起するなら，日本の中立はともかく，非武装化など共産党も本気で信じているとは思えないが，いずれにせよ，自衛隊も安保も廃絶して大丈夫と圧倒的多数の日本人が思う日は，日本人に現実感覚が多少ともある限り，来ないであろう．来るとは信じ難い日が来るまで，仮に来るとしてもいつ来るか分からない日が来るまで，期限の定めを付けず自衛隊を認めると言うことは，いつまでも自衛隊を認めると言っている

日米安保を日本にコスト転嫁して利己的に利用する傾向は常にあるから，「反米」でも「随米」でもない「警米」の姿勢を日本は保持し，中長期的課題として，東アジアの地域的安全保障体制の構築を進めるのと並行して，日米安保体制への依存度を段階的に縮小し「相対化」していくことが必要だと考えている［井上 2016a: 150-153，井上・小林 2016: 216-217 参照］．トランプ政権が示すような米国の対外政策の自己中心化・横暴化・予見不能化はこの政権だけの一過的現象と断定することはできない．この点を踏まえ，日本の安全保障にとっての日米安保体制の利益だけでなくリスクを考えるなら，いま述べたような複眼的・多国間的アプローチは不可欠である．同様な観点から，安保体制への従属的依存を超えて，オーストラリア，韓国，ASEAN等との連携の強化の必要を説くものとして，添谷 2016 参照．

に等しい．

　原理主義的護憲派は，本気でコミットしていない非武装中立の理想にリップサーヴィスだけ払うという自らの欺瞞性を，理想は現実と矛盾しているからこそ理想として意味があるなどという詭弁で誤魔化すが，違憲状態凍結の無期限継続を容認するということは，理想に反する現実の永続を容認するということであり，理想の放棄を宣言するに等しい．彼らは，自衛隊・安保という戦力の現実に違憲の烙印を押し続けながら，それが提供してくれる防衛利益はちゃっかり享受し続ける——自衛隊員を私生児扱いし続けながら，一朝事あれば命をかけて我々を守れと自衛隊員に要求する——という，恥知らずな欺瞞に耽っている．平和主義者としての自己の道徳的純潔性のイメージだけ守りながら，自己の生存の保障に必要な「手を汚す仕事」は他者に任せ，この仕事をしてくれる他者に「穢れた存在」の烙印を押し続けるというこの姿勢は，「生活の苦労を知らずに綺麗事を言っている子どもが，この苦労を引き受けている保護者たる親を堕落していると批判している」のと変わらない．日本が非武装中立を国連で宣言したら，世界中の国々がそれに従って非武装化してくれるはずだなどという夢想を語る者[62]もいるが，これも，こういう「子どもが喋る綺麗事」の一種である．

　修正主義的護憲派は専守防衛・個別的自衛権の枠内なら自衛隊・安保は合憲とする，かつての保守本流と同様の解釈改憲に開き直った．自らの解釈改憲を棚上げして，安倍政権による集団的自衛権行使解禁の解釈改憲を批判する彼らの欺瞞性を私は批判してきたが，近年の修正主義的護憲派の中には，木村草太のように，さらに度を越した解釈改憲の暴論を振りかざす者も出ている［木村 2014，井上・木村 2016 参照］．自衛隊・安保は憲法 9 条 2 項が禁じる戦力の保有・行使にあたることを認めた上で，「すべて国民は，個人として尊重される．生命，自由及び幸福追求に対する国民の権利については，公共の福祉に反しない限り，立法その他の国政の上で，最大の尊重を必要とする」という憲法 13 条が，専守防衛・個別的自衛権の枠内で戦力保有行使の禁止を例外的に解除していると主張する．戦力の保有・行使に対する禁止という重大な憲法規範たる

---

62) 例えば，柄谷行人．本章注 28 参照．

9条の適用除外を，9条に言及していないどころか戦力についても一切触れていない13条に勝手に読み込むのは，法解釈の枠を超えているだけでなく，憲法学者が暴力ならぬ「暴説」で国民の憲法改正権力を簒奪する「無血クーデタ」の試みであると言ってもよい．

　さらに驚くべきは，木村がこの暴論の傍証として，「法令または正当な業務による行為は罰しない」と定めた刑法35条が刑罰規定の適用を例外的に除外していることとの類比を援用している点である．この類比はまったく成り立たず，逆に刑法35条は木村の13条代用論の法律論としての放埒さを証示している．刑法35条は，一定要件の下で国家に刑罰権行使を授権する他の刑法規定の適用を明示的に限定している．それは刑罰権という国家暴力の行使を明示的な法規によって制限する罪刑法定主義の貫徹である．しかし，13条代用論は，戦力という刑罰権以上に危険な国家暴力の保有・行使に対する9条2項の明示的な禁止を，戦力に何ら触れていない13条の勝手な読み込みによって，すなわち戦力に対する明示的な憲法の授権規定によらずに，解除している．刑法35条が刑罰という国家暴力に対する明示的な法的統制を強化しているのとは反対に，13条代用論は戦力というさらに恐るべき国家暴力に対する明示的な法的禁止を解釈操作で外しているのである．刑法35条が罪刑法定主義という法の支配の要請の貫徹であるのに対し，13条代用論は戦力に対する立憲主義的統制という法の支配の要請を弛緩させ掘り崩す試みである．罪刑法定主義を真面目に考える刑法学者なら，13条代用論が刑法35条を類比として利用していることに驚きと怒りを覚えるだろう．

　こんな妄説が許されるなら，安倍政権による集団的自衛権行使解禁も，日本の存立の基盤が危険に晒される場合という条件をつけているから，国民の生命・自由・幸福追求の権利の尊重を要請する13条によって許されているという主張が可能になるだろう．実際，集団的自衛権行使解禁の核心規定として加えられた自衛隊法76条1項2号は，「我が国と密接な関係にある他国に対する武力攻撃が発生し，これにより我が国の存立が脅かされ，国民の生命，自由及び幸福追求の権利が根底から覆される明白な危険がある事態」（傍点は井上）を内閣総理大臣による自衛隊に対する防衛出動命令の要件としている．傍点部は明らかに，憲法13条の文言のコピーであり，憲法13条のお墨付きで自衛隊法

新規定の合憲性を担保しようとする政治的意図を表している．

　憲法 13 条が，憲法 9 条による戦力の保有・行使の禁止を自衛権行使の場合には例外的に解除しているなどというこじつけ解釈が無理であるだけでなく，一旦，この無理を押し通してしまえば，その自衛権とは個別的自衛権に限るなどというこじつけ解釈はさらに無理になる．国家主権の発動としての自衛戦力行使は個別的自衛権に限定されるなどという主張は，国連憲章が個別的自衛権のみならず集団的自衛権行使も承認している以上，国際法的にも無理である．戦力保有行使禁止の例外的解除の根拠を憲法 13 条に求めるのが根本的に詭弁である以上，その例外的解除は個別的自衛権行使に限られるのか集団的自衛権行使にも限定的に及ぶのかは，詭弁対詭弁の泥仕合である．

　しかし，より深刻な問題は，これが護憲派の自滅を意味することである．専守防衛・個別的自衛権の枠内なら戦力の保有・行使は合憲だという主張は，「違憲の烙印を押し続ける」という原理主義的護憲派の「封印」も，「専守防衛の自衛隊は戦力でない」という従来の修正主義的護憲派の「封印」も破ることを意味しており，本来なら護憲派が「行き過ぎだ」と批判すべきものである．実は，憲法 9 条 2 項を残した上で自衛隊を 3 項ないし枝番条文で明記する安倍改憲案ですら，「自衛隊をフルスペックの戦力にはしない」という趣旨だと，安倍首相自身が明言している［2018 年 9 月の自民党総裁選勝利後に NHK のニュース番組『ニュースウォッチ 9』に安倍首相が出演して政権運営方針を述べた際の発言］．戦力としての自衛隊を承認する木村の 13 条代用論は，安倍改憲案の「自制」すら飛び越える暴走解釈改憲である．要するに，木村が憲法 9 条改正を不要とするのは，13 条の曲解で，戦力の保有・行使を認められるから，それを禁じている 9 条 2 項なんか無視していいと主張しているに等しい．憲法 9 条に対する敬意のかけらもないどころか，これに完全な止めを刺している．しかし，護憲派からは木村の暴論を批判する声はほとんど聞こえない[63]．憲法 9 条という

---

63) 私は木村の 13 条代用論の放埓性と，それが護憲派にとってもつ自壊性を様々な公開討論や刊行物［井上・木村 2016，井上・香山 2017: 202-204，伊藤・伊勢﨑・井上・今井・堀・吉田 2018: 192-196］で指摘した．2018 年元旦夕刻に放映された BS 朝日の討論番組「いま，日本を考える 2018」に出演した際にも，テレビ報道関係者の間でテレビ出演頻度の高い木村の見解がいまや護憲派の通説であるかのように誤解されているが，それが誤解であるだけでなく木村説は護憲派にとって自滅的な封印切りであることを指摘した．同番組に出演していたテレビ朝日コメンテータ

条文を変えないという結論だけ維持されれば，自分たちの「封印」が破られても，9条に止めが刺されてもお構いなしという姿勢は，9条の文言だけ崇めて，その規範的実質を腐食させる「憲法破壊者としての護憲派」の実像を，恥じらいもなく赤裸々に晒している．

木村は護憲派のための「新手の理論装備」を提供したつもりになっているが，護憲派の封印破りをしているという自覚がない．もしその自覚があれば，戦力としての自衛隊を憲法は9条ルートで禁じながら，13条ルートで解禁していると主張する以上，戦力行使に対する文民統制・国会承認や軍事司法など，戦力統制規範を憲法は定めるべきなのに定めていないのはおかしいから，戦力統制規範を盛り込む憲法改正をする必要があると主張しなければならないことに気付くはずである．しかし，彼は，自己の見解が論理的に含意するこの改憲要請などお構いなしに，従来の護憲派と仲良く「同舟」し，戦力統制規範を盛り込む改憲も拒否する護憲派の旗振り役をして平然としている［木村 2018 参照］．これはまるで，舟（「護憲派ボート」）の転覆を防止する制御装置を壊しておきながら，この舟を修繕したつもりで得意になっている「機械いじりの好きな子ども」の所業である．

従来の修正主義的護憲派に話を戻せば，彼らは実は，自衛隊は戦力でないとする自己の「封印」の欺瞞性を自覚している．自覚しながら，この欺瞞を内田樹のように「大人の知恵」として開き直って擁護してきた．自衛隊と九条の矛盾を解消せずに，そのまま引き受ける人格解離という「病的」なソリューションを日本人はあえて選んだとし，それは，日本が米国の属国だという事実のトラウマ的ストレスを最小化するために私たちが選んだ「狂気」のかたちであり，

ーで護憲派的シンパシーをもつ川村晃司は，私の指摘を聞いて問題点を自覚し，「13条代用論はまずい」と認めた．私の指摘を受けてかどうかは分からないが，護憲派弁護士の伊藤真は，彼が私とともに参加した公開討論を書籍化した共著末尾の討論参加者補記において，13条代用論を明示的に斥けた［伊藤・伊勢﨑・井上・今井・堀・吉田 2018: 234］．しかし，護憲派憲法学者からは，木村説に対する明示的な批判がなされたとは，寡聞にして，現時点（2018年末）では認識していない．木村の見解がメディアや論壇で，いまや護憲派憲法学者の「通説」であるかのように扱われている現状を見ると，仮に護憲派憲法学者からの批判が一部にはあるとしても，その声はきわめて小さいということだろう．しかし，木村の13条代用論のような暴説を厳しく批判し淘汰する学問的自浄能力を憲法学界が示せないとしたら，それは日本の憲法学自体の学問的信憑性を深く傷つけることになる．

それが平和と繁栄を日本にもたらしたから，この「病態」を選んだ「先人の賢明さ」を多としたいという［内田 2012 参照］．

　これもまた甚だしい倒錯である．修正主義的護憲派の倒錯性を擁護するこの議論そのものが倒錯的なのである．修正主義的護憲派と同じく専守防衛・個別的自衛権の枠内で自衛隊・安保を合憲とするかつての自民党保守政権の「第一段階の解釈改憲」も「先人の賢明さ」として擁護されているが，これが「大人の知恵」であるどころか，米国に対する「大人の交渉力」の陶冶を阻んだことは既に述べた．しかし，より重大な問題は「大人の知恵」論の自壊性である．自衛隊と九条の矛盾を隠蔽する詭弁を「病的」だ，「狂気」だと認めた上で，政治的に便利だからこの「病態」を維持せよと主張しているのである．これは，自分たちも，論理的には擁護不可能な狂った解釈改憲を政治的御都合主義でやっていると自白することにほかならない．それによって，集団的自衛権行使を解禁した安倍政権の安保法制制定を解釈改憲として批判する資格が，修正主義的護憲派にはないことを暴露しているのである．

　安保法制支持者たちは「大人の知恵」論を，よくぞ言ってくれたと歓迎しているだろう．大人ぶった姿勢で自分のしたたかさを誇示しようとして，かえって敵につけ入る隙を与えてしまのは，子どものやることである．「大人の知恵」論は，大人ぶりたい子どもが軽率にも張ってしまう自滅的な虚勢にすぎない．内田がこんな幼稚な「大人の知恵」論を振り回して得意になっているのは前節で批判した愛敬浩二と同様，お仲間トークにふけり，「他者」が見えていないからである．自己の論敵・政敵という他者が見えていないだけでない．自己が悦に入っている欺瞞の尻拭いをさせられる自衛隊員が自分の言説を読んだらどう思うかなど，彼には想像もできないようである．

　しかし，「大人の知恵」論の子どもっぽい虚勢よりも根本的な政治的幼稚性が，修正主義的護憲派にはある．自分たちがあからさまな解釈改憲をしておきながら敵の解釈改憲を批判するのは，「ゲームで先にズルをしておきながら，他の子がズルをすると怒り出すわがままな子ども」と同じである．フェア・プレイのルールを体得できずに喧嘩しているいまだ「道徳的発達段階」の低い子どもの未熟性がそこにある．

　以上，右の保守勢力と護憲派，両者に潜む政治的未熟性を見てきた．この根

底にあるのは，私たち日本人の自己不信である．右の勢力は，対米依存から自立する能力を自分たちが陶冶できるとは信じられずに，対米従属構造にはまり込んだため，日米関係を対等なパートナーシップに転換し，世界に日本の政治的主体性を証示することができない．護憲派は，「九条の重し」を外したら日本人は軍国主義へと暴走するしかないという自己恐怖の呪縛に囚われているため，憲法と現実の矛盾を自らの手で是正する憲法改正をして，立憲民主主義を発展させる政治的主体性を自分たちが陶冶できるとは信じられないでいる[64]．自分たちが成熟した政治的主体になりうることを信じられないこの自己不信は，政治的成熟に必要な冒険や試練からの逃避をもたらす点で，自己実現的，自己確証的である．マッカーサーの亡霊がいまの日本人を見たら，「戦後70年以上経っても，日本人は，いまだに12歳の少年だな」と，ほくそ笑むだろう．

　私たちはいつまで，米国信仰や九条信仰に依存して，政治的に大人になる試練を回避し続けるのだろうか．米国信仰の危険性と九条信仰の欺瞞性がこれほど明らかになったいま，私たちはこの二つの「幻想の保護膜」を破って自立する政治的自己変革の試練からもはや逃避できない．「日本人よ，自己を信じて政治的成熟の冒険へ踏み出せ」というのが，本章で私が伝えようとしたメッセージである．

　本章の締め括りとして，次項で，この政治的自己変革を実践するための憲法改正について具体的提言を行う．九条削除論に基づく私自身の憲法改正案を提

---

64) 右派勢力の米国信仰と護憲派の九条信仰を一応対置したが，実は，護憲派の九条信仰の根底にも米国信仰がある．護憲派が自衛隊を「憲法的私生児」扱いや「戦力未満の実力組織」扱いして済ませるのは，日本が軍事侵攻に晒されても日米安保で米軍が守ってくれるはずだという対米依存心があるからである．このことは，日米安保条約を違憲とした砂川事件一審の「伊達判決」が出たとき，護憲派の牙城であるはずの朝日新聞が，なんとその社説において，この伊達判決を「きわめて異様」と酷評し，これを覆した最高裁判決を「ほぼ妥当」としたばかりか，その「統治行為論」まで是認したという事実によって顕著に例証されている［上丸 2016: 325-326, 381, 387参照］．伊達判決が出たのは1959年で，まさに「六十年安保」をめぐる反対運動が昂揚する「前夜」的時期であり，朝日新聞も政府の安保改正案を批判していたが，それは改正の仕方をめぐる批判であって，日米安保の存続自体は朝日新聞も強く望んでいた．時の最高裁判長官田中耕太郎は，司法の独立も裁判官の独立もおかまいなしに，最高裁判決前に駐日米国大使や在日米軍関係者と密会して交渉し，最高裁判官全員一致で伊達判決を覆す方針を伝えていた［布川・新原編著 2013］が，統治行為論すらも是認して最高裁判決を擁護した朝日新聞にとっても，田中にとっても同様に，日米安保自体を違憲とする伊達判決は，いわば「政治的にありうべからざる，とんでもない判決」であり，立憲主義など棚上げにして否定されるべきものだったのである．

示し，その段階的実現戦略を示す．それとともに，次世代を見据えた私の憲法改正案がその実現にはなお時間を要するという事態に対処するために，次善，三善の代替的選択肢についても触れたい．

2 憲法は戦力をいかに統制すべきか
――「九条の罠」からの立憲主義救出戦略

本章で詳論したように，護憲派は自ら違憲事態凍結論や解釈改憲の欺瞞で憲法9条を骨抜きにしているにも拘らず，この条文だけは何が何でも改正させないという態度，しかも，自己の政治的本音と合致した専守防衛・個別的自衛権の枠内で戦力の保有・行使を承認する9条2項明文改正ですら拒否するという態度をとっている．憲法9条という条文を改廃すると軍国主義の亡霊が蘇るという自己不信・自己恐怖があると言ったが，これは裏を返せば，「九条のおかげで，戦後日本は平和国家として存続できている」という信仰，私が「護憲派伝説」と呼ぶ信仰である．しかし，この信仰は政治的現実認識としても法論理的認識としても根本的に誤っている．

第一に，護憲派伝説は，政治的現実認識として誤っている．この伝説は「九条のおかげで日本は他国から侵略されなかった」という主張――侵略被害抑止論と呼ぶ――と，「九条のおかげで日本は他国を侵略しなかった」という主張――侵略加害抑止論と呼ぶ――を含意するが，いずれも明白な虚偽である．

侵略被害抑止論については，日本が侵略されなかったのは，「九条のおかげで」あるどころか，逆に，九条を蹂躙して存在してきた自衛隊と日米安保のおかげである．日米安保のおかげであることは護憲派すら本音で承認している[65]．さらに，厖大な数の訓練死殉職者という犠牲を払って軍事的防衛能力の練磨に努めてきた自衛隊の抑止力も無視することは許されない［本章注52参照］．

---

65) 護憲派の日米安保依存については前注64参照．なお，2017年6月13日に放映されたBSフジの報道番組『プライムニュース』に私とともに出演し討議した護憲派憲法学者石川健治は，戦後日本の安全が保障されてきたのは，九条ではなく安保のおかげであることを明言した．そのあっけらかんとした態度に私は驚いたが，石川にとっては九条の存在意義は「軍国主義の亡霊」の封じ込めに，すなわち，侵略被害抑止より侵略加害抑止にあるから，九条の侵略被害抑止機能を否定しても痛痒を感じないということかもしれない．しかし，本文で述べるように，九条は侵略加害抑止機能も欠いているというのが現実である．

侵略被害抑止論を否定する者も，侵略加害抑止論は肯定する傾向が強いが，これも現実に目を閉ざす欺瞞である．日米安保の下で日本は，ベトナム戦争やイラク戦争などにおいて，米軍に基地提供・兵站支援で加担してきた．日本は米軍の侵略戦争の幇助犯だったのである．侵略国に基地提供・兵站支援する国は，国際法上はもはや当該戦争に関しては中立ではなく軍事的に侵略国と一体化しているとみなされ，戦時国際法（国際人道法）の交戦法規が中立国に与える法的保護は剥奪される．もし，ベトナム戦争のとき，北ベトナム指導者ホー・チ・ミンが，いまの北朝鮮のように日本に届くミサイルを保有していたとしたら，これで日本の在日米軍基地を攻撃しても，これは国際法上，北ベトナムの正当な自衛権行使として承認されるのである[66]．

第二に，護憲派伝説は法論理的にも破綻している．この伝説は「九条が戦力を縛っている」という前提に立つが，この前提が根本的に間違っている．愛敬浩二に再反論した前節で述べたように，戦力の保有・行使を禁じる憲法9条が存在するがゆえに，日本国憲法は，文民統制[67]，国会承認，軍事司法など，最低限の戦力統制規範ですら，単に事実上定めていないだけでなく，法論理的に，定めることができないのである．憲法が戦力の存在を禁止しながら，戦力を統制する規範を定めるのは論理的矛盾を犯すことになるからである．「九条が戦力を縛っている」どころか，逆に，九条があるがゆえに，日本国憲法は戦力を統制する規範を含みえず，したがって，自衛隊・安保という戦力の既成事実が，憲法の外部で積み上げられ，追認される事態を九条が生み出してきたのである．九条は戦力を縛っているかのような幻想を人々に抱かせることにより，それが戦力に対する憲法的統制を不可能にしているという事実を不可視化している．これこそ「九条の罠」である．

私の九条削除論は，単に，九条を蹂躙しながら九条護持を主張する護憲派の

---

[66] このことは，日本が個別的自衛権の枠内にとどまったとしても，いまあるような日米安保条約と日米地位協定の下では，米軍が勝手に始める侵略戦争に否応なく加担させられることを意味する．したがって，いまの安保・地位協定を改定し，日本の同意なくしては米軍は在日米軍基地や日本が関与する兵站システムを他国の攻撃に使用できないことを明定する必要がある．

[67] 憲法66条2項は「内閣総理大臣その他の国務大臣は，文民でなければならない」と定め，「文民条項」と呼ばれているが，これは文民統制規範ではない．「軍隊の最高指揮命令権は文民たる内閣総理大臣に属する」という規定があってはじめて文民統制が憲法上定められたことになるが，9条2項が存在する以上，このような規定を憲法は置くことができない．

欺瞞を正すことだけを目的にしているわけではない．それ以上に，いま述べた第二の問題点，すなわち，九条が存在するがゆえに，憲法が戦力という国家の最も危険な暴力装置を統制できないまま，この戦力の現実が肥大化しているという，日本国憲法の最も深刻な，立憲主義にとって致命的でさえある欠陥を是正すること，「九条の罠」から日本の立憲主義を救出することを狙いとしている．

したがって，九条削除論は，愛敬のような護憲派がこれを歪曲して批判するように，戦力を憲法的統制の外に置くものではないどころか，逆に，九条を固持しようとする護憲派こそが戦力に対する憲法的統制の欠如という現行憲法の致命的欠陥を放置していることを指摘し，この欠陥を是正するために，最大限の戦力統制規範を憲法に盛り込むことを提言するものである．最大限というのは，文民統制，国会承認，軍事司法という異論の少ない最小限の戦力統制規範にとどまらず，民主国家の下で，国民多数派が無責任な好戦感情に駆られたり，政府の危険な軍事的行動に無関心になったりするのを抑止するために，徴兵制も戦力統制規範として必要であるという，きわめて反発の大きい論争的な主張もあえて提唱してきたからである．

なお，戦力統制規範は戦力の組織・編成・行使手続を統制する憲法規範であり，非武装中立か武装中立か，個別的自衛権か集団的自衛権か，集団的自衛権か集団的安全保障か，というような安全保障政策とは区別されるべきことを既に指摘した．九条削除論は，戦力統制規範を憲法に盛り込むと同時に，安全保障政策の選択は，憲法で固定せず，通常の国会での民主的立法プロセスに委ねることを主張している[68]．これに対し，9条2項のみならず1項まで削除すると，侵略戦争も安全保障政策の選択肢の中に含めてしまうという懸念を抱く者

---

68) 九条削除論が，戦力の保有・行使を全面的かつ明示的に禁じた9条2項のみならず，パリ不戦条約の精神に沿って自衛のための戦力の保有・行使は排除していないと一般に解されている9条1項まで削除することを主張するのは，次の理由による．9条1項の一般的解釈は支配的ではあるにせよ文面上明白とは言えず，戦力放棄を謳った1項も自衛のためか否かを問わず，一切の戦力を放棄しているとする解釈はなお存在する．さらに，2項だけ削除して1項を残すと，それまで2項を根拠に戦力全面放棄を主張していた者たちが今度は根拠を1項に換えて同じ主張を続けることが予想される．その結果，実質的な安全保障政策論議が憲法解釈をめぐる欺瞞的訓詁学に摩り替えられるという現在の問題がそのまま残り，また，本章で批判してきた2項解釈をめぐる欺瞞がそのまま1項解釈の形をとって継承されるだろうからである．

もいるかもしれないが，これは誤解に基づく杞憂である．憲法98条2項は「日本国が締結した条約及び確立された国際法規は，これを誠実に遵守することを必要とする」と定めている．侵略戦争の禁止は確立された国際法規である以上，憲法9条を削除しても侵略戦争は安全保障政策の選択肢から憲法上排除されている．

　戦力統制規範に関して，徴兵制については既に本章第2節で論じたので，ここでは他の戦力統制規範に若干触れておく．文民統制については，これは必要ではあるが決して十分ではなく，国民や文民政治家の方が戦力行使に関して職業軍人より好戦化・無責任化する危険性があることは，徴兵制との関係で既に述べた．

　さらに文民政府による軍事行動を民主的に統制するために戦力行使の国会承認が必要である．ただし，国会承認は事後承認では無意味である．政府が既に戦力行使に踏み切り，他国と交戦状態になっているのに，国会承認が事後的に調達できないとして戦闘を一方的に中止するなどということは現実的に不可能であり，そうである以上，事後承認の拒否という選択肢は国会には事実上与えられておらず，国会の事後承認は国会承認の無用化に等しい．したがって，国会承認手続は事前承認手続でなければならない．

　誤解を避けるために言えば，事前承認というのは，「他国から攻撃された後，反撃する前に」承認することではない．実効的な防衛をするには，そんな悠長なことをしている暇はない．事前承認の「事前」とは，他国が攻撃する前にまで遡る意味での「事前」である．ある他国が我が国に対し攻撃の意図をもち，攻撃準備をしていることを示す明白な証拠を政府が国会に提出し，国会がそれを精査した上で，その信憑性が認めうると判断した場合には，いざその他国が攻撃に着手したら直ちに反撃の軍事行動をとることを政府に事前に授権するのが，国会事前承認である．この意味での国会事前承認も，緊急を要するであろうから，国会決定手続を通常より迅速化するために，衆参両院の緊急合同国会のような暫定的な一院制的決定手続の採用も必要になろう[69]．

　軍事司法制度も最小限必要な戦力統制規範である．防衛戦力の行使は国家の

---

69)　実質的な集中論議は特別委員会で行われることになるだろうが，緊急合同国会では委員会も両院合同委員会になることは言うまでもない．

自衛のためではあっても，個人の正当防衛権の行使とは本質的に異なる．侵略者に対して防衛出動した軍隊の兵士は，自身が攻撃されていなくても敵を発見すれば攻撃してよい．通常の刑法が禁じた殺傷行為が交戦状態においては許されるが，もちろん何をしてもよいわけではなく，交戦状態における戦闘行為は非戦闘員に対する無差別攻撃の禁止や捕虜虐待の禁止など戦時国際法の交戦法規には制約される．しかし，これは通常の刑法による規律とは異なるため，通常の刑法を適用執行する刑事司法制度とは異なった軍法（戦時国際法に依拠した軍隊規律）を適用執行する軍事司法制度が必要である．戦力行使を，その特異性に応じて通常の刑法とは異なる特別の法的統制の下に置く軍事司法制度については，必要性があると同時に濫用の危険性も高いので，その設定に関する授権根拠と制約条件を憲法で明定する必要がある．

　自衛隊法88条は防衛出動した自衛隊について，その1項で「わが国を防衛するため，必要な武力を行使することができる」と定めて防衛のための武力行使を一般的に許容した上で，2項で「前項の武力行使に際しては，国際の法規及び慣例によるべき場合にあってはこれを遵守し，かつ事態に応じ合理的に必要と判断される限度を超えてはならないものとする」と定めており，防衛出動においては，自衛隊は他国の軍隊と基本的に同様な条件の下で武力行使ができることになっている[70]．

---

[70]　修正主義的護憲派は，一般の軍隊は，明示的に禁じられたこと以外は何でもできる「ネガティヴ・リスト」で規律されるが，自衛隊は警察と同様，明示的に許容されたこと以外は何もできない「ポジティヴ・リスト」に制約されているから，自衛隊は軍隊ではないと主張するが，これは自衛隊が国内治安維持のために警察力支援を求められる治安出動と，外敵に対する防衛のために武力行使をする防衛出動とを混同した議論である．治安出動に関する自衛隊法90条は自衛官個人の武器使用が許される場合を箇条書き的に列挙し「ポジティヴ・リスト」の外観を示しているが，76条により内閣総理大臣が防衛出動を命じた場合の自衛隊の権限に関する88条は，本文で示したように，1項で防衛のために組織としての自衛隊が武力行使（単なる武器使用ではない）することを一般的に授権した上で，2項で戦時国際法の交戦法規と「合理的に必要な限度」という制約条件とを付するという「ネガティヴ・リスト」的規制になっている．実は治安出動に関する90条が「武器使用」の許容条件として定める三条項も，いずれも治安が暴力的に破壊される明白な危険性があり武器使用による他に適当な防止手段がないというきわめて抽象的な規定で，「ポジティヴ・リスト」と言えるほどの具体的限定性をもった縛りにはなっていない．
　さらに言えば，現行国際法では，開戦法規は自衛権行使と安保理決議による授権の場合にのみ戦力行使を許す「ポジティヴ・リスト」的規律であるのに対し，交戦法規はネガティヴ・リスト的規律であるという二重構造になっており，自衛隊は，交戦法規上は「ネガティヴ・リスト」的規制を受ける点で軍隊と変わらないだけでなく，開戦法規上は「ポジティヴ・リスト」で規制さ

しかし，それにも拘らず，戦時国際法（国際人道法）の交戦法規を担保する国内法体系・軍事司法制度がいまの日本には存在しない．自衛隊法には自衛隊員に対する罰則が定められているが，これは業者との癒着や，命令違反，勤務懈怠など一般公務員の職務規律違反に対する罰則と本質的に変わらないものであり，防衛出動した自衛隊員が正規の命令に基づいて行った武力行使により，民間人を誤射した場合のような交戦法規違反を罰するものではない．このような行為の処罰に関する特別の軍事刑法は存在せず，それを適用執行する軍事司法制度もない．この欠損は国家が自己の武装組織に対してもつ法的統制責任に関する国際常識から言えば驚くべきものだが，日本の憲法上は「当然」である．憲法9条2項が戦力の保有を禁止し，交戦権の行使も認めていない以上，戦力としての自衛隊の交戦法規違反を裁くための法体系をもつことは，憲法上不可能だからである．これに加えて，憲法18条の特別裁判所の禁止規定という制約もあるが，軍事司法制度という必要不可欠な戦力統制規範の欠損の根本的原因は憲法9条（特に2項）である[71]．

れるという点でも他国の軍隊と本質的に変わらない．自衛隊は「ポジティヴ・リスト」で拘束されているから軍隊ではないなどという主張は，治安出動と防衛出動の違いだけでなく，戦力行使に対する開戦法規と交戦法規の規律態様の違いを混同（あるいは意図的混淆）した謬論でもある［この点については，伊勢﨑・井上・小林・山尾・他 2018: 94-97 における私の説明を参照］．

71) 木村草太は，憲法9条を改正しなくても自衛隊法の罰則を軍法の代わりに使えるからよい，それが不十分なら自衛隊法やPKO協力法を改正すればよいとし，さらに，特別裁判所を禁じた憲法18条を改正しなくても，家庭裁判所や知財高裁が認められているから，同様に軍法会議に代わる「防衛裁判所」も設置できるという驚くべき主張をしている［木村 2018: 40-41］．彼はこのことを理由に，さらに「軍法・軍法会議を云々する人は日本の法体系への基礎的理解を欠くと言わざるを得ません」と主張する［木村 2018: 41］．木村は，自衛隊法の罰則が，一般公務員の職務規律違反の罰則と性質上変わらず，「戦力としての自衛隊の交戦法規違反」を罰する軍法的規律を含んでいないことを知らないだけでなく，憲法9条の存在ゆえに，かかる軍法を自衛隊法やPKO協力法が含みえないことも，さらに，個別的自衛権の枠にこだわった歴代保守政権だけでなく，集団的自衛権を部分的に解禁して安保法制を押し通した安倍政権ですら，軍法に対するこの「九条の壁」を自覚していたがゆえに軍法的規定を制定できなかったことも知らないらしい．
　既に家裁や知財高裁という特別裁判所が法律によって設置されているから，18条の特別裁判所禁止原則を変えなくても「防衛裁判所」を設置できるという主張に至っては，呆れるとしか言いようがない．家裁や知財高裁は通常裁判所の支部的組織で特別裁判所と言えるかどうかは疑問であるが，仮にそう言えるとして，憲法18条を改正しなくても，既に他の特別裁判所が法律によって設置されているから，防衛裁判所も設置できるという主張は，憲法が法律を統制するという法体系の公理を忘れて「法律によって憲法を解釈する」倒錯に浸るものである．また，仮に家裁や知財高裁が憲法18条の枠内で許容されたとしても，自衛隊の交戦法規違反を裁く「防衛裁判所」は憲法9条と衝突するため，同列には論じえないということも無視している．

自衛隊は「使えない軍隊」としばしば言われるが，これは自衛隊法が自衛隊の武力行使に厳しい法的統制を加えているからではない．それとは反対に，自衛隊法は88条で防衛出動において自衛隊に普通の軍隊並みに武力行使を許容しているにも拘らず，自衛隊法に従った自衛隊の正規の武力行使が民間人誤射など交戦法規に反する事態をもたらした場合に，これを裁く国内軍事司法体制が欠損しているという法的不備のゆえに，自衛隊に武力行使をさせるのは「危なくてできない」のである[72]．自衛隊が「使えない軍隊」なのは，その武力行使に対する法的統制がきつすぎるからでなく，逆に，あるべき法的統制が欠損しているからである．このことを理解するなら，「自衛隊は使えない軍隊だからいいのだ」という一部の護憲派の主張が，いかに無責任かが分かるだろう．法的統制が効いているからではなく，法的統制が欠損しているから「使うと危なくて使えない軍隊」である自衛隊も，もし他国から日本が攻撃を受け防衛出動する事態になったら，使わざるをえず，その場合には，自衛隊は通常の軍隊なら課されるべき法的統制を欠いたまま武力行使するきわめて危険な武装集団として行動することになるのである[73]．

　　「日本の法体系への基礎的理解を欠く」というお説教を木村は自らに向けるべきである．戦力保有行使に対する憲法9条の明示的禁止を憲法13条で解禁させて平然としている木村に，「日本の法体系への基礎的理解」など期待するのがそもそも無理なのかもしれないが．

72）　交戦法規違反の事態をもたらした行為に対して，行為主体たる自衛隊員個人を通常の刑法で罰するというのは，まったくの「法的範疇錯誤」である．自衛隊法のような法律に基づく政府の正規の命令に従った自衛隊員の武力行使が伴う殺傷行為は，法律上要請されたものであり，刑法が想定する可罰的行為の範疇外である．しいて言えば，刑法35条が刑罰適用対象から除外する「法令または正当な業務による行為」の「法令による行為」にあたるだろう．「正当な業務」にあたる医療行為については医療過誤が刑法で裁かれることはありうるが，これは医師も一般人と同様，殺傷を目的とした行為は許されていないからである．しかし，防衛出動した自衛隊は殺傷を目的とした行為を法によって授権・要請されており，それに伴う過誤を一般的な刑法犯罪として裁くのは刑法の法意に反し，自衛隊に対しても不当である．自衛隊員の防衛出動時における「法令による行為」としての武力行使のうち，交戦法規違反のものとそうでないものとを識別認定し前者を罰するには特別の軍法とそれを適用する軍事司法システムが必要である．

73）　中国や北朝鮮などの「仮想敵国」を含めて，他国が日本に軍事侵略する状況は現実的に起こりえないとして，自衛隊が武力行使する可能性を想定しない楽観が，護憲派のみならず，自衛隊を戦力未満扱いしたままの「安倍改憲案」を出している安倍政権にもあるが，この楽観は的外れである．他国との軍事衝突は，他国が意図的に侵略する結果として起こるという以上に，「偶発的事故」の結果起こるリスクの方が高いのである．

　　まさにかかる偶発事故が最近発生した．2018年12月21日に日本の排他的経済水域内で韓国駆逐艦が自衛隊哨戒機に火器管制レーダー（射撃用レーダー）を照射した．韓国政府の説明はニ

第4章　九条問題　297

　自衛隊の武力行使に関する軍事司法制度の欠如は，自衛隊の国連多国籍軍参加で海外派遣の既成事実が積み重ねられ，またジブチに自衛隊の常駐基地まで設置されている現在，さらに深刻な問題となっている．伊勢﨑賢治が警鐘を鳴らしてきたように，海外に派遣された自衛隊は国連多国籍軍と派遣先国との間の地位協定や，自衛隊基地のあるジブチと日本の地位協定により，治外法権特権を与えられ，派遣先国で民間人誤射などの事故を起こしたとしてもその国の法律によっては裁かれない．その代わりに日本以外の国から派遣された多国籍軍兵士は自国の軍法により裁かれるが，日本には軍法・軍事司法制度がない以上，自衛隊員の場合はこのような自国の法的統制に服する配備もなされていないのである．それにも拘らず自衛隊を海外派遣しジブチに常駐基地まで設置するのは，法的統制欠損のゆえに武力行使できないにも拘らず戦闘地帯に送ら

転三転し，責任回避を図っているが，射撃用レーダーが照射されたことは事実らしい（仮に，後に韓国政府が主張したように付属のカメラだけを自衛隊機に向けたという，きわめて苦しい説明が事実だとしても，これは射撃用レーダー照射に準じる危険行為で，自衛隊哨戒機に対する攻撃意図の表示ととられても仕方がないものである）．この「事故」は，韓国駆逐艦が，ロシア機や米軍機にこのような攻撃的シグナルを送ったら，ただちに撃沈されていたであろうと言われるほどの危険な「事故」である．自衛隊機は反撃しなかったが，これをもって自衛隊が「使えない軍隊」であることを正当化するのは，次の二つの理由により，倒錯していると言わざるをえない．
　第一に，韓国とは歴史認識問題等で火種を抱えているとはいえ，軍事的には友好国である．自衛隊機の「自制」の背景にはこの事情がある．しかし，「友軍」たるはずの韓国軍との間ですらこのような「偶発的事故」が起こるということは，軍事的緊張関係がもっと強い北朝鮮，中国，ロシアなどとの間でかかる「偶発的事故」が今後起こるリスクはさらに高いと言えるだろう．そのような場合になお，自衛隊が反撃にでないという保証がないだけでなく，そのような事故が，自衛隊の行動に対する相手国の誤解に基づいて発生した場合は，相手国軍が「自衛の意図」の下に自衛隊に対して軍事行動を進めてしまうリスクもあるということを自覚すべきである．交戦行為に対する法的統制欠損のゆえに「危なくて使えない自衛隊」が使われざるをえない状況に自衛隊が「偶発的事故」の結果置かれるリスクを深刻に受け止めるべきことを，今回の韓国駆逐艦事件は示しているのである．
　第二に，韓国駆逐艦が，今回のような信じがたい危険な行動を自衛隊哨戒機に対してとったのは，「自衛隊は使えない軍隊でどうせ反撃できないだろうから，一つ脅かしてやれ」というような「自衛隊に対する見くびり」が根底にあったのかもしれない．もしそうだとするなら，このような「見くびり」を許す日本側の自衛隊の「使えない軍隊」化が，自衛隊に対する軍事的挑発の誘因となり，そのことが，「危なくて使えない軍隊」である自衛隊が使われざるをえない危険な「偶発的事故」の引き金になりうることも，今回の韓国駆逐艦事件は示している．
　いずれにせよ，今回の韓国駆逐艦事件は，憲法9条2項のゆえに，自衛隊の交戦行動を法的に統制する国内法体系が欠損し，自衛隊が「危なくて使えない軍隊」にされるという現状を放置することが，日本の安全保障にとっていかに危険であるだけでなく，戦時国際法上，いかに無責任であるかを示している．

れた自衛隊員に対してきわめて酷薄な措置であると同時に，法的統制なき武装集団を海外派遣するという点で，派遣先国と国際社会に対する無法の暴挙，伊勢﨑の表現を使えば，「外交詐欺」である［伊勢﨑 2015, 伊勢﨑・井上・小林・山尾・他 2018: 66-75, 232-262 参照］．

　戦後日本の安全保障体制の文脈で，もう一つ必要な戦力統制規範がある．日米安保体制については，その存在の是非やあり方をめぐって種々議論がある．しかし，戦力統制の観点から最低限必要なのは，米国が勝手に行う他国への武力干渉や侵略において在日米軍基地を自由に使い，日本をその意思に反して米国の軍事行動の共犯者として巻き込む事態を抑止することである．残念ながら，これまでの日米安保・日米地位協定とその運用実態は，このような日本の抑止能力を担保しておらず，軍事的には日本は米国に対して「主権なき」属国状態にある．冷戦終焉後，米軍基地を置く各国は，フィリピンのような小国でさえ，米国との安全保障条約や地位協定を対等化・互恵化しており，米軍も在外米軍駐留先国の政治的支持を調達するために，このような対等化・互恵化を受け入れる方向に方針転換しているのに，日本は相変わらず米国の軍事的属国状態に甘んじてきている［伊勢﨑・布施 2017 参照］．米国に対する軍事的属国化を日本が拒否するなら，米国は日米安保を破棄するだろうという「見捨てられ不安」が一因であるが，これが誤りであり，日米安保体制は米国にその世界戦略上の死活的利益を与えているから，そこを踏まえた大人の政治的交渉で日米安保体制の対等化が可能であることは前節で論じた．

　日本が米国に対する軍事的属国化の状況を変えようとしない最も重要な政治的要因の一つは，属国化のリスクとコストを沖縄に集中転嫁していることである．日本全体の 0.6% の面積の沖縄に在日米軍専用基地の 74% を押し付けることにより，「本土」にいる日本国民の圧倒的多数は，米国の軍事的属国たることの痛みどころか，この事実のリアリティすら感じないですんでいる[74]．さ

74）　米軍基地の沖縄集中を沖縄の地理的条件による戦略的合理性の要請として正当化する議論が横行しているが，これは欺瞞の極みである．対露・対中国・対北朝鮮戦略で北海道・日本海沿岸がもつ重要性は別としても，米軍基地の沖縄集中は沖縄を核で一撃すれば一挙に米軍基地の大半を破壊できるという点で米軍の脆弱性を高めるだけである．沖縄に米軍基地が集中したのは，サンフランシスコ講和条約で日本が主権回復した後，「本土」では米軍基地に対する反対闘争が昂揚したが，沖縄は米軍の施政権下にあったため，基地を押しつけることができ，本土の基地維持

らに深刻な問題は，そのことにより，対米属国化が意味する上述のような日本にとっての軍事的危険性——米国が勝手に始める武力干渉・侵略の幇助犯にされる危険性——に，日本人のマジョリティが「不感症」になっていることである。

　この問題に対処するには，日米安保体制のリスクとコストの特定地域への集中転嫁を抑止するための拒否権を，集中転嫁される当該地域に憲法上保障することが必要である。憲法95条は特定の地方公共団体にのみ適用される国法は当該地方公共団体の住民投票による過半数の同意を必要とすると定めているが，沖縄への米軍基地集中はこのような国法によるものではなく，米国との条約・協定に基づく一般的法制の適用の事実的帰結であるため，現行95条で特定地域の米軍基地集中に対する拒否権を保障することは無理であり，外国基地設置の条件として設置地域の住民投票による同意を要請する憲法規定の新設が必要である[75]。

　以上述べた点を踏まえて，私の九条削除論に基づく憲法改正案を具体的な条文の形で以下に提示する。これは暫定的試案であり，細部の彫琢がさらに必要だが，九条削除論が要請する戦力統制憲法規範とはいかなるものかについて，具体的イメージを読者に提供することはできるだろう。

　の政治的コストを嫌った米軍が沖縄に基地を移したという政治的理由による［この似非戦略論を含め，沖縄への基地集中を合理化する諸言説への批判として，井上 2016a: 145-149 参照］。

[75]　このような規定を置けば，沖縄だけでなく日本中の自治体が米軍基地設置を拒否できるから，日米安保体制は崩壊するとして，これに反対する者がいるかもしれないが，かかる理由による反対は倒錯している。日本中が米軍基地設置に反対するなら，そのことは，日米安保体制を，米軍基地という日本にとってのこの体制のコストも含めて，まともに受容する意志が日本国民にないことを示し，むしろ日米安保体制の存続を否定すべき根拠になるからである。米軍基地という日米安保のコストの負担は他地域に転嫁し自らの地域はその防衛利益だけ享受したいという，いわゆる Nimby 的要求——「ウチの傍でなきゃいよ（Not in my backyard）」とする嫌忌施設設置要求——は，このコストを転嫁される地域住民に日米安保体制の受容を要求することを正当化できる理由にならない。

井上改正案 I（現行条文加筆修正方式）
＊下線部が現行規定に対する改正部分

第9条　第1項，第2項ともに全文削除．

第18条　何人も，いかなる奴隷的拘束も受けない．又，犯罪に因る処罰の場合，および第30条の2により，兵役に服するか，良心的兵役拒否権を行使して代替公役務に服する場合を除いては，その意に反する苦役に服させられない．

第30条の2　安全保障のために戦力の保有を法律で定めた場合は，兵役に服する能力のある国民はすべて，法律の定めるところにより，一定期間兵役に服する義務を負う．第14条第1項は兵役義務にも適用される[76]．
2　兵役に服する国民は軍事訓練に加えて，法律の定めるところにより，この憲法と国際法の諸原理の理解を徹底させるための研修を受けなければならない[77]．
3　自己の良心に基づき，兵役を拒否する権利は，これを保障する．この権利を行使する者は，消防，災害救助活動，その他法律で定めるところの，これらに準じる負担を負う非武装の代替公役務に服さなければならない．

第59条の2　安全保障のために戦力を保有するか否か，又，戦力の編成と運営および軍事裁判に関わる事項は，法律により定める．法律で戦力の保有を定めるには第30条の2にしたがって，国民皆兵制と，兵役服務者の法研修制度，良心的兵役拒否の代替公役務をも法律で定めなければならない．
2　外国の軍隊が駐留する基地は，法律の定めによらなければ，国内に設置できない．駐留外国軍による国内基地の使用条件についても法律の定めによるものとする．
3　本条第1項及び第2項の法律案については，第59条第4項を適用しない[78]．

---

[76]　現行憲法14条1項は「人種，信条，性別，社会的身分又は門地」による差別を禁じているが，この差別禁止が兵役義務にも貫徹されるという趣旨である．性別による差別禁止が兵役義務にも貫徹されるべきことについては，本章第2節注29参照．

[77]　国際法と立憲民主主義の尊重を軍隊内部規律へ浸透させるためのこの規定は，戦後ドイツにおける「内面指導（Innere Führung）」と呼ばれる軍隊民主化のための兵士教育に着想を得た規定である．本章第2節2 (3)，234-235頁参照．

[78]　現行憲法59条4項は「参議院が，衆議院の可決した法律案を受け取った後，国会休会中の期間を除いて六十日以内に，議決しないときは，衆議院は，参議院がその法律案を否決したものとみなすことができる」と定める．与党が衆議院で三分の二以上の議席を占めるが参議院では過半

4　政府による武力行使の決定は国会の事前の授権によらねばならない．この授権は，衆議院と参議院の緊急合同国会における出席議員の過半数の賛成による承認を要する．

第 66 条　内閣は，法律の定めるところにより，その首長たる内閣総理大臣及びその他の国務大臣でこれを組織する．
2　内閣総理大臣その他の国務大臣は，文民でなければならない．法律で戦力を設置する場合，内閣総理大臣は，その最高指揮官となる．武力行使は，内閣総理大臣が閣議決定に基き命じるが，第 59 条の 2 第 4 項による緊急合同国会の承認を事前に得なければならない．

第 76 条　すべて司法権は，最高裁判所及び法律の定めるところにより設置する下級裁判所に属する．
2　特別裁判所は，第 59 条の 2 第 1 項により法律で定められた軍事裁判を行う機関を除き，これを設置することはできない．行政機関は，終審として裁判を行うことができない．上記軍事裁判機関の判決に対しても，それに不服ある者は通常裁判所に訴えることができる．

第 95 条　一の地方公共団体のみに適用される特別法は，法律の定めるところにより，その地方公共団体の住民の投票においてその過半数の同意を得なければ，国会は，これを制定することができない．
2　第 59 条の 2 第 2 項により外国軍駐留基地を設置するには，法律の定めるところにより，その基地を施政域内に含む各地方公共団体の住民投票において，その過半数の同意を得なければならない[79]．

改正案 I は，私が必要と考える戦力統制憲法規範の全体像を示しているが，

　　　数に達しない場合，この規定により与党は参議院による審議を二ヵ月で打ち切って法律案を三分の二以上の賛成で再可決して成立させうる．自国戦力の組織化や外国軍駐留基地受け入れという戦力の保有・行使に関わる重大な問題については，このような性急な決定を避け，両院の熟議の遂行を確保して国会による統制を実効化するのが，この改正規定 59 条の 2 第 3 項の狙いである．
79)　A 県の B 市と C 市に跨る地域に外国軍駐留基地が設置される場合には，A 県，B 市，C 市という三つの地方公共団体それぞれにおいて住民投票を実施し，いずれにおいても過半数の同意を得ることが必要だという趣旨である．住民投票を A 県だけ，あるいは B 市と C 市だけに限定する見解もありうるが，三つの地方公共団体の施政域内にある以上，それぞれの自治権を尊重して，このように規定している．

この改正案全体を一括して国民投票に付することは，現行のいわゆる国民投票法（正確には，「日本国憲法の改正手続に関する法律」）の下では法手続上無理であるし，憲法改正戦略としても適切ではない．

　国民投票法 47 条は，「投票は，国民投票に係る憲法改正案ごとに，一人一票に限る」と定めている．この条文で重要なのは「一人一票」という当然の原則のことではなく，「憲法改正案ごとに」という限定句である．これは，様々な改正内容を含む改正案を一括して国民投票にかけるのではなく，改正内容ごとに分けて国民投票で可否を問うことを求める趣旨である．これに対応して，国会法 68 条の 3 は，国会が発議する憲法改正案を審議する際の原案についても，「憲法改正原案の発議に当たっては，内容において関連する事項ごとに区分して行うものとする」と定めている．

　したがって，改正案を内容に即して区分するための基準，言い換えれば，何を「一つの改正案」としてまとめるべきかという，改正案の「個別化」基準が問題になる．この問題への解答として，以下の二つの基準を提示したい．

　第一は不可分性基準である．これは，「ある条項の改正が他の条項の改正を伴わなければ，改正案の趣旨自体に反することになる場合，それらの条項の改正は一つの改正案として一体化すること」を要請する．

　第二は優先性基準である．これは，「ある条項の改正と結合されるのが望ましい他の条項改正案が複数ある場合，緊要性がより高く，かつ，支持を調達する可能性がより高いものを一つの改正案に一体化して，他より先にその実現をめざすこと」を要請する．

　この二つの改正案個別化基準は，私の憲法改正案について以下の二点を含意する．第一に，九条削除論の狙いは，単に憲法 9 条を削除することではなく，憲法 9 条が憲法から排除している戦力統制規範を憲法に盛り込むことである．しかし，憲法 9 条という規定の削除案と，戦力統制規範導入のための憲法条項改正案を切り離して個別に国民投票にかけると，憲法 9 条削除だけが可決され，肝心の戦力統制規定案がすべて否決されるという事態もありうる．しかし，そうなっては九条削除論に依拠する憲法改正の目的に反するので，不可分性基準により，これを避けるために，憲法 9 条削除案は最小限必要な戦力統制規定案と一体化して発議されなければならない．

第二に，憲法 9 条削除案と一体化すべき最小限必要な戦力統制規定が何かは，優先性基準によって判断する必要がある．既に述べたように，文民統制，戦力の保有決定，戦力行使決定に対する国会統制（国会事前承認手続），軍事司法制度などに関する憲法規定は，自衛隊という世界有数の武装組織に対する民主的統制と法的統制を確立する上で最低限必要であるにも拘らず，日本国憲法に欠損しており，この欠損を埋め合わせることは最も緊要であり，かつその点について国民の支持を調達する可能性は比較的高い．

　他方，これに加えて私が必要だと考える徴兵制は，重い代替役務を伴う良心的兵役拒否権保障とセットで提案したとしても，いまは国民の反発が強いだろう．これについての私の提案は，次世代を見据えたものである．いま，徴兵制に関する改正案を前者の最小限必要な戦力統制規定案と一体化して国民投票に付すなら，徴兵制に対する反発から戦力統制規範のミニマム・リストまで一緒に否決されてしまうリスクが高い．したがって，徴兵制に関わる改正案はこれらと分離し，戦力統制規定のミニマム・リストがまず採択された後で，将来の改正課題として国民に検討を求めることが，憲法改正戦略としても適切である．

　微妙なのは，外国駐留軍基地設置地域の住民投票規定案（改正案 I の 95 条 2 項）である．私は沖縄への米軍基地集中と結合した日本の軍事的対米属国化の問題の深刻性を踏まえるなら，この改正案の緊要性はきわめて高いと考えるが，沖縄に日米安保体制のコスト・リスクを集中転嫁することを本音では望む欺瞞が本土住民のマジョリティに根強く浸透している現状に照らすと，この改正案への反発は，徴兵制に対するほどではないにしても，現時点ではかなり強いだろう．これをいま戦力統制規定ミニマム・リストと一体化して国民投票にかけるなら，ミニマム・リストも否決されるリスクはやはりある．この問題に関する本土マジョリティの欺瞞を正して理解を得るのは，徴兵制問題ほどではないにしても，なお時間をかける必要があるだろう．その意味で，あるべき憲法改正実現の優先性基準による段階化シナリオにおいては，ミニマム・リスト実現という第一段階と，徴兵制という第三段階との間の第二段階として位置付けることが戦略的に必要かもしれない．ただ，この点についての私の戦略的判断はあくまで暫定的なものであり，改正案 I の 95 条 2 項に関して「本土」の国民マジョリティの支持を調達することがそれほど困難ではないことが示され

るなら，判断を変える用意はある．

　憲法改正案個別化に関する不可分性基準と優先性基準に従った以上のような憲法改正段階化戦略を展開するための具体的方法として，合衆国憲法の改正方式が利用できる．合衆国憲法においては，憲法改正は本文の条文を直接変更することはせずに，本文の関連する諸条項の規範的意味を，本文の後に逐次追加される「修正条項（Amendments）」によって改変・補正する方式でなされる．米国憲政史において，修正条項が実際に不可分性基準や優先性基準に従って追加されてきたわけではないが，このアメンドメント方式は，この二つの憲法改正案個別化規準にしたがって，最優先されるべき不可分一体の改正案をまず修正第1条（the First Amendment）として制定し，その後で，次に優先さるべき付加的改正案を修正第2条（the Second Amendment）として制定し，さらにその後で，その次に優先さるべきさらなる付加的改正案を修正第3条（the Third Amendment）として制定し，以下同様，というように，憲法改正段階化戦略のために利用することができる．私の改正案Ⅰの内容を段階的に実現してゆくための戦略を，このアメンドメント方式で改正案Ⅰを再定式化することによって以下に提示しよう．

井上改正案Ⅱ（段階的アメンドメント方式）

〈第一段階〉
修正第1条[80]　本文第9条は削除する．
2　安全保障のために戦力を保有するか否か，又，戦力の編成と運営に関わる事項は，法律により定める．
3　戦力保有を法定する場合は，軍事裁判の規則・手続・機関も法律により定める．本文第76条第2項の定めに拘らず，軍事裁判機関は設置できるが，終審として裁判を行うことはできず，その裁定に対して不服ある者は通常裁判所に訴えることができる．
4　外国の軍隊が駐留する基地は，法律の定めによらなければ，国内に設置できない．駐留外国軍による国内基地の使用条件についても法律の定めによるものとする．

---

[80] 改正案Ⅰの，9条削除，59条の2，66条2項改正部分，76条2項改正部分に対応．

5　本条第2項，第3項，第4項の法律案については本文第59条第4項を適用しない．
6　政府による武力行使の決定は国会の事前の授権によらねばならない．この授権は，衆議院と参議院の緊急合同国会における出席議員の過半数の賛成による承認を要する．
7　法律で戦力を設置する場合，内閣総理大臣は，その最高指揮官となる．

〈第二段階〉
修正第2条[81]　修正第1条第4項により外国軍駐留基地を設置するには，法律の定めるところにより，その基地を施政域内に含む各地方公共団体の住民投票において，その過半数の同意を得なければならない．

〈第三段階〉
修正第3条[82]　安全保障のために戦力の保有を法律で定めた場合は，兵役に服する能力のある国民はすべて，法律の定めるところにより，一定期間兵役に服する義務を負う．本文第14条第1項は兵役義務にも適用される．
2　兵役に服する国民は軍事訓練に加えて，法律の定めるところにより，この憲法と国際法の諸原理の理解を徹底させるための研修を受けなければならない．
3　自己の良心に基づき，兵役を拒否する権利は，これを保障する．この権利を行使する者は，消防，災害救助活動，その他法律で定めるところの，これらに準じる負担を負う非武装の代替公役務に服さなければならない．
4　本文第18条は，本条第1項の兵役義務と第3項の代替公役務については適用を除外される．

　以上が，九条削除論が求める戦力統制憲法規範制定のための憲法改正戦略である．私見によれば，これは現在提示されている他の主な憲法改正構想より優るが，代替的諸構想の間，およびそれらと現状を固持する護憲派の立場との間にも優劣の差がある．憲法9条改正に関する選択肢の理解に資するよう，これら様々な代替的諸構想を以下に呈示し，それらに対する比較評価を示す．

---

81)　改正案Iの95条2項に対応．
82)　改正案Iの，18条改正部分，30条の2に対応．

最善案（九条削除論）：憲法 9 条削除＋最大限の戦力統制規範（井上改正案 II 修正 1-3 条）制定

次善案（新九条論）：専守防衛・個別的自衛権の枠内で戦力の保有・行使を承認する憲法 9 条 2 項明文改正＋徴兵制以外の強い戦力統制規範（井上改正案 II 修正 1 条 3 項以下と修正 2 条に対応する規定）制定

三善案（自衛戦力承認論）：憲法 9 条 2 項削除または明文改正による自衛戦力の保有・行使の承認＋弱い戦力統制規範（文民統制と戦力行使国会事後承認）制定

悪しき現状固持（護憲派）：自衛隊・安保の現実追認による九条死文化＋「九条の罠」による戦力統制憲法規範欠如状態の持続

現状改悪（安倍改憲案）：憲法 9 条 2 項を温存したまま自衛隊を憲法上明記

　三善案が次善案に劣るのは，憲法の承認対象を「自衛のための戦力」と曖昧化することで，個別的自衛権が集団的自衛権かという安全保障政策の実質的問題が憲法解釈の「神学論争」に転化するという現状の問題点を未解消のまま残している点と，戦力統制規範が弱い点による．それでも，九条が自衛隊・安保の現実により死文化されながら建前として残るために戦力統制規範が憲法から排除されている現状よりはましである．安倍改憲案は，現在の解釈改憲の嘘を憲法に明定することにより，戦力の保有・行使を禁じながら自衛隊・安保という巨大な戦力の現実を承認するという自己矛盾を憲法自体に犯させ，憲法を自殺させるものである．現状の追認どころか，現状のさらにひどい改悪である．

　九条削除論の憲法改正案については，段階化戦略が示すように私なりに現実への考慮を払ってはいるが，それでもこの戦略で実現がめざされる私の憲法改正構想は，戦後 70 年以上にわたって九条問題に欺瞞の封印を捺してきた日本の政治家・国民にとっては，いまはまだ「ラディカルすぎる」と思われるだろう．しかし，だからといって，憲法による戦力統制の欠如という現状をこのまま放置することが許されていいわけではない．私の憲法改正構想に「まだついてゆけない」と感じる人たちには，上に示した代替的憲法改正構想のうちの次善案を支持し，それも拒否する人々には最低限三善案を支持することを求めたい．憲法と現実の矛盾を解消するどころか，この矛盾の毒薬を憲法自体に注入

して憲法を自殺に追い込む安倍改憲案しか改憲の選択肢として国民に示されていない状況は，日本の立憲主義にとって「絶滅危惧状態」である．日本の政界・メディア・言論界はこの憲法危機を自覚し，憲法が戦力を統制できない悪しき現状を変革するための改正案として，安倍改憲案に代えて，最低限，上記の次善案と三善案という二つの選択肢を国民に提示し，国民投票による審判のための国民的熟議を求めることが必要である．

近年，政界でも，次善案に近い構想が立憲民主党の山尾志桜里議員によって「立憲的改憲」の名で提唱され［山尾編著 2018 参照］，三善案に近い「九条二項削除論」の構想が自民党総裁選で安倍首相と争った石破茂議員により提唱されている．立憲的改憲案は専守防衛・個別的自衛権の枠を自衛隊・安保に課すものだから，本来なら護憲派が支持すべきものであるはずである．しかし，護憲派は改憲を論議すること自体を拒否するばかりか，安倍改憲案に対する敵意に勝るとも劣らない敵意をもって立憲的改憲案を攻撃している．安倍改憲案に対抗する改憲案の提示を妨げることによって，護憲派は安倍改憲案しか国会が発議しえない状況を作っている．すなわち，彼らは安倍改権推進の共犯者になっている．護憲派と安倍政権のこの共犯関係は単なる「意図せざる結果」ではない．安倍改憲案は憲法を論理的に自殺させようとも，9条2項だけは温存してくれるので，護憲派にとって，9条2項を改正して護憲派の欺瞞を正す立憲的改憲案よりも望ましいのである．

安倍政権の下では改憲を認めないという理屈で改憲論議を拒否する勢力もいるが，これは自壊的な主張である．安倍政権から政権を奪取したら自分たちが考える「より良き改憲」を試みる用意があることをこの主張は含意しているから，それならば，安倍政権の打倒をめざすいまこの時点で，自分たちが政権を奪取した暁には，いかなる改憲を試みるつもりなのか，その改憲構想を国民に提示して説明する責任があるはずである．それを拒否するということは，政権をとった後で，国民に対して騙し打ちで改憲を試みると言っているのと変わらず，民主主義を公然と愚弄するものである．

代替的改憲構想の提示を拒否・妨害する護憲派は，安倍政権の「共犯者」だと言ったが，これは文字通り，「立憲主義を扼殺する犯罪」への護憲派の加担を意味している．護憲派は，「安倍改憲案が発議されたら国民投票で×をつけ

よう」と国民に呼びかける運動も始めているが，これは共犯関係を解消するものではなく，さらに深めるものである．安倍改憲案が発議されるなら，それが可決されても否決されても，立憲主義は扼殺されることになるからである．可決が「憲法の自殺」を意味することは既に述べた．しかし否決されても，立憲主義は殺害されるのである．それも安倍政権によるだけでなく，護憲派によって．どういうことか，説明しよう．

　憲法9条2項を温存しながら自衛隊を明記する安倍改憲案が国民投票で否決されたとするなら，それは「自衛隊は憲法9条2項が禁じる戦力にあたるから，憲法9条2項の温存と自衛隊の存在は，両立不可能である」という審判を国民が示したことになる．すなわち，自衛のための戦力の保有・行使を明示的に承認する憲法9条2項明文改正を行うか，さもなくば，自衛隊の廃止ないし武装解除による災害レスキュー部隊への改組を断行すべし，というのが，主権者国民の審判となる．しかし，安倍政権は「否決されても，現状（解釈改憲拡大に基づく現行安保法制）に変わりはない」として，この国民の審判を無視することを公言している．

　他方，護憲派も，既述のように，憲法9条2項明文改正か自衛隊の廃止・武装解除かという「二択」を拒否して，9条2項を固持したまま，違憲状態凍結論や解釈改憲により専守防衛・個別的自衛権の枠内で自衛隊・安保を存続させることを望んできた．彼らは「安倍改憲案が発議されたら国民投票で×をつけよう」などと呼びかけているが，本当に国民投票の×が過半数になって安倍改憲案が否決されたら，護憲派が拒否する「二択」が必要になるということを認めるつもりがないから，こういう呼びかけをして平然としていられるのである．彼らも，「安倍改憲案が否決されたら，安保法制以後の現状ではなく，それ以前の原状（専守防衛・個別的自衛権体制）に戻る」として，この国民の審判を無視する態度をとっている．憲法96条が国民に付与している憲法改正権力の発動たる国民投票の結果を無視することに安倍政権も護憲派もコミットしている点で，両者は紛れもなく立憲主義謀殺の共犯者である．

　立憲主義謀殺への安倍政権と護憲派の「共謀」を挫き，立憲主義を救済するには，国民が憲法を創設発展させる第一次的な権能と責任は自分たちにあることを自覚し，戦力に対する憲法的統制を確立する憲法改正を真剣に論議し，実

現に努める必要がある．憲法改正構想に関する私の上記の議論が，この課題を国民が果たすための判断材料になれば幸いである．

第5章

刑罰権力と法の支配
厳罰化問題と死刑論議に寄せて

　前章で論じた防衛戦力は，非常時において，法的制約の下で「外敵」に対して行使される「極限的」な国家暴力である．極限的というのは，この国家暴力は防衛のために必要最小限の範囲内で行使される場合でも，人間の身体・生命の物理的破壊を伴うからである．これに対し，刑罰権力は，平時において，法的制約の下で当該国家の管轄下に存在する「内なる違法行為主体」に対して行使される「準極限的」な国家暴力である．準極限的というのは，第一に，身体刑に代えて自由刑（自由剝奪刑）が原則となった現在でも，日本を含む少なからざる国家において「司法的殺人」としての死刑が存在するからである．第二に，死刑廃止国の最高刑としての仮釈放なき終身刑も，受刑者の社会的存在を抹消するものであり，その社会的生命の破壊と言えるからである．第三に，有期自由刑でも，服役期間が社会復帰を困難にするほど長い場合や，受刑者の社会的名誉を回復不能なほど損傷する場合は社会的生命破壊に準じ，さらに重い懲役労働を伴う場合は身体刑に準じるからである．

　前章で強調したように，戦力はその極限的な破壊性ゆえに，最も危険な国家暴力である．刑罰権力は戦力に比して破壊性という点では限定的である．しかし，戦力が例外的非常事態に限定されて行使されるのに対し，刑罰権力は平時において，いわば「日常的」に国家の「内部」において行使されていることを考えるならば，刑罰権力の方が一層「浸潤的」な国家暴力であるとも言える．刑罰権力を法の支配に，したがってまた立憲主義的統制に服せしめる必要性が戦力に比して勝るとも劣らないのはこのためである．実際，日本国憲法も，第31条から第40条まで刑事司法手続や被疑者・被告人の権利保障に関して10

条もの規定を置いている．

　本書第Ⅱ部の表題に掲げた「立憲主義の実践」という観点からは，刑罰権力の立憲主義的統制も重要な課題であるが，本書では，戦力という最も危険な国家暴力の立憲主義的統制に関わる九条問題に考察の重心と提言の力点を置いているので，刑罰権力の問題には深く立ち入れない．しかし，日本の刑罰権力に対する立憲主義的統制に関しては，刑事法制・刑事政策の「正当性」をめぐる政治的論争が，これらの問題に関する政治的意思決定の「正統性」を保障するための法の支配や権力分立という立憲主義的原理を無視・軽視して行われているという問題がある．これは，憲法の具体的な刑事司法的諸規定の解釈・運用の問題以上に，刑罰権力に対する法の支配と立憲主義的統制の貫徹という観点からは重大かつ深刻な問題であり，しかも，前章で検討した九条論議における法の支配・立憲主義の蹂躙という問題とも通底しているので，厳罰化や死刑制度をめぐる政治的論争を素材にこの問題を検討した旧稿［井上 2007c, 井上 2008d, 井上 2008e］での私の議論を，本章で一部改訂して提示したい．本章はいわば前章の「姉妹編」的傍論である．

　なお，本章の論考の対象は，2005年の刑法改正などで厳罰化傾向が顕著化し，2009年の裁判員制度施行など刑事法制が大変革を迎えていた時期の日本の論争状況であり，2017年の「共謀罪」導入をめぐる政治的論争のような，その後の論議には触れていない．しかし後者の論議においても，刑事法制の「正当性」をめぐって先鋭な政治的対立がある状況において刑事立法の「正統性」をいかにして保障するのか，という原理的な問題が根底にあり，本章の議論は最近の刑事立法の諸問題についても，読者がそれらを原理的に考察するのに資するであろうと信じる．

第1節　世論の専制から法の支配へ
　　　　──民主主義と司法の成熟のために

1　犯罪不安と復讐心に駆られる民主政の危険

　21世紀に入ってから，司法改革が駆け足で進められた．「司法の人的インフ

ラ」の拡充のために導入された法科大学院は，その一環だが，一般市民に直接関わり，社会的インパクトが一層大きいと思われるのは，司法改革の目玉である「司法の国民的基盤」の拡充である．これは，国民を「統治の客体」から「統治の主体」にするという民主主義の理念に基づき，国民の司法参加の促進を求めた司法制度改革審議会の意見書によって提言され，刑事司法分野で急速に進行した．この提言を受け，重大な刑事事件の裁判に素人の市民が裁判官とともに参与する裁判員制度が導入された．他方，「安全神話」の崩壊が指摘され，治安対策の強化や被害者の権利保護を求める「国民世論」が高まる中で，それに応じる刑事諸法改革の動向や刑事裁判例の厳罰化傾向も顕著になった．

2005年施行の改正刑法で有期懲役の上限が15年から20年（併合罪等による加重の場合の上限は20年から30年）に引き上げられ，性犯罪・暴力犯罪の法定刑を引き上げられたほか，種々の特別刑事立法で処罰対象行為が拡大・早期化・重罰化されている．

また，これに呼応する形で，死刑適用も含め，従来の「相場」より重い量刑判断をする判決も続出している．山口の母子殺害事件で，2006年6月20日最高裁判決は，被告人が犯行時18歳の未成年であったことを考慮して無期懲役にした二審判決を，死刑回避は不当として廃棄・差し戻しにした．奈良の女児誘拐殺人事件で，同年9月26日奈良地裁判決は，一人殺害でも死刑とした[1]．

さらに，犯罪被害者や遺族が「被害者参加人」として刑事裁判に加わり，被告人に直接質問するだけでなく検察官とは別に独自の論告・求刑もできる制度も，裁判員制度の実施時期に合わせて導入された．

このような動向は，司法制度改革審議会意見書の意図を超える部分も含むだろうが，裁判官の量刑を軽すぎるとみなし，厳罰化を求める一般世論と従来の刑事司法実践の乖離を狭め，民意に対する司法の応答性を高めようとする意図に基づく点で，裁判員制度同様，司法の「民主化」ないし「国民的基盤」の拡充の流れに沿うものと言える．

裁判員制度実施後，素人裁判員と専門家たる裁判官の対立が特に先鋭化するのは量刑をめぐってであると予想されており，最近の刑事立法・刑事司法にお

---

[1] 奈良地裁判決に対し弁護側は控訴したが，被告人自身が控訴を取り下げ死刑が確定した．

ける厳罰化傾向は，司法が民意に擦り寄る，あるいは擦り寄らされる形で，この衝突の可能性を事前に縮減・調整する動きと見ることもできる．

司法も国家の権力作用である以上，しかも刑事司法は刑罰権力の発動という最も強圧的な権力作用に関わる以上，司法過程への民主的参加の促進や，司法的決定の民意応答性の向上は司法の正統性を確保するために必要であるという見方は，もちろん一つの議論として成り立つ．法学者以外の知識人や一般市民の間では，「当然ではないか」と受け止める向きも少なくないだろう．

しかし，不合理な恐怖感や激情から「民意」や「世論」なるものがときに暴走し，異質な少数者を「人民の敵」として殲滅しようとする「多数の専制」をもたらしうることは，近現代の歴史的経験が繰り返し教えるところであり，このような民主的権力自体の正統性喪失の危険を防止するために，「法の支配」を確立する努力も営々となされてきた．

罪刑法定主義，刑罰の謙抑性，被疑者・被告人の人権保障など近代刑事法の諸原理は，立憲主義的人権保障と相俟って，このような法の支配を制度的に確保するためのものであり，「民意」や「世論」の名で加えられる政治的圧力に対して一定の独立性をもつ司法部がその実現の担い手としての責務を負わされてきたのである．司法の「民主化」は一歩間違うと，「法の支配」の保障という司法の重要な機能を阻害する危険性も秘めている．

最近の日本における司法の「民主化」の動向は，裁判員制度の導入などについては積極的に評価されるべき面もあるが，「厳罰化を求める世論」に民主的政治部門が司法を従わせる傾向，あるいは司法自らそれに擦り寄ろうとする傾向には，「危うさ」もある．法哲学者としての観点から，このような司法の「民主化」と「法の支配」との関係を考える上で重要だと思う若干の原理的な問題を，以下で検討したい．

2 「目には目だけ，歯には歯だけ」——刑罰根拠論の縛り

刑法・刑事訴訟法・行刑関係法や様々な刑事特別立法など，刑罰に関する実体的・手続的諸法規の総体は刑事法と呼ばれる．この刑事法は一体，誰を誰から守るためのものなのか．市井の人々は，この問いは，自明なことをわざわざ問う愚問だと感じるかもしれない．「決まっているではないか，犯罪被害者に

なるかもしれない我々を犯罪者から守るためだ．そうでなかったら，刑事法などいらない」と答える人が少なくないだろう．

しかし，近代刑法思想を体得した法学者の答えはこれと異なる．もちろん，彼らも，刑罰の犯罪抑止効果（一般予防機能）や受刑者改善効果（特別予防機能）により，刑事法が犯罪の潜在的被害者を犯罪から保護する機能をもつことを承認する．しかし，彼らは，この被害者保護目的自体よりも，この目的を追求する仕方を規制する機能を刑事法の一層根本的な存在理由として捉えている．

先の問いに答えた「市井の人」に向かって，かかる法学者は同じ問いに次のように答えるだろう．「あなたが犯罪行為をしていないのに嫌疑をかけられ，警察・検察・裁判所・拘置所・刑務所などの司直の手に委ねられたとき，さらに，あなたが犯罪行為をしたためにそうされたときでさえも，あなたをかかる司直の権力の恣意から守るために，刑事法はあります」と．

刑罰権力の恣意的で放縦な発動を法的に制御して，市民の自由・安全等を守るために刑事法はあるという思想は，法の支配の理念に依拠している．刑罰の根拠をめぐっては，応報か，一般予防か，特別予防かなど伝統的な議論があるが，重要なことは，「何のために刑罰の根拠を問うのか」である．

様々な刑罰根拠論は，何を刑罰根拠にするかで対立していても，刑罰の根拠を限定して，かかる根拠によって正当化しえない刑罰権力の発動を抑止することにより，刑罰権力に対する法の支配を貫徹することを共通の目的としている．一般予防や特別予防を刑罰根拠にする立場が，抑止効果や改善効果という目的を達成するのに不必要な刑罰権力の行使を限定するものであることは比較的理解しやすいだろうが，応報を根拠にするいわゆる「応報刑論」も，激しやすい復讐感情を放縦に（気の済むように）充足させることではなく，実際になされた犯罪行為の罪責に応じた程度に刑罰を限定することを狙いとしている．このことは応報観念の歴史的淵源であるハンムラビ法典の「目には目を，歯には歯を」という峻厳な「同害報復法（*lex talionis*）」でさえ，目や歯に対する傷害行為に，それより重大な身体的損傷や死をもって報いることを禁じる――「目には目だけ，歯には歯だけ」――という制裁限定機能があり，復讐とは区別されていたことを考えれば理解されるだろう．

もちろん，刑罰根拠論が刑罰限定目的を超えて，刑罰権力の放縦化を合理化

するために濫用される危険はある．特別予防論は特にその危険性が高い．だからこそ，刑罰根拠論の目的が刑罰権力に対する法の支配の貫徹にあることが改めて想起される必要がある．

3　権力の恣意と市民の迷妄とへの防波堤

　この原点を想起するために，近代刑法思想の開拓者であるチェーザレ・ベッカリーアがその古典的著作『犯罪と刑罰』［ベッカリーア 1959［1764］］において展開した議論に触れることは無駄ではない．本章の主題との関連で，以下の点が強調に値する．

　第一に，ルソーをはじめとするフランス啓蒙思想の影響を強く受けたベッカリーアにとって，法によって統制すべき危険な専制権力は君主権力だけでなく，この「大圧制者」の下でその圧力を「彼らの下に位する弱い人々の上におしかぶせることを当然の権利と考えているような連中」，すなわち「小圧制者」たる司直の権力である［同書：33-37 参照］．裁判官がアンシャン・レジーム（旧体制）のお先棒を担いだフランスや，フランスのような絶対王政はないものの旧体制のミニチュアが分立割拠し，カトリックの祭司権力とも司法権力が癒着した自国イタリアの現実を知るベッカリーアには，英米コモンローの伝統が作り上げた「専制に対する人民の保護者としての裁判官」という偶像への崇拝は微塵もない（実は英国においても，ベッカリーアの影響を受けたベンサムが，「コモンローの守護者たる裁判官」に対する偶像破壊を試みている）．

　それゆえ彼は，「刑事裁判官は刑罰法規を解釈する権限をもたない」［同書：30］とまで主張している．これは現在から見れば極端にすぎると思えるが，その趣旨は，裁判官が解釈の名の下に無制約ないし過度に広範な裁量を行使して被告人を好きなように処罰する「小圧制者」にならないよう，融通無碍な解釈を許さない明確性をもった法律によってその裁判権を統制する必要性を強調することにあった．

　第二に，刑罰権力を統制する法律に対しては，明確性という様式的限定――形式的限定というと実質的意義がないかのように誤解されるおそれがあるので，様式的限定と言っておく――だけでなく，内容的限定も加えられている．内容的限定の原理としては，ベッカリーアが最小限の刑罰で最大限の一般予防効果

をもたせるという功利主義的考慮を前面に出し，死刑を含む残酷な刑の廃止や拷問の廃止を提唱したことはよく知られている［同書：85-102 参照］．しかし，それだけではない．抑止のための威嚇が人々の自由な活動力や独立不羈の精神と勇気を萎縮させないものであることを要請する自由の価値［同書：34-35, 189-191 参照］，身分・地位・階級等による刑の適用の差別を排除する平等理念［同書：135-143 参照］，さらに，密告の強要・奨励を排除する信頼保護・誠実性保護の要請[2]，彼はこれらの価値をも刑事法の内容的制約原理として強調した．

　要するに，ベッカリーアにおいて，罪刑法定主義とは，法律によって規定さえすれば，国家権力がいかなる刑罰をも，いかなる仕方によってでも，人々に科すことを可能にする「形だけの」原理ではない．それは上述のような価値理念に基づき刑罰権力を実質的に制約する原理なのである．

　第三に，ベッカリーアは，君主権力のみならず裁判官の権力に対しても批判的統制の必要を説いたが，人民主権の絶対化を提唱したわけではない．彼は人民が統治主体となって制定した法律に，ルソーが一般意思に帰したような無謬性を認めなかったし，さらに人民が立法権のみならず司法権も行使することを是認しなかった．啓蒙主義者としての彼は「大衆を照らす理知の光明」を信じていたが，まさにそれゆえに現実の民意が無知・迷妄・独断に囚われやすいことを自覚し，「たえまなくかわり，決してみたされず，しばしば真理をおしつぶしてしまうあの世論の要求をこえて，おそれることなく真理をみつめる習慣」の重要性を強調した［同書：194-195 参照］．刑罰権力に対する上述の実質的制約原理は，統治者が君主か人民自身かに関わりなく，その恣意を制約するものとして提示されており，しばしばその制約を踏み越えようとする世論の要求に抗して貫徹されるべきものである．

　さらに，この制約を制度的に担保するために，彼は「社会を代表する主権者は一般的に適用できる法律をつくることができ」るが，「その成員の誰かがその法律に違反したかどうかということを判定する権限は，主権者に属さない」とし，「社会契約が犯されたとする主権者」と「侵害を否認する被告」の間に

---

2) 密告の排除が要請されるのは，誣告の危険性を避けるためだけではない．密告の蔓延は，市民の徳性を貶めると同時に，市民を相互不信によって分断し，専制に対する団結した抵抗を不可能にするからである．ベッカリーア 1959 [1764]: 52-54 参照．

あって，「この争いに裁定を下す第三者」が必要であるとした上で，「この第三者が司法官である」とする権力分立原理を提唱した．しかも，司法官は「その判定にともなって世論を動かそうとするようなことがあってはならない」と釘を刺した［同書：28-29 参照］．

　この最後の点は特に重要な意味をもつ．ベッカリーアはここで，司法の独立性の原理を，司法権の立法権からの独立という形式的な権限分割を超えて，世論の動員による法適用の政治的操作をも排する実質的意味で貫徹することを要請している．彼が裁判官の法解釈権限否認という極端な修辞を使ってまで裁判官の裁量を限定しようとしたのは，裁判官を絶対的主権者たる人民の意思のロボットにするためというよりむしろ，刑罰権力の実質的制約原理からの逸脱を世論の名で合理化することを排するためだったのである．

　ベッカリーアは裁判官の権威を信じなかったと同様，民意や世論の権威も信じなかった．だからこそ，人の支配に代わる法の支配に刑罰権力を服せしめるために，立法権力と司法権力の双方を統制するような罪刑法定主義の実質化を図り，それを制度的に担保するために権力分立と司法の独立を要請したのである．「刑事法は誰を誰から守るのか」という問いに対する彼の回答は，「我々一人一人を，司直の恣意と我々自身の迷妄から」である．

4　民意の成熟と裁判員制度

　以上に見たような近代刑法思想の遺産は，犯罪不安と被害者の権利主張が高まる現在，世論の圧力とそれを追い風にした政治の圧力によって，完全に葬られてはいないにしても脇に追いやられている．時代遅れの思想とみなす風潮すら一部に出てきている．しかし，かかる圧力や傾向はまさに，この思想が克服しようとした迷妄を復活させている面があり，いまこそ，この思想遺産の教訓が生かされなければならない．これに関して重要と思われる問題点を指摘して本節を結びたい．

　第一に，犯罪の増加と凶悪化のイメージが，厳罰化を求める世論の背景をなす犯罪不安の高まりの一因だが，犯罪総数の増加は警察の事件処理方針の変更等による認知件数の増加であって，実数の増加ではないこと，凶悪犯罪はむしろ減少していること，安全神話崩壊の主因は郊外の住宅街への犯罪の拡散とい

う「境界」喪失であることが，専門の研究者によって説得的に示されている[河合 2004 参照].

マクロな視点から見れば日本社会の治安水準は国際的に見ても依然としてきわめて高く，犯罪抑止という点では日本の刑事制度は決して機能不全に陥っていない．問題があるとすればむしろ被疑者・被告人・受刑者の人権保障が手薄な点である．厳罰化はこの手薄な点をさらに手薄にする傾向をもつだけでなく，犯罪者の更生・社会復帰をいま以上に困難にすることにより，犯罪をかえって増加させてしまうだろう．厳罰化を求める人々自身についても，犯罪の嫌疑を不当にかけられたり，新たに犯罪化された行為を誤って行ったりして大きな犠牲を払わされるリスクが高まるのである．

犯罪不安から厳罰化を求める世論は不合理かつ無責任なものであり，司法は安易にそれに擦り寄るべきではなく，立法府は司法をそれに従わせる立法をすべきではない．司法関係者や政治家はベッカリーアが要請したあの徳性，「たえまなくかわり，決してみたされず，しばしば真理をおしつぶしてしまうあの世論の要求をこえて，おそれることなく真理をみつめる」徳性をいまこそ発揮すべきなのである．

残念ながら，近時の刑事裁判例はこの世論の要求に迎合する傾向を示している．国会は有期懲役上限や法定刑を引き上げ，処罰対象行為を拡大し早期化する立法をためらいなく次々と量産している．政治家は票集めのために，この世論に便乗するのみか，それを煽動しさえする誘惑に駆られている．

「法律なければ刑罰なし」という罪刑法定主義の原理が，「法律あれば刑罰あり」という別の命題にいまや摩り替えられている感がある．法の支配を志向する罪刑法定主義は法律万能主義ではなく，刑罰権力に対する実質的な制約原理であること，刑罰は重大な害悪を伴い，刑罰を拡大強化する法律はその害悪をも拡大強化するため，加重された害悪を埋め合わせるに足るだけの特別に重い確かな理由による正当化が——それゆえ特段の慎重さが——必要であること，このベッカリーアの洞察が，それが忘れ去られようとしているいまこそ想起されるべきである．

第二に，近時の刑事裁判において量刑が従来の相場に比し重罰化する傾向があるのは，裁判員制度実施後に予想される素人裁判員と裁判官との量刑判断の

衝突を，一般人の感覚に量刑相場を接近させることにより事前に調整する動きであるという観測を先に示した．これが当たっているかどうかはともかく，裁判員制度が実施されれば，「世論の要求」が法廷の内部に，しかも「裁く側」の内部にもちこまれ，これにいかに応答するかという問題に裁判所は直面することになる．この問題に一言しておきたい．

　裁判員制度の是非についてはなお論議があるが，私見では，司法過程への市民参加は何らかの形で必要である．しかし，それは生の世論の要求に裁判を従わせるためではない．このようなポピュリスト的意味での司法の民主化は，上述のような世論の要求の未熟さを考えるなら，危険であると言わざるをえない．むしろ逆に，世論が未熟であるからこそ，その担い手である市民が司法過程での熟議に参加して自己の理解力・判断能力・責任感を陶冶する経験を積むことが必要なのである．

　トクヴィルは米国の陪審制を単なる事実認定のための法律制度としてではなく，人々が公共的問題について熟慮し協議し，責任ある決定をするプロセスに参与する資質と能力を磨く場を提供する政治的制度とみなし，これを米国の民主政の基盤の重要な一部として評価した．かかる資質と能力は，現代の法哲学・政治哲学では「公民的徳性（civic virtue）」と呼ばれるが，裁判員制度も日本における市民の公民的徳性の陶冶の場になることが期待できる[3]．

　しかし，そうなるためには，裁判官は裁判員と真摯な対話をする能力を磨かなければならない．それは素人裁判員の生の「国民感情」に媚びることではない．むしろ．素人裁判員が自己の生の感情・感覚を批判的に吟味し熟慮された判断へと変容させうるような対話空間を構築する能力が求められている．

　量刑について言えば，これまでの量刑相場を「国民感情」に擦り寄せるのではなく，なぜ素人から見て軽すぎると思われる量刑判断が妥当なのかを，ベッカリーア以来の近代刑法思想が刑罰権力の実質的制約原理をなすものとして提示してきた種々の価値の考量や，日本の犯罪状況と犯罪者更生の的確な実態認

3）　ただし，私は「公民的徳性」の陶冶を，公民的共和主義者（civic republicans）のように有徳性の強制的養成という「卓越主義（perfectionism）」の意味で要求しているのではなく，立憲民主体制が保障する自由・権利を享受しながら，この体制を維持発展させるコストを他者に転嫁するただ乗りの禁止という，正義概念が含意する公平性の要請として再解釈した上で擁護している．本書第 2 章第 2 節 3 (2)〈ⅱ〉，第 6 章第 3 節 3 (1)，井上 1999: 139-140 参照

識を踏まえて，きっちり説明することが必要である．このような説明能力を裁判官自身も市民との対話空間に身を晒すことで陶冶しなければならない．「それが，自分たちの相場だから」としか答えられないような裁判官，あるいは従来の量刑相場の根拠は棚上げにし，ただそれが示す複数の基準の間の微調整を自己の職人芸として誇るような裁判官は，世論の圧力に流されて刑罰権力をなし崩し的に肥大化させるに終わるだろう．

そもそも，日本の刑事法は法定刑の幅が広すぎ，裁判官の量刑裁量に対する制約が緩すぎるという批判に応じるために，裁判所は量刑相場を法の支配の担保として形成してきたはずである．裁判員制度は裁判官自身に自分たちの実践の原理的な正当化の根拠をなす法の支配の意義と価値について反省的自覚を促し，この理念を理解し尊重する資質を市民に陶冶させることに成功しえたならば，司法の民主化と法の支配との優れた意味での総合をもたらすことになるだろう．

被害者の権利については，本章第2節2 (3) で触れるが，ここでは次の点だけ指摘しておく．復讐感情の満足を求めるものとしては被害者の権利は支持しがたいが，警察・検察などの手抜きで犯罪の摘発と適正な処罰が怠られた場合の被害者ないし遺族の救済・不服申し立て手続きの充実は，危険な復讐感情を昇華させるためにも何らかの形で必要であること，ただし「被害者参加」制度は被告人について予断を裁判官，特に素人裁判員に抱かせることがないよう，制度設計の仕方についてはなお慎重な検討を要するだろう．

第2節　死刑論議の盲点

1　忘れられた〈法の支配〉と民主的立法責任
　　――「鳩山法相発言」問題をめぐって

（1）　何が問題なのか――死刑論議における存置派・廃止派双方の欺瞞

死刑執行のあり方につき，2007年9月以来の鳩山邦夫法務大臣の一連の言動が物議をかもしている．報道によれば，法相は安倍内閣（第一次安倍政権）総辞職後の退任記者会見で，「大臣が判子を押すか押さないかが議論になるの

が良いことと思えない．大臣に責任を押っかぶせるような形ではなく執行の規定が自動的に進むような方法がないのかと思う」と述べ，また，「ベルトコンベヤーって言っちゃいけないが，乱数表か分からないが，客観性のある何かで事柄が自動的に進んでいけば（執行される死刑確定者が）次は誰かという議論にはならない」と発言した［『朝日新聞（夕刊）』2007 年 9 月 25 日］．さらに，福田内閣で再任された後の記者会見で，「『この大臣はバンバン執行した，この大臣はしないタイプ』などと分かれるのはおかしい．できるだけ，粛々と行われる方法はないかと考えている」と述べて，死刑執行のあり方につき，運用指針の変更や法改正の可否の検討の必要性を強調した［『毎日新聞』9 月 26 日］．10 月上旬には法務省内で勉強会が結成され，検討が始められた．

　鳩山法相のこのような発言は，「死刑自動化」論として伝えられ，「ベルトコンベヤー」，「乱数表」という比喩の使用も喧伝されたため，死刑廃止を求める人々からだけでなく，一部の慎重な死刑存置論者からも，「暴論」として批判されている．アムネスティ・インターナショナル日本など 49 団体が法相に対して抗議して発言撤回を求める声明を発表し，いくつかの主要紙も社説で法相発言を批判した．特に毎日新聞は，「人命を軽んじ，厳粛な法制度を冒とくする暴言である」と糾弾した［同紙 9 月 27 日］．

　政界においても，罷免要求をした社民党をはじめ野党から批判の声があがり，超党派の「死刑廃止を推進する議員連盟」会長である亀井静香国民新党代表代行は，「ひどい時代を象徴している．人間の命を機械みたいにボタンを入れておけば次から次に殺されていくようなイメージで扱っていいのか」と批判し，「法相の資格もなければ人間の資格もない」という激越な非難を向けるとともに，福田首相の任命責任も追及した［『毎日新聞』9 月 27 日］．与党も，町村信孝官房長官が「（勉強会で）検討するのは自由だが，思いつきでやってはまずい」と述べる［『読売新聞』9 月 29 日］など，法相発言から距離をとろうとしている．

　鳩山法相の言動については，外国特派員協会主催講演会での「私の友人の友人がアルカイーダ」という発言など，伝えられる通り言ったとすれば軽率のそしりを免れないものもあり，また，年来の論議を踏まえて推進されてきた司法制度改革の一環として司法試験合格者数を 1500 人から 3000 人にまで増やすという政府の既定方針に「多すぎる」と異を唱える姿勢など，司法制度の問題点

を本当に理解しているのか，一閣僚としての権限を踰越していないか，といった疑問を抱かせるものもある．

しかし，死刑執行のあり方に関する今般の彼の発言には，真剣に受け止めるべき問題提起が含まれていると私は考える．批判者たちが「人命の機械的処理を要求する死刑自動化論」という烙印を彼の主張に押し付けてこれを葬りさろうとしているのは，それが提起している「不都合な問題」を隠蔽するものであり，鳩山に対して公正を欠くだけでなく，先鋭な対立を孕む死刑存廃問題について真摯な熟慮と誠実な議論を，政治家だけでなく主権者たる国民自身の間で促進することを妨げるという弊害をもつ．

(2) 「死刑自動化」発言の背後にあるもの

問題の責任の一半は「ベルトコンベヤー」，「乱数表」，「自動的」という「人命の機械的処理」のイメージを抱かせるような表現を不用意に使用した鳩山自身にある．しかし，このような不適切な比喩の使用をとらえて，彼の発言を暴言として一蹴し，それが提起している問題を無視するなら，「たらいの水と一緒に赤子を流す」愚を犯すことになるだろう．鳩山も自己の言葉遣いが誤解を招いたことを反省し，ある雑誌対談で，「『自動的』にやるというのは，かなり乱暴ではないでしょうか」という質問に対し，次のように応答している．「それは，ちょっと『自動的』という言葉が独り歩きしてしまっているところがあります．やはり最終的には大臣の署名が必要でしょう．ただ，大臣のところに回ってくる前の段階で，専門家集団というか，そういう人たちがきちっと検証なり，判断なりができないかと考えています．冤罪の可能性は限りなくゼロにして，再審の可能性，恩赦の可能性，本人が心神喪失かどうかという条件をクリアし，専門家集団が判断したら，最後はハンコを押してもいい．そこはすんなりいくようにしなければいけないということを私は言ったつもりです」［『週刊朝日』2007年10月26日号］．鳩山はこれと同旨のことを，国会の場でも敷衍している．

鳩山がここで描いているようなプロセスは，実は，現行の死刑執行命令制度からそれほど大きく乖離したものではない．刑事訴訟法475条，479条によれば，法務大臣は死刑執行命令を判決確定日から六ヵ月以内に出さなければなら

ないが，再審請求，恩赦の出願・申し出があったときは，それが決定されるまでの間の期間はこの六ヵ月に算入されず，また死刑囚が心神喪失状態にあるときや（女性で）懐胎している間は執行が停止される．これらの点のチェックは，法務大臣に執行命令の決裁が求められる前に法務省内で刑事局を中心に慎重に行われる．

　刑法学・刑事訴訟法学の大家で元最高裁裁判官であり，死刑廃止論の指導的論客として精力的な言論活動を展開してきた団藤重光の指摘が，ここで想起されてよい．1993年に，それまで三年四ヵ月間続いていた執行ゼロの状態を，時の法相，後藤田正晴が執行命令に署名して打ち切り，次の法相，三ヶ月章もそれに倣ったとき，団藤は厳しい批判を加えた［団藤 2000: 48-49,〔14〕-〔27〕（括弧なしの頁番号は本文の頁，亀甲括弧〔　〕内の頁番号は「第三版のはしがき」の頁，以下同様）参照］が，その彼でさえ，次のように述べているのである．

　「死刑執行命令の決裁が大臣のところに回って来るまでには，これは省内で，刑事局から矯正局，保護局というように順次これを回すのですが，ことに刑事局では一人の局付の検事が一件記録を綿密に精査するのであります．綿密に読んだ後，それを各局に回して，いよいよ間違いないというところで大臣の決裁に回す，法務大臣のところへもって行くのであります．ですから，これは特別のことがなければ判こを押すのが本来でありましょう．人を納得させるような特別の考えがあるのでない限りは，押すべきでありましょう．それを自分の在任中は絶対押さないということを初めから宣言して，その大臣のときは押さなかったというのは，一見いかにも人道的であるようでありますが，いやなことを避けたといわれても，これはやむをえないだろうと思います」［同書：426-427］．

　さらに，「いやなことを避け」ようとする法務大臣に対して，団藤は次のように釘を刺している．「六箇月以内に執行しなければならないというのは，訓示規定と解されていますが，それはこの期間によってもよらなくても，どちらでもよい，というようなものではありません．法の運用——まして死刑の執行命令といったものについての規定の運用——には，個人の恣意が介入することは許されないのです．ですから，もし法務大臣が死刑執行命令書に署名することが自分の信念と相容れないと思ったときは，本来ならば辞任する以外にはな

いはずであります」[同書：49-50].

　鳩山の提言は，雑誌対談や衆参法務委員会等における彼の説明を踏まえるなら，団藤の上記の指摘を以下の方向で徹底させるものとして理解できる．法務大臣の決裁に先立つ事前審査手続きを，関与する「専門家集団」を補強拡充することにより，また必要なら執行命令を出す期間を現行の「確定判決から六箇月以内」よりも延長することにより，いまよりさらに綿密・周到なものにする．かかる「専門家集団」は再審請求，恩赦の出願・申し出が既になされたか否かだけでなく，その「可能性」が見込まれうるケースか否かも十分考慮し，冤罪が疑われうる者に対する執行の可能性を極力除くよう万全の配慮をする．このような周到な事前審査手続きを経た上で決裁が求められた場合には，法務大臣は自己の個人的信念や好悪によってこれを拒否してはならず，「この大臣はバンバン執行した，この大臣はしないタイプ」と言われるように死刑執行が法相個人の恣意に左右されるとみなされうるような従来の事態を解消する.

(3)　対立の縮減を不可能にする「二重基準」の応酬

　死刑執行を「自動的」にするという鳩山の主張の趣旨が,「人命の機械的処理」ではなく，上記のような仕方での法相の恣意の抑制にあるとするなら，毎日新聞社説が彼に向けた「厳粛な法制度を冒とくする」という批判は的外れであることになる．彼の狙いはむしろ法相の死刑執行命令に対する「法の支配」の強化にあるからである．浄土真宗の寺の住職でもあった元法務大臣左藤恵は，宗教人としての自分の人命尊重の立場から法相在任中は死刑執行命令への署名を拒否したことを公言しているが，法相の地位にとどまりながら自己の宗教的信条を法執行の義務に優先させたことを公言してはばからないその姿勢こそ,「厳粛な法制度を冒とくする」という批判に晒されうるものであろう．死刑廃止論の立場から左藤の主張の趣旨を好意的に再解釈しようとする団藤でさえ，これを「そのままにはいただけない」と評するゆえんである [団藤 2000: 50 参照]．2005 年 10 月の法相就任会見で「(死刑執行命令書に) 私はサインしません．私の心の問題．宗教観というか哲学の問題です」と公言し，発言を直後に撤回したものの，在任中には一件も執行命令を出さなかった杉浦正健にもこの批判が向けられるだろう.

もちろん，死刑執行命令に対する法の支配の強化は，法相の個人的信条を理由ないし動機にした執行命令決裁拒否の放縦を制約するだけでなく，死刑囚の法的権利への配慮を欠いた性急な執行を制約する意義をももつ．1993年に死刑執行を再開した後藤田法相による執行命令を団藤が批判する理由の一つは，執行された三人の受刑者のうちの一人が幻覚妄想状態と診断されて定期的に精神科的診察を受けており，心神喪失状態にある疑いがあっただけでなく，その弁護士が再審申し立てを準備中であったにも拘らず執行命令が決裁され，表面的な合法性はあっても刑事訴訟法475条，479条の法意を実質的に無視したことにある［団藤 2000:〔20〕-〔21〕参照］．「市民的及び政治的権利に関する国際規約」の第6条第4項が死刑確定者に恩赦（特赦または減刑）を求める権利を保障しており，これがこの人権規約を批准している日本においては国内法的妥当性をもつことの意義の自覚が徹底されるべきだとする団藤の主張［同書 51-52 参照］もこの文脈で重要である．「専門家集団」による執行命令の事前審査手続きの強化という鳩山の提言が空約束にならないためには，死刑確定者の再審請求権，恩赦出願権を実質的に保障する方策が当然検討されなければならない．
　死刑の存廃をめぐり先鋭な思想的・政治的対立が存在する状況では，死刑執行命令に法の支配を首尾一貫して貫徹することは容易ではない．廃止論者には，死刑確定者の法的権利を強化する方向では法の支配を強調しながら，法相が死刑執行命令を出す法的責務を個人的信条から懈怠することを歓迎，ないし要求しさえする傾向がある．他方，死刑肯定論者には，確定死刑判決の厳正な執行を法の支配の名において要求しながら，死刑確定者の法的権利には無頓着になり，彼らを，法的保護を剥奪された主体とさえみなす傾向がある．双方とも法の支配の理念を自己の思想的・政治的立場にとって都合のいい帰結をもつ場合にのみ援用し，そうでなければ無視するという二重基準の欺瞞に陥っている．これは双方の主張の倫理的・知的廉直性を損ない，それぞれの他に対する説得力を失わせ，対立を解消しえなくとも縮減するような議論を不可能にするだろう．

（4）「人の支配」の危険性

　既に見たように，死刑廃止論者の中でも，最高裁裁判官を務めた刑法学者団

藤重光はさすがに，執行命令に対する法務大臣の法的責務を承認しており，このような二重基準の欺瞞から免れている．しかしその団藤も，後藤田法相の執行命令に対する批判の論拠として，彼が「初等法学」の次元になおとどまるとみなす上記の理由（刑訴法の法意の実質化要請に依拠する理由）を超えて，死刑廃止に向かう諸動向を先取り的ににらんで執行を見合わせることが「官僚的発想」を超えた「高い政治的見識」として法相に要請されるという主張を掲げ，これが法を「ダイナミック」に考える「高等法学」の次元の要請であるとしている．さらに，この「高等法学」的方策なるものを，クアラルンプール事件——日本赤軍がマレーシアの米国大使館・スウェーデン大使館を襲撃して人質をとり，日本政府に日本で拘留中の過激派の釈放を要求した事件——において日本政府が人質の人命を優先してとった超法規的な要求受諾措置と「共通のもの」として擁護している［団藤 2000: 〔23〕-〔25〕参照］．

　死刑廃止への団藤の情熱とコミットメントには敬服させられるものがあり，その議論から私が受けた啓発も大きいが，彼のこの主張については首をかしげざるをえない．クアラルンプール事件におけるようなテロリストの要求に屈服した超法規的措置の是非はもとより，この事件のような例外的危機状況における超法規的措置と通常時における死刑執行の超法規的回避との類比可能性自体について大きな異論の余地があるが，それは措くとしても，死刑の存廃のような国論を二分する論争的問題について，法務大臣に，法の正しい倫理的進歩の方向と自分が信じるところにしたがって超法規的措置をとる裁量を与えることは危険千万と言わざるをえない．

　団藤は死刑に関する法の倫理的進歩の方向について自分と基本的見解を共有する者が法務大臣になった場合を念頭に置いて，このような超法規的裁量を法務大臣に与えようとしているが，死刑執行の促進を「被害者の権利」の保障を強化する法の倫理的進歩とみなすような逆の見解をもつ者がその地位に就くこともありうる．このような者が「官僚的発想を超えた高い政治的見識」と自らが信じるところにしたがって，執行促進のために死刑確定者の法的権利の超法規的な停止ないし縮減の措置を敢行するのは，団藤にとって許容しがたいであろう．権力者への自己の倫理的期待から「人の支配」に道を開く者は，権力者の倫理的堕落のみならず，権力者が自己と異なった倫理観をもちうるという現

実によって裏切られるのであり,「人の支配」のこの危険性を制御する知恵として「法の支配」が発展してきたのである．自己と倫理的見解を共有する者が法相の地位に就いた場合にのみ超法規的裁量を与えることにより，かかる「人の支配」の危険を回避しようとするなら，これは二重基準の欺瞞に立ち戻ることに他ならない．

(5) 法の正当性 (rightness) と正統性 (legitimacy)

　法の支配は，価値観が鋭く対立競合する多元的社会において人々が自らの「敵」との公正な共生枠組を確立するための条件，十分条件ではないが必要条件の一つである．法の支配が公正な共生条件として機能しうるためには，人々は，この理念が自己の党派的価値関心に適合的な保護利益を与える場合にはその保持拡大を求めながら，それが自己の価値関心の追求に対して制約——これは自己の「敵」への公正さの配慮の規律でもある——を課す場合にはこれを無視するという御都合主義に走ることを自制しなければならない．ある社会勢力が法の支配の二重基準的濫用によって自己の目的を果たそうとするなら，他の諸勢力も同じ手段で報復し，法の支配は瓦解して，剥き出しの人の支配，力の支配に帰着するだろう．

　死刑存廃問題のように対立が特に鋭く根深い問題については，かかる濫用の誘惑が強いからこそ，法の支配の規律の貫徹を受容する相互的自制が対立諸勢力に求められる．死刑を国家による残虐非道な殺人行為とみなす人々と，残忍冷酷な殺人者をも死刑から免れさせることを被害者・遺族の人権に対する侮蔑とみなして憤る人々は，それぞれの倫理的信念に基づき相異なる法的決定の「正当性 (rightness)」を主張し合うだけでなく，自己と対立する倫理的判断に基づき自己と反対の法的決定の「正当性」を自己と同様に強く信じる人々の存在を承認し，彼らとともに，倫理的「正当性」ではなくても社会の共通の法としての「正統性 (legitimacy)」を法的決定に承認しうるような意思決定システムとしての法制度のあり方を探求しなければならない．

　死刑を立法によって廃止するための民主的経路が制度的に保障されているにも拘らず，死刑制度が多数派によって支持され実定法として現存し，少数者の人権保障の制度的基盤である憲法も死刑の存在を前提する規定 (31条) を置い

ているため死刑を合憲とする最高裁判例が確立している状況において，廃止論者と存置論者が法としての正統性を認知しうる制度構想の現実的接点を見出そうとするなら，冤罪の可能性を極力排除するための執行命令事前審査手続きの拡充強化と法相の決裁拒否権の恣意的発動の抑制とをカップリングさせる鳩山法相の提言を，「暴言」や「思いつき」として無視することは決してできないはずである．

(6) 主権者国民の最終的立法責任

鳩山発言が提起した問題は，死刑制度への法の支配の貫徹の必要性だけではない．鳩山本人がどこまで意図しているかはともかく，死刑制度に対する究極の責任主体である主権者国民とその政治的意思を代表する立法府が，法相に「責任を押っかぶせる」ことにより，立法者としての自らの倫理的・政治的責任を曖昧にしていることの問題性を突く含意が，彼の発言には孕まれている．

鳩山本人は死刑存置論者だが，彼が執行命令に署名したのは自分が死刑制度を支持しているからではなく，主権者国民によって民主的に選任された立法府が死刑制度を定める刑事法を制定ないし維持しているからであり，法相は自己の個人的信念に関わりなく，民主制の下で国民意志に帰せられるべき立法を執行する義務があるからである．死刑制度を廃止したり執行停止したりできる権限は立法府にあり，法相にはない．死刑廃止法案や執行停止法案を内閣が提出する場合に，法相は法案形成過程に関与するが，法案を法律として制定するか否かの決定権は立法府にある．死刑廃止・執行停止法案を内閣が提出するか否かも，世論の動向を見て首相以下与党指導者が政治的に判断する事柄であり，法相の専権に属しているわけではない．

死刑制度の執行停止や再開決定の権限を法相に付与する特別授権立法は考えうるが，これは三権分立原則に抵触し違憲性をもつ疑いが濃厚であり，いずれにせよ，かかる授権立法があったとしても最終的な死刑制度改廃決定権が立法府に留保されていることに変わりはない．要するに，死刑制度の存続が倫理的に非難されるべきものだとしても，そのことに対する責任を帰されるべきは法相ではなく，何よりもまず立法府であり，究極的には立法府を民主的に統制する主権者国民である．以上のことは，現在の日本の立憲民主主義体制下では，

言わずもがなの当然の事理であるはずである．
　しかし，この当然の事理であるはずのことがうやむやにされているのである．原因の一つは，執行命令の決裁を個人的な信条や感情により全部または一部拒否する者が歴代法相の中に少なからずおり，その反動として「たまった決裁」を一挙に断行する法相も現れ，誰が法相になるかによって執行数が大きく変わり，その結果，執行するか否かが法相の自由裁量と信条に委ねられているかのような外観が生まれたことにある．
　「たまった決裁」を断行した法相が十分な吟味なしに性急にそうしたとすれば，それは問題にされるべきであるが，決裁を回避して「ためた」法相の「罪責」はもっと重い．それは，法相の地位にとどまりながらそれに伴う「いやな職務」の遂行を懈怠したことだけでない．より重大な「罪」は，それによって死刑執行という最も厳粛に行われるべき法執行が法相の個人的裁量に委ねられているかのような「錯覚」を社会に広め，死刑という苛酷な国家暴力の行使に対する立法府と一般国民の責任意識を希薄化してしまったことにある．
　この点ではメディアの「罪」も大きい．報道機関は，法相が代わるたびに就任記者会見で新法相に「執行命令に署名するか」という，法相の職責上，本来肯定的に答えるよりほかないはずの質問をあえてして，今度の法相は死刑に消極的だ，今度のは積極的だというようなイメージを世間に流布し，死刑執行の実質的な権限と責任が法相に帰属するかのような「錯覚」を再生産し，自らもその「錯覚」に惑溺してきた．就任会見で「サインしません」と答えた杉浦正健のような法相の無責任さにはあきれるが，「署名する」と答えると死刑制度の苛酷さに対する責任が自らにあるようなイメージが報道で流布されることを危惧しなければならない法相たちの立場に同情したい気持ちも少しはある．ありえない仮定だが，もし私が彼らの立場に置かれて「署名するか」と聞かれたら，質問した記者に対し，「そのような愚問を発する君は，日本国憲法をちゃんと読んでから出直してきなさい！」と怒鳴り返してしまいそうである．もちろん，即刻マスコミの総叩きを受けて辞職に追いやられるであろうが．
　もっとも，私には愚劣に思えるこの通過儀礼的質問は，従来の死刑執行の密行主義に起因する面があるのかもしれない．この点は，2007年12月7日に死刑執行された三人の死刑囚について，法務省が1998年以来公表してきた人数

に加えて，氏名，犯罪事実概要，執行場所の公表に踏み切ってから変わり始めている．情報公開の流れに沿うものとして一応評価されているが，国民の「知る権利」の保障という以上に，国民の「知る義務」，すなわち，主権者国民が自ら統制すべき立法府に存続させている死刑という残酷な制度の実態を知る義務が問題であることを強調したい．この観点から，「死刑囚の残酷さは公開するが，国が人を殺す残酷さは隠されたまま」だとして，公開範囲拡大を鳩山法相に求めた，死刑廃止論者である菊田幸一の意見 [『毎日新聞』2007年12月8日] に全面的に賛同する．

　死刑制度の存続に対する責任が主権者国民と立法府にあるということは，その廃止を求める人々は，死刑執行命令に署名する法相を叩くのではなく，民主的立法過程において死刑廃止を実現することに力を傾注すべきであることを意味する．この点では超党派の「死刑廃止を推進する議員連盟」の役割が注目されるべきであるが，この連盟の会長を務める亀井静香が「法相の資格もなければ人間の資格もない」という発言で鳩山法相バッシングの煽動役を務めたことは，彼とこの議員連盟が自らの立法者としての責任をどこまで真剣に自覚しているのか，不安に思わせる残念な事実であった．

　法相に死刑執行命令を出す責務を課す死刑制度を存続させている責任は，死刑廃止議員連盟もその一部をなす立法府にあるのである．亀井と連盟メンバー議員は死刑制度存続に対する立法府の責任を自らも分有することを自覚し，立法による死刑廃止という目的の実現からまだ遠くにある自分たちの政治的非力や努力不足を謙虚に反省すべきなのである．もし亀井が，死刑廃止議員連盟を率いているというだけで，「死刑の穢れ」から自分は免れていると考え，その「倫理的な高み」から他人事のように法相を叩いたとするなら，彼はマックス・ヴェーバーが政治家に求めた「責任倫理」――結果を出す責任，出した結果に対する責任――から逃げて「心情倫理」――意図の純粋性への自己満足的固執――に惑溺しているとみなされ，鳩山の「人間の資格」を疑う彼自身の「政治家の資格」が疑われるだろう．

　しかし，民主国家日本において，死刑制度存続に対する最終的責任は主権者国民に，特に死刑存置を望む国民多数派にある．死刑の正当化根拠としては，犯罪抑止効果，凶悪犯罪という法の否定の否定による法秩序の自己回復，被害

者・遺族の復讐感情と一般社会の応報要求の満足など種々のものが挙げられるが，問題は，これらの考慮事由が死刑制度を正当化できる「メリット」であると言えるか否か——私見は「否」だが——だけでない．仮にかかる事由が死刑制度の「メリット」だとしても，それらが「国家による殺人」や「司法的殺人」と呼ばれる死刑の重大な倫理的コスト——誤判により無実の者を処刑するリスクだけでなく，本節2 (2) で触れる「司法的殺人」執行者の倫理的損傷も含む——を補って余りあるほどの比重を本当にもつのか否か，このことについて十分熟慮する責任を，死刑制度を支持する一般国民が果たしているとは必ずしも言えない点に最大の問題がある．これは彼らが，死刑制度のメリットと主張されるものを求めながらも，その倫理的コストは死刑制度の適用・執行に携わる裁判官，法相，刑務官らに転嫁し，自らの手を汚さずにすむ「倫理的安全地帯」に身を置いているからである．

かかる国民に死刑の倫理的コストを直視させるには，死刑執行の公開範囲をその残虐さをも示す方向に拡大するだけでなく，「自らの手を汚す」機会を与えることが必要である．2005 年の雑誌インタビューで私は，国政調査等で死刑制度に賛成した国民の中からランダムに選ばれた者が執行命令に署名する制度[4]も構想可能であると示唆するとともに，2009 年から実施される裁判員制度により，一般国民が素人裁判官として死刑判決に関与する機会をもつことになるから，国民は死刑制度の是非につき責任ある熟慮をすることを迫られるだろうと述べた［井上 2005c 参照］．「死刑執行国民参加制度」はすぐには実現困難かもしれないが，裁判員制度は既に現実化されており，それが死刑制度を含む法制度に対する責任主体としての意識を一般国民の間でいかに向上させうるかどうか，見守りたい．

死刑制度の是非については，私は廃止論に与する．ただし，それは，死刑という刑罰自体が，冤罪の恐れがない場合でも，受刑者にとって残酷な刑である

---

[4] 署名の具体的方法としては，法相が決済した執行命令に「民間選出執行員」が最終決済確認者として連署するというのが適切だろう．あるいは，死刑執行への国民参加の方法としては，いまは複数の刑務官が同時に押している複数の絞首刑執行ボタンの全部または一つを民間選出執行員に押させるという手続も，死刑制度維持の責任を国民に自覚させるという目的のためには有効である．私のこの提案が，戦力統制に対する責任意識を国民がもつための徴兵制の提言と通底していることは，容易に理解されうるだろう．

という理由からではない．本節 2 (2) で論じるように，私の廃止論の論拠は，司法的殺人としての死刑は，その執行者に深い倫理的損傷を与えること，執行者にとって残酷な刑だということにある．実は，死刑に代わる極刑としての仮釈放なき終身刑が，受刑者にとって死刑より残酷な刑でないとは必ずしも言えない．終身刑受刑者は，もはや誰を殺しても処刑されることなく収監され続けるだけであるがゆえに，きわめて危険な存在とみなされ，他の囚人や刑務官との接触を厳しく制限されたまま独房に監禁される．この状況が死に至るまで続くのを死より耐え難い苦痛と感じる受刑者がいたとしても不思議ではない．そのため，終身刑受刑者には自殺への権利を認めるべきだと考える．例えば自分でボタンを押せば毒液が自動的に体内に注入されるようなできるだけ苦痛の少ない「自殺機械」を用いて自死を選択することを受刑者に承認する必要があると考える．私と異なり死刑が受刑者にとって残酷な刑であることを根拠に死刑廃止を主張する論者も，受刑者への人道的配慮にコミットする以上は，「自殺選択可能な終身刑」を拒否できないであろう．

　私は死刑問題の最終的解決については存置論に立つ鳩山と見解を異にしつつも，彼の「死刑自動化」論が誤解を招く表現にも拘らず，死刑制度における法の支配の貫徹の必要性と，法相への責任転嫁により希薄化された国民と立法府の死刑制度に対する責任意識の向上の必要性という，廃止論者も存置論者も曖昧にごまかしてきた重要な問題と我々が向き合う貴重な機会を提供していると考え，本節でこれらの問題の意義の解明を試みた．しかし，私の議論が鳩山の意図に合致しているか否かは問題ではない．私の狙いは，「軽口をたたく政治家」と世間で批判されているこの法相の擁護にではなく，法相バッシングで溜飲を下げている人々や，冷ややかに傍観している人々を含む我々日本人の死刑問題に関する自己欺瞞を克服することにあるからである．

　ただ最後に一言，鳩山のために言っておこう．「軽口」は政治家としては危険な「軽率な失言」を生むことが多いが，慎重な政治家が避けたがる，国民的欺瞞に対する「重たい問題提起」の大胆さを示すこともあるのである．

2 「司法的殺人」に代わるもの

(1) 「怒る世論」に擦り寄る裁判所

　山口県光市で起きた母子殺害事件の差し戻し控訴審で，広島高裁は殺人，強姦致死罪などに問われた元会社員に死刑を言い渡した．

　犯行時，加害者は 18 歳の未成年で，被害者数も二名，従来の「量刑相場」では無期懲役が相当だったとされ，一審，二審がそれに従った判決をしたのに対し，2006 年 6 月 20 日最高裁判決が死刑回避の理由付けが不十分として二審判決を破毀差し戻しにし，それに応じて差し戻し審で死刑判決が下った経緯は看過できない．司法のこの変化は，犯罪不安や応報感情を増幅させ，厳罰化を望んでいる世論の趨勢と無関係だと思えないからである．

　量刑の法定範囲が広く罪刑法定主義を形骸化させているという日本の刑事法の問題点を是正するために，量刑相場は形成された．特に，死刑か無期かという結果の重大な差を生む量刑については，恣意を抑制するために量刑相場がもつ意義は大きい．しかし，本件で，死刑判決に転じた裁判所は，犯人の年齢と被害者数という明確な「定量的指標」に加え，犯行態様など「定性的要因」を重視したが，「諸要因の総合判断」の基準が曖昧で「死刑の結論先にありき」の姿勢が見える．世論の圧力に応じて量刑基準が融通無碍に操作されているように思える．

　厳罰化を要請する多くの一般市民も裁判に加わる裁判員制度が 2009 年に開始されるのを控え，裁判所は，法の支配の理念を忘れ，ベッカリーアが警戒を要求した「世論という名の暴君」に擦り寄っているのではないかと危惧している．

(2) 「司法的殺人」の倫理的負債

　近年の日本での厳罰化傾向の背景には，犯罪不安の高まりがあるが，多くの専門家が指摘するように日本国内の凶悪犯罪の数は増えておらず，犯罪総数も認知件数は増えているが実数は増えていない．ところが，人々は根拠なき不安に怯え，それを鎮めるために，厳罰化で治安が改善できるという幻想にすがる傾向がある．

刑の長期化は犯罪者の社会復帰を困難にし，治安改善に逆効果であることは夙に指摘されている．さらに死刑制度が終身刑のような代替制度に優る抑止効果がないことも実証されている．例えば，米国では死刑判決を採用していない州に比べ，採用している州の方が殺人発生率が高く，2000年代初頭の調査で過去10年間の推移を比べるとその差は拡大している［トゥロー 2005: 71-74 参照］．

私は死刑廃止論に立つが，それは，「残忍な犯罪者の人権が被害者遺族の人権に優先する」と考えるからではない．根本的理由は二つある．第一に，裁きが人間によって行われる以上，完全に誤判を排除することは不可能で，無実の者の処刑のリスクを回避するには，死刑制度は廃止するしかない．

第二に，死刑はそれを科す主体に深い倫理的損傷を与える．合法的な殺人の中でも死刑制度は最も倫理的に問題がある．例えば戦争における敵の殺害や正当防衛などは，相手を殺さなければ自分が殺されるという極限状態に置かれるからこそ許される．しかし，死刑の執行は，既に拘束され攻撃能力を剝奪された人間に対して行われる．さらに死刑判決確定から執行までの期間は法の原則では六ヵ月だが，日本では実際は平均七年程度である．この間に罪を深く改悛する人も少なくない．このように危険性を喪失した者を殺害するのが死刑制度である．しかも，犯罪者を持続的に無害化し，犯罪を抑止するために，少なくとも同等の効果をもつ終身刑のような代替制度が採択可能であるにも拘らず，この殺害は断行される．

このような「司法的殺人」を遂行する者が負う倫理的傷は，敵を殺す兵士や正当防衛権を行使する個人よりも深い．死刑制度のこの傷は，裁判官，法相，刑務官のような死刑執行に関わる国家機関だけでなく，民主国家においては当然，主権者たる国民も負っている．多くの国民はこの傷に無自覚だが，裁判員制度の実施は，いやでもそれを自覚させられる機会となるだろう．

厳罰化を求める人々に言おう．「体感治安」のために客観的治安や市民的自由を犠牲にするのは割が合わない．死刑の存続・適用拡大を望む人々に言おう．死刑の重い倫理的代償を贖うにはその「効用」論はあまりに薄弱である．

(3) 被害者のケア

　裁判員制度実施後は厳罰化傾向がさらに強化されると懸念する向きもあるが，楽観的な見方もある．これまで「評論家的」に死刑を肯定した一般市民も，自ら裁判員として「手を汚す」立場に置かれれば死刑判決には相当に慎重になるはずだ，という推測である．私もそう期待したいのだが，現時点（2008年現在）ではどちらに転ぶかは定かではない．

　また，もう一点，注視すべきなのは，改正刑事訴訟法の成立によって2008年12月以降実施される「被害者参加制度」である．これにより，犯罪被害者・遺族に，刑事裁判で被告人質問や求刑意見を述べることが認められる．同制度が刑事訴訟実務に与える影響は今後の調査を要するが，裁判員制度と組み合わされる条件の下では，素人裁判員が「極刑の判決は回避したい」と思っていても，被害者，もしくは被害者遺族の悲鳴にも似た悲痛な思いを「生の声」で聞かされれば，強いインパクトを受け，裁判官よりも厳しい量刑を科そうとするケースもあるだろう．判決に「揺れ」が生じる危険性は十分に考えられる．

　ただ，こうした制度の導入に，私はあえて一つの希望を見出しつつ，提言をしてみたい．

　山口県光市の母子殺害事件を振り返ってみると，被害者遺族の本村洋さんが強く世論に訴えたことにより，刑事裁判が被害者側を置き去りにした制度であるという実態が浮き彫りにされた．

　近代刑法は被疑者，被告人の権利保障を基本とし，被告人は刑事訴訟手続上で保護されるだけではなく，更生の機会まで配慮されている．これに対し，被害者側には公的な支援はないに等しかった．社会的なケアも十分受けられないどころか，被害者が女性だった場合などに顕著なのだが，一部マスコミの興味本位の報道などによって大衆的な好奇心の餌食にすらされてしまう．ただでさえ深い傷を負っている被害者や遺族は，さらに立ち直れないほどに追い詰められていく．

　よく，被害者遺族が復讐感情から厳罰を求めると言われる．しかし，『推定無罪』等の著作で知られる作家兼弁護士のスコット・トゥローは，死刑に関する著書で，復讐感情という表現は不正確で，被告人よりも被害者・遺族が不幸な環境に置かれるという不公平への義憤だ，と喝破した［トゥロー　2005: 57-69

参照]．この指摘は本質的な問題を突いている．

死刑にならない限り，被告人は毎年，誕生日を迎えることができる．どういった形であろうと「将来」がある．一方，家族を殺された遺族にとって，大事な被害者の人生はそこで切断されてしまう．どんな形であっても，埋められない欠落が生じ，その上，社会からケアされるどころか，社会から追い詰められるのである．極刑を求めるというのは，何も被告人の血が見たいという欲求ではなく，この理不尽な不公平を何とかしてほしいという叫びであろう．

この不公平を正すためには，被告人を被害者の悲惨な状況にまで引きずり落とすのではなく，被害者・遺族をその悲惨な状況から引き上げる公的・社会的支援の拡充が必要である．前述した被害者参加制度も，これまで刑事裁判から「疎外」されてきた被害者側に，法のプロセスに参加し声を表出する機会を確保することによって，「法に置き去りにされた」というその怒りを鎮める可能性を秘めている．報復主義的に重罰を望むのではなく，妥当な量刑を求める方向へ被害者側も導けるかもしれない．被害者参加制度は，被害者陳述の裁判員に対するインパクトを利用して重罰を求めるという検察側の戦略的手段に還元するのではなく，被害者側の不公平感・疎外感を治癒して，被告人の権利をも尊重した適正な事実認定と妥当な量刑判断を被害者側も受容できるようになるための条件を保障するという方向で運用するべきだろう．

(4) 「アーミッシュの赦し」に学ぶ

2006年秋，米国東部のペンシルベニア州ニッケル・マインズにある，キリスト教再洗礼派アーミッシュのコミュニティの学校で，出入りしていた非アーミッシュの男が女子児童を監禁し，五人を射殺，五人に重傷を負わせて自殺するという事件が発生した．

この事件は，全米に二つの衝撃を与えた．一つには，事件の現場がきわめて質朴で敬虔な宗教生活を送るアーミッシュのコミュニティの学校であり，最も犯罪から遠い「聖域」と信じられてきた場所だからである．全米は，ここが危険なら，この世の中に安全な場所などありはしないという衝撃に包まれた．

もう一つの衝撃は，被害者側のアーミッシュの人々が，事件翌日から加害者側の遺族を訪ね，「我々はあなた方を恨んでいない」と「赦し」を表明し，犯

人の葬儀にも参列し，さらには犯人の家族を支援する基金も設定するなど，物心両面でケアを施したことだ．これが全米を，さらに世界中の人々を驚かせた．

それと同時に，アーミッシュのコミュニティは一丸となって，被害者遺族や生存被害者とその家族を持続的に手厚くケアした．突然の不幸に襲われた家族を皆が見舞い続け，哀しみを共有し，癒し，励ましあう．これは，今回の事件に限らず，身内を失った家族に彼らがいつも実践してきた「共生の作法」である［この事件の説明として，クレイビル・他 2008参照］．

光市の事件に戻れば，一連の活動の中で，遺族の本村さんは「被害者遺族が立ち直るためには，社会とつながっているという意識を持ち，孤立感を払拭させてあげることが重要だ」として，被害者遺族の支援体制の整備拡充を求めている．これこそがアーミッシュのコミュニティが実践していることである．

体感治安の悪化と，応報感情の高まりの根底には，「社会とつながっていない」という現代日本人の不安感がある．両者は表裏一体である．昨今，地域で防犯パトロールなどが盛んに行われ，地域社会が少しずつ見直されつつある．ただ，防犯を超えて，被害者・遺族の心のケアを持続的に行えるほどのコミュニティは，現代日本社会では失われてきている．犯罪被害者・遺族の精神的ケアを専門的に行えるカウンセラーの養成や民間支援団体の助成など，被害者・遺族支援のための代替的制度の整備が重要な課題である．

主観的な治安不安の高まりに駆られるのではなく，犯罪の実態を冷静に認識し，その原因を客観的に分析して除去する措置をとり，不幸にも犯罪に巻き込まれた被害者と遺族のケアを図ることでその人権を真に擁護するために，政府と社会がすべきことは多い．しかし，厳罰化はこの課題をさぼる口実にも，その実効的代替策にもなりえない．

第6章
司法改革と立憲民主主義

　立憲主義を確立し発展させる責任は立法府たる国会，行政府たる内閣と官庁，司法府たる裁判所という国家の「三権」すべてにあり，終局的には主権者たる国民自身にある．その中でも，国会が制定した法律に対する違憲審査権や，行政行為の合憲性・合法性に関する司法審査権をもち，国民が国家行為の合憲性・合法性を争う場を提供する裁判所の責任は特に重い．しかし，国際比較においても異常な憲法訴訟における違憲判断回避傾向や，行政事件訴訟における政府追随傾向，刑事事件における検察追随傾向が強く批判されてきたことが示すように，日本の裁判所が立憲主義の守護者としての責任を十全に果たしてきたかというと，かねてより大きな疑問符がつけられてきた．また，本書第2章第2節3で論じたように，司法のこの点の欠陥は立法システムや行政システムの欠陥とも結合して戦後日本の立憲民主主義体制全体の構造的欠陥を生み出してきた．

　2000年代初頭に鳴り物入りで試みられた司法改革は，本来なら日本の裁判所のこの欠陥の是正を日本の政治体制の構造改革と連動させて行うべきであったが，そのために必要な的確な問題認識と原理的視座を欠いていた．私はこの司法改革に対しては，当初より，その理念の貧困と制度改革方針の不的確性を厳しく批判した．裁判員制度については留保つきながら一定の評価をしたが，他の制度改革については根本的な問題に蓋をして，理念的一貫性も機能的整合性も欠いた倒錯的な機構いじりをしているため失敗せざるをえないと予言した．法科大学院制度の無残な失敗や，相も変わらぬ司法の機能不全の現状を見ると，私の予言は残念ながら当たっていたようである．最終章である本章では，2000

年代初頭の司法改革を批判して代替的な司法改革構想を提示した旧稿での論考［井上 2001a, 2001b, 2005d］を一部改訂[1]して提示し，日本の裁判所を立憲主義の真の守護者にする方途を読者が考えるための指針を提供したい．

なお，旧稿刊行時の状況記述は一部省略したが，論述内容の理解の前提となる部分は当時の「時制」のまま残している．以下の論述は，世紀の転換点に政府・法曹界・大学が一体となって鳴り物入りで断行した司法改革に対する私の批判的言論実践の記録でもあるため，「歴史的文脈性」を保有せざるをえない．しかし，なぜこの司法改革は失敗したか，日本の立憲民主主義の発展に資するまともな司法改革を今後新たに進めるためには，改革の理念を何に求め，改革論議の焦点をどこに置くべきかを提示している点で，議論の内容は現在的意義をもつと考える．

第1節　司法改革論議の改革
――戦後版「無責任の体系」の改造に向けて

1　論議の皮相性――政治改革と行政改革の「夢の後」

バブル経済の崩壊と政治腐敗の露呈で日本型システムの危機が叫ばれてきた1990年代以降，私たちの社会は「改革」について実に多くの論議のエネルギーを費やし，制度の衣替えを試みてきた．そして，何か変わったか．残念ながら，「本質は何も変わっていない」というのが答えである．「政治改革」は「五五年体制」の下で派閥雑居所帯としての自民党が野党をも取り込みつつ実践してきた，責任主体なき談合政治の実態を一層可視的にしただけで終わった．「行政改革」の目玉であった省庁再編は，利権分配政治の温床たる建設・郵政二大省庁の解体という所期の目的とは逆に，これらを一層巨大なマンモス官庁に吸収させ，「焼け太り」させるだけで終わった．

かかる事態を見据えるなら，「失われた十年」という流行語は危機の深刻さを強調するより，むしろ隠蔽しているとさえ言える．1990年代から世紀の転

---

[1]　特に第3節は司法研修所の裁判官研究集会での講演録である旧稿［2005d］の文体を会話体から文章体に変え，内容を大幅に縮約している．

換点に至る10年間,日本の社会は「何もせず,手をこまねいてきた」から病状が悪化したわけではない.いろいろな健康法を試みてきたにも拘らず,いずれも抜本的な体質改善につながる効果を発揮できなかった.改革に努めなかったのではなく,いくら改革しようとしても,できなかったのである.単なる怠慢や不摂生ではなく,自己治癒力の喪失こそが私たちの社会の危機の本質である.

　このような状況の中で,司法改革がいま,法曹三者や法学者の内輪の論議を超えて社会的関心を集め,政治的アジェンダの重要事項として浮上している.政治改革,行政改革が「大山鳴動して鼠一匹」というホラティウス的顚末を迎えた後,行き場を失った改革欲求が司法に向けられてきたかのようである.司法改革は法曹基本問題懇談会の後を受けて1991年に法曹養成制度等改革協議会が設立されたときにも「小さなブーム」となったが,五年かけて論議したあげく,司法試験科目に関する若干の修正を加え,司法試験合格者数を500名から1000名に増やすことでお茶を濁すという,何とも「寒い」結論しか出せなかった.「今度は違う」という期待が強まっているが,「二十日鼠一匹」ではないにしても,何が「産気づいた山々」から最終的に生み出されるかはこの時点(2001年現在)ではなお不透明である.アジェンダの広範さと意欲の強さにおいて,司法制度改革審議会は改革協をはるかに上回っており,佐藤幸治会長や中坊公平委員をはじめ,識見と指導力に富むメンバーを含んでいるが,種々の政治的抵抗を排して改革の実をあげるに十分な強い風が,社会から吹き続けると楽観できる状況にはない.

　たしかに,今般の司法改革論議は財界や自民党がイニシアチヴをとって「外圧」をかけている点で,法曹業界内部の「お手盛り」の議論に収束しがちであった従来の司法改革論議とは,推進力の強さが違うように見えるかもしれない.しかし,財界・自民党からの外圧には多分に御都合主義的・便宜主義的な面もある.すなわち護送船団行政やメイン・バンク・システムなど,これまでの利害調整やモニタリングのメカニズムが瓦解してしまった結果,不良債権処理や経営破綻企業の整理などバブル後遺症問題を解決する能力を行政も業界も失い,司法の手による法的な紛争処理手続に下駄を預けざるをえなくなったから,やむなく司法の容量の拡充を求めてきたという事情も背景にある.

いわば問題解決責任を司法に「丸投げ」するこの「甘え」の精神は，司法改革が含意する公正なルールに基づいた自己規律の厳格化と両立しないだろう．日本の構造改革のヴィジョンと結び付けて司法改革を積極的に提唱する財界人もたしかにいるが，株主代表訴訟などにより，自らの経営責任を厳格に糾明され，賠償責任追及が私財にも容赦なく及ぶ事態が恒常化するとしてもなお，司法改革の促進を支持し続ける財界人がどれだけいるだろうか．不透明な行政指導や談合による既得権調整システムを切り崩す含意をもつ司法改革の貫徹を，自民党や他党にも跋扈する族議員たちが，自らの票田たる利益集団の不興を買ってでもあえて支持する見識と気概をもつなどと，本当に信じられるだろうか．

政界・財界が腰砕けしても，一般市民が司法改革を支持し，社会的圧力を強めるならまだ展望が開けるかもしれない．しかし，そのような強い支持と圧力の一般社会からの供給が本当に期待できるだろうか．政治改革や行政改革については，まだ一般市民にもその意義や必要性が理解しやすいかもしれない．しかし，司法改革について，それが何を意味し，なぜ必要なのかを十分理解して支持している市井の人々がどれだけいるだろうか．司法改革の貫徹が来るべき参院選ないし衆院総選挙の帰趨を分ける争点の一つとなるほど，日本の有権者はこの問題に本当に関心をもっているだろうか．仮に関心をもっているとしても，司法改革の厳しい帰結をもあえて引き受けて，その促進を求める用意があるだろうか．

司法の容量の拡大や法律扶助の拡充は，市民が自分の権利を守るために訴訟という手段を利用することを容易にする半面，自分が被告として訴訟に巻き込まれる蓋然性も高めるのである．経営責任追及の厳格化は業績不振部門の迅速な整理を促し，失業ないし雇用不安という形でサラリーマンにも付けが回されるだろう．欧米の陪審制や参審制を参考にして市民の司法参加の道を開く制度[2]も検討されているが，これは種々の社会的偏見や感情的反応を制御する訓練を十分に積んでいるとは限らない「素人」に自分が裁かれるリスクを引き受けさせられることも意味する．刑事司法における手続保障の強化が求められているが，オウム真理教事件で 10 名以上の国選弁護人から成る麻原彰晃（松本

---

2) これは裁判員制度として 2004 年に法制化され，2009 年より実施されている．

智津夫）弁護団がとってきた裁判引き延ばし戦術に対する反発にも見られるように，被疑者・被告人の人権保障という観点のみからする手続保障強化を被害者の視点から批判する世論も，凶悪事件報道の過熱化を契機に高まりつつある．

このように，司法改革は自己の権利保障の強化と自己への責任追及の厳格化の表裏一体性，司法の「民主化」と人権保障・正義実現との微妙な緊張関係，被疑者・被告人の人権保障と被害者の権利の保障との緊張関係など，一般市民の利害関心から見ても，アンビヴァレントな反応を喚起する諸要素を孕んでいる．これらを十分理解した上で，なおその促進に確たる支持を与える市民の声はどれほど強いと言えるだろうか．

皮肉なことだが，司法改革論議が現在ブームになっているのは，私たちの社会の多くの人々がそれを真剣に考えはじめたからではなく，むしろ逆に，その意義と帰結を本当に突き詰めて考えている人々があまりいないからである．政治改革や行政改革が頓挫した後，改革欲求を代償満足させてくれるものとして司法改革がメディアの関心を惹き，「時勢」の権威に弱い私たちの社会に大勢順応主義的な追従を広めているが，それが自分にもたらす痛みや犠牲を覚悟した上で現代日本社会の構造的欠陥の抜本的改善のために司法改革が必要不可欠であることを人々に自覚させるような，真剣な危機感と問題意識をもった改革ヴィジョンが提示されているわけではない．「それでも風が吹いているうちに，やってしまった方がいい」という改革プラグマティズムの立場もあるが，いま吹いているような風は，種々の特殊利害や「国民感情」との軋轢が顕在化する程度に改革が具体化してくると直ちに吹きやみ，さらには逆風に転じるだろう．仮に制度変更ができたとしても，つぎはぎだらけの妥協の産物となり，衣替えしただけで実態は結局大して変わらず，政治改革や行政改革の轍を踏むことになるだろう．

2 論議の虚妄性──司法試験制度とロー・スクール化を例として

このような現在の司法改革論議の貧困を象徴するものとして，司法試験制度とロー・スクール化をめぐる動向をあげることができる．これは既得権の跋扈，抜本的な改革ヴィジョンと戦略の欠如など，現在の改革論議の歪みと虚妄をあまりに見事に例証しているので，あえてここで立ち入っておきたい．

法曹（特に弁護士）の大幅な増員と質の改善が必要なことや，「試験に役立たない」大学の法学教育からの学生の逃避と「試験にしか役立たない」司法試験予備校教育の弊害の問題が改善を要することは論を俟たない．しかし，ことの元凶は司法試験合格者数の大幅な拡充に反対して，狭隘な詰め込み的受験勉強に学生を駆り立てる異様な狭き門としての司法試験のあり方に固執する法曹界，特に弁護士界の態度である．これは弁護士の社会的責任を重視するがゆえに，その能力・資質の要求水準を高く保持しようとする意識に根ざすものであることは理解できるが，合格者数制限という手段によってその目的を追求するところに「ギルド体質」の批判を招く原因がある．合格者数を10年かけて年間2000人に，さらにその後3000人まで増やすことが検討されているが，こんなことで問題が解決するはずがない．増員数が少なすぎる——一挙に3000人にしたところで，30年かけてもまだ法曹の対国民人口比率は1997年の米国の四分の一，英国の六割に届くか届かないくらいだろう——だけでなく，合格者数を制限して先行業者の既得権を守ろうとする態度自体が，排他的な既得権の支配を公正で開かれたルールの支配に転換するという司法改革に託された狙いと矛盾するのである．

　この矛盾を解消する方法は，司法試験を，限られた定員枠を争う「競争試験」から一定の適正な水準の能力と資質の証明だけを求める「資格試験」に純化して，中坊公平氏の言う「現場主義」［中坊2000参照］に見事に体現されているようなオン・ザ・ジョブ・トレーニングにより，創造的・実践的な問題解決能力や多様な法的サーヴィスへの潜在的需要を発掘する職域開発能力の持続的な陶冶に努めない弁護士は失業（転職）せざるをえないような方向に，競争圧力による淘汰の場を転換することである．これは「点からプロセスへ」という法曹養成の理念転換を真に貫徹するものであり，法学教育の正常化にも資する．司法試験改革に関して「弁護士数が多くなりすぎる」か否かが論議されているが，これは的を失している．弁護士業務への潜在的需要が予見可能であるという計画指令経済的誤謬が犯されているだけでなく，一旦試験に合格し，資格をとれば，弁護士は競争的淘汰の圧力から免れて，職が保証されるという固定観念が前提されているからである．「点からプロセスへ」という理念が，能力開発プロセスを資格取得時点までに限定する「点」の発想に摩り替えられて

いる.

　もちろん,「金にならない」人権救済などに従事する弁護士への支援やインセンティヴ供与は当然必要だし,公設弁護士事務所や法律扶助の拡充もこの文脈で重要性をもつが,これは「点からプロセスへ」の競争圧力の転換を拒否する理由にはならない.ギルド的独占権益を享受することの見返りとして,あるいは弁護士業務の公益性をかかる権益享受の正当化根拠とすることの論理的含意として,「プロ・ボノ」（慈善的公益弁護活動）を要請されている弁護士界が,この独占権益に固執しながらプロ・ボノの負担を軽減するために公設弁護士事務所や弁護士費用を含む法律扶助の拡充を要求するとしたら,これは「虫がいい議論」である.弁護士界はギルド的独占権益を放棄し,法曹資格取得後に向けた「点からプロセスへ」の競争圧力の転換を受け入れたときにこそはじめて,「大きな顔をして」かかる公的支援を要求しうるのである.

　「狭き門」を通過してきた人々は,選別性のはるかに弱い資格試験の合格者と同等の地位しか認められないのは不公平だという不満を当然もつだろうから,旧試験合格者には「特選弁護士」など特別の称号を付与してもよい.法的サーヴィスの利用者は有能な弁護士を探す情報費用を節減するための代理変数として,この肩書に注目するだろう.しかし,最終的なテストはあくまで本当に仕事ができると利用者に評価されるかどうかであって,職能の法的格差を旧試験合格者と新しい資格試験合格者の間に設けるべきではない.単に受験秀才であるという理由だけで,仕事ができなくても弁護士としての職能上の特権を享受することを,そのサーヴィスの利用者に対して正当化することはできない.特別称号は旧試験合格者に初発の段階で競争優位性を与えるが,その称号の上にあぐらをかくことを許すものではなく,利用者が納得するだけの力量の証明をやはり要求する.

　競争圧力が高まると失業したり,悪徳商売に走る弁護士が増えたりするという不安をもつ人々も少なくないだろう.しかしこれはあらゆる職業に通じる問題であり,失業保険の整備や職業倫理紀律の強化などで対処すべきであって,「過剰競争の弊害」という常套的な独占合理化論を許すなら,すべての職業のギルド化が許されてしまう.「弁護士には悪知恵が働く者が多く社会的危険性が特に高いから,例外扱いにすべきだ」などという理屈を,まさか弁護士界自

体がまじめな顔をして掲げたりはしないだろう．

　いずれにせよ，このような不安を抱く人々のために，一つの例を挙げたい．ボストン郊外の小さな町ベルモントに住む私の年来の親友である米国人夫婦の息子さんが，大学院で文学修士号をとった後，職を転々としたが，意を決してマサチューセッツ州立大学のロー・スクールに通い，無事，弁護士資格もとった．しかし，実務を始めてすぐに，ベルモント警察の巡査になった．制服を来て町をパトロールする「おまわりさん」である．野球チームで活躍し，人の好さで町の人々から信頼されている彼には，厳しい競争圧力に晒されている弁護士実務一本で頑張り続けるより，「おまわりさん」の仕事との「二足の草鞋」を履く[3]方がずっと性に合っているらしい．聞くところによると，人口8万ほどのベルモントの警察署で，弁護士資格をもった警官は彼以外にも数人いるという．住民同志の小さなもめごとの激化を予防したり，警官による市民生活への不当な干渉や人権侵害への苦情に対処するために，弁護士資格をもつ警官への需要はあるそうだ．「黒人」に警官が集団リンチを加えるような実態がいまなおある米国の警察の組織改革のために，これは望ましいことだろう．大都会の高層ビルにオフィスをかまえて高額の事件を処理する華麗な実務だけが弁護士の仕事ではないのである．

　日本でも「警官の制服をきた弁護士さん」が現れるのはすばらしいことではないか．悪名高い代用監獄問題など日本の刑事司法の暗黒面を抜本的に解決するには，被疑者の弁護士との接見交通権を保障するだけでなく，警察組織の中に弁護士が入り込んで，内部から改革していくことが必要だろう．これは一例にすぎないが，市民の人権保障の改善に大いに役立つにも拘らず，絶対的な弁護士数の少なさのために放置されている未開の弁護士の職域の広大さは，日本では米国の比ではない．弁護士数の大幅な拡充と兼業規制の緩和により，この未開職域を開拓していくことは，弁護士界が社会に負う義務ですらある[4]．

---

3) 弁護士が警官になった場合，刑事事件は利益相反のため担当できないが，民事事件に関する弁護士業務なら警官としての勤務時間外にできるとのことである．なお，日米の法制度の比較法的研究の専門家である東京大学法学部の同僚ダニエル・フット教授に，この巡査になった弁護士の話をしたところ，彼は「巡査になった弁護士は知らないが，消防隊員になった弁護士は知っています」と私に答えてくれた．米国で「二足の草鞋を履く」弁護士は決して珍しくないようである．

司法試験制度のこのような抜本的改革を棚上げにしたまま，ロー・スクール化に法学教育・法曹養成の改善の切り札を求めようとしている現在の支配的動向は，倒錯しているとしか言いようがない．司法試験を狭き門のままにしている限り，司法試験受験資格をロー・スクール卒業者に限定し，ロー・スクールの教育内容を充実させたとしても，現在の問題はそのまま残るだろう．司法試験の受験圧力を緩和するためと称して，合格率を医師国家試験なみにロー・スクール卒業者の七割ないし八割にすることが提案されているが，司法試験合格者数自体が低く抑えられている以上，これはロー・スクールの定員総枠の著しい制限を意味し，大学間に水面下での定員争奪合戦という醜い利権争いを発生させている．少子化で経営が冬の時代を迎えた私立大学や，ロー・スクールというパイの分配から排除されることを恐れる諸大学からの分配要求は特に強い．文教族の族議員たちも色めき立っている．しかし，まさにこの種の利益分配政治過程を公正で開かれたルールによる統治に転換することが司法改革の背景をなす要請であったはずなのだ．改革さるべき悪弊を改革プロセス自体が再生産するという矛盾がここにも現れている．

この状況はロー・スクール定員総枠というパイの拡大のために司法試験合格率を低く抑える方向へ政治的圧力を高めざるをえない[5]．多くの大学が入学定員枠というパイの分配を求めている以上，ゼロ・サム的対立を克服して合意を調達する方法は，司法試験合格率引き下げによるパイの拡大しかない．結局，ロー・スクール化後も司法試験受験圧力は低くならず，学生は「予備校への逃走」の誘因をもち続けるだろう．

一群の「有力大学」がパイを寡占的に分け合うことになった場合には，ロー・スクール自体が狭き門になることへの社会的反発が強まり，学歴を問わず受験できる旧来の司法試験の併置への要求が高まることは必至である．実際，

---

4) 誤解を避けるために付言すれば，弁護士はすべて清貧の聖者たれ，と言っているわけではない．意欲と能力のある弁護士には「華麗な実務」の未開職域もビジネス・ロー分野をはじめ広大に存在する．本文で触れた知人の「おまわりさん弁護士」も，「二足の草鞋」の経験が彼の弁護士としての職域拡大にも資したのか，それなりに成功し，高級スポーツカーのジャガーと別荘を持つ「立派な中産階級」の生活をしている．

5) 法科大学院学生総数が増えれば司法試験受験者総数も増え，司法試験合格者総数に対する数量規制を維持する限り，司法試験合格率は低下せざるをえない．

旧来の司法試験は，新試験制度移行後は経過措置としてのみ暫定的に残し段階的に消滅させると当初されていたのが，司法制度改革審議会中間報告では恒常的な例外ルートとして存続させる方向に議論の趨勢が移ってきている．ロー・スクールの寡占化は旧試験ルートへの合格者数割り当てを「例外」から「二本立て」に格上げする程度に増加させる方向への要求を強めさせるだろう．これは当然ロー・スクール卒業者の合格率の引き下げと新試験の「難関化」をも含意する．予備校は旧試験受験者だけでなく，新試験受験者からも多くの顧客を得て繁盛するだろう[6]．

旧試験を仮に全廃ないし「無視しうる程度の例外」として周縁化できたとしても，今度は司法試験への実質的パスポートとなるロー・スクールの狭き門の通過が，かつての司法試験の狭き門の通過の機能的等価物となり，司法試験予備校に代わってロー・スクール受験予備校が繁盛するだろう[7]．ロー・スクールは，大学受験をやっと通過した後，休む間もなくそれよりさらに厳しい難関を突破するための受験勉強に大学生時代を捧げて息切れした学生たちによって占められ，創造的な思考力と多様な個性をもつ人材を法曹界に供給するという期待された役割を果たせなくなるだろう．

「ダブル・スクール化」の是正をめざすと称する現在のロー・スクール化論議に，予備校経営者は危機感を抱くどころか事業機会拡大の可能性を見ていると言われる．それは彼らが以上に示したような事の成り行きを見抜いているからであろう．

要するに，司法試験合格者数のギルド的総量規制を放置している限り，ロ

---

6) 「二本立て」恒常化の私の予言は，「ロー・スクール寡占化」を待つまでもなく，旧司法試験廃止後，法科大学院に行かずとも司法試験が受験できる「予備試験」制度が導入されたことにより，的中した．こんな制度の導入は法科大学院制度の破壊に等しい．法曹志望の優秀な法学部生は学部時代から予備校に通い，法科大学院をバイパスして司法試験に合格するルートを選んでいる．さらにひどいのは，法科大学院生の間でも，在学中に予備試験を経て司法試験に通り法科大学院を中退する者が増えてきていることである．喜んでいるのは司法試験予備校であることは言うまでもない．しかも，司法試験合格者の数量規制を固守しようとする弁護士の中から，かかる司法試験予備校経営者が輩出されている．

7) 「予備試験」による法科大学院バイパス・ルートの恒常化により，法科大学院受験者数が激減したため，ロー・スクール難関化どころか，逆に，前注6で述べたような法科大学院の基盤崩壊が生じ，多くの法科大学院が廃止や他校との統合に追い込まれた．司法試験予備校は法科大学院受験予備校に鞍替えするまでもなく繁盛できている．

ー・スクール化をどのような形で導入しようと，法曹養成・法学教育の現在の歪みを抜本的に是正することは不可能である．逆に，司法試験の数量規制を廃し，適正な資格試験化が実現するなら，それが要求する基本的な法的思考能力と知識は学部の法学教育を小人数講義や補習的授業をもっと取り入れるなどの形で拡充する——そのために当然，教員団も実務経験者からの供給も含めて拡充する——ことで十分錬磨できる．学部教育の履習で弁護士資格がとれるニュージーランドが採用している Professional Legal Studies Course のような短期の実務修習の導入も検討されてよい．ロー・スクールをあえて導入するなら，それは司法試験の前門としてではなく，拡充された法学部教育と適正な資格試験を経て一旦法曹となった者に先端的分野についての知識の習得など，さらなる能力開発の機会を与える第二次高等職業教育機関として位置付け，従来の学部・大学院組織と連携しつつも独立した教育機構にするのが望ましい．この方式は真の「点からプロセス」への法曹養成システムの転換を貫徹すると同時に，米国と異なり専門教育を学部段階で行う日本の大学の基本構造とも整合する．

　大学もまた，研究教育体制の改善のために痛みを伴う自己改革をしなければならないのは当然だが，現在要求されているようなロー・スクール化は，問題の元凶を放置することの付けを大学に払わせようとするものである．それは問題の抜本的解決に役立たないだけでなく，米国の大学教育システム全体との連関の中で機能しているロー・スクールを，それだけ取り出して日本の異質な大学制度の中に無理に接ぎ木することを要求するもので，整合的な理念と体系的制度構想に基づく日本の大学の自己改革を阻害する．直接的帰結としては，ロー・スクール化により日本の大学の法学部教育はリンボのような曖昧領域に追いやられ，現在の教養課程での法学教育について指摘されているような「中途半端さ」が学生の学習意欲を殺ぐという問題が法学部専門課程にまで拡大し，ロー・スクールに進学せず法曹以外の分野に活躍の場を求める圧倒的多数の法学部卒業生に一種の「二級市民的」な烙印付け効果を及ぼすことにさえなりかねない．

　現在のロー・スクール化騒動は知的次元においても大学に深刻な影響を与えている．それは研究者の批判精神の腐食である．本来なら巨視的・原理的視点に立って現在の司法改革論議の皮相性や歪みを正すべき大学人が，自らの組織

に投げ入れられたロー・スクール化という時限爆弾の処理に追われ，与えられた「改革」枠組の中で自己の組織の存続ないし発展を図る組織防衛的改革論に駆り立てられている．いわば，足元に火をつけられて全体を展望し構想する余裕を失ってしまっている．自戒の意味を込め言うが，この状況は悲惨である．大学人は司法改革の目的を曖昧にし，優先課題をぼかしつつある現在の司法改革論議を根本的に再検討し，批判的に組み替えていくために，足元の火を一旦は踏み消す勇気をもつべきである．これは「守旧的」姿勢などではなく，真にラディカルな司法改革と本当に建設的な大学の自己改革のための前提条件である．

3　司法改革から体制改革へ——意思決定システムの構造転換

政界，財界，一般市民，法曹界，大学と，日本社会の各層における司法改革論議の現状の皮相性・虚妄性を見てきた．このような現状の根本的原因は，戦後確立されてきた日本の政治経済システムがいま陥っている構造的破綻に対する私たちの社会の認識と危機意識の甘さに，そして，司法改革が単なる紛争処理の効率化といった次元の問題ではなく，構造的破綻から日本を立ち直らせるためにはもはや先送りできないマクロな体制改革の不可欠の一環であることへの自覚の希薄さにある．

体制改革としての司法改革は政治改革や行政改革と不可分に連動している．政治改革や行政改革が挫折しても，司法改革は司法固有の問題に関わるから，これらと切り離して論議し実行できると考えるのは大きな誤りである．三つの改革は現代日本社会の同じ病理の克服に関わっているがゆえに，それらの貫徹を阻む要因も共通している．例えば，司法改革の最大のネックの一つである弁護士業界の独占権益への固執は，政治改革や行政改革を挫折させた政治家や官僚の抵抗の背後にある諸々の利益集団の既得権の跋扈と通底している．この桎梏の同型性は，三つの改革を統合する体制改革の焦点を逆照射している．すなわち，根本的な課題は意思決定システムの構造転換である．

日本型システムの構造破綻は自己改革能力の喪失にあることを冒頭に見た．改革しようとしても改革できない，改革努力が改革さるべき悪弊を再生産してしまうというディレンマは，私たちの社会の意思決定システムが破綻している

ことを示す．一定程度以上の組織力をもつ様々な中間集団が強固な政治的拒否権をふるい，それら（の利益代表）の間のコンセンサスによる利害調整として事が決せられるというのが，従来の意思決定システムの基本パタンである．このシステムの下では，抜本的な改革をしようとしても，無原則なつぎはぎだらけの妥協により改革が骨抜きにされてしまう．しかも，誰もそれに対して責任をとらない．決定責任はコンセンサスという名の匿名の権威に転嫁される．政治的リーダーの役割はかかるコンセンサスによる利益調整過程の促進にある．一定の理念に依拠した一貫した政治プログラムを決断実行し，それに対して明確な責任をとる政治的リーダーシップは存在しない．

　丸山眞男は「抑圧の委譲」と「下克上」のピストン運動により上下を問わず誰もが被規定意識をもつという，階層制的なタテの責任転嫁としての「無責任の体系」を戦前の「国体」の特質とした［丸山 1964: 23-25, 111-114 参照］．これを「垂直的な無責任の体系」と呼ぶならば，私たちを支配している「戦後の国体」の特質は，コンセンサス原理の下で政治的拒否権をふるいあう諸集団・諸主体が，どれも被規定意識をもって相互に責任転嫁しあう「水平化された無責任の体系」であると言えるだろう．「戦前の国体」の垂直的な無責任の体系は，関東軍が中国侵略の既成事実を積み重ねて日本を破滅的戦争に追いやることを誰も抑止できないという「大日本帝国」の政治的無能をもたらした．「戦後の国体」の水平的な無責任の体系は，積み込みすぎた既得権の荷重に耐えかねて船が沈んでゆくのを誰も止められないという「経済大国日本」の政治的無能をもたらしている．

　このような意思決定システムを麻痺させる毒は政治的決定だけでなく，企業をはじめとする社会組織にも浸潤している．例えば，奥村宏は法人資本主義体制下で形成された主要な系列企業グループの意思決定機関たる社長会の構成員が，「多数対一の支配・被支配構造」の下で「横への抑圧の委譲」により精神の均衡を求めるがゆえに，被規定意識と無力感に囚われて無責任化し，馴れ合いを旨とする他者志向的人間になる傾向があることを指摘している［奥村 1991, 211-227, 289-300 参照］．これはコンセンサス原理が異論を抑圧する同調圧力の強化として現れる局面に関わっており，水平化された無責任の体系の別の現象形態と言える．共同体的企業経営のモラル・ハザードを制御するモニタリング

機能をメイン・バンクが果たしていると言われていたが，バブル時代，無責任な投機に銀行も企業も狂い，誰もそれを止められなかったという事実は，メイン・バンクの代表を含む社長会や，メイン・バンクからの派遣重役を含む各企業の取締役会，そしてメイン・バンク自体の内部的意思決定機関が，このような無責任の体系に支配されていたことを実証している．

　私たちがいま貫徹すべき体制改革の課題は，日本の政治・経済・社会の隅々に浸透した「無責任の体系」を克服する新たな意思決定システムの構築である．頓挫した政治改革や行政改革をこの目的のために新たに推進するエネルギーを再結集しなければならないと同時に，司法改革を政財界の御都合主義的な要請や法曹業界の「お手盛り」的改革論に封じ込めず，この大きな課題に連接させなければならない．この課題を遂行するためには，立法機構・行政機構から公益法人や企業など社会団体の内部機構に至るまで，意思決定の権限と責任の拡散を排してその所在を限定し明確化するルールを確立し，そのルールの下で意思決定の果断な遂行を可能にすると同時に，決定の批判的再吟味による修正可能性と不当な決定に対する決定主体の「答責性」を保障することが必要である．

　アカウンタビリティという言葉が「説明責任」と訳されて人口に膾炙しているが，説明責任の確保はここで言う「答責性」の保障の必要条件ではあっても十分条件ではない．説明さえすれば許されるというものではない．決定に事実上の規定力をふるい，それがもたらす便益も享受しながら，決定の負の帰結に対しては責任をとらず「食い逃げ」する主体を排除すること，決定権力を行使しうる主体を明確に限定すると同時に，決定が誤った場合にその主体に「首を切られる」責任を帰せしめることが必要である．このような意思決定の権限と責任の明確な「ルール化」による決定主体の答責性と決定内容の再吟味による修正の可能性の保障こそ，単なる予見可能性の保障を超えた権力の批判的統制原理としての「法の支配」の核心をなすものである．

　体制改革としての司法改革の目的は，このような意思決定のルール化としての法の支配を日本社会に確立することである．事実上強い拒否権的権力を行使して必要な改革を挫折させながら，自己の権力性を自覚せず，被規定意識，さらには被害者意識や弱者意識さえもって，自己の権力行使の帰結に対する責任を回避している主体（個人のみならず集団）に私たちの社会は満ちあふれてい

る．法の支配は危機に対処するための私たちの政治的決断能力を法律の手枷足枷によって麻痺させると心配する向きもあるかもしれないが，これはまったくの誤解である．事態は逆である．決定権限の所在を明確に限定し権力行使の答責性を保障する法の支配が確立していないからこそ，様々な主体がインフォーマルな影響力をふるって決定に横槍を入れ，危機に果断に対処するための政治的決断を頓挫させながら，それに対して責任をとらないという，現代日本社会の慢性病となった事態が出来するのである．法の支配は権力の答責性と批判的統制を保障するというまさにそのことによって，真に責任をもって政治的決断を敢行しうる権力をつくりだすのである．

このような法の支配を確立するためには，まず立法過程・行政過程の答責性を保障するような意思決定のルールを確立しなければならず，そのために政治改革・行政改革を持続的に推進する必要がある．かかるルールが確立されなければ，司法の容量を増やしても法の支配を保障する司法の機能を強化できない．この意味で体制改革としての司法改革は政治改革・行政改革と不可分である．司法改革を日本のマクロなシステム改革に接合するために「事前規制から事後規制へ」という常套文句や規制緩和論的視点が持ち出されることが多いが，これは次節でも示すように，的を失している．事前か事後かという規制の時点や，「規制の総量規制」が問題なのではない．むしろ，規制を生み出す権力の答責性と批判的統制可能性を保障することにより，反公共的特殊権益の温床たる規制は廃棄する一方，普遍主義的公平性をもった公共的規制は断固として貫徹する毅然たる法治国家を確立することこそが私たちの急務であり，そのための体制改革の一環として司法改革を位置付けなければならない．

第2節　何のための司法改革か
――日本の構造改革における司法の位置

1　冷戦期型二項対立図式の呪縛――「規制緩和論」対「弱者保護論」

司法改革はこれまで法曹三者なる「業界」内で永年論議されてきたが，遅々として進まなかった．しかし，従来の行政主導型システムの破綻に対する危機

意識と構造改革の必要性の自覚が不十分ながらも芽生え，司法の役割に対する関心と期待や要請が「法曹業界」を超えた広い社会から寄せられてきた現在（2001年現在），司法改革は現実化への圧力をもって政治的アジェンダに載せられ，少なくとも表面的には新たな高揚を示している．この問題に従来関心をもたなかった（むしろ敬遠さえしていた）財界・自民党が積極的かつ迅速に司法改革論議のイニシアチヴをとりはじめたのに対して，在野法曹・研究者・市民運動家らが批判的警戒心と改革実現の政治的好機への戦略的期待というアンビヴァレントな関心を抱きつつ，半ば対抗的，半ば便乗的に改革プロセスに参与し，方向決定に自己のベクトルを合成させようとしているという論議の構図が見える．

　しかも，財界・自民党の動きを大企業などの「強者の利益」に奉仕する司法制度の追求と疑う人々も，司法予算の増大，弁護士だけでなく裁判官の増員，法曹一元制度，陪審・参審制，法律扶助の拡充，被疑者段階からの国選弁護制などについて，「在野」の要求と「支配層」の改革論議が形の上では接点をもつことを承認している［渡辺・他 1995: 281 以下参照］．行政訴訟の勝訴率の低下を挙げて司法の行政追随を批判したり，人権保障強化のために憲法裁判所制度の導入を提言したりする声さえ，財界から上げられている［経済同友会 1994a, 同 1994b 参照］．

　このような状況を見ると，「保守」対「革新」，「資本の利益」対「人民の利益」というような冷戦期型の二項対立図式を超えて，「何のための司法改革か」という問題を虚心坦懐に考え直してみる必要があるだろう．結論から言えば，司法改革は日本社会における「法の支配」の確立のために貫徹さるべきである．こう言うだけなら，誰も反対しないかもしれない．しかし，「法の支配」とは何か，そして，それを要請する現代日本社会の問題状況は何かについて，的確な理解が共有されているかとなると，事態は，それからは程遠い．残念ながら，現在の司法改革論議でも，この根本的な問題が十分詰められているとは言えない．冷戦期型二項対立図式では対処できない問題状況に我々の社会は直面しているにも拘らず，改革の理念を語る言葉は依然，この図式に支配されている．

　すなわち一方では，「行政による事前規制から司法による事後規制へ」ということが決まり文句のように唱えられている．行政指導に象徴されるような不

透明・非公式な裁量的介入による利害調整を通じて，事前に紛争を防止するシステムが種々の綻びを見せたいま，競争と自己責任の原理を貫徹する透明なルールに立脚し，司法手続を通じて事後的に紛争処理・破綻処理・責任糾明を行うシステムに移行すべきであるとされ，かかるシステムにおいて増大する司法の役割を十分果たしうるよう，現在の「小さな司法」の容量の拡充と質の改善を抜本的に図る必要が主張される．

　もっとも，「事前か事後か」という対比はこの立場の意図の表現としても雑駁に過ぎる．行政の介入は事前にも事後にもなされ，「対応が後手後手に回る」ことも少なくなかった．バブル崩壊後の問題処理の先送りが日本経済を破綻させたプロセス［嶌 2001 参照］は「事前行政」がいかに看板倒れであったかを如実に示している．他方，司法に期待される役割としては「差し止め」のような「事前」の救済もある．事前規制を紛争予防という意味に限定したとしても，この対比は的確でない．不透明性・裁量性の強い行政の介入は「ごねれば（泣きつけば）何とかしてもらえる」という期待を抱かせて紛争を誘発し，「尻拭い」的事後処理への需要を再生産する面もあるのに対し，ルール志向の強い司法は事実上の先例拘束性をもった判例形成により紛争処理を定型化し，規制態様の予見可能性を高めることで，人々が事前の交渉・調整により紛争誘因を縮減することを可能にするという機能も果たしているからである．

　上記のようなスローガンを掲げる立場の基底にあるのは，「事前規制から事後規制へ」という「規制時点の転換」よりもむしろ，行政の過剰なパターナリズムが日本経済の停滞を招いたとする規制緩和論の流れに沿った「規制の総量規制」という問題把握であり，司法改革の理念としての法の支配を，私的自治の原理に基づく市場社会秩序の確立として捉えるものである．「大きな政府のための小さな司法」から「小さな政府のための大きな司法」への移行を要請するものと言ってもよい．

　他方には，かかる規制緩和論的司法改革論を弱肉強食のレッセ・フェール的競争社会への回帰とみなして反発する人々がいる．この観点からは，司法改革の目的たる法の支配の確立とは弱者の権利保障の強化である．サラ金業者の債権回収の容易化をも含意しうる単なる紛争処理の迅速化ではなく，国賠・抗告訴訟などにおける行政追従傾向，憲法訴訟における司法消極主義，環境権訴訟

など現代型訴訟において求められた新しい救済手段に対する拒否的姿勢などに見られるような，従来の日本の司法の「保守性・反動性」を克服し，「支配層・大企業のための司法」から「弱者・民衆のための司法」へ転換することが司法改革の基本理念とされる［渡辺・他 1995: 288-291 参照］．

このような規制緩和論的司法改革論と弱者保護的司法改革論の対立は，資本主義対社会主義という冷戦期型二項対立図式の先進産業民主主義社会における変奏というべきリバタリアン的「小さい政府」論と平等基底的福祉国家論の対立に規定されている．しかし，私は，この二つの言説がいずれも十分的確に捉えていない病理が現代日本社会を蝕んでおり，それに対する処方の一つとして，司法改革を通じて確立すべき法の支配の意義も理解さるべきだと思う．

2　現代日本社会の病巣──中間集団の専制による個人と国家の無力化

その病理とは，中間的共同体ないし中間集団の専制であり，それと絡まった弱者-強者関係のねじれ，そして権力の無答責化・没公共化である．個人と国家の間に介在する様々な中間集団が組織票・集金力などを梃子に政治過程を壟断し，種々の特殊権益をゴネ得的に享受し，そのコストは政治過程から疎外された未組織大衆に転嫁する．国家はかかる集団に公共性の規律を課す力をもたず，それらの既得権の調整役に堕する．ときには「申請一本化」などに見られるように，調整責任さえ業界に委ねる．さらに，それぞれの中間集団内部では批判的・異端的な個人に対してインフォーマルな社会的専制圧力（村八分，職場八分，業界八分などなど）が加えられ，国家はこれを放任することで秩序維持コストを節減する［国家・市場・共同体から成る「秩序のトゥリアーデ」の均衡喪失の異なった形態として，全体主義的専制，資本主義的専制，共同体主義的専制を区別し，現代日本社会の病理の特異性を共同体主義的専制の観点から説明するものとして，井上 2017［2008］: 47-86 参照］．

かかる中間集団は自己の特殊権益の維持拡張に関しては，国家（行政権力と，族議員政治のような行政化した立法者の権力）に，甘えをずるずると受容する保護者の役割を演じさせながら，他方で，自集団内部における個人への人権侵害に関しては，それを救済する国家（司法権力）の介入を，団体自治あるいは「部分社会」の自治の名の下に排除する．国家に対するこの依存と自立の身勝

手な使い分けは，個人権や一般社会の公共的利益よりも特殊集団利益を優先させる集団的エゴイズムの身勝手さという同じメダルの両面を示すものである．この集団的エゴイズムのさらなる問題性は，それが「個人の私利ではなく，我々みんなの共同利益」という擬似公共性の仮面によって合理化されているため，個人のエゴイズムよりも一層御しがたい放縦性をもつ点にある．

日本社会の特質としてパターナリズムを挙げる人は多いが，この性格規定は必ずしも的確ではない．上記のような中間集団の放縦を許してきた戦後日本の国家は，保護する代わりに支配を貫徹する「厳父」のイメージからの隠喩である「パターナリズム（父権的干渉主義）」の主体たる国家とは，似て非なるものである．戦後日本の国家と中間集団の関係はむしろ，子に厳格な躾をせず尻拭いをし続ける「慈母」のイメージを喚起するものであり，「マターナリズム」という隠喩が適切かもしれない（念のために言えば，この対抗隠喩を示唆するのは性別ステロタイプを固定するためではなく，戦後日本の国家にしばしば結び付けられる「パターナリズム」という言葉のミスリーディングな含意を払拭するためである．問題は後見的役割の二つの類型の機能的差異であり，役割の担い手の性差ではない．現代では父が「慈母」化し，母が「厳父」化するという現象も少なからず見られる）．パターナリズム国家は保護と支配の責任主体であるのに対し，マターナリズム国家においては明確な支配の責任主体は存在しない．放縦と依存に浸る保護客体たる中間集団は政治過程を壟断しながらも，支配主体としての自覚と責任意識はない．保護主体たる国家の方もまた，絶えず干渉しながらも「依存されることに依存する」という「共依存」に陥っており，保護客体の放縦な要求に引きずられて被規定意識を鬱積させ，支配の責任主体としての自己意識も支配の規律を貫徹する能力も萎えさせてしまう．ここで支配の主体をあえて挙げるとすれば，共依存的な関係性そのものである．

このようなシステムの下では，個人が無力化されているだけでなく，実は国家も無力化されている．規制緩和論が想定するのとは逆に，行政権力は強すぎるのではなく，弱すぎるのである．特殊集団のエゴイズムを公益の観点から規制するという行政本来の力は乏しい．縦割り行政を官庁間の政策競争を促進するものとして擁護する議論もあったが，それが意味するものは，省益あって国益なし，局益あって省益なしなどと言われるように，管轄する業界などの特殊

利益に行政が分断されている実態である．天下りは官僚が規制対象たる利益集団に構造的に取り込まれていることを示し，彼らの強さではなく，実は弱さの象徴である．中央集権の強さを示すものとして「三割自治」が語られてきたが，支出規模から言えば「七割自治」であり，必要性や費用と効果の適合性の疑わしい公共事業の多くは地方でなされ，地域エゴ・地元業界エゴを規律する力が中央官庁にあるわけではない．利益誘導の「パイプ役」を務める政治家にそのような力を期待できないのは言うまでもない．さらに言えば，この種の公共事業が企業の長期雇用慣行や福利厚生と並んで，福祉国家的セイフティ・ネット機能をいびつな形でではあるが肩代わりしてきたため，社会保障支出に関しては，日本は欧米の先進産業民主主義諸国と比べて，むしろ「小さい政府」だったのである［神野 1998 参照］．

したがって，「大きい政府から小さい政府への転換」よりもむしろ，「弱い政府から強い政府への転換」こそが課題であろう．誤解を避けるために急いで付言すれば，「強い政府」というのは「ファッショ的権力国家」ではなく，公共性の規律を貫徹する倫理的筋力をもった「毅然たる法治国家」である．それは法の支配を貫徹させるが，その法の支配の理念は普遍主義的な正義理念と人権原理を核にしたものである．すなわち，それは国家が，特殊集団権益を超えた万人の基本的人権として普遍主義的に正当化しうる権利はこれを政治的に無力な個人や孤立し分散した少数者にも等しく，否むしろ，政治的に疎外された個人や少数者にこそ実効性をもって保障する一方，かかる普遍主義的正当化が不可能でコストを一般公衆に不正に移転している特殊権益や既得権は，受益集団の強い政治的組織力に抗して断固これを排除しうるような統治機構の再編を求める．

3 「毅然たる法治国家」における政府と司法の役割

この「毅然たる法治国家」においては，何よりもまず，企業や様々な中間集団内部での社会的専制による人権侵害から諸個人を保護するために，司法が憲法の私人間適用などの形で積極的に介入することが要請されるが，それだけでは足りない．立法府と行政もまた公共性の担保者として積極的な役割を果たさなければならない．市場的競争の活性化は，反公共的な特殊権益の跋扈を解消

し，個人の自律の条件としての人生経路の多様性を保障するためにも必要であるが，これは規制緩和と契約・所有権・不法行為などの私法的ルールの執行で片付く問題ではない．市場秩序はレッセ・フェールの体系ではなく，正統性を認知されるためには，競争条件を公正化しなければならず，そのためには単なる形式的な機会の平等を超えて，競争手段を公正化する種々の規制や，競争資源の初期分配を公正化する前市場的再分配措置が前提条件として要請され［井上 2003a: 第9章参照］，さらに，利益誘導あるいは「レント・シーキング」を求める政治力の有無強弱に依存せずに，万人が人間的尊厳を維持するのに最低限必要な生活保障を受けうるような公正なセイフティ・ネットを市場外的再分配により確保することも必要となる．

すなわち，独占禁止法の強化だけでなく，能力開発機会や資金調達機会を貧困者や新参者にも公正に確保するための支援措置の配備，搾取的・差別的手段による競争優位の追求を抑止するための労働基準法や雇用差別排除立法の強化，消費者保護・環境保護を口実にした新規参入排除に代わる安全性確保・環境保全のための無差別公正な予防的規制の強化などが必要だが，かかる規制を実効化するには公正取引委員会・労働基準局・環境省その他種々の監督機関の権能強化・組織拡充・新設が要請される．現在，人権擁護推進審議会で検討中の司法を補完する行政的な人権救済活動，特に「自主的解決が困難な状況にある被害者の積極的救済」のための諸措置の充実強化も必要である［法務省人権擁護推進審議会 2001参照］．

また，市場原理の浸透は，諸種の保護・利益誘導と引き換えに企業・業界・地域共同体に肩代わりさせてきたインフォーマルな生活保障機能を解消させるため，政治力の有無強弱に依存しない普遍主義的公平性をもった社会保障システムへのセイフティ・ネットの張り替えが必要になる［神野・金子編 1999参照］．福祉国家が肥大化しすぎたから市場を再生するという80年代以降の欧米の状況と異なり，現在の日本においては市場的競争原理を貫徹するためにこそ，公正な福祉国家の本格的建設が要請される．活力ある市場的競争メカニズムの確立と公正な福祉国家の構築とは，現代日本にとって同時遂行課題なのである．地方への財源移管と規制権限や社会保障の分権化も要請されているが，これは政府機能の中央と地方との間での適正配分の問題であり，政府機能の総体的縮

小を意味しない．

　既得権調整に代わるこのような政府の公共的規制機能の強化は規制権限の濫用の危険を当然孕むから，その公共性を制度的に担保するために，司法は「公正な審判者」として積極的な役割を果たすことを要請される．要するに，「行政の機能が減る分だけ，司法の機能が増える」のではなく，行政府・立法府という政治部門の公共的規制機能の強化に比例して，その怠慢や権限濫用を合法性・合憲性のチェックにより統制するために，司法の審査機能・救済機能の強化と政治部門に対する独立性の確保が必要になるのである．「小さな政府を肩代わりする大きな司法」ではなく，「強い政府の統治の公正を確保するための強い司法」が毅然たる法治国家における司法の位置である．

4　弱者保護の歪みの是正――「弱者の強者化」から「分配帰結の公正化」へ

　日本社会の病理に対する以上の診断と処方は，弱者保護的司法改革論の政治的意義についても反省を迫る．従来の日本型システムにおいて対内的・対外的に強固な統制力をもつ中間集団は，しばしば皮肉にも自らを弱者として理解している．

　例えば，農民は戦後日本の急速な工業化・都市化の過程で取り残されてゆく少数者としての危機感から結束し，農協などを通じたその組織的な集票力・資金供給力によって，政治過程に大きな影響力を行使してきた．平均年収がより低いサラリーマン層から，より高い農民層への逆向きの再分配がこれまで行われてきたこと，住専処理における公的資金の導入が，圧倒的な世論の反対を押し切って農協系金融機関の救済のためになされたことなどが象徴するように，農民は圧倒的多数派たるはずの未組織大衆をしのぐ政治力を有している．戦前の天皇制下における被弾圧者としての自己規定をもちつつ，戦後政界に進出し，共産党支持者よりも平均年収の低い低所得者層を組織した創価学会も，近年の政界再編過程においてキング・メイカー的な政治的実力を示した．公共事業は「地元の弱小業者」が談合で落とし，大手ゼネコンに「上請け」させ，ときには「丸投げ」で労せずして中間搾取の旨みを貪る．

　これらの例に限らず，弱者意識あるいは被差別者意識さえもつ集団が実態においては政治的強者であるという逆説は，現在の日本社会の様々な局面に見ら

れる．かかる集団の権力性は弱者意識によって隠蔽ないし合理化されているだけ一層，批判的統制に服しにくい．このことは，保護さるべき「弱者」とは誰のことか，適切な保護のあり方は何かについて再考を促すだろう．

　人権保障の砦としての司法の役割の強化が司法改革の柱であるべきこと，そして保障さるべき人権はとりわけ弱者・少数者の人権であることに私も異論はないが，その意義は従来の日本型システムにおける弱者保護・少数者保護の歪みを是正する方向で理解されなければならない．これは弱者保護のための規制に対する評価視点の転換という政策査定の次元の問題だけでなく，政策形成の場たる民主的政治過程の構造改革というより大きな問題を孕む．まず前者の問題から見ておこう．

　規制の当否をめぐる論議においては，「弱肉強食の市場的競争か，弱者保護のための競争制限か」という誤った対立図式を捨て，利害が対立する弱者の間の公正の確保という観点に立って諸種の規制の機能を分析評価する必要がある．現代日本社会においては，一部の特定の「弱者」を保護する規制がそのコストを，より広範な，またはより無力な弱者に不可視化された仕方で転嫁していることがあまりに多い．

　例えば，大店法の出店規制は小規模商店を保護する以上に，先行進出した大型店を他の大型店との競争から保護して地域独占利益を享受させ，そのコストは生活必需品を含む商品の一般的な高価格化という形で消費者大衆に転嫁され，この規制が保護しようとする「弱者」たる小商店主らよりはるかに深刻な生活苦に悩む経済的弱者の家計を圧迫してきた．家主の契約更新拒否権を制限した借家法による借家人保護や，裁判所が判例形成を通じて承認してきた日照権なども，既存の借家人や先住者に強い保護を与える一方で，そのコストを同様な，あるいは一層切実な借家需要や居住空間需要をもつ人々に不公平な形で転嫁していないかという観点から，規制の合目的性と正当性を再検討されるべきものである（私見では，借家人保護は家主の更新拒否権制限ではなく賃料補填など市場外の再分配措置に委ねる方が，日照権は先住者の個別的権利主張に委ねず，低層地域と高層地域・集住地域を区分けする全般的な都市計画規制によって調整する方が，より公平である）．

　このことは，効率主義的観点からではなく分配帰結の公正化の観点から，弱

者保護の規制目的と規制手段の整合性を審査するために，裁判官も規制の経済的帰結への感受性を身につけるべきであることを意味している．もっとも，この「感受性」は高度に専門的な経済学的分析能力である必要はなく，まことしやかな規制目的に隠された特殊権益保護の「うさん臭さ」を嗅ぎ取り，規制主体に規制の公共性の立証をより厳格に要求するような「公正感覚に根ざした帰結感受性」で足りる．

　例えば，違憲審査に関して，厳格な審査と合理性審査の中間の審査基準の一つとして，「より制限的でない他の規制手段（Less Restrictive Alternative）」の不在を要求する LRA 基準があるが，これは単に規制の「合理性」の証明をより厳格に要求するという意義だけでなく，まことしやかな「公共的目的」を掲げる規制が隠蔽する特殊権益保護という不純な政治的動機を吐き出させるという意義をもつ．建前とされた公共的規制目的を経済活動に対する制約性がより少ない規制手段で実現できるにも拘らず，不必要に制約性の高い規制手段を採用する立法はこのような「不純な動機」を隠蔽しているのが通常だからである．最高裁の数少ない違憲判決の対象となった薬事法の距離制限などは，公共性を偽装した特殊権益保護動機（この場合は薬局の新規参入規制による既存薬局の地域独占保護）を LRA が吐き出させうる規制の典型例である．この判決は，公衆浴場法の同様な距離制限への合憲判決が様々な業界の同種の既得権保護要求を招いた状況にあわてた最高裁が自分の蒔いた種を刈っただけという分析もある［奥平 1991: 427-430 参照］が，裁判所が今後 LRA 基準のこの機能を主体的・積極的に活用することは，弱者保護を建前にしながら特定集団の既得権を政治的に無力な弱者にコスト転嫁して保護するような種々の規制を，分配帰結の公正化の観点から司法的に統制するための重要な方途の一つとなるだろう．この種の規制については，より制限性が少なく，かつより公正な弱者保護のための代替的規制手段が存在するからである．

5　司法改革と政治改革の統合――批判的民主主義に向けて

　弱者保護・少数者保護の歪みの是正は，政策査定の次元を超えて政治過程の構造改革の問題に我々を導く．弱者の強者化を可能にした主な政治的条件は，戦後日本政治がコンセンサス型民主政をそれなりに確立してきたことにある．

五五年体制は自民党一党支配と言われるが，そもそも自民党自体が単一の政党というより右から左まで様々な諸勢力を糾合した派閥連合体ないしメタ政党（諸政党の党）であり，諸派閥の間で内部的調整を図っていただけではなく，国対政治・裏国対政治などを通じて与野党間でも妥協により利益調整を図るシステムであった．連立時代はこのコンセンサス型民主政の実体をより可視的にした．このシステムは談合政治と批判されるが，経済成長により衰退する社会層に「利益の均霑(きんてん)」をして不満をガス抜きし，急速な経済発展と政治的安定とを両立させたという「貢献」は認められる．

しかし，このシステムは高度成長の終焉により機能不全に陥っただけでなく，民主政と少数者保護との適正な統合に失敗している．すなわち，それは一定の閾値以上の政治的組織力（組織票や組織的集金力）をもつ少数派集団には強力な政治的拒否権を付与して専横なゴネ得も許すと同時に，政治的答責性を主体的にも主題的にも曖昧化する一方，「サイレント・マジョリティ」を政治過程から疎外するだけでなく，政治的資源を欠く孤立分散した個人や真にマージナルな少数者には人権侵害圧力に対する保護すら与えないという不公平性をもつ．違憲審査制によって政治的に無力な個人や少数者のための人権救済の砦としての役割を付託されながら，司法消極主義に固執してこの役割の果敢な遂行を怠ってきた日本の裁判所は，この歪んだ政治システムの共犯者であった．

このシステムにおける民主政の機能不全と少数者保護の歪みを是正するためには，まず種々の政治勢力の野合による権力共有から，異なった整合的政策体系の競争と試行錯誤の淘汰を促進する権力交代への政治過程の改革が必要である．すなわち，種々のクライエントに奉仕し雑多な政策的立場を包摂する五五年体制下の自民党のような寄合世帯ではない「政策集団としての政党」に，野合を排した政策論争と支持獲得競争をさせ，そのうちの比較第一党に単独で政権を担当させて，その政治的答責性を明確化し政権交代を促進するような相対多数者支配型に政治的意思決定システムを転換して，コンセンサス型民主政の下で「強者化した弱者」たる組織的利益集団が享受するような政治的拒否権を除去すべきである．このシステムは「勝者独占型（winner-take-all）」と評されるかもしれないが，そこでは「勝者」は権力だけでなく責任も「独占」し，政策の失敗の責任を他に転嫁することができない．「悪しき為政者の首を切る」

という民主政の批判的自己修正機能を活性化させることで,「勝者」の地位を主体においても政策体系においてもラディカルに交代・変容させることがその眼目である.

しかし政治過程のかかる改革と同時に,政治的拒否権付与による少数者保護に代えて,政治力の有無強弱に関わりなく万人に基本的人権を公正に保障する司法審査制の強化充実によって少数者保護を図ることが必要不可欠である.違憲審査制のような司法審査による人権保障の強化は,相対多数者支配型の政治的意思決定システムが「多数の専制」に暴走する危険を制度的に抑止するという意味においてだけでなく,少数者保護の場を民主的政治過程の外部に移すというまさにそのことによって,特殊権益集団の支配から民主的政治過程を解放し,その公共性形成機能を活性化させるという意味において,民主政の健全化のための不可欠の条件をなす.組織的集団の特殊権益は排除する一方,基本的人権は政治的に無力な個人や少数者にも保障する点で,少数者保護のあり方としてもそれは従来のシステムの歪みを正す公正さをもつ.司法改革はこのような視点から政治改革と連結させなければならない.

権力共有ではなく権力交代による代替的政策体系の競争的淘汰を促進する方向への,民主的意思決定システムの転換を図る政治改革.特殊権益を超えた普遍主義的な正義理念や人権原理に立脚して,少数者保護と民主的プロセスの公正性を確保する司法の機能を強化するための司法改革.この二つは別個のものではなく相補的・相互依存的な内的結合関係にある.このような視点の基盤をなす民主主義のモデルを,私は「反映的民主主義」に対置された「批判的民主主義」として提唱している［井上 2011［2001］:第3部,本書第1章「補論」参照］ので,ここでは,これ以上立ち入らない.ただ,この視点が,現在の日本の論議状況においては盲点に置かれていることについて一言触れておきたい.

政治的意思決定システムをコンセンサスによる権力共有から権力交代と政策競争を促進する相対多数者支配型――ウェストミンスター型とも呼ばれる――に転換する政治改革の必要性を承認する人々は,組織的少数者への政治的拒否権付与を批判するが,それと違憲審査制のような司法的人権保障による少数者保護を明確に区別せず,後者の少数者保護を強化するための司法改革がかかる政治改革と不可分一体であることを自覚してその必要性を強調するに至らない

ため,「多数の専制」の容認者とみなされることになる. 政策競争志向的な政権交代活性化を狙った小沢一郎流の政治改革が挫折した要因は種々あるが, その一つの要因は, この負のイメージが, 誤解にせよ, 多方面からの反発・抵抗を招いたことにある.

他方, 司法的人権保障の強化を求める人々は日本の裁判所の司法消極主義を批判し, 司法改革の必要は強調するが, それを政治改革とは切り離して論じる傾向がある. 中間集団による人権抑圧が放置されている現状を批判して, 個人権保護のために中間集団の内部自治に司法的に介入する国家の役割の重要性を鋭く指摘する樋口陽一のような憲法学者でさえ, 五五年体制とその惰性的再編たる連立政治に通底するコンセンサス型民主政のあり方を積極的に称揚しないまでも, 比較政治学的にはノーマルな「待ちの政治」として受容する姿勢を示している［樋口 1996: 153-156 参照］.

しかし, 現代日本における中間集団の専制は内なる異端者の個人権の侵害という「内部的専制」としてだけでなく, 強力な政治的拒否権行使により反公共的特殊権益を未組織大衆にコスト転嫁して享受するという「外部的専制」としても深刻化している. 中間集団の内部的専制と外部的専制は, 前者に対する処方箋として, 司法的人権保障を強化し, 後者に対する処方箋として, コンセンサス型民主政の悪弊を克服する政治改革を遂行するという, 司法改革と政治改革との統合によって, 同時に克服される必要がある.

二つの処方箋自体, 単独では本来期待されている効能を発揮できないのである. 政治的に無力な個人や周辺的少数者の人権保障を強化する司法改革は, 政治的組織力をもつ少数者の横暴を阻止する政治改革なしには, 普遍主義的正義理念と人権原理に立脚して少数者保護の歪みを正す法の支配の理念を実現できないし, 後者の政治改革は前者の司法改革なしには, 既得権の壟断による民主政の自己変革能力の衰弱という持病を克服しても,「多数の専制」の狂気という別の病の危険に対して民主政を脆弱にし, 民主政の健全化を実現できない.

司法改革と政治改革のこのような統合が盲点に置かれてきたことの理論的要因の一つとしては, 比較政治学の支配的パラダイムとなっているA・レイプハートの民主政モデルの影響が考えられる. 彼は民主政のウェストミンスター・モデルとコンセンサス・モデルを対置して, 前者を単純無制約な多数者支配型

と規定し，少数者保護機能を専ら後者の特性にしている．しかし，彼のモデル論は民主政を人々の選好への応答性という観点のみから評価して，答責性保障の観点を欠落させ，人々の選好を私的利害関心から公共的価値関心へと変容させる熟議機能も捨象している結果，ウェストミンスター・モデルがこれらの点でコンセンサス・モデルに対してもつ優位性を無視している点，および司法的人権保障による少数者保護と政治的拒否権付与による少数者保護との機能的差異を無視し，前者とウェストミンスター・モデルとの相補的・相互依存的な結合関係を無視している点において，重大な欠陥をもつものである．先に触れた反映的民主主義と批判的民主主義という二つの民主主義モデルを対比的に構成した私の議論は，レイプハートのモデルのこのような欠陥を是正する狙いも含んでいる［レイプハートの議論の批判的検討として，Inoue 2005a，井上 2011［2001］：第4章参照］．

　ウェストミンスター・モデルと親和的な議院内閣制を採用すると同時に，硬性憲法と司法部の違憲審査制に担保された人権保障により少数者保護を図る日本の戦後憲法の立憲民主主義体制は，レイプハートのモデルからすれば理念型から逸脱したキメラのごとき「異例（anomaly）」ということになる．しかし，本章の議論を踏まえるなら，我々の立憲民主主義体制は，無原則な妥協を排した政策論争および野合を排した権力交代による政策体系の競争的淘汰と司法的人権保障による少数者保護の公正化とを原理的に統合する民主政（批判的民主主義）の可能性を示すことにより，彼の理論モデルの盲点と限界を明らかにする「反例（counterexample）」を提供していると言える．残念ながら，談合政治と司法消極主義が癒着した戦後日本の憲政史の実態は，戦後憲法が秘めたこの潜在的可能性の現実化を阻んだだけでなく，可能性そのものを不可視化してきた．現在の我々の課題は，戦後憲法のこの潜在力を正当に評価して，それを発展させるために司法改革と政治改革を遂行することである．

6　機能改革としての司法改革

　以上，司法改革論議を日本の政治経済システムの大局的な改革構想に接合するための，規制緩和論と弱者保護論の二項対立を超えた代替的視角の提示を試みた．現在の司法改革論議で中心的論題とされる一般的な民事紛争処理能力の

改善や刑事司法の改善はもちろん必要であるが，本章で検討したような現代日本社会の病理を克服するという観点から特に優先性をもって求められる司法の機能強化の焦点は次のようなものである．

(1) 人権保障における司法消極主義の呪縛からの脱却

「公共の福祉」や「立法裁量」などを盾にして人権侵害立法に対する違憲判断を回避してきた戦後日本の裁判所の司法消極主義は「悪名高い」が，これを単に裁判所の「イデオロギー的反動性」によってのみ説明し糾弾するだけでは問題は解決しない．司法消極主義には民主的正統性原理への敬譲という，「進歩派」を自任する人々も無視できない思想的護符があったのである．それに加え，五五年体制以来のコンセンサス型民主政における「利益の均霑」の実践が，「経済発展から取り残される弱者」としての自己意識をもつ組織的利益集団の既得権保護という歪んだ形ではあるが，少数者保護を政治過程の内部で図ってきたことも，少数者保護のために民主的立法に立憲主義的制約を課すという違憲判断の役割と正統性基盤に日本の裁判所を鈍感にさせた要因になったと思われる．

しかし，本章で論じたように，従来のような少数者の政治的保護は少数者保護として不公平であるだけでなく，民主的政治過程の公共性形成機能を阻害する．これに代えて，違憲審査を通じた司法的人権保障を活性化させることは民主政を阻害するどころか逆に健全化する条件であり，かつ少数者保護の歪みの是正に導く．民主的政治過程と司法過程とのこの連関を理解することが，司法消極主義の強い思想的呪縛力からの解放の不可欠の条件をなす．司法消極主義を克服するための制度改革としては，最高裁事務総局による個別裁判官統制の抑制，最高裁判事の給源の多様化・脱官僚化と支援スタッフの充実，国民審査制の改善，憲法訴訟への国民の関心を高めるとともに裁判官の顔（過去の裁判実践とその基底にある憲法思想）が見えるようなメディアの司法報道の充実など，様々な方途が従来提唱されてきた．かかる制度改革を検討し推進することはもちろん急務であるが，根本的に重要なのは，一見迂遠に感じられるかもしれないが，司法消極主義の執拗な思想的呪縛力の淵源を解明し，それを除去する視点を開示して，違憲審査制の担い手たちをその呪詛から解放することであ

る．

（2） 行政の公正性に対する司法的コントロールの強化

　行政が不透明でインフォーマルな既得権調整から，公正な市場的競争秩序の確立と普遍主義的公平性をもつ福祉国家的セイフティ・ネットの確保を同時遂行するための公共的規制機能の強化を要請されるのに応じて，行政の怠慢や権限濫用に対する司法的統制への要請も高まることを見た．行政指導に象徴されるような従来のインフォーマルな行政的介入は，その広汎な裁量性と処分性の曖昧性ゆえに，うなぎのように司法的統制をすりぬけてしまう傾向があったが，新たに求められる公共的規制機能を果たすためには行政作用自体がルール化されなければならず，行政の司法的統制は必要性だけでなく可能性もまた高まる．

　この可能性を現実化するためには，包括的委任立法や要件が過度広汎な規制に対する司法審査の厳格化や，行政手続法の活用・強化などにより行政のルール化・透明化を促進する一方，行政追従批判への弁解の余地のないほど行政訴訟の原告勝訴率が低下している現状を改善するために，行政に対する司法の独立性を強める必要がある．この点でまず是正さるべきは「判検交流」であろう．これを裁判官の知見と視野の拡大に資するとして擁護する向きもあるが，「訟務検事」として行政事件・国家賠償事件で国側の弁護をしていた者が裁判官としてこれらの事件を裁き，また担当裁判官の同僚裁判官だった者が訟務検事として国側の代理人を務め，原告の前で担当裁判官になれなれしく慰労の言葉を送るような実践を続けながら，行政統制における司法の独立性と公正性への信頼を要求することは不可能である［毎日新聞社会部 1991: 195-208 参照］．国賠事件の一審で国側の代理人であった訟務検事が当該事件の控訴審の陪席判事になるという事例さえあり，判検交流を擁護する裁判官の中からさえ疑問の声が上がっているほどである［倉田 1995: 320-324 参照］．

　なお，行政の専門性を理由に司法の審査能力を疑問視する立場もあるが，行政が「専門的権威」をもつかに見えるのは，行政機関が行政情報を独占していることによる．情報公開法の活用・強化や訴訟手続における証拠や争点関連情報の開示の拡充などを通じて行政機関にレレヴァントな情報を吐き出させることが，この種の「専門性神話」を突き抜けて行政に対する司法統制を実効化す

る方途となる．参審制を「国民の司法参加」だけでなく（あるいは，それよりむしろ）「専門家の司法参加」のために導入する必要性も近年論議されている［田中 2000: 256，および青山・他 2000: 17 における田中発言参照］が，行政統制において経済的・医学的・工学的分析など専門的分析能力が必要になる場合に，必要な専門家を裁判に参与させて司法の審査能力を向上させる方途として，参審制を活用することも考えられてよい[8]．

（3）　民主的政治過程の公正性に対する司法的チェックの強化

裁判所が自己に託された違憲立法審査機能を厳格に遂行することは，少数者保護を政治過程から外部化することによって民主政の公共性形成機能を再生させるためだけでなく，一般市民の政治的権利（参政権や言論・集会・結社の自由など）の保障を強化し，民主的政治過程の公正性の制度的保障を強化することによって民主政を健全化するためにも不可欠である．この両面は実は不可分である．

この点でまず挙げられるべきは議員定数不均衡に対する司法審査の厳格化だろう．かつて参院で五倍を超え，衆院で四倍を超えるような投票価値の格差すらあった．最高裁は，公職選挙法 219 条 1 項が選挙無効確認訴訟への行政事件訴訟法 31 条 1 項の「事情判決」の規定――行政処分が違法でも，それを取り消すと「公の利益に著しい障害を生じる場合」に原告の取り消し請求を棄却できるとする規定――の準用を明示的に排除しているにも拘らず，この法規を実質的に無視する詭弁により，かかる格差を容認して「過疎化する地方の過剰代表」を許してきた．従来の最高裁のこの姿勢は，まさに「弱者意識をもった集団の政治的強者化」というコンセンサス型民主政の少数者保護の歪みと直結していると同時に，参政権の平等を茶番化し，民主的政治過程の公正性を著しく損なうものである．それは，主として自民党の支持基盤となった地方の保守的組織票の支配力を固定して政権交代を阻害するとともに，中央との政治的パイ

---

[8]　2004 年に行政事件訴訟法の改正が行われ，原告適格の拡大や，義務付け訴訟・差止め訴訟など原告の武器の強化が図られた．私はこれを基本的には歓迎しているが，いわゆる日本型司法積極主義――違憲判断を回避する一方で，違憲判断を伴わない形でなら裁判所が民主的立法過程をバイパスして積極的にルール形成を行う傾向――の問題との関係で，一定の批判的留保も加えている．これに関して，本書第 2 章第 2 節 3 (2)〈ⅱ〉，第 6 章第 3 節 3 (3)，井上 2003b 参照．

プを太くして補助金・交付税・公共事業配分等で利益誘導するという形で地方の依存体質を高めることにより，その自立的発展をむしろ阻害してきた．一人一票原則という確たる原理に司法が忠実であるなら，合憲として許容しうる投票価値格差は衆参問わず最大限二倍である．これは誰の票も「二重算入（double counting）」されてはならないという一人一票原則の含意を最大限「寛大」に解釈した帰結である．日本の裁判所は，この穏当な良識でさえリップサーヴィスを払うだけで厳格に貫徹しようとしない[9]．しかし，これより大きな格差を許容する場合の方が，裁判所は「どこで切るか」について原理的根拠をもった基準を示し得ず，自己を放縦な政治的裁量に惑溺させ党派的利害の影響に対して無防備化してしまうのである．さらに言えば，二倍ですら甘い，二倍でよければ三倍でもいいではないかという政治的裁量を許してしまうから，投票価値格差の全面排除という一人一票原則の厳格な貫徹こそが，司法への政治介入を阻止するために必要だという見解もある［cf. Ely 1981: 120-125］．

　選挙制度の公正化に関しては，与党多数派が政権保持のために行う党略的選挙区改変（いわゆるゲリマンダー）に対する司法統制も必要である．政権党の政策に対する世論の評価の変化を増幅して議席数に反映する小選挙区制は，本来，政権交代を通じた政策体系の競争的淘汰という既述の政治改革の理念に適合したものであるが，ゲリマンダーが許されると小選挙区制の下でかえって政権交代が阻害されることになる．1970年代前半の保革伯仲期に田中角栄首相の下で自民党政権延命のために小選挙区制の導入が試みられ，世論の強い反発で挫折した．それ以来，わが国には小選挙区制に対する猜疑心が根強く残っているが，不公正さは小選挙区制自体よりもむしろ，田中首相の名をとって「カクマンダー」と呼ばれた露骨な党略性をもつ選挙区の区割りにあったのである．諸政党の利害対立と議会における勢力均衡が党略的選挙区改変を抑止する状況

---

9) 裁判所は一応，衆院については二倍以内という基準をいまはとっているが，それを超えた場合でも「違憲状態」だが「違憲」ではないという詭弁で，選挙無効宣告を回避している．参院については三倍以内まで基準が緩められている．選挙無効宣告をするとまるで国会が「閉店」するとでも恐れているかのようであるが，参院は半数ごと改選だし，衆院も小選挙区比例代表並立制を採っているから，投票価値格差が問題になる小選挙区選挙が無効とされても，比例選出議員が存在する以上，衆院も暫定的にせよ「閉店」する必要はない．衆院・参院いずれについても，投票価値格差が二倍を超えた選挙の無効宣告を裁判所が回避する合理的理由はない．

は常に保障されているわけではない以上，司法が何らかのチェック機能を果たさなければならない．かかる司法審査を実効化するための抜本的改革としては，選挙制度の公正を確保するための基本的ルールを時々の与党多数派が操作できない憲法規定にすることが考えられるが，それができないまでも，例えば，定数不均衡に関する既述の一人一票原則の最大限寛大解釈に対応して，得票率に対する議席配分率の割合が二倍以上となるような政党が現出した場合には，その党の得票を二重算入とみなして当該選挙を違憲無効とすることが可能だろう．

　民主的政治過程を公正化する司法の役割としては，以上のような選挙制度の公正確保だけでなく，一般市民の自発的政治参加を保障するために，諸個人の言論・集会・結社の自由や思想・良心の自由を，国家機関による侵害に対してだけでなく部分社会のインフォーマルな圧力（例えば，会社ぐるみ選挙に協力しない従業員の解雇や冷遇）による侵害から実効的に救済することも当然含まれる．公共性を偽装した特殊権益保護立法に対する司法的統制の方途としてLRA基準の活用の可能性に先に触れたが，これもまた組織的利益集団による政治過程の壟断に立憲主義的制約を課す点で，民主的政治過程の公正化のために司法が果たしうる（かつ果たすべき）重要な役割であると言ってよい．

(4) 裁判の公共的フォーラム化

　民事紛争処理や刑事司法の改善に関しては，従来の司法改革論議で論点がほぼ出尽くしている感があるので，ここでは立ち入らないが，公共性の規律を貫徹する毅然たる法治国家の確立という本章の視点から，一点だけ強調しておきたい．それは，裁判の目的は単なる紛争処理ではなく，正義と法に適った公正な紛争の解決をめぐる公開の論争の場という意味での，公共的フォーラムの確保にあるということである．普遍主義的公平性と人権を尊重する公共的な政治文化を我々の社会において培っていくためには，民主政の公共性形成機能を蘇生させると同時に，裁判をかかる公共的価値をめぐる討議に社会の関心を喚起するためのフォーラムとして再生させる必要がある．イェーリングがつとに指摘したように，「権利（主観的意味における法＝Recht）のための闘争」としての訴訟は単なる「私権」や「私益」を守る闘争ではなく，公共的秩序（客観的意味における法＝Recht）を形成する過程に参加する責任を市民が遂行する場

でもある［イェーリング 1982 参照］．司法改革への財界からの外圧には紛争処理の迅速化の要求も含まれているが，現在の日本の裁判実務は，異常に長期化した事件を例外的に含むが，平均的処理時間に関しては，欧米諸国と比べて大きな遜色はない［伊藤眞・他 1999: 59-61 参照］．問題はむしろ，紛争処理の迅速化が公共的フォーラムの確保という裁判の役割を犠牲にして追求されている点にある．

　書面を提出するだけで終わってしまうような口頭弁論の形骸化の実態は，争点整理手続などを充実させたとされる最近の民事訴訟法改正の後もいまだ大きく改善されたとは言えない．さらに，憲法訴訟における司法消極主義と対照的に，日本の裁判所は違憲判断を伴わない形でなら立法に先んじたルール形成を積極的に行っており，これが米国の比較法学者らにより「日本型司法積極主義」と呼ばれている［これについては，本書第 2 章第 2 節 3 (2) 〈ii〉参照．本章の次節でも触れる］．この日本型司法積極主義は，立法の欠損を埋めるという点で一定の積極的評価を受けることもあるが，民主的プロセスをバイパスした司法的立法の正統性欠損の問題や，司法的に形成された紛争処理ルール自体の公正性を争い，その批判的再吟味を求める当事者の権利を制約することで成立しているという負の面がある[10]．ADR（裁判に代替する紛争処理手続）も充実の必要がある半面，日本ではこれが公共的フォーラムとしての裁判へのアクセスの改善をバイパスする方途として利用される危険性も有している［田中 2000: 243-246 参照］．

　刑事については，事情はやや異なるものの，基本的には同様な問題がある．

---

10)　例えば，交通事故の損害賠償事件のような大量に発生する紛争において紛争処理を定型化・迅速化し判決の予見可能性を高めるために，逸失利益算定基準などのルール形成が積極的に行われている．これは紛争処理を効率化し，個別訴訟ごとの司法的救済の格差をなくす点で裁判の公正化にも資すると評価する向きもある［フット 1995 参照］．しかし，被害者が就学中の子どもの場合では，男子被害者は男性労働者平均賃金で，女子被害者は女性労働平均賃金で逸失利益が算定される結果として，賠償額に性別格差が生じ，その是正を求める訴訟が女子被害者の遺族により再三なされてきたが，裁判所は長年この訴えを斥けてきた．2000 年 7 月 4 日の奈良地裁判決は交通事故死した女児の逸失利益を全労働者平均賃金に基づいて算出し，これが 2002 年 5 月 31 日最高裁判決により維持されて確定し，基準見直しへの一歩をやっと踏み出したが，男性被害者については男性単独平均賃金が依然として適用されるとみられ，逸失利益の性別格差の完全な解消には至っていない．逸失利益算定基準の性別格差を例に，日本型司法積極主義の問題性を剔抉するものとして，野崎 2003 参照．

微罪処分や起訴猶予など警察・検察の裁量的事件処理の結果として刑事裁判の有罪率が異常に高くなっている現状が問題視されているが，誤った有罪判決の確率の最小化や事件処理の迅速化の観点からは，この実践を一概に批判できないかもしれない．むしろ問題は，実質的裁定が警察・検察の裁量に委ねられて刑事裁判が「ラバー・スタンプ」化することで，公共的フォーラムの確保という裁判の機能が形骸化してしまう点にある．被疑者段階への国選弁護制度の拡大は必要だが，警察・検察の裁量的事件処理で裁判以前に実質的に事が決するという現状を追認する口実としてそれが利用されないような配慮も同時に必要である．

司法への市民参加がいま論議されつつあるが，陪審制——これは民事にも関わる——についてこの文脈で付言すれば，事実認定の正確・公正を期する上ではそれは長所短所を併有する（この面で陪審制を理想化する人々には，最近の米国でのシンプソン事件の想起を促したい［井上 2003a: 267-268 参照］）．しかし，陪審制の採用は公開の場での弁論の活性化につながり，裁判の公共的フォーラム化の促進の条件として，その採用が検討さるべきものである．さらに言えば，トクヴィルが洞察していたように，陪審制は市民が「公共の事柄」への参加により自己統治能力を陶冶する場の一つである［トクヴィル 2005-2008 ［1835］: 第1巻（下）182-191 参照］．「市民が成熟している」から陪審制が可能になるのではなく，「市民を成熟させる」ために陪審制が求められるのである．対立競合する主張・立証を考慮して紛争を公正に裁定するプロセスへの参加を通じて，市民が公平感覚や公共的責任感を陶冶する場として，陪審制は（証拠評価の明白な誤りや歪曲への防御装置を組込んだ上でならば）日本においても重要な役割を果たしうる．

現在の司法改革論議では司法の紛争処理能力・事件処理能力を改善するために，法曹人口をはじめ「司法の容量」の大幅な拡充が求められている．「容量」拡充が必要なのはもちろんだが，その中心的眼目は，今後さらに増加が予想される法的紛争処理需要の単なる効率の充足ではなく，それへの「公正な応答」に置かれなければならない．そのために，公共的フォーラムを確保するという裁判の機能を蘇生させ，このような裁判への実効的なアクセスの保障を，多様な ADR を含む紛争処理システム全体の正統性の前提条件として位置付けるこ

とが肝要である［紛争処理システムの多元化の必要を認めつつ，この意味での裁判の基盤的位置を強調するものとして，田中 2000 参照］．

　以上，司法改革の目的となるべき司法機能強化の優先課題を提示した．このような目的を実現するための手段となる制度改革については簡単にしか論及しなかったが，日本の政治経済システムの全般的な改革構想の中に司法改革を的確に位置付けるために「何のための司法改革か」の論議の深化を求める本章の問題関心からすれば，司法改革論は制度改革論である以前にまず機能改革論でなければならない．改革手段論＝制度改革論に対する改革目的論＝機能改革論の先行的重要性はある意味で自明であるはずだが，この点は現在次のような理由で改めて強調されるに値する．

　第一に，多種多様な具体的制度改革事項がアジェンダに載せられているが，改革目的論が深化していない結果，それらの相互連関と優先順位が明確になっていない．「千載一遇の好機」とばかり様々な要求が目白押しに噴出し，アジェンダが「総花」化している．この事態は改革へのエネルギーを分散させ，結局「政治的抵抗の弱いところから手をつける」というお馴染みの方便に導き，改革を彌縫的で整合性のないものにしてしまうだろう．司法改革は日本のシステム改革のグランド・デザインと連接させなければならないが，このことは総花的な司法改革を求めるものではなく，むしろ，司法改革の目標と焦点を明確に絞り込んで，そこに改革エネルギーを集中投入する必要を含意している．

　第二に，制度改革をしなければ司法改革にならないという焦りは，制度改革さえ実現できれば司法改革が成就したかのような，制度改革の自己目的化を生みかねない．このような態度は，司法改革の目的はあくまで司法の機能改革であり，それは一時期の集中的な制度改革で終わるものではなく，求められた機能改革をもたらしているか否かという点から新たな制度を絶えず吟味し，必要なら再修正し続ける持続的なプロセスであることを忘却させる．さらに，制度改革は機能改革の促進条件であるが絶対的必要条件では必ずしもなく，本章で示唆したような機能改革は現制度の下でも，その意志さえあれば，かなりの程度遂行しうるものである．制度改革なくして司法改革なしという態度は，制度の欠陥を，機能改革をさぼる口実にしてしまう危険がある．

7 まず裁判所から変えよう——裁く者たちの人間的解放のために

このような留保の上で，制度改革に関し一点だけ付言して本章を締め括りたい．上に挙げたような司法の機能強化を促進するための条件として最も重要なのは，担い手たる裁判所の改革である．1960年代後半の全逓中郵判決・都教組判決や青法協問題などに苛立った自民党による司法の「左傾化」批判に端を発して進行してきた司法部の内部統制の強化は，いまや「日本野鳥の会」への入会でさえ政治性を疑われることを心配させるほど裁判官の独立性と自由を蝕む「萎縮効果（chilling effect）」をもつに至っている［日本裁判官ネットワーク 1999: 111-131 参照］．最高裁事務総局による裁判官統制は，会同・協議会を通じた事務総局見解の浸透，モデル試案提示，レファレンス制度などの形で，判決内容への統制力も強め，裁判官協議会執務資料の文面をおうむ返しする「丸写し判決」を生み出すような土壌を形成している［毎日新聞社会部 1991: 217-236 参照］．

「真綿で首を締める」ような，隠微な内部統制圧力で独立性を侵食されてきた現在の日本の裁判官は，「逞しき例外」はあるにせよ，上記のような司法機能の強化の役割を期待するには，担い手として弱すぎるというのが一般的実情である．毅然たる法治国家のための「強い司法」とは，党派的意味において政治化された司法ではなく，左右を問わず政治力を不公正な形で濫用する集団や社会勢力に対して，人権保障を実効化し行政と民主的政治過程の公正性・答責性を確保するために公共性の規律を貫徹する司法であるが，かかる司法を担う裁判官には行政権力や支配的政治権力の圧力に抗して，自己の法律家的良心のみに基づき正しいと信じる裁定を下しうる確固とした独立不羈の精神が要求される．司法の内部統制の強化は「上の意向を伺う」メンタリティを裁判官たちの間に醸成し，この独立性の気概を腐食させるとともに，「上に卑屈，下に傲慢」という抑圧の委譲の論理により，裁判の当事者たる市民に対する高圧的で権威主義的な態度を助長してしまうのである．司法の内部統制は司法を一体化し，司法部全体の組織的独立性を高めるという議論もありうるが，これは裁判の主体は裁判官自身であり，裁判の独立性はそれを担う人間としての裁判官の精神的独立性なしには不可能であるという基本的真理を看過している．さらに，

司法の内部統制強化は，司法の組織的独立性の強化ではなく，逆に自民党政府の意向への自粛的順応をもたらしてきたことは歴史的に実証されている［この実態を裏付ける裁判官人事考課の計量分析として，ラムザイヤー＝ラスムセン 1998 参照］．

現在，このような司法の内部統制強化の元凶として裁判官のキャリア・システムが問題視され，それに代えて法曹一元制度を導入することが提唱されているが，これに対しては，裁判官の給源となるべき弁護士が現時点の日本では質量においてなお劣弱であるなど，条件未整備の問題も指摘されている［棚瀬 2000, 青山・他 2000: 22-24 参照］．しかし，問題は「キャリア・システムか法曹一元か」ではなく，キャリア・システムのあり方だろう．同じくキャリア・システムをとると言われるドイツでは，統合以前の西ドイツ時代から，裁判官は組合活動やデモ参加さえする政治的自由の享受や，上級審の先例に反する判断をも回避しない積極性に象徴されるように，日本の裁判官よりはるかに強い独立性を保持しており，この独立性が，司法を人間の尊厳を重視し市民により開かれたものにするための，裁判官自身のイニシアチヴによる種々の司法改革実践を生み出す条件となってきたことが指摘されている［木佐 1990 参照］．

この相違の背景には日独の裁判所機構の種々の相違があるが，日本の裁判官は昇進・昇給・配置転換など定期的人事異動による小刻みで恒常的な統制に服しているのに対し，ドイツでは欠員補充のため特定ポストが公募されるだけで，定期的人事異動がないという点が特に重要だろう［木佐 1990: 83-143 参照］．日本の裁判所法 48 条は「その意思に反して，免官，転官，転所，職務の停止又は報酬の減額をすることはない」と定めて，裁判官の身分的独立を一応は保障しているが，昇進・昇給や任地ローテーションなどにおける格差付けによって「柔順でない裁判官」を不利に扱う人事統制を排除していない．裁判官人事に外部の意見を反映させるような人事改革なども現在提唱されているが，裁判官の独立性の保障という見地からは，定期的人事異動の廃止や大幅な制限と自動化が望ましい．いずれにせよ，裁判官の独立保障による司法の独立の再生と法曹一元は直結していないことを自覚する必要がある．弁護士数を著しく制限するギルド的特権に固執し，自分を「先生」と呼ばせてエリート意識に浸っている日本の弁護士が裁判官になったところで，その権威主義的性格がキャリア裁

判官の場合より飛躍的に改善される保障はないという法曹業界外部からの批判に，弁護士界はまず謙虚に耳を傾けるべきである．しかし，この点は措くとしても，法曹一元制を採用しても任官後の人事統制が強ければ，「在野精神と人権感覚の豊かな弁護士」も「柔順な官僚裁判官」に変身するだろう．さらに米国のように任官後統制に代えて任官前統制を強くする場合にも，司法の独立が別の形で政治的圧力に晒される危険性はある［棚瀬 2000: 60-61，ラムザイヤー＝ラスムセン 1998: 146 参照］．他方，法曹一元を採らなくとも，上述のようにキャリア・システムの改善によって裁判官の独立性を高めることは可能である．

　裁判官の給源の多様化は望ましいが，司法の独立は裁判官の給源の問題には還元できない．現在，法曹養成に関して「点からプロセスへ」という発想転換の必要が言われているが，裁判官の独立精神の陶冶も生涯にわたるキャリア形成プロセスの自律性を必要とする．「給源」の多様化は望ましいとしても，「給源」が何であるかに裁判官の独立性保障の決定的条件を求めるのは「点」の発想を引きずるものだろう．ついでに言えば，裁判官の給源の多様化が法曹一元制導入の論拠になりうるとしたら，それは弁護士のギルド的独占権益を廃止ないし大幅に縮小して，弁護士の給源を拡充し多様化できた場合のみである．

　最後に，一つのありうべき懸念に答えて本節の議論を締め括ろう．裁判官の独立を強化し，「強い司法」を実現するというが，これは結局「司法専制国家」を生まないか．理論的次元では本節の以上の議論はこの疑問に既に答えている．本節で提示したような司法機能の強化は民主的政治過程の健全化と相補的・相互依存的関係にある．では，司法がその権限を理論的に想定された本来の役割を超えて濫用したらどうなるのか．日本の立憲民主主義体制は，この実際上の危険に対して，裁判官弾劾制度と最高裁判所裁判官に対する国民審査制を制度的防御装置として配備している．しかし，完璧な失敗耐性をもつ制度（fail-safe-system）は現実の世界には存在しない．権力分立原理は「番人の番人を誰がするか」という無限背進問題を，誰もが番人として監視すると同時に番人によって監視されるように番人連鎖を循環的に閉じることによって解決しようとするものだが，番人連鎖の円環がどこかで断ち切れ，他からの監視と抑制のくびきを解かれた主体が専制化する危険を制度的防御装置だけでア・プリオリに

排除することはできない．最後の保障はかかる防御装置を実効的に作動させる我々人間の「危機管理能力」である．

　よき制度が我々を守るというのは真理の半面にすぎない．いかによき制度といえども，我々が制度を守らないかぎり，制度は我々を守りえない．司法改革を制度改革の自己目的化に陥らせず，あくまで機能改革として捉え，あるべき政治経済システムの全体構想の中に司法を的確に位置付けることによって，それが果たすべき機能を明確に同定し，現実の司法の実践をそれに照らして絶えず批判的に吟味する必要があるという本節の主張の基礎にあるのも，古来よりあまたの立法家がその挫折により我々に伝えてきたこの教訓である．

第3節　司法の民主化と裁判員制度

1　「失われた六十年」の後の「転生」

　大正10年（1921年）1月17日，枢密院の陪審法案審査委員会第1回席上において，原敬首相は次のように発言した．

> 陪審の現実は，人民をして司法事務に参与せしむるにあり．我国に於ては議会を設けられ，人民が参政の権を与へられたるに，独り司法制度は何等国民の参与を許されざりき．憲法実施後三十年を経たる今日に於ては，司法制度に国民を参与せしむるは当然の事なり．［三谷 1980: 11 からの再引用］

　これはいま聞いても驚くべきラディカルな発言である．原が率いる立憲政友会が陪審法案の主たる推進役となった背景には，立憲君主制の枠内ではあっても議会政治を一応の国民的基盤の上に立ち上げようとする運動があった．普通選挙制が採用されるのは原の上記発言の少し後の大正13年（1924年）である．原自身は普通選挙制をその時点では時期尚早とみなし，普選を先送りする代償として陪審制を推した面もあったようだが[11]，国民を代表する議会に基盤を持

---

11) 三谷太一郎によれば，「原が臨時法制審議会に陪審制を諮問した時期は，ちょうど『大正デモクラシー』運動勃興の時期に当たり，とくに普選運動は大きな高まりをみせていた．これに先立

つ政党が政権を担う立憲政治の正道の確立が強く求められており，それを求める人々にとっては，陪審制度の採用は，以下の理由により，単に事実認定制度の改善という問題を超えた日本の民主化という大きな政治的プロジェクトの不可欠の一環として位置付けられていた．

政党政治といっても当時はまだこれから確立されようとしたところで，藩閥勢力などから色々と迫害を受けていた．様々な疑獄事件を口実にして政党の中心的なメンバーたちが司直の手で処断されることがままあった．裁判権と検察権が未分化なまま司法権に包摂されるという状況も相俟って，政治権力を統制する法の支配の担い手であるはずの司法が，まさにそれ自体抑圧的な政治権力になっていた．したがって，司法権力を民主化することは，議会における政党政治の確立と切り離せない非常に大きな課題だったのである．

このような問題意識を背景に，陪審法は大正12年（1923年）に制定された．しかし，陪審法自体の不備・欠陥[12]のため，陪審評議が義務付けられる重罪事件（法定陪審事件）以外の請求陪審事件では陪審請求をしない，あるいは取り下げる被告人が多かったことに加え，戦争による徴兵負担により陪審員の人的給源が逼迫したことが相俟って，この法律は戦時中1943年に停止された．停止を定めた法律においては戦後の復活が予定されていたが，戦後も長く復活されないままに終わった．陪審法停止後約60年たって，やっと形をかえて裁判員制度が生まれたわけである．裁判員制度は，いわば，かつて日本で生まれ早逝した陪審制度の「失われた六十年の後の転生」(reincarnation after the lost six decades)」である．「再生」とは言わず，「転生」と言うのは，裁判員制度は陪審制よりも，大陸法系の参審制に近いからである．

つ大正八年三月の第四一議会においては，原は衆議院選挙法改正を行い，納税資格十円を三円に低減するとともに，彼の年来の宿志であった小選挙区制を実現していた．原は一方で普選を時期尚早として当面，これを阻止するとともに，普選実施の前提として，小選挙区制を採用したのである．したがって，原がこの時期に陪審制をとり上げたのは，普選を要求する世論を意識しながら，普選に代替すべき政治的効果を陪審制に求めたということが推定されるのである」[三谷1980: 166, 傍点は井上]．三谷のこの言明が示すように，原は普選を時期尚早としながらも，その漸次的・段階的実現に向けての準備はしていた．したがって原の陪審制推進を単なる「普選潰しのための政略」とみなすのは適切ではなく，それは三谷の見解でもない．

12) 陪審の答申が不満な裁判官は別の陪審に付することができるため，裁判官に対して拘束力を欠いていた．さらに，被告人が陪審を選択すると控訴ができず上告のみの二審制になり，敗訴すると多額の陪審費用を負担させられるため，被告人にとって陪審選択はリスクが高かった．

冒頭の原敬の言葉を引用した日本の陪審制史研究書の著者三谷太一郎は，政治史が専門である．政治史の研究者が，なぜ陪審員制度に興味を持ったか，不思議に思われる向きもあるかもしれないが，政治史において実はこれはオーソドックスな問題意識である．『アメリカにおける民主政』［トグヴィル 2005-2008［1835］］の著者として有名なフランスの政治学者・思想家アレクシ・ドゥ・トクヴィルは，陪審制度というのは単に訴訟における事実認定のための法制度ではなく，むしろ政治制度であると言っている．トクヴィルによれば，陪審制の政治的存在理由は，人々が「公共の事柄」に自ら参与して公正な判断をする能力を磨ける場——ここでは特に，紛争を公正に解決する公共的決定過程——を提供しているということにあった．このような公共の事柄に参与する能力を磨く場こそが，米国の民主主義の精神と実践を支える根幹的な条件をなしていると彼は観察していた．陪審制度をまさに「民主主義の学校」とみなしていたと言ってよい．

三谷も，陪審制を司法による民主化弾圧を抑止する手段としてだけでなく，司法参加を通じた国民の民主的公共精神の陶冶の場としても捉え，そういう観点から日本の政治史を見直して，大正デモクラシーと陪審制導入運動との間に密接な内在的関係があることを発見したのである．

司法制度改革審議会の意見書でも，国民が「統治の客体」から「統治の主体」になる必要があることが述べられ，それとの関連で「司法の国民的基盤」の確立が謳われ，裁判員制度が導入されるに至った．しかし，大正デモクラシーの勃興期に普通選挙制度実現に向けての運動と並行して進められた陪審法制定運動と同じくらいの熱意と覚悟が，目下の司法改革に関わる人々の間に本当に浸透しているのかというと，率直に言って疑問である．裁判員制度に関する専門家の誌上討論などを読んでも，細かい制度設計の方法に関する議論は展開されているが，そもそも何のための裁判員制度なのか，司法の民主化とは一体どういうことなのか，といった原理的問題について突っ込んだ議論は残念ながら余りなされていないように思われる．以下では，立憲民主主義を発展させる上で司法の民主化がもつ意義という原理的問題の考察を通じて，裁判員制度に法哲学的な照明を当てたい．

2　司法と民主主義の緊張関係

　立憲民主主義における司法の民主化の問題を考えるには，まずその前提として，司法と民主的政治プロセスの原理的な緊張関係を再認識する必要がある．

　伝統的なリベラリズムは，国民が政治権力を統制する制度としての民主主義を支持すると同時に，民主主義の主体たる国民が狂う可能性，すなわち「多数の専制」の危険も常に冷静に見つめてきた．この危険に対処するために立憲主義的な法の支配という制約が民主主義的政治過程に課され，この制約を担保する司法が「民主主義の専制化に対する防波堤」として位置付けられた．このような観点からすると，司法を過度に民主化することには慎重にならざるをえない．民主的な政治プロセスが狂ったときに，それを抑制すべき司法までが同じように狂うと困るからである．

　司法過程の民主化が司法を狂わせるというのは単なる仮想の話ではない．例えば，米国では，州レベルの裁判官がしばしば選挙で選ばれる．米国出身の比較政治学者で，かつてアラバマ大学で教え，現在，中央大学で教鞭をとっているスティーヴン・リード教授は私の古い友人だが，以前，彼から聞いた衝撃的な話がある．アラバマ州の裁判所の裁判官の選挙で初めて黒人候補が出たとき，対立する白人候補側が選挙ポスターを作った．どんなポスターだったかというと，ただ，自分の顔写真と対立候補の顔写真を並べて，一言，「違いが分かりますね（You see the difference）」と書いてあるだけ．「見たら分かるだろう，あっちは黒人だぞ」というわけである．裁判官の候補者がこんなポスターを使うというのは信じがたいことだが，人種的偏見が根強く残る南部のアラバマ州の白人多数派住民にとっては，これは強烈なアピールを持つ．裁判官を選挙で選ぶのは民主的でいいじゃないかと思う人は少なくないかもしれないが，裁判官が政治家と同じように選挙での獲得票数によって選任されるとなると，法の下の平等と人権保障を貫徹すべき裁判官候補者がこういう多数派の差別的偏見に媚びることさえ行ってしまうという問題が現実に存在する．

　裁判官の選挙という「間接民主制」的司法統制ですらこういう問題を孕むわけだから，「直接民主制」的司法統制とも言うべき陪審制も，映画『アラバマ物語』（原題：*To Kill a Mockingbird*）で描かれたような，陪審員の人種的偏見や

社会的偏見による深刻な歪みの問題を孕むことは言うまでない．

　伝統的なリベラリズムの立憲民主主義論は，まさに，民主主義の現実のこのような暗い側面を直視する．その観点からは，民主主義が「多数の専制」に転化したときに，少数者の人権保障のための防波堤に司法がなるためには，司法の民主化を単純に手放しで歓迎できないわけである．

　ただ，その反面として，民主的統制が制限された裁判所が人権保障のために違憲審査権を積極的に行使することの問題性も，本書第3章で検討したように，論じられてきた．例えば，戦後から1970年代にかけて，「リベラルな司法積極主義」と呼ばれる傾向が，米国においては支配的になり，国論を真っ二つに分断するようなきわめて論争的な政治道徳的問題を孕む憲法判断が，個々の州の民主的政治過程をバイパスして，民主的な責任を直接負わない連邦最高裁判所の九人の裁判官たちによってトップダウンで決められることになった．特に熾烈な政治的対立を惹起した代表的事例としては，1954年のブラウン判決（Brown vs. Board of Education）と，1972年のロウ判決（Roe vs. Wade）が挙げられる．前者は「分離すれども平等（separate but equal）」の法理を否定して，人種分離（segregation）自体を違憲とした．その結果さらに，人種の棲み分けによる事実上の人種別学化にも対処するために，人種を融合する校区制定をして児童の遠距離バス通学を強制することも行われ，これが強い反発を招いた．後者はプライヴァシー権を基に女性の人工妊娠中絶への憲法的権利を承認した．妊娠期間の第2三半期（the second trimester），約六ヵ月ぐらいまでの胎児については，胎児の利益を理由にした人工妊娠中絶規制は一切違憲であるとされた．いわゆる生命尊重（pro-life）派の中の宗教的ファンダメンタリズムの傾向を持つ勢力は，これに反発して，妊娠中絶のためのクリニックを爆破したり，中絶手術を受けに来る人々を恫喝したり，貧しい人たちのために巡回して中絶手術をしている医師を殺害したりするにいたっており，一種の宗教戦争みたいなものが米国で起こった．

　米国ではリベラル派は中絶の権利を擁護し，保守派はそれに反対するという対立構図があるが，注意すべきは，リベラル派は連邦最高裁の違憲審査権にこの権利の保障を求めるのに対し，保守派は連邦最高裁に胎児の生命権を憲法的権利として違憲審査によって保障しろと求めているのではなく，逆に，中絶規

制の問題は最高裁の違憲審査の対象から外して,各州の民主的選択に委ねろと主張していることである.中絶に対して寛大な州と厳しい州があっても構わない,民主的なコントロールに服さない連邦最高裁がこの問題に関する州の民主的選択を覆して自己の判断を上から押しつけるのはけしからん,という反発をしているわけである.

こう言うと,保守派は民主主義の優位を強調しているように聞こえるが,実は保守派もかつて米国の連邦最高裁を勢力下に押さえていた時代には,「保守的司法積極主義」を跋扈させていた.奴隷州と自由州の棲み分けを定めた妥協的なミズーリー協定をも,自由州への逃亡奴隷に対する奴隷主の所有権を侵害するから違憲だとしたドレッド・スコット判決は,保守的司法積極主義の最も悪名高い例である.さらにニューディール期の 100 本以上の社会的規制立法を,デュー・プロセスの実体的解釈に基づき,所有の神聖,契約の自由を侵犯しているとして,次々に違憲判決をして覆した司法部は,当時の保守派に強力に支持されていた.その意味で,民主主義の優位を根拠にした保守派の司法審査制限論には政治的便宜主義の面がある.

しかし,このような歴史的事実は逆に,民主的な立法過程が多数の専制で狂うことを理由に,民主的統制から独立した司法部に強力な違憲立法審査権を与えるのはやはり危険ではないか,民主主義も狂うけれども,民主主義の手綱を振り切った司法も狂う危険があるではないか,という問題があることを示している.

3 司法に内在する民主的秩序形成への公共的責任

司法と民主的政治過程の原理的緊張関係にまず触れたが,司法と民主的政治過程は二項対立的にのみ捉えるべきではなく,司法過程と民主的政治過程に共通する国民の民主的な秩序形成への公共的責任に注目すべきではないかという問題も論じられてきた.この問題意識は,現代的な民主主義論だけでなく,古典的な市民社会論においても既に自覚されていた.司法の民主化問題を考えるためのもう一つの理論的前提として,この問題にも触れておく必要がある.

(1) 公民的徳性の再定義

　ここで言う民主的秩序形成への公共的責任は，既に触れたトクヴィルを援用して公民的共和主義者が提唱する「公民的徳性（civic virtue）」と一見似ているが，重要な違いがある．後者には，政治参加を人間の道徳的完成と結びつける卓越主義傾向があるが，司法に内在する民主的公共精神として私が考えているものは，本書でも既に論じた［第 2 章第 2 節 3 (2)〈ⅱ〉参照］ように，公民的徳性を人格の倫理的完成理想として捉えるのではなくて，我々が相互に負う普遍主義的公平性の責務として捉え返したものである．この責務の根拠をなすのは，対立競合する正義の諸構想に通底する共通の正義概念としての普遍化不可能な差別（個体的同一性の差異に依拠した差別）の排除の要請で，これは様々な強い規範的含意を持つが，その一つとして，フリー・ライダーの行動は不正として排除される．これが，卓越主義を超えた他者に対する公正性の責務の観点からの公民的徳性の再解釈にも関わっている．

　例えば，私は政治などに関心がない，私は商売にずっと専念していたい，あるいは，小説を書くことに専念していたいとか，芸術家として絵を描くことに専念したいとか，物理学の研究に邁進していたいとか，そういう人はいるだろう．しかし，そういう人たちが営業活動を行う経済的自由や，芸術的創作をする表現の自由，学問研究を遂行する学問の自由・思想の自由等々を享受できるのは，これらの自由を保障しているリベラルな立憲民主主義体制が維持されているからである．しかし，人々がこの体制を維持発展する仕事を他人任せにして自分の私的関心事のみに専心したら，その自由を保障するこの体制を，それを破壊しようとする勢力から守ろうとする者が誰もいなくなり，この体制は崩壊する．この体制が提供している自由や権利を享受し続けようとするならば，それを維持するために必要な公共的活動のコストは，他者に全面的に転嫁するのではなくて，最低限のレヴェルは自分でも負担しなければならない．これは，フリー・ライディングを禁じる公平性の義務である．

　この観点からは，司法制度は立憲民主主義体制が保障する自由・権利を実現する制度基盤の不可欠の部分であるから，陪審制であれ，参審制であれ，裁判員制度であれ，何らかの形の司法参加により司法制度の維持発展のためのコストを国民が負担することは，民主的政治プロセスへの参加と同様，立憲民主主

義体制の担い手としての国民の公共的責任である．

（2） 私権の公共性

　司法参加への責務を，正義理念が含意する国民の公共的責任として再解釈するなら，実は，陪審制，参審制，裁判員制度というような裁定者としての国民の司法参加だけではなく，当事者として訴訟を遂行すること自体が，公共的責任の遂行という性格をもつことが明らかになる．このことについての洞察は，既にイェーリングが彼の古典的名著『権利のための闘争』［イェーリング 1982］において示している．ある英国の旅行客が宿屋の主人から宿泊費をわずかな額だけど不当にだまし取られた．そこでその旅行客はわざわざ滞在期間を延長して訴訟を起こし，詐取された金額を取り返そうとしたという逸話を使ってイェーリングは議論している．訴訟を自分の私的利益を確保するための行為だと考えたら，係争利益をはるかに上回るコストをはらってまで訴訟を行っているこの英国人旅行客は，まったく不合理で愚かだということになる．しかし，彼はそんな愚かな人間ではない．では，何のために訴訟をやっているのか．

　ドイツ語では，権利にあたるのはレヒト（Recht）という言葉だが，これは同時に法，正しさという意味も持つ．ドイツ語圏の法理論では，権利を主観的意味におけるレヒト（Recht），法秩序一般を客観的意味におけるレヒト（Recht）と呼んで区別する伝統があるが，この二つのレヒトは，単なる同音異義語，まったく違う意味の概念がたまたま同じ言葉で表されたということではなく，内的に密接に連関している．イェーリングにとっては，個人が自己の主観的なレヒトを擁護するために訴訟を遂行することは，同時に，社会の客観的なレヒトを維持発展させるための市民としての責務を果たすことでもある．先の英国人の訴訟行為も，単に自分の利益を守ろうとする行為としてだけでなく，法秩序一般を維持発展させる市民的責務を自ら引き受ける行為として理解して初めて，それが単なる不合理な訴訟狂の行為でないことが明らかになるとイェーリングは考えていた．

　現在の民主主義の論客で違憲審査制に批判的な者は，公共的秩序形成に参加する国民の公共的責任の遂行の場を，司法過程と対置された民主的立法過程に求めがちである．しかし，立法過程だけではなく，訴訟という司法過程への当

事者としての参加も，きわめて重い負担，自己犠牲を訴訟の当事者に課す．訴訟なんかしないで和解で済ませた方がはるかに楽でいいことが多い．それにも拘らず，あえて訴訟が遂行される．このような訴訟の意義を理解するには，客観的意味におけるレヒトという公共的秩序の維持発展に必要な負担を個人が訴訟当事者としてあえて引き受けることにより，市民としての公共的責任を遂行する行為として，訴訟を捉え直す必要がある．裁判公開原則も，訴訟遂行が公共的秩序の維持発展に関わるという点で，民主的立法プロセスと通底するものがあるからこそ，それを監視する権利が国民にあり，監視される責任が裁判官だけではなく訴訟当事者たる個人にもあると考えて初めて，その存在理由が明らかになる．

ただ，そうは言っても，そこまで訴訟を「高邁な公共責任」として引き上げてしまうと誰も利用する者がいなくなるのではないか．そういう心配が当然あるだろう．実際，以前，裁判公開原則の基礎をなす訴訟の公共性の理念を説明するために，ある大先輩の民事訴訟法学者にこの話をしたら，それは「ひいきの引き倒し」だと言われたことがある．しかし，実際，人は損得勘定を超えて訴訟をやることが少なくない．例えば，公害訴訟などでも，被害者救済の実を上げるだけなら，和解で解決した方がいい場合もある．しかし，そういう場合でも，和解に応じない人たちもいる．そういう人たちは，単に補償が欲しいだけで訴訟をしているわけではない．判決によって理非曲直を明らかにしてほしい，公害を垂れ流した連中の不正を法廷の場で公的に非難してほしい，そういう思いで行動している．

私は川島武宜が著書『日本人の法意識』[川島 1967]で提示した権利概念の規範的意義の分析については，これを高く評価しているが，「日本人は権利意識が弱い」という彼の「日本人の法意識」論に対しては，歴史学的・社会学的に根拠薄弱で，この点での「川島近代主義」に対する批判はあたっていると考える．「権利のための闘争」は日本の伝統社会にもあった．実際，鎌倉時代においてさえ，土地の境界をめぐる紛争を裁判で解決してもらうために，わざわざ地方から鎌倉まで多額の費用を使ってやってくる人たちがいた．勝訴判決をもらったとしても，執行は自力救済でやらねばならず，さらに費用がかかり，リスクもあるというのに，である［日本人の法意識・権利意識の後進性に対する川

島テーゼに対する批判として，大木 1983 参照].

　このような観点から見ると，実は私権と言われているものでさえ，公共的である．当事者として訴訟に参加することも，実は公共的秩序としての客観的意味におけるレヒトを維持発展する市民の公共的責任の遂行であって，誰もそれをやらなくなったら，主観的なレヒトを保障する客観的レヒトの枠組さえ崩壊してしまう．

(3) 日本型司法積極主義の罠

　イェーリングの「権利のための闘争」に即して，「私権」の実現をめざす訴訟の公共的秩序形成機能を指摘した．さらに言えば，主観的意味におけるレヒトとしての権利の概念そのものが公共性の制約を内包しており，その意味で権利はすべて公共的であって「私権」なる概念は形容矛盾ですらある．この点は訴訟を通じた公共的秩序形成のあり方を考える上で重要な問題に関わるので，ここで少し触れておきたい．

　権利という言葉はドイツ語では Recht，英語では rights で，いずれも正しさという意味合いを同時に持つ言葉である．これと既得権，英語で言うと vested interests だが，両者は別のものある．しかし，残念ながら日本において，いまだに権利と既得権の区別がそれほど明確には意識されていない．一つの理由は「権利」という訳語自体にある．「権」は力，「権柄ずく」の「権」，「権力」の「権」，「利」はまさに利益であるから，「権利」は「力で獲得された利益」というのが字義的意味である [柳父 1982 参照]．これは「正」という意味の rights とはまったく違うわけで，ほとんど政治力で確保された特殊権益，つまり既得権と同じような意味である．穂積陳重のような昔の学者は，この「権利」の「利」を「原理」の「理」にして，「権理」という訳を使ったことがあったが，やがてこの語は消えてしまった．

　権利は rights であり，正義概念の制約に服することが，権利を既得権と区別するための根本的要因である．普遍化不可能な差別の排除という正義概念の要請に合致した正当化ができるもののみが権利の名に値する．例えば，自分がある権利要求をするのが正当化可能なのは，同じような状況に置かれた他の人々が同じような権利要求をすることを，その実現コストを負担させられる人々

（自分も含めて）が拒絶できない理由によって正当化できる場合のみである．こういう厳しい公共的正当化要請の制約を権利という概念は内包している［この意味での権利の公共性については，井上 2003a: 20-22 参照］．

　残念ながら，このことが現代日本社会ではまだ十分理解されていない．これは，政策形成訴訟を重視する人々や，司法過程を通じて「新しい権利」の実現を求める運動をする人々にもしばしば見られる問題点である．一般市民だけでなく，法曹，裁判官にも見られ，既に本書で批判的に論及した日本型司法積極主義の問題点［第2章第2節3 (2)〈ⅱ〉参照］がこれと関わっている．私が支持する司法過程を通じた公共的秩序形成は，権利主張に内在する公共的制約を重視するものであり，日本型司法積極主義を全面的に擁護するものではない．また，裁判員制度は，いまは刑事事件に限定されているが，将来，民事事件にも広げるべきだと私は考えており，その場合には，この問題は裁判員裁判の適正な判断指針にも関わってくる．そこで，この問題に関してここで多少敷衍したい．

　日本の裁判所は，違憲判断回避傾向が強いという意味で司法消極主義だと言われているが，米国の比較法学者などから，違憲判断とは別な形で，かなり積極的な法形成を日本の裁判所は行っていること，しかもそれが法の発展に寄与していることが指摘されていることは既に述べた．これは，現在ニューヨーク大学法科大学院で Law and Society in Japan というコースを担当しているフランク・アップハム教授によってまず指摘され[13]，さらに，東京大学法学部での私の同僚であるダニエル・フット教授も交通事故損害賠償における逸失利益算定基準の形成などに関して敷衍している［本書第2章第2節3 (2)〈ⅱ〉，第6章第2節6 (4) 参照］．

　この日本型司法積極主義は，たしかに肯認できる面もある．例えば男女の定年差別などに関し，立法化される以前から民法90条等々を使って裁判所が救

---

13)　私は2002年春学期にニューヨーク大学法科大学院に客員教授として招かれた際，アップハム教授の Law and Society in Japan のコースにも共同講師（co-teacher）として参加したが，その際，同教授の日本型司法積極主義論についての知見を得た［cf. Upham 1987］．彼は，水俣病問題をめぐる交渉の際のチッソ社員と被害者運動団体との乱闘事件で，検察が運動団体側の暴行だけを起訴したことに対し，裁判所が「起訴権濫用」の法理でこれを斥けた事例などを紹介し，日本型司法積極主義の積極面を強調していた．

済を与えていた．他方，交通事故被害者の逸失利益算定基準の法形成については，労働市場における性差別を反映した現行の性別平均賃金を指標とすることにより，性差別の構造化に裁判所が加担しているという批判がなされてきた［本章注10参照］．この日本型司法積極主義の問題は，いわゆる「新しい権利」の司法的実現においても浮上している．

　「新しい権利」に対して，日本の裁判所は消極的だと批判する人が多いが，日本型司法積極主義という現象が米国の比較法学者によって指摘されていることが示すように，「新しい権利」の実現に対しても日本の裁判所は必ずしも消極的とは言えない．日照権などは，条例等で法制化される以前から，裁判所が不法行為法理等で救済を与えてきた．しかし，根本的な問題は，その「新しい権利」と称されるものが本当に救済に値する権利と言えるのか，実は既得権的な住民エゴにすぎないものが含まれていないかどうかについて，批判的吟味が適正に行われているか，ということである．新しい権利の司法的救済の条件として，要件効果の明確性と社会的コンセンサスの存在を挙げるのが学界では通説だが，私は，これには疑問がある．要件効果の明確性はともかく，社会的コンセンサスというのは問題を隠蔽するものでしかない．新しい権利を承認すべきか否かについては市民相互の間に先鋭な利害の対立があり，コンセンサスは実在しない．重要なのは，新しい権利と称されるものが本当に上述したような公共的正当化可能性を持つのかという問題である．新しい権利を主張する人たちは，他者が同様な権利主張をしてその権利実現のコストを転化される人たちの立場に立ったとしても拒絶できない理由で自分たちの権利主張が正当化可能か否か，批判的自己吟味をすることが必要である．さらには，自己が主張する権利が一般的に承認された場合にコストを負わされる様々な利害関係者からの異議申し立てに晒され，それに対して応答する責任を果たす必要がある．このような公共的正当化責任を果たさないで，自分たちが享受してきた利益を保持するために，他者にコストを転嫁するのは，既得権への固執にすぎない．このような公共的正当化のテストをパスしているかという観点から見ると，日照権については，非常に大きな問題がある．

　公共的正当化可能性については，「日照」以上に主観的な判断に依存する「景観」に関わる景観権について，さらに難しい問題がある．例えば，国立マ

ンション訴訟で，平成 14 年（2002 年）12 月 18 日東京地裁判決は，建築されたマンションの高さ 20 メートル以上の部分の撤去を求める原告の主張を認めた[14]．これは世間を驚かせた「ラディカル」な判決で，日本型司法積極主義の新たな一例と言えるが，色々な問題を孕んでいる[15]．

まず，「住民」対「不動産業者」という，紛争の対立図式の理解が歪んでいる．景観保護のあり方については，一口に住民といっても，様々な利害が対立している．保護されるべき「景観」とは何かがかなり主観的な美意識の問題であるだけではなく，「業者」の背後にはマンション建設規制によって不利益を受ける多くの人々がいる．当該マンションへの入居予定者や近隣の商店街の商店主たちのような直接影響を受ける人たちだけでなく，同様な景観規制の広がりの予測が惹き起こす不動産価格・賃貸料の変動のあおりを受ける無数の人々がいる．他方，原告の中核で指導的役割を果たしているのは，当該マンションの裏手にある受験産業界で名門進学校として有力な地位を占めるある学園法人とその OB である建築家・弁護士などからなる専門家組織，景観保護派市長を支持する運動団体で，当該マンションの近隣住民で原告に加わっているのはごく一部の人々で，しかも高齢で運動過程では中心的な役割を果たしていなかった．

紛争過程で高層マンション建設反対派が運動して急遽制定させた国立市の景観条例にも強い批判が向けられている．この景観条例は，原告側を勝訴させた第一審判決でさえ，建築基準法が禁じている建築規制条例の遡及適用に当たるタイミングで制定されたとしているが，根本的な問題は，景観規制条例制定プロセスの政治的な強引さにある．景観条例は様々な人々の複雑に対立する諸利害を公平に勘案し調整する必要があるので，通常なら七，八年はかけて十分議

---

14) 本判決は被告によって控訴され，平成 16 年（2004 年）10 月 27 日東京高裁判決で控訴が認められて原告の請求が棄却された後，平成 18 年（2006 年）3 月 30 日最高裁判決で高裁判決が維持され確定した．最高裁は法的保護に値する「景観利益」の存在は一般的に認めたが，それが「景観権」という権利性をもつことは否定し，本件においては「景観利益」の違法な侵害もないとした．私は景観権の公共的正当化可能性を一般的に否定しはしないが，本文で述べるように，本件については原告の景観権主張は権利の公共的正当化要請を満たしていないとする立場である．

15) 法社会学者長谷川貴陽史は国立マンション紛争における原告側の市民運動実践の参与観察に基づき，メディアの報道や政治的動機に基づく一部の研究者の議論が隠蔽している原告側の問題点を的確に指摘している［長谷川 2005 参照］．本文で示した私の事実認識は彼の研究に負う．

論して作るものなのに，国立市の景観条例の場合は，地区計画案の公告・縦覧が開始されてからわずか三ヵ月の間に，地区計画が決定され，さらに臨時市議会を景観保護派の市長が召集し，しかも議長が議事日程を示さずに抵抗したのに対し市議会正副議長不在のまま仮議長を与党が立てる形で，強行採決で条例化された．採決に反対した野党議員たちは，市長が行政の中立公正の要請を無視していると同時に，「ファシスト」的な専制権力を行使しているという批判声明を発表した．行政の中立公正を無視して市長が当該マンションを違法建築として議会やマスコミ報道で喧伝したことに対する不動産業者からの損害賠償請求を一部認容した判決も別の訴訟で出ている．条例化された地区計画の規制区域設定も当該マンションと当該学園をほぼ過不足なく含む形になっており，当該マンションを標的にした高さ規制であることは一目瞭然である．

　問題の一審判決は，当該景観条例の適用を遡及適用に当たるとして斥けながら，不法行為に基づく建築差止めを認めた．複雑な利害が対立する建築規制条例については，民主的なプロセスで多様な利害関係者が参与して十分議論を尽くし公正な利害調整を図る必要があるのに，かかる民主的プロセスをバイパスして原告側の公共的正当化可能性の怪しい利益要求を判決でてっとり早く充足するというのは，裁判所が市議会による熟議を通じた条例制定という民主的ルール形成過程を無視して「新しい権利」を司法的に立法するもので，司法の正統な役割を踰越するものである．

　景観保護派の上記のような横暴さは，正義と公共性は自分たちにあるという独善性と結びついているが，この独善性は正義や公共性の対極にある．自分たちの自己犠牲によって維持してきた景観にただ乗りは許さないという景観保護派の論理を先の一審判決も是認しているが，この論理は倒錯しており，正義概念を濫用により裏切るものである．大学通りの並木道が保護さるべき景観であると多くの住民やこの並木道を愛する散歩者たち——国立駅の北側に住む私もその一人である——が思っていることはたしかだとしても，大学通りのほとんどはずれともいっていいところで 20 メートル以上の高さのマンションがないことが維持さるべき「大学通りの景観」の不可欠の構成要素だというコンセンサスがあるわけではないし，保護さるべき景観として広く認められている大学通りの桜と銀杏の並木道そのものの保護のために，原告たちが特別のコストを

はらってきたわけでもない．従来高さ規制がなかったということは，20メートル以上の建物を建てる経済的動機をもつ者が以前はなかったから規制の必要がなかったということであり，経済的損失負担がなされたわけでもない．要するに，自分たちの私的眺望利益を公共財としての景観に摩り替えているわけで，他者にコスト転化して自己の私的眺望利益を享受しようとしている点で，ただ乗りの不公正さは原告側，特に学園法人にあると私は考える．これはもちろん論争の余地のある問題だが，権利が公共的正当化要請の制約を内包していること，特に「新しい権利」の公共的正当化可能性を担保する上で十分な民主的熟議が不可欠であり，それをバイパスするような一部の勢力の政治運動に司法が加担することは「司法の民主化」のあるべき姿ではないことに注意を促す上で，格好の素材だと思えるので，あえて触れておく．

4　司法への民主的参加と裁判員制度の意義

以上，「司法の民主化」のあり方をめぐる前提問題を論じた．これまでの議論を踏まえた上で，司法への民主的参加の問題点を整理し，裁判員制度について若干のコメントを付すことにしたい．

（1）　司法権の両面性と民主的司法参加の二重の両価性

司法への市民参加の問題を考えるには，司法権の二重の顔，ヤヌス的性格をまず理解しなければならない．一方には，政治権力に対して法の支配を貫徹し，市民の自由や権利を保障するものとしての司法の顔がある．しかし，他方では，司法はそれ自体がきわめて怖い政治権力の顔も持っている．本節冒頭に触れたように，三谷太一郎は，立憲政友会の陪審制導入の運動の背景に後者の司法の顔も見ていた．

この司法の両面性に対応して，民主的司法参加の意味についても両義性がある．司法の前者の顔に対応する司法参加の意義は，政治的権力を統制する法の支配の実践に，市民が裁判官とともに参加することである．法の支配の実践における裁判官と市民の「協働」である．ところが，後者の政治権力としての司法の顔に目を向けるなら，市民の司法参加は，裁判官と市民の「協働」というより，もう少し対抗的な意味合いを帯びてくる．司法権力に対して市民が民主

的統制を行うのだというイメージが浮上してくる．司法参加のこの二つの側面の間には緊張関係がある．

　民主的司法参加の意義のこの両義性に応じて，それに対する評価についても両価性，アンビヴァレンスがある．つまり，メリットとデメリットが表裏一体になっており，さらに，表裏一体のメリットとデメリットの組み合わせもまた二重化している．いわば二重の両価性がある，法の支配の実践への市民の参加のメリットは，先ほど述べたように，それを通じて市民の側に公共精神が陶冶されることである．トクヴィルが期待したように，対立する主張の双方を偏頗なく十分熟慮吟味した上で公正な判断をする能力と，公共の事柄についてそのような判断過程に参与する負担を引き受ける責任感が陶冶されていく．

　他方，司法権力に対する民主的統制に対応するメリットとしては，その結果，一般市民に対する司法の透明性と説明責任が担保され司法の民主的正統性基盤が強化されることが挙げられる．特に裁判員制度の場合は，法の解釈，事実認定，量刑すべてに素人である市民が関与するので，このメリットは小さくない．法令解釈と訴訟手続等に関する判断は専門裁判官だけで行うことになっていると言われているが，決定権は専門裁判官にあるにしても，裁判員に対してそれらの問題を説明し意見を聞くことは，やはり運用においては要請される．最終的な判断権の所在の問題と，判断に至るまでの裁判員への説明責任や，彼らとの意見交換の要請の問題とを区別することは，市民に対する司法の透明性と説明責任の確保というメリットを裁判員制度が実際に持つために必要である．

　しかし，以上のメリットと裏腹に，危険性もある．市民の側における公共精神の陶冶というのは，市民はこのような資質において劣っており，公正な判断能力が十分でないから，裁判官が指導してやらなければならないというパターナリズムに転化する危険性がある．陪審制については人種的偏見の問題がよく指摘されるが，日本でも「中国人は犯罪の遺伝子を持っている」などと放言する都知事が高い支持率を得て多選されたという事実もあり，裁判員になる人たちの中にもこの種の偏見を隠し持っている人はいるかもしれない．そういう危うさを持つ市民については，彼らの人権意識を陶冶するために，裁判官が指導する必要があるという危惧も生じるだろう．しかし，それが過度になってしまうと裁判官による素人裁判員の操縦をもたらしうる．

他方，司法権力に対する民主的統制については，たしかに市民に対する司法の透明性と民主的答責性を促進するかもしれないが，それが行きすぎると司法の独立性が喪失する．「人民の敵」とされた人を守るのがまさに司法の役割であるにも拘らず，庶民感情という名の，しばしば偏狭で不寛容になりがちなポピュリスト的情念に司法が振り回されることにもなりかねない．

　以上を踏まえた上で，裁判員制度に目を向けよう．公判前整理手続や集中審理等々，それに関連する刑事訴訟の改正問題については専門的にコメントできる立場にはないが，法哲学的な観点から見れば，今般導入された裁判員制度は，いま見た民主的司法参加のメリットと危険性を複眼的に配慮してバランスをとっていると基本的には言えるだろう．合議体の構成について裁判官三名，裁判員六名とし，裁判官と裁判員双方を含む多数決で評決するとしたことに，これはよく示されている．裁判員を排除して裁判官だけで評決することができない点は，裁判員の司法参加を形骸化させないために必要な制約である．他方，裁判員だけの多数決で評決できないという制約は，素人裁判員の偏見や無知により不当な裁定が行われる危険性を恐れる人々にとっては危険防止策と評価されるだろう．バランスの取りかたがこれでいいかについては，今後とも論議が続くのはたしかだろうが，現段階で余り先取り的に議論するよりも，実際にやってみてその結果を再検討しながら今後の法改正でありうべき問題点に試行錯誤的に対処してゆくことが適切である．

　ただ，三名の裁判官が常に一枚岩的に結託し，六名の裁判員の異議・疑問を撥ね付け，同調圧力を加えるような権威的な形で評議が進められるなら，裁判員制度は形骸化する．裁判官対裁判員という形だけでなく，裁判官と裁判員を横断するような形で意見が分かれ，議論が水平的に闊達に行われるようになることが望ましい．そのためには，前節7で述べたように，一人一人の裁判官が真に自由かつ独立した主体として行動しうるように裁判官個人に対する司法部の組織的統制を改革する必要がある．

　被告人の権利保障については，裁判員裁判適用対象事件については，被告人に職業裁判官だけの裁判を選択する権利が保障されていないことが問題にされるが，被告人は裁判員裁判の判決が不満なら控訴でき，上訴審では裁判官だけの裁判が行われるため，この問題は緩和されている．他方，裁判員裁判で無罪

判決が出ても，検察が控訴すれば裁判官だけの上訴審で審理されるため裁判員裁判の意味がなくなるとの批判もあるが，これは裁判員制度自体の問題というより，無罪判決に対して検察の控訴を許している日本の刑事訴訟法の基本構造の問題である[16]．被害者訴訟参加制度導入により，被害者陳述の裁判員に与える影響を懸念する声もあるが，これも，裁判員制度自体の問題というより，被害者訴訟参加制度のあり方の問題である［被害者の権利については，本書第5章第2節2（3）参照］．

その他，裁判員制度の具体的な制度設計のあり方については種々問題があるが，以下では項を改めて，原理的な問題について論じたい．

（2） 国民の負担限定論の問題点

裁判員制度施行に向けた目下の議論では，「国民の負担」がかなり大きな問題になっている．裁判員制度が課す負担を引き受ける能力や資質を我が国の国民はいま持っていないのではないか．だから，国民の負担を軽減する工夫が必要ではないかということが心配されている．しかし，この考え方の前提には，裁判員制度導入の目的への根本的誤解がある．

つまり，公共精神ないし公共的責任遂行能力——以下，公民的能力と呼ぶ——が一般市民に不足していることが，国民の負担限定論の理由になっているわけだが，これは，論理が逆さまである．一般市民も必要な公民的能力を十分持っているという前提で，裁判員制度導入が正当化されているわけではない．この論理を徹底すると，公民的能力が十分陶冶されていない市民には参政権付与は時期尚早だという話にまでなってしまうだろう．

「公民的徳性の苗床」の必要性というトクヴィル以来の議論は，まさに市民が公民的徳性を最初から十分に持っているわけではないから，「公共の事柄」に参加する経験を通じてそれを陶冶する必要があるという点に眼目がある．既に公民的徳性が市民に十分あるから参加できるという話ではなくて，逆に，ないから，足りないから，公共の事柄への参加というプロセスを通じて培っていくことが求められているのである．この発想を強調するのに，公民的共和主義

---

[16] 英米法では「二重の危険（double jeopardy）」禁止原則により，無罪判決に対する検察の控訴は禁じられている．

者たちは自己変容の政治（the politics of transformation）という言い方をする［Cf. Barber 1989: 136］が，公共の事柄に配慮する過程に参与すること自体が，主体を変容させる機能を持つのだということがそこで強調されている．最初は，自分の狭い利害だとか私的な関心事に閉じこもっていた人も，自己とは異質な利害や価値関心を持つ人たちと出会い，衝突し，議論を交わすプロセスの中で，徐々に自己中心性を超えた公共的配慮の次元に関心を開かされ，変容していく，それが「公共の事柄」に参加することの意義である．この考え方は，公民的徳性の卓越主義的要素を捨象して，他者に対する公正性の責務遂行能力として私が再構成して支持している公民的能力についても当てはまる．

　かつて大英帝国時代の英国は，インド人は未開である，よって我々が彼らに文明をもたらすために植民地統治をするのだという論理に訴え，日本も台湾・朝鮮について「民度」の低さを植民地化の合理化根拠にしたが，この理屈は，最悪の帝国主義的自己欺瞞である．国民負担限定論は国民に配慮しているかのような姿勢を見せながら，実は，国民を侮蔑している点で，植民地主義的欺瞞と通底している．英国も含め，どの社会の民も，あえて言うなら，みんな「民度」は低い．公民的能力などというものは，みんなない．公民的能力を育てる最善の学校は公民として統治過程に参与する実践そのものである．それを経験することなしに，ただ大学でトクヴィルの本を一生懸命読んだからといって公民的能力が身につくわけではない．

　多様な人々が接触して公共性を培うような「公民的能力の苗床」を開墾することが現代日本社会には強く要請されている．こういう苗床で公共精神を陶冶されない人々がいきなり政治権力を振るうプロセスに関与すると，お仲間で徒党を組んで自分たちの既得権や特殊権益にすぎないものを公衆に費用転化して政治力で実現しようとして平然としているということになる．裁判員制度の導入も，このような公民的能力の苗床を開墾するプロセスの一環として理解されなければならない．

　こういう観点から言えば，現代日本社会の市民の公民的能力が未熟だから，裁判員の負担をもっと軽減すべきだとか，あるいはもっと準備教育をする期間をとってから実施すべきだとする議論は，あべこべである．逆に，日本において一般市民の公民的能力が未熟だからこそ裁判員制度は必要なのである．嫌が

る人を無理にやらせていいものかという懸念があるかもしれないが，むしろ，参加経験を通じて，ある種の自己変容が起こっていく，いわば成長が起こるのである[17]．また，畳の上の水練的な準備教育は無意味で，公民的能力を陶冶する自己変容は，公共の事柄への参加実践を通じてしか促進されえない．

　しかし，嫌がる人にも裁判実践への参加を義務付けることの正当化根拠が必要になる．後で楽しくなるだろうからいいではないかというのでは，正当化根拠にならない．参加を義務付けることの正当化根拠は，公民的能力の陶冶と行使が，正義が含意する普遍主義的公平性の責務，つまり立憲民主主義体制を維持発展させるコストを他者に転嫁して，この体制が保障する自由・権利をただ乗り的に享受することは許されないという正義の要請である．司法制度は立憲民主主義体制の要の一つであり，その健全な作動を確保するための司法参加は，市民が負う公共的責任の一部である．自分自身の私的関心を追求することにだけ自分の時間とエネルギーを使いたいというのは，誰しも本音だろう．しかし，みんながそうやってしまったら，立憲民主主義は壊死する．一部の政治好きの人にだけ任せておけば，「好きこそものの上手なれ」でよいではないかという「分業論」もあるが，これは専制への道につながる[18]．

(3)　今後の課題

　以上，裁判員制度を基本的に擁護したが，最後に，この制度と運用の改善に関して，今後の課題にすべきだと思われる点に触れておきたい．

---

17)　実際，裁判員制度施行後のアンケート調査では，裁判員未経験者の間では裁判員になることに対して消極的意見が多いが，裁判員経験者の間では，「やってよかった」という意見が 90% 以上と圧倒的に多いことが示されている［最高裁判所 2017 参照］．
18)　裁判員としての司法参加の国民に対する義務付け擁護する私の以上の議論は，容易に理解されるように，本書第 4 章での徴兵制擁護論と通底している．実際，戦力の無責任な行使を抑止する責任を国民に課す「政治制度」として徴兵制を擁護する際，「政治制度としての陪審制度」とのアナロジーにも私は触れている．このことは，徴兵制において認められるべき良心的兵役拒否権とパラレルな拒否権が裁判員制度において承認されるべきではないかという問題を提起する．例えば，裁判員制度は死刑も適用可能な重大事件が対象になるが，死刑廃止論者には自己の良心を守ることを理由に，裁判員になることを拒否する権利が認められるべきではないかという問題がある．ここでは詳論できないが，良心的兵役拒否権に対応するような「良心的裁判員拒否権」を認める余地はあるように思われる．ただし，その場合，良心的兵役拒否権が利己的に濫用されないよう重い代替役務を課すことが求められるのと同様に，負担が裁判員公務に匹敵するような代替公務を課す必要があるだろう．

〈ⅰ〉　対象事件の民事事件への拡大

　まず，対象事件はやはり民事事件に拡大していく必要がある．もっと言えば，実は，いきなり刑事事件から，しかも，死刑判決もあり得る重大な犯罪に関する事件を対象にして裁判員制度を導入したことが得策だったか，疑問がないわけではない．それよりは，土地の境界訴訟など，私人の間のささいな生活紛争の処理から入っていく方がよかったのではないかと私は考えている．例えばゴミ出しのルールに関しては，あちこちで馬鹿にならない深刻な紛争がある．置き場所をどうするか，ルールを守らない者をどうするかといったことを自分たちで議論して対立を克服していく，こういう訓練が公民的能力の陶冶にとって実は重要である．

　トクヴィルが米国民の民主的自己統治実践を観察して夙に洞察していたことだが，「天下国家の問題」について評論家的に大言壮語しているよりは，自分たちの身の回りの小さな共同生活の問題を「お上任せ」にしないで自分たちで議論して解決する能力の陶冶こそが，大きな問題についての公民的能力を磨くための出発点になる．畳の上の水練は無意味だと言ったが，いきなり大洋のど真ん中に放り込んで，泳がせるのも無茶だということである．

　いきなり重大な刑事事件から入ったのは得策でなかったとしても，制度を導入した以上は試行錯誤的にやっていくしかない．また消極的な面だけでなく，最近高まってきている厳罰化要求や死刑制度の是非といった問題について，国民が刑事法制のあり方に対し最終的決定権と責任を持つ主権者であるという自覚を持って，真摯な熟慮に基づく価値判断と制度選択を行うことを促進するという積極面もある．導入の順番はともかくとして，少なくとも今後は裁判員制度を，民事事件，さらには行政事件にも拡大していくことが必要である．

〈ⅱ〉　裁判員制度と公開原則の実質化との相乗作用の促進

　前節で司法の機能改革の課題として，裁判のフォーラム機能の活性化を挙げたが，裁判員制度の導入が裁判公開原則の形骸化を改善する効果をもてば，それは裁判のフォーラム機能の活性化に資することにもなる．裁判員制度の導入により裁判における議論のプレゼンテーションの方法が素人裁判員に分かり易い形に改良されるなら，裁判の傍聴者にとっても裁判の審理の理解可能性が高

まり，公開原則の実が挙げられるだろう．

　公開の場で裁判を行うことは，当該紛争に関して社会の関心を高め，あるべき解決について公論による批判的検討を促すというフォーラム機能を持つ．傍聴者は，一切発言もできないし，裁判に介入はできないが，公開原則も本来は，傍聴する市民の目の前で訴訟を遂行することが，一般市民にとって理解可能な，批判的吟味の可能な形で訴訟遂行を指揮し判決を下すよう裁判官が動機付けられるはずであるという前提の下に採用されているわけである．しかし，従来の日本の裁判官には，公開原則のかかる存在理由の自覚を欠き，傍聴者を邪魔者扱いするような権威主義的態度をとる者が多かった．

　よく言われるように，日本では，刑事事件については，起訴便宜主義のもとで多くの事件が不起訴に終わるし，それ以前に微罪処分でそもそも送検されない．精密司法と言われるものとこれは結合している．誤判を避けるという観点からだけ言えば，これはあながち悪い制度だとは言えない．問題は，むしろ，裁判のフォーラム機能の形骸化にある．要するに，結論が大きく左右されるような実質的問題についての議論を公開の場で行うことが重要なのに，決定的な問題についての実質的判断は，多くの場合既に不起訴にする段階で検察によってなされ，有罪がほぼ確実なものだけが公判で検討されるとなってしまうと，裁判のフォーラム機能が形骸化してしまう．さらに，事態はもっと深刻で，従来の裁判実務のあり方では，公開裁判で重要な問題が係争点にされても，フォーラム機能というものは骨抜きになっていると言われる．そもそも書面の交換が中心で口頭による弁論は少なく，法廷での議論も弁護士と検事と裁判官という法曹相互のやりとりが中心で，一般市民は傍聴に行っても，何が起こっているのかよく分からない．公開裁判といっても，実際には専門法曹の間の密教的な業界用語による内輪の話がそこで展開されている．こういう状況で公開裁判のフォーラム機能などを語っても絵空事でしかない．

　しかし，裁判員制度が導入されれば，まず，素人の市民が単に傍聴人としてではなくて，裁判員として裁判プロセスに内側から参与する．そういう人たちが，裁定する側から裁判を見ることになる．そういう裁判員が理解でき議論に参加できるような形で説明や意見交換等々を専門裁判官はやっていかなければならない．いわば「内側から裁判過程を見る市民へのコミュニケーション的透

明性」を，裁判官は裁判員制度のもとでは否応なしに配慮せざるをえない．

そうすると傍聴人として出席した同じ普通の市民にも，これまでより裁判の理解可能性・透明性が高まるはずである．ただ，私が期待したいのは，これを裁判員制度実施のありうべき「反射的効果」とみなすのではなく，この制度の積極的目的の一部として捉え，いまから，裁判官が素人裁判員に対する自己の説明能力・コミュニケーション能力を高める訓練の一環として，同じく素人市民たる傍聴人にも「何が起こっているか」よく理解できるような形に法廷審理のあり方を改善し判決の書き方も工夫する努力をしていくことである．さらにまた，今後裁判員になる可能性のある市民にどのような準備教育をするかということが議論されているが，自分が裁判員に将来なるかもしれない素人の市民の観点から言えば，普段から気軽に傍聴に行って，自分の目と耳で実際の裁判の見聞を深め，裁判実務への参加の「代理体験」を蓄積しておけるというのは，裁判員になることに対する不安や心理的障壁を克服するのに資するはずである．しかし，そのためには公開裁判のフォーラム機能を再生させるような実務の改善にいまから取り組む必要がある．

このような取り組みにより，裁判員制度の実施を通じて，「内側から裁判過程を見る市民へのコミュニケーション的透明性」が，同時に「外から裁判を見る市民へのコミュニケーション透明性」をも生んでいくならば，裁判のフォーラム機能が実質化し，裁判に対する世論の関心と批判的吟味の能力も高まってくる．合議体の構成について，三人対六人とか裁判官と裁判員の数的比率も問題になるが，合議体内部の構成だけに問題は止まらない．裁判官にとって合議体の「内側」の裁判員だけ説得すれば済むというわけにはいかない．その「外部」にいる市民に対しても裁判の透明性を高める必要がある．それが，これから裁判員になる市民の訓練にもなっていく．裁判員制度の下で裁判官のコミュニケーションの名宛人はいまそこにいる裁判員だけでなく，広く一般市民であることを念頭に置く必要がある．

〈iii〉「教える」姿勢から「共に学ぶ」姿勢へ

最後に，裁判官には裁判員に対して「教える」姿勢から「共に学ぶ」姿勢への転換を期待したい．どうしても司法の専門家である裁判官は，素人である裁

判員に「教える」という姿勢をとらざるをえないという現実的必要があるかとは思うが，しかし，裁判員に対して専門家としての情報提供や助言をしつつ「共に学ぶ」という姿勢を保持することがやはり重要だと考える．

　法的知識において裁判官が裁判員に対して圧倒的な優位に立つということが，必ずしも公民的能力において裁判官の裁判員に対する優位を含意するわけではない．裁判官も，実生活の経験の乏しい受験秀才ということがままあり，何が市民社会の公共性かということに関しては，非常に偏狭な観念しか持っていないケースが多い．先ほど景観権など新しい権利をめぐる紛争に関して触れたように，自分では市民的公共性を配慮した判断をしたつもりかもしれないが，広い社会的観点からは特定主体の既得権・特殊利害を社会への費用転化によって保護していることに気付かないというようなこともある．

　要するに，現実社会の複雑性を無視した書生的な視野狭窄症に対し，キャリア裁判官も決して免疫されていない．この自分の世間の狭さというものを自覚させてくれる，よき教師として裁判員を受け入れるという謙虚な姿勢が，裁判員制度の下では，裁判官に強く求められる．そのとき重要なのは，素人裁判員に文句を言われないようにガードを固くしてしまわないことである．裁判官が自分たちも裁判員と同様，人間的有限性を抱えた可謬的存在であることを裁判員に対し隠さないことである．そのことが裁判員のガードも解きほぐし，相互の信頼醸成と相互啓発を促進するだろう．

　前節で，司法改革の焦点は，裁判所改革に置かれるべきだと言った．しかし現実には，的外れで矛盾だらけの法科大学院制度導入で大学の法学教育を攪乱させただけで，裁判官の自主独立性を保障する人事制度改革など，裁判所改革の肝所には手が付けられていない．その意味では司法改革なるものは，司法そのものの改革をさぼって，そのつけを大学に回し，大学の研究教育インフラを衰弱させながら失敗の責任を大学に転嫁する「政治的猿芝居」であった．しかし，唯一，裁判員制度は，適切に運用され，さらに適用範囲が民事事件・行政事件にも拡大されるなら，日本の司法のあり方にポジティヴな変化をもたらす突破口になるかもしれないという希望を抱かせるものである．淡い希望ではあるが，希望を捨ててしまうなら現実は何も変わらない以上，この希望は保持し

て，今後の推移を見てゆきたい．

あとがき

　本書『立憲主義という企て』は，書名が示唆するように，同じく東京大学出版会から2003年に刊行された旧著，『法という企て』の続編である．まえがきでも述べたが，旧著で提示した「正義への企てとしての法」という私の法概念論上の立場が，立憲主義の哲学的基礎と政治的実践に関してもつ含意を，深く掘り下げ，広く探索することが本書の目的である．

　といっても，旧著を刊行した段階で，その継続的発展として本書のプロジェクトが既に予定されていたわけではない．「九条問題」に最も顕著に示される戦後日本の立憲主義の歪みの問題と格闘しているうちに，問題の元凶が，「法の正当性」と区別された「法の正統性」を保障する原理としての「法の支配」の理念を左右の政治勢力いずれも理解していない点にあることに気付いた．そして，この法の支配の理念とその法概念論的指針を提示した旧著が，立憲主義の歪みを正す本書の企ての法哲学的基礎作業をなしていることを事後的に再認識したというのが真相である．

　「事後的に再認識した」と言ったが，再認識されるべき問題意識のつながりは先在していた．「右の改憲派」と「左の護憲派」とが表面上対立しているかに見えながら，法の支配と立憲主義を裏切っている点で同じ穴のムジナであるとして，両者の欺瞞を批判し，「九条削除論」という「単独説」を説いた論考［井上 2005b］を，私は旧著刊行の二年後に既に公表している．さらに，この論考刊行の前年に，旧著の趣旨を明確するために，法の「公共的正統性」の解明こそ法概念論の課題であることを再強調する小論［井上 2004］を公表した．今から思えば，旧著で提示した法概念論・「法の支配」論における自己の立場が，

戦後日本の憲法論議全体の歪みに対して，異端者的批判をなさざるをえない方向に私を駆り立てたようである．

その後，自己の世界正義論研究を深化発展させる作業に重心を移したが，その成果たる拙著『世界正義論』が示すように，「国家体制の正統性」と「戦争の正義」という，本書の第Ⅰ部の法哲学的主題と第Ⅱ部の実践的主題に直結する問題もそこで併せて考察している［井上 2012: 第3章，第5章参照］．『世界正義論』刊行後，「九条問題」に関する言論を「戦線拡大」して再開したが，それと並行して，本書第Ⅰ部の諸論考が示すような法哲学的基礎研究も進めてきた．

自己の研究のこのような歩みを振り返るなら，立憲主義の法哲学的基礎の学術的研究と，日本の立憲主義の歪みを正す実践的言論とを統合した本書の刊行は，旧著のプロジェクトの継続発展として，ある意味で「予定」されていたような気がする．私が予定していたのではなく，私を突き動かしたミューズが，その知的舞台回しの台本に書き込んでいた，などと気障なことを言うつもりはない（言ってしまったが！）．しかし，自分を超えた何かの力が，私をして本書を世に問わしめたという気はする．

恐らく，これが「使命（mission）」というものだろう．「送られてある（missus）」というこの言葉の語源が示すように，「使命」は個人の願望とは無関係に，その者をある任務の遂行へと送り出す（派遣する）．政治の修羅場を離れて抽象的法理を説いていればいいはずの法哲学者が，左右の党派勢力双方の欺瞞を暴き，そのため双方から憎まれ，叩かれるような政治的に危険な言説を，なぜわざわざ展開するのか，疑問に思われる読者も少なくないだろう．私もこんな「火中の栗」を拾って，「両面戦線」で言論闘争を還暦過ぎても続けるというしんどい役回りを，好きでやっているわけではない．しかし，法の原理を探究する法哲学者だからこそ，左右の政治勢力により，立憲主義（そしてその基礎たる法の支配）という原理が蹂躙されるのを，座視しているわけにはいかないのである．法哲学者の私が，政治の修羅場に踏み込むのは，左右いずれかに加担するためではない．彼らの抗争を裁断する政治的決定の正統性を保障するために必要不可欠な公正な政治的競争のルールとしての立憲主義（そして法の支配）が，両勢力の党利党略によって破壊されるのを止めるためである．し

かも，本来なら，立憲主義を擁護する任務を果たすべきなのは憲法学者であるにも拘らず，彼らの大多数は，この任務を放棄して，自己の党派的イデオロギーを追求する手段として憲法を歪曲濫用している（ないしは「言わぬが花」と，それを黙認している）．このような現状にあっては，法哲学者が原理的思考の筋を通して，立憲主義を擁護するという「使命」を引き受けるしかないのである．

　本書の「生産工程」について少し述べる．本書は新たに書き下ろした第3章補論と第4章第4節2以外は，旧稿を改訂し再編したものである．再録された旧稿は学術雑誌，共著，論壇誌など，様々な媒体で公表されてきたが，一般には知られていないものも多く，また，何よりも，それらが散在したままでは，私の見解の全体像が理解されない．これらを一つの書物に集成し，立憲主義の法哲学的基礎と実践的含意に関する私の立場を一つの包括的構想として明確化した上で改めて世に問うのが本書刊行の狙いの一つだが，そのために，以下のような改訂再編作業を行った．

　まず，「法の正当性と区別された法の正統性を保障することが，法の支配の基本理念であり，立憲主義とは，この法の支配の理念を憲法に具現して発展させる企てである」という命題を基本モチーフにして，最も原理的な法概念論から法の支配論，哲学的立憲主義論を経て，実践的な日本の立憲民主主義体制改革論へと進む議論展開が浮かび上がるような構成の下に，素材となる諸論考を編成した．その上で，まえがきで本書の全体構想を説明するとともに，各章の冒頭で，その章の狙いと，先行する章との論理的関連および全体構想の中でのその章の位置について説明している．これらの説明が議論の全体的な流れを読者が理解するための一助となれば幸いである．

　さらに，旧稿改訂にあたっては，私見に対する誤解を除去して論旨を明確化するために，また，私自身のその後の思索の発展を盛り込むために，かなりの加筆をした．特に，立憲主義の哲学的再編に関わる第3章第2節の最終項5は，第I部の理論的考察の総括という面もあるので，旧稿の該当部分を，『世界正義論』における国家体制の正統性に関する議論も統合して，約四倍まで拡張する大幅な加筆をしている．

加筆については，本文の論旨の流れを過度に複雑化しないようにする，あるいは私の言論実践の記録としての本文の性格を保持する，というような考慮から，本文ではなく脚注に送ったものも多い．旧稿刊行後に提示された——あるいは刊行後に私が気付いた——他者の見解や他者からの批判に対する論評や応答も，実質的な学問的論議に深く立ち入っているものが少なくないが，基本的に脚注に送っている．ついでに，本書の「注記」の方針・様式についてここで触れておくと，文献引用注はすべて角括弧書きの割注として，論述の中の該当箇所に挿入した．脚注はすべて本文の論述を実質的に補足・敷衍する説明注である．以上の点が示すように，本書においては，本文だけでなく，脚注も重要な論述を含んでいるので，省かずお目通しいただければ幸いである．説明注を章末や巻末に送らず，本文該当箇所と同じ（ないし隣接した）頁の脚注として置いたのも，読者が本文と併せて説明注を読むのを容易にするという狙いによる．

　なお，引用注に関しては，不統一であった旧稿の文献引用方法を整理統合し，引用文献書誌情報を一括リスト化して巻末に掲げ，文献引用は著者名と文献刊行年で表記する方式をとった．これにより，書誌情報の総覧性が確保され，読者による参照が容易化されたはずである．

　本書の数字表記についても一言，説明しておきたい．一見，数字表記が不統一という印象を与えるかもしれないが，次のようなルールに従っている．一桁の数字は漢数字，二桁以上は算用数字というのが原則だが，以下の点が例外である．年月日，法令条文番号，章・節等の番号，文献引用頁番号等は一桁でも算用数字，「失われた十年」，「五五年体制」など熟語・術語は二桁以上でも漢数字にしている．また，例外の例外だが，条文番号でも，「九条問題」，「九条削除論」のような熟語・術語は漢数字にしている［これについての実質的理由の説明は，本書第 4 章注 1 参照］．

　本書に改訂再録された旧稿は以下の通りである．各旧稿は，煩を避けるために，著者名（井上）は省き，刊行年だけで表記する．初出書誌情報は，巻末引用文献表の私の著作覧を参照されたい．

　第 1 章：第 1 節［2004］，第 2 節［2015d］，第 3 節 1［2014b（抄）］・［2014c

(抄)］，第3節2〜4・補論［2014c］

第2章：第1節［2006a］，第2節［2008a］，補論［2011］

第3章：第1節［2007a］，第2節［2007b］，補論（新稿）

第4章：第1節［2006c］，第2節［2015a］，第3節［2016b］，第4節1
［2017］，第4節2（新稿）

第5章：第1節［2007c］，第2節1［2008d］，第2節2［2008e］

第6章：第1節［2001a］，第2節［2001b］，第3節［2005d］

　本書の刊行が企画されたのは，欺瞞的「護憲」論が憲法破壊的「安倍改憲」以外のまともな改憲の道を塞ぐことで，皮肉にも「安倍改憲」促進に加担しているという危機的状況においてである［この状況認識についてはまえがき注2，本書第4章第4節2，参照］．この危機が破局的帰結をもたらす前に，問題提起する狙いで刊行作業を進めたが，上述のように，新稿を追加しただけでなく，旧稿にかなりの加筆をしたため，最終原稿作成までに予想をはるかに上回る時間を要し，刊行時期も当初の予定より遅れた．しかし，なんとか間に合ったようである．また，時間をかけた分だけ，日本の立憲民主主義の危機に関する本書の問題提起の哲学的・実践的意義を読者に一層明確に伝えることができるようになっていると信じる．

　本書の刊行にあたっては，旧著『法という企て』と同様，東京大学出版会の小暮明氏にお世話になった．彼から，政治的言論実践だけでなく，その基礎にある私の法哲学的研究をまとめた単著を，私の思索の学問的総括として提示する時期ではないかと，まさに私もそういう思いを抱き始めていた頃にタイムリーな提案がなされた．私が喜んで引き受けると，手間のかかる諸々の編集作業を，労を厭わず遂行してくださった．適切な時期に適切な編集者から適切な出版機会を提供されるのは，著者にとって大いなる幸運である．この幸運をもたらしてくれたことに対し，小暮氏と東京大学出版会に感謝したい．

　本書は，法の支配と立憲主義を蹂躙していると私が考える日本の研究者・知識人の言説を厳しく批判していることが示すように，論争対象としては，学界・言論界を名宛人としている．しかし，この批判は，一般市民が「知的エリ

ート」の「権威」に惑わされずに，彼らの言説を自ら批判的に吟味し，日本の立憲民主主義の発展の方途を自分の頭で考えることを支援する目的でなされている．その意味で一般市民こそ本書の重要な名宛人である．

　特に，本書第 II 部は，戦後日本の憲政が孕む現実的問題を具体的に説明し，それに対処する具体的方途も提言しているので，ぜひ多くの市民に読んでいただきたいと願っている．第 I 部は法哲学の原理的問題に関する理論的考察が主体だが，極力，平易明晰に語るよう努めた．しかも，「五五年体制」の終焉とその後の政治改革など 1990 年代以降の日本の構造改革の曲折のような現実的問題にも多少立ち入って，理論的分析の具体的含意を示す議論も補充しているので，研究者以外の市民にも，論理展開を根気強く追うなら理解していただけるはずである．第 II 部，特に「九条問題」に関わる第 4 章をまず読み，その理論的基礎を理解するために，立憲主義の哲学的再編に関わる第 3 章を読み，そのさらなる基礎である法哲学的問題を理解するために第 2 章，第 1 章へと遡及する読み方も，読者の理解を容易にするかもしれない．

　最後に「憎まれ口」を叩いて，このあとがきを締め括りたい．戦後 70 年以上経って，日本の立憲民主主義体制はいまだ，「先生に与えられた台本を棒読みする小学生の文化祭芝居」のようである．こう言うと，「馬鹿にするな」と，立腹する人々も多いだろう．彼らには，次のように問いたい．戦力という最も危険な国家の暴力装置を憲法の外で肥大化させながら，「私たちは戦力をもたないし使わない平和国民として，憲法を守っています」と，「先生」——国民の指導者を標榜する知識人・政治家等々——に教えられた通り復唱している人たちのなお多きこの国が，本物の立憲民主主義を実践しているなどと，どうして言えるのか？

　私は日本国民を「馬鹿にしている」のではない．逆である．この国の人々が「先生」に馬鹿にされていること，騙されていること，体よく操られていることに気付くよう，人々に訴えているのである．

　この「立憲民主主義ごっこ芝居」の幕を引けるのは，この芝居に喜んでいる「先生」たちではなく，「先生」を標榜する者たちに「小学生」扱いされてきた日本国民である．理由は二つある．第一に，本書第 4 章第 4 節 1「戦後憲政史における『少年国家日本』の実像」で論じたように，この「先生」たちも「政

治的精神年齢12歳の少年」にとどまっているのだが，プライドが高くてその事実を認めない彼らを変えることは，かなり難しい．私は断念せず，「愛の鞭」を彼らに振るい続けるが，事が簡単でないことは自覚している．

　しかし，より根本的なのは次の第二の理由である．「先生」が変わるだけでは，あるいは「先生」が変わったから「生徒」も真似して変わるというのでは，根本的な変革にならない．日本人一人一人が，自分の目で現実を直視して「先生」の嘘を見抜き，あるいは「先生」の嘘に気付きながら「先生も嘘ついているから，嘘ついても構わないんだろう」と「先生」の真似をすることを止め，「芝居」と現実とのギャップを埋めるにはどうすればよいか，自分の頭で考え，行動することでしか，日本の立憲民主主義は本物にならない．

　このような日本人の自己変革による本物の立憲民主主義の確立を願って，本書を我が同胞一人一人に捧げる．

　2019年1月　　念仏を唱へて踊る民知るや阿弥陀の頰をつたひし涙

井　上　達　夫

引用文献

　＊本文中および脚注での引用においては，文献は以下に列記した著者の姓（同姓の著者が複数いる場合は姓と名）と出版年で示し，引照頁はコロンの後に付した数字で表記する．
　＊再版または改訂版の出版年の後に初出刊行年を角括弧内で表記した文献については，引照頁は後の版による．
　＊外国文献について邦訳があるものはなるべく表記するようにしたが，失念しているものや，私が引用している原書の版と訳書の依拠する版が異なるなどの事情から，意図的に表記しなかったものもあり，訳書の書誌情報は網羅的ではないことをお断りする．

愛敬浩二　2006.『改憲問題』（ちくま新書）筑摩書房
―――― 2013.「自民党「日本国憲法改正草案」のどこが問題か，なぜ問題か」奥平・愛敬・青井編 2013: 115-132 頁
―――― 2016.「政治問題としての憲法九条・再説――井上達夫教授の批判に答える」『法の理論』34 号，147-158 頁
青井未帆　2006.「9 条・平和主義と安全保障政策」安西文雄・他『憲法学の現代的論点』有斐閣，93-124 頁
―――― 2013a.「国防軍の創設を考える――私たちの自由の観点から」奥平・愛敬・青井編 2013: 3-29 頁
―――― 2013b.「九条改憲を考える」奥平・愛敬・青井編 2013: 167-183 頁
碧海純一　1981.『法哲学論集』木鐸社
―――― 1989.『新版　法哲学概論』（全訂第二版）弘文堂
青山善充・他　2000.「座談会　司法制度改革に何を望むか」『ジュリスト』2000 年 1 月 1・15 日合併号（他の論者は，小島武司・田中成明・野田愛子・松尾浩也・松尾龍彦）
芦部信喜　2011 [1997].『憲法』第五版（高橋和之補訂）岩波書店（芦部自身による生前最後の改訂版は 1997 年刊行）
安藤馨　2012.「統治理論としての功利主義」日本法哲学会編『功利主義ルネッサンス――統治の哲学として』（法哲学年報 2012）有斐閣
―――― 2014.「功利主義者の立法理論」井上編 2014: 76-102 頁
飯尾潤　2007.『日本の統治構造――官僚内閣制から議院内閣制へ』中央公論社
―――― 2013.『現代日本の政策体系――政策の模倣から創造へ』筑摩書房
イェーリング，ルドルフ・フォン　1982.『権利のための闘争』（村上淳一訳，岩波文庫版）岩波書店
石井紫郎・樋口範男編　1995.『外から見た日本法』東京大学出版会，183-214 頁
伊勢﨑賢治　2015.『新国防論』毎日新聞出版
伊勢﨑賢治・井上達夫・小林よしのり・山尾志桜里・他　2018.『属国の 9 条――ゴー宣

〈憲法〉道場 II 黒帯』毎日新聞出版（井上・小林・駒村・曽我部・山尾 2018 の続編）
伊勢崎賢治・布施祐仁 2017.『主権なき平和国家——地位協定の国際比較からみる日本の姿』集英社
伊藤眞・他 1999.「特別座談会 司法制度改革の視点と課題」『ジュリスト』1999 年 11 月 15 日号（伊藤眞は次に掲げる文献の共著者，伊藤真とは別人．他の論者は，大江忠・加藤新太郎・神垣清水・酒巻匡・中山隆夫・更田義彦・本田守弘・山本和彦）
伊藤真・伊勢崎賢治・井上達夫・今井一・堀茂樹・吉田栄司 2018.『戦争，軍隊，この国の行方——9 条問題の本質を論じる』[国民投票／住民投票] 情報室
井上達夫 1985-1987.「規範と法命題——現代法哲学への規範理論的接近」(1)-(4・完)，『国家学会雑誌』98 巻 11・12 号，99 巻 5・6 号，11・12 号，100 巻 3・4 号
—— 1986.『共生の作法——会話としての正義』創文社
—— 1993.「憲法の現実——誰が『貢献』するのか，責任負担を民主化せよ」『東京大学新聞』1993 年 4 月 13 日，2 頁
—— 1999.『他者への自由——公共性の哲学としてのリベラリズム』創文社
—— 2001a.「司法改革論議を改革する——「戦後の国体」の改造に向けて」井上・河合編 2001, 1-25 頁
—— 2001b.「何のための司法改革か——日本の構造改革における司法の位置」井上・河合編 2001, 285-322 頁
—— 2003a.『法という企て』東京大学出版会
—— 2003b.「三権分立の意味と司法の役割」日本弁護士連合会編『使える行政訴訟へ——「是正訴訟」の提案』日本評論社，2-29 頁
—— 2003c.『普遍の再生』岩波書店
—— 2004.「法概念の『脱構築』の後に——法の公共的正統性の解明へ」『UP』379 号（2004），7-13 頁
—— 2005a.「正義と公共性」聖心女子大学キリスト教文化研究所編，加藤信朗監修『共生と平和への道——報復の正義から赦しの正義へ』春秋社，23-25 頁
—— 2005b.「九条削除で真の「護憲」を」『論座』2005 年 6 月号，17-24 頁（この論文題目は，同誌同号表紙に記載されたものだが，論文冒頭記載題目は「削除して自己欺瞞を乗り越えよ」であり，いずれも，同誌編集部による表記である）
—— 2005c.「厳罰化を謳う前に負うべきコスト」『中央公論』2005 年 5 月号，80-81 頁
—— 2005d.「司法の民主化と裁判員制度——裁判官に期待されるもの」『司法研修所論集』114 号，104-138 頁
—— 2006a.「何のための法の支配か——法の闘争性と正統性」日本法哲学会編『現代日本社会における法の支配——理念・現実・展望』（法哲学年報 2005）有斐閣，2006 年（以下，本年報は日本法哲学会編 2006 と略記），58-70 頁
—— 2006b.「公共性とは何か」井上編 2006: 3-27 頁
—— 2006c.「九条削除論——憲法議論の欺瞞を絶つ」『論座』編集部編『リベラルからの反撃——アジア・靖国・9 条』朝日新聞社，131-150 頁
—— 2007a.「はじめに」井上編 2007: v-xi 頁
—— 2007b.「憲法の公共性はいかにして可能か」井上編 2007: 301-332 頁

――― 2007c.「世論の専制から法の支配へ――民主主義と司法の成熟のために」『中央公論』2007 年 4 月号, 264-272 頁
――― 2008a.「現代日本社会における法の支配」早稲田大学比較法研究所編『比較法研究所叢書』第 34 号, 成文堂, 607-638 頁
――― 2008b.「公共性の哲学と哲学の公共性」飯田隆・他編『岩波講座哲学第 1 巻 いま〈哲学する〉ことへ』岩波書店, 205-230 頁
――― 2008c.「立法学の現代的課題――議会民主政の再編と法理論の再定位」『ジュリスト』No. 1356, 2008 年 5 月 1・15 日号, 128-140 頁
――― 2008d.「「死刑」を直視し, 国民的欺瞞を克服せよ――忘れられた〈法の支配〉と民主的立法責任」『論座』2008 年 3 月号, 94-103 頁
――― 2008e.「『人殺しを殺せ』で問題は解決できるのか」『中央公論』2008 年 7 月号, 196-199 頁
――― 2011.「法理論の戦後的原点と現代的位相」『UP』469 号(2011 年 11 月号)1-6 頁
――― 2011 [2001].『現代の貧困――リベラリズムの日本社会論』(2001 初版に新たなあとがきを追補した岩波現代文庫版), 岩波書店
――― 2012.『世界正義論』(筑摩選書)筑摩書房
――― 2013a.「あえて, 9 条削除論」『朝日新聞』2013 年 10 月 26 日, 12 版, 15 頁
――― 2013b.「国境を越える正義の諸問題――総括的コメント」日本法哲学会編『国境を越える正義――その原理と制度』(法哲学年報 2012)有斐閣, 2013 年(以下, 本年報は, 日本法哲学会編 2013 と略記), 89-104 頁
――― 2013c.「「愚者の共同体」の民主主義」岩波書店編集部編『これからどうする――未来のつくり方』岩波書店, 36-39 頁
――― 2014a [2003].『普遍の再生』(2003 年初版に新たなあとがきを追補した岩波人文書セレクション版)岩波書店
――― 2014b.「序――立法学における立法の哲学の基底的位置」井上編 2014: 3-19 頁
――― 2014c.「立法理学としての立法学――現代民主政における立法システムの再編と法哲学の再定位」井上編 2014: 23-54 頁
――― 2015a.「九条問題再説――「戦争の正義」と立憲民主主義の観点から」『法の理論』33 号(成文堂, 2015 年), 3-50 頁
――― 2015b.『リベラルのことは嫌いでも, リベラリズムは嫌いにならないでください――井上達夫の法哲学入門』毎日新聞出版
――― 2015c.「憲法から九条を削除せよ」『文藝春秋 SPECIAL』2015 年秋号, 194-202 頁
――― 2015d.「法と哲学――「面白き学知」の発展のために」井上達夫責任編集『法と哲学』1 号, 信山社, 1-25 頁
――― 2016a.『憲法の涙』毎日新聞出版
――― 2016b.「政治的責任としての誠実性――愛敬浩二の「応答なき応答」に応答する」『法の理論』34 号, 179-192 頁
――― 2016c.「リベラリズムと安保法制」『経済倶楽部講演録』2016 年 4 月号, 58-115 頁

―――― 2017.「エピローグ――自己を信じられない私たち」井上・香山 2017: 195-207 頁

―――― 2017 [2008].『自由の秩序――リベラリズムの法哲学講義』（2008 年初出『自由論』を拡充した岩波現代文庫版）岩波書店

――――編 2006.『公共性の法哲学』ナカニシヤ出版

――――編 2007.『岩波講座憲法第 1 巻　立憲主義の哲学的問題地平』（講座全巻は長谷部恭男・他で共編，本巻は井上責任編集）岩波書店

――――編 2014.『立法学の哲学的再編』（『立法学のフロンティア』第 1 巻）ナカニシヤ出版

――――編 2018 [2009].『現代法哲学講義』第 2 版，信山社（初版 2009 年刊行）

井上達夫・香山リカ 2017.『憲法の裏側――明日の日本は……』ぶねうま舎

井上達夫・河合幹雄編 2001.『体制改革としての司法改革――日本型意思決定システムの構造転換と司法の役割』信山社

井上達夫・木村草太 2016.「論点　憲法と安全保障を問う」『毎日新聞』2016 年 5 月 3 日，11 頁（第 12 版）

井上達夫・小林よしのり 2016.『ザ・議論――「リベラル vs 保守」究極対決』毎日新聞出版

井上達夫・小林よしのり・駒村圭吾・曽我部真裕・山尾志桜里 2018.『ゴー宣〈憲法〉道場I白帯』毎日新聞出版（伊勢﨑・井上・小林・山尾・他 2018 の前編）

今井一 2003.『「憲法九条」国民投票』集英社

―――― 2015.『「解釈改憲＝大人の知恵」という欺瞞――九条国民投票で立憲主義をとりもどそう』現代人文社

―――― 2016.「自衛戦争と自衛隊，あなたは認めますか：11 都道府県 700 人対面調査」『AERA』第 29 巻 21 号通巻 1563 号（2016 年 5 月 16 日），22-24 頁

――――編著 2017.『国民投票の総て』[国民投票/住民投票] 情報室

内田樹 2012.「憲法がこのままで何か問題でも？」内田樹・小田嶋隆・平川克美・町山智浩『9 条でどうでしょう』（ちくま文庫）筑摩書房，25-73 頁

大石眞 2007.「日本国憲法と集団的自衛権」『ジュリスト』(No. 1343) 2007 年 10 月 15 日号

大木雅夫 1983.『日本人の法観念――西洋的法観念との比較』東京大学出版会

大澤真幸・井上達夫・加藤典洋・中島岳志 2016.『憲法 9 条とわれらが日本――未来世代へ手渡す』筑摩書房

大塚啓二郎 2014.『なぜ貧しい国はなくならないのか』日本経済新聞社

大森政輔・鎌田薫編 2006.『立法学講義』商事法務

大山礼子 2003a.『国会学入門　第二版』三省堂

―――― 2003b.『比較議会政治論――ウェストミンスター・モデルと欧州大陸型モデル』岩波書店

―――― 2011.『日本の国会――審議する立法府へ』岩波書店

奥平康弘 1991.「司法審査の日本的特殊性」東京大学社会科学研究所編『現代日本社会 5 構造』東京大学出版会

奥平康弘・愛敬浩一・青井未帆編 2013.『改憲の何が問題か』岩波書店

奥村宏 1991.『新版 法人資本主義の構造』社会思想社
尾高朝雄 1954.『国民主権と天皇制』青林書院
郭舜 2013.「国境を越える正義と国際法」日本法哲学会編 2013, 38-56 頁
加藤典洋 1997.『敗戦後論』講談社
柄谷行人 2016.『憲法の無意識』岩波書店
河合幹雄 2004.『安全神話崩壊のパラドックス』岩波書店
川島武宜 1967.『日本人の法意識』岩波書店
木佐茂男 1990.『人間の尊厳と司法権——西ドイツ司法改革に学ぶ』日本評論社
木村草太 2014.「憲法 9 条の機能と意義——国家の実力行使の諸類型と憲法」『論究ジュリスト』(2014 年春号) No. 9, 54-62 頁
――― 2018.「自衛隊明記改憲の問題」木村草太・青井美帆・柳澤協二・他『改憲』の論点』集英社, 15-43 頁
倉田卓次 1995.『続々々 裁判官の書斎』勁草書房
クレイビル, ドナルド・他 2008.『アーミッシュの赦し』(青木玲訳) 亜紀書房
経済同友会 1994a.『現代日本社会の病理と処方——個人を活かす社会の実現に向けて』(提言 1994 年年 6 月)
――― 1994b.『新しい平和国家をめざして』(提言 1994 年 7 月)
小林直樹 1984.『立法学研究——理論と動態』三省堂
小堀眞裕 2012.『ウェストミンスター・モデルの変容——日本政治の「英国化」を問い直す』法律文化社
最高裁判所 2017.『裁判員等経験者に対するアンケート調査結果報告書(平成 28 年度)』(平成 29 年 3 月公表)
境家史郎 2017.『憲法と世論——戦後日本人は憲法とどう向き合ってきたのか』筑摩書房
阪口正二郎 2001.『立憲主義と民主主義』日本評論社
佐藤幸治 2002.『日本国憲法と「法の支配」』有斐閣
嶌信彦 2001.「日本経済を破綻させた意思決定の欠如」井上・河合編 2001, 29-69 頁
清水幾太郎 1980a.『戦後を疑う』講談社
――― 1980b.『日本よ国家たれ——核の選択』文藝春秋
上丸洋一 2016.『新聞と憲法 9 条——「自衛」という難題』朝日新聞出版
神野直彦 1998.『システム改革の政治経済学』岩波書店
神野直彦・金子勝編 1999.『「福祉政府」への提言』岩波書店
添谷芳秀 2016.『安全保障を問いなおす——「九条-安保体制」を越えて』NHK 出版
高橋和之 1994.『国民内閣制の理念と運用』有斐閣
――― 2006.『現代立憲主義の制度構想』有斐閣
瀧川裕英 2017.『国家の哲学——政治的責務から地球共和国へ』東京大学出版会
瀧野隆浩 2015.『自衛隊のリアル』河出書房新社
田中成明 2000.『転換期の日本法』岩波書店
――― 2006.「法の支配をめぐる議論について——総括的コメント」日本法哲学会編 2006, 106-112 頁
棚瀬孝雄 2000.「法曹一元の構想と現代司法の構築」『ジュリスト』2000 年 1 月 1・15

日合併号

団藤重光 2000.『死刑廃止論』第六版，有斐閣
ダントレーヴ，A・P 1952.『自然法』（久保正幡訳）岩波書店
鶴見俊輔 1989.『思想の落し穴』岩波書店
土井真一 1998.「法の支配と司法権——自由と自律的秩序形成のトポス」佐藤幸治・他編『憲法五十年の展望 II　自由と秩序』268-299 頁
——— 2006.「立憲主義・法の支配・法治国家」日本法哲学会編 2006, 30-41 頁
———編 2007.『岩波講座憲法第 4 巻　変容する統治システム』（講座全巻は長谷部恭男・他で共編，本巻は土井責任編集）岩波書店
トゥロー，スコット 2005.『極刑』（指宿信・岩川直子訳）岩波書店
トグヴィル，アレクシ・ドゥ 2005-2008 [1835].『アメリカのデモクラシー』（松本礼二訳，岩波文庫版）第 1 巻（上・下），第 2 巻（上・下），岩波書店（原著 1835 年刊行）
——— 1998 [1856].『旧体制と大革命』（小山勉訳，ちくま学芸文庫版）筑摩書房（原著 1856 年刊行）
冨澤暉 2015.『逆説の軍事論』バジリコ株式会社
長尾龍一 1982.『遠景の法学』木鐸社
中島誠 2007.『立法学〔新版〕——序論・立法過程論』法律文化社
中坊公平 2000.『私の事件簿』集英社
ニーチェ 1993 [1882].『悦ばしき知識』（信太正三訳）筑摩書房（原著 1882 年）
日本裁判官ネットワーク 1999.『裁判官は訴える！　私たちの大疑問』講談社
野崎綾子 2003.「日本型『司法積極主義』と現状中立性——逸失利益の男女間格差の問題を素材として」同『正義・家族・法の構造変換——リベラル・フェミニズムの再定位』勁草書房，176-207 頁
長谷川貴陽史 2005.『都市コミュニティと法——建築協定・地区計画による公共空間の形成』東京大学出版会
長谷部恭男 2004.『憲法と平和を問いなおす』（ちくま新書）筑摩書房
——— 2013.「憲法・アメリカ・集団的自衛権」奥平・愛敬・青井編 2013, 71-78 頁
——— 2014a.「憲法学から見た国家——『この国』を守るとは，何を意味するか」長谷部恭男編『「この国のかたち」を考える』岩波書店，189-217 頁
——— 2014b.「憲法 96 条の「改正」」『論究ジュリスト』No. 9（2014 年春号）41-46 頁
樋口陽一 1996.『転換期の憲法？』敬文堂
布川玲子・新原昭次編著 2013.『砂川事件と田中最高裁長官——米解禁文書が明らかにした日本の司法』日本評論社
福田歓一 1971.『近代政治原理成立史序説』岩波書店
フット，ダニエル 1995.「日本における交通事故紛争の解決と司法積極主義」（芹滞英明訳）石井・樋口編 1995, 183-214 頁
——— 2006.『裁判と社会——司法の「常識」再考』（溜箭将之訳）NTT 出版.
プラトン 2005.「クリトン」『プラトン全集 1　エウテュプロン，ソクラテスの弁明，クリトン，パイドン』（田中美知太郎・他訳）岩波書店
ベッカリーア，チェーザレ 1959 [1764].『犯罪と刑罰』（風早八十二・風早二葉訳）岩波書店（原著 1764 年刊行）

法務省人権擁護推進審議会 2001.「人権救済制度の在り方に関する中間取りまとめ」『ジュリスト』2001 年 3 月 15 日号，33-43 頁
毎日新聞社会部 1991.『検証・最高裁判所——法服の向こうで』毎日新聞社
丸山眞男 1964.『現代政治の思想と行動』増補版，未来社
——— 1995.「戦争責任論の盲点」『丸山眞男集』第 6 巻，岩波書店，159-165 頁
三島由紀夫 1969.『文化防衛論』新潮社
水島朝穂 1995.『現代軍事法制の研究——脱軍事化への道程』日本評論社
——— 2014.「どうする憲法——9 条，変えないことに意義」『岩手日日』2014 年 1 月 1 日，18 頁
三谷太一郎 1980.『近代日本の司法権と政党——陪審制成立の政治史』塙書房
宮沢俊義 1967.『憲法の原理』岩波書店
村上淳一 1976.「ドイツ法学」碧海純一・伊藤正己・村上淳一編『法学史』東京大学出版会，119-173 頁
——— 1979.『近代法の形成』岩波書店
——— 1983.『「権利のための闘争」を読む』岩波書店
柳澤協二 2015.『亡国の集団的自衛権』集英社
柳父章 1982.『翻訳語成立事情』岩波書店
山尾志桜里 2018.「『立憲的改憲』とは何か」井上・小林・駒村・曽我部・山尾 2018，10-25 頁
———編著 2018.『立憲的改憲——憲法をリベラルに考える 7 つの対論』（ちくま新書）筑摩書房（山尾志桜里と，阪田雅裕・井上武史・中島岳志・伊勢﨑賢治・曽我部真裕・井上達夫・駒村圭吾の 7 人の論者との対論）
山口二郎 2012.『政権交代とは何だったのか』岩波書店
横濱竜也 2003.「遵法義務論と法の規範性」日本法哲学会編『宗教と法——聖と俗の比較法文化』（法哲学年報 2002）有斐閣，193-201 頁
——— 2006.「悪法問題と法の公共性」井上編 2006, 228-247 頁
——— 2009.「法と道徳——遵法責務問題を手掛かりにして」井上編 2018 [2009], 55-83 頁
——— 2016.『遵法責務論』弘文堂
吉田稔 2003.「コスタリカ共和国憲法（解説と全訳）」『姫路法学』37 号，45-105 頁
吉野作造 2016 [1916].「憲政の本義を説いてその有終の美を済すの途を論ず」吉野作造『憲政の本義——吉野作造デモクラシー論集』中央公論新社, 2016, 7-149 頁（初出『中央公論』1916 年 1 月号）
ラムザイヤー，J・M＝ラスムセン，E・B 1998.「日本における司法の独立を検証する」（河野勝訳）『レヴァイアサン』22 号
渡辺洋三・江藤价泰・小田中聰樹 1995.『日本の裁判』岩波書店

Ackerman, Bruce 1991. *We the People Vol. 1: Foundations,* Harvard U. P.
——— 2014. *We the People Vol. 3: The Civil Rights Revolution,* Harvard U. P.
Alexander, Larry（ed.）1998. *Constitutionalism: Philosophical Foundations,* Cambridge U. P.
Bagehot, Walter 1966 [1867]. *The English Constitution,* Cornell U. P. [first published in 1867]

［小松春雄訳「イギリス憲政論」辻清明編『バジョット，ラスキ，マッキーヴァー』（世界の名著 72）中央公論社，1980 年］

Barber, Benjamin 1984. *Strong Democracy: Participatory Politics for a New Age,* University of California Press.

Bauman, Richard and Kahana, Tsvi (eds.) 2006. *The Least Examined Branch: The Role of Legislature in the Constitutional State,* Cambridge University Press.

Campbell, Tom 1996. *The Legal Theory of Ethical Positivism,* Dartmouth.

―――― 2005. "Legislating Human Rights," in Wintgens ed. 2005, pp. 219-238.

Coleman, Jules (ed.) 2001. *Hart's Postscript: Essays on the Postscript to THE CONCEPT OF LAW,* Oxford U. P.

―――― 2001a. "Incorporationism, Conventionality, and the Practical Difference Thesis," in Coleman (ed.) 2001, pp. 99-147.

―――― 2001b. *The Practice of Principle: In Defence of Pragmatist Approach to Legal Theory,* Oxford U. P.

Coleman, Jules and Shapiro, Scott (eds.) 2001. *The Oxford Handbook of Jurisprudence and the Philosophy of Law,* Oxford U. P.

Connolly, William 1991. *Identity/Difference: Democratic Negotiations of Political Paradox,* Cornell U. P.

Derrida, Jacques 1990. "Force of Law: the 'Mystical Foundation of Authority'," in *Cardozo Law Review,* Vol. 11, pp. 920-1045. ［堅田研一訳『法の力』法政大学出版局，1999 年］

Dworkin, Ronald 1977. *Taking Rights Seriously,* Harvard U. P. ［木下毅・他訳『権利論』増補版，木鐸社，2003 年］

―――― 1986. *Law's Empire,* Harvard U. P. ［小林公訳『法の帝国』未來社，1995 年］

―――― 1990. *A Bill of Rights for Britain,* Chatto & Windus.

―――― 2006. *Justice in Robes,* Harvard U. P. ［宇佐美誠訳『裁判の正義』木鐸社，2009 年］

―――― 2011. *Justice for Hedgehogs,* Harvard U. P.

Ely, John 1981. *Democracy and Distrust: A Theory of Judicial Review,* Harvard U. P. ［佐藤幸治・松井茂記訳『民主主義と司法審査』成文堂，1990 年］

Fuller, Lon L. 1958. "Positivism and Fidelity to Law: A Reply to Professor Hart," *Harvard Law Review,* Vol. 71, pp. 630-672.

―――― 1964. *The Morality of Law,* revised edition, Yale U. P.

Gardner, John 2012. *Law as a Leap of Faith,* Oxford U. P.

Gutmann, Amy 2006. "Forward: Legislatures in the Constitutional State," in Bauman and Kahana (eds.) 2006, pp. ix-xiii.

Hare, Richard 1982. *Moral Thinking: Its Levels, Methods and Point,* Oxford U. P.

Hart, H. L. A. 1958. "Positivism and the Separation of Law and Morals," *Harvard Law Review,* Vol. 71, pp. 593-629.

―――― 1961. *The Concept of Law,* Oxford U. P. ［矢崎光圀監訳『法の概念』みすず書房，1976 年］

―――― 1965. "Lon Fuller: The Morality of Law," *Harvard Law Review,* Vol. 78, pp. 1281-1296.

―――― 1982. *Essays on Bentham: Jurisprudence and Political Theory,* Oxford U. P.

―――― 1983 [1953]. "Definition and Theory in Jurisprudence," in Hart, *Essays in Jurisprudence and Philosophy*, Oxford U. P., 1983. pp. 21-48 [first published in 1953].

―――― 1983 [1964]. "Self-referring Laws," in *Essays in Jurisprudence and Philosophy*, pp. 170-178, Oxford U. P. [first published in 1964]

―――― 1994. *The Concept of Law*, 2nd ed. (with a Postscript edited by Penelope, Bulloch and Joseph Raz), Oxford U. P.

Hayek, Friedrich 1973. *Law, Legislation and Liberty Vol. 1: Rules and Order,* University of Chicago Press.

―――― 1976. *Law, Legislation and Liberty Vol. 2: The Mirage of Social Justice,* University of Chicago Press.

―――― 1979. *Law, Legislation and Liberty Vol. 3: The Political Order of a Free People,* University of Chicago Press.

Himma, Kenneth 2001. "Inclusive Legal Positivism," in Coleman and Shapiro (eds.) 2001, pp. 125-165.

Hobbes, Thomas 1839 [1651] "Leviathan," in W. Molesworth (ed.), *The English Works of Thomas Hobbes*, Vol. III [first published in 1651]. ［永井道雄・宗片邦義訳「リヴァイアサン」永井道雄編『ホッブズ』（世界の名著 23）中央公論社，1971 年］

―――― 1971 [1681]. *A Dialogue Between a Philosopher and a Student of the Common Law of Englamd,* ed. by Joseph Cropsey, The University of Chicago Press [first published in 1681]. ［田中浩・重森臣広・新井明訳『哲学者と法学徒との対話――イングランドのコモン・ローをめぐる』岩波文庫，2002 年］

―――― 1984 [1651]. *De Cive: The English Version,* ed. by Howard Warrender, Oxford U. P. [first published in 1651]

Holmes, Stephen 2003. "Lineages of the Rule of Law," in José M. Maravall and Adam Przeworski (eds.), *Democracy and the Ruleof Law,* Cambridge U. P., p. 50f.

Inoue, Tatsuo 2005a. "Two Models of Democracy: How to Make Demos and Hercules Collaborate in Public Deliberation," in Wintgens (ed.) 2005, pp. 107-124.

―――― 2005b. "How Can Justice Govern War and Peace: A Leagal-Philosophical Reflection," in Ludger Kühnhardt and Mamoru Takayama (eds.), *Menschenrechte, kulturen und Gewalt: Aufsätze einer interkulturellen Ethik,* Nomos Verlagsgesellschaft, pp. 276-296.

―――― 2007. "The Rule of Law as the Law of Legislation," in Wintgens (ed.) 2007, pp. 55-74.

―――― 2009. "Constitutional Legitimacy Reconsidered: Beyond the Myth of Consensus," in *Legisprudence: International Journal for the Study of Legislation,* Vol. 3, pp. 19-41.

―――― 2011. "Justice," in Bertrand Badie *et al* (eds.), *International Encyclopedia of Political Science,* Vol. 5, 2011, pp. 1388-1398.

―――― 2015. "Legitimacy, Justice and Critical Democracy," in *University of Tokyo Journal of Law and Politics,* Vol. 12, pp. 1-21.

Jellinek, Georg 1905. *Allgemeine Staatslehre,* 2. Aufl., Verlag von O. Häring. ［芦部信喜・他訳『一般国家学』第二版，学陽書房，1976 年］

Kelsen, Hans 1960. *Reine Rechtslehre,* 2. Aufl., Franz Deuticke. ［長尾龍一訳『純粋法学　第二版』岩波書店，2014 年］

Lijphart, Arend 1984. *Democracies: Patterns of Majoritarian and Consensus in Twenty-One Centuries,* Yale University Press.
――― 1999. *Patterns of Democracy: Government Forms and Performance in Thirty-Six Countries,* Yale U. P.
MacCormick, Neil 2005. "Legislative Deliberation: Notes from the European Parliament," in Wintgens (ed.), pp. 285-296.
Malinowski, Bronisław 1926. *Crime and Custom in Savage Society,* Routledge & Kegan Paul.
Marmor, Andrei 2001. "Exclusive Legal Positivism," in Coleman and Shapiro (eds.) 2001, pp. 104-124.
Maus, Ingeborg, 1992. *Zur Aufklärung der Demokratietheorie,* Suhrkampf Veriag.［浜田義文・他訳『啓蒙の民主制理論――カントとのつながりで』法政大学出版局，1999 年］
Murphy, Liam and Nagel, Thomas 2002. *The Myth of Ownership: Taxes and Justice,* Oxford U. P.
Nozick, Robert 1974. *Anarchy, State, and Utopia,* Basic Books.［嶋津格訳『アナーキー・国家・ユートピア』木鐸社，1992 年］
Nye, Joseph 1990. *Bound to Lead: The Changing Nature of American Power,* Basic Books［久保伸太郎訳『不滅の大国アメリカ』読売新聞社，1990 年］
――― 2005. *Soft Power: The Means to Success in the World Politics,* paperback edition, PublicAffairs.
Perelman, Chaïm 1945. *De la justice,* Office de Publicité, Brussels.
――― 1963. *The Idea of Justice and the Problem of Argument,* Routledge and Kegan Paul.
Perry, Stephen 2006. "Associative Obligations and the Obligation to Obey the Law," in Hershovitz, Scott (ed.), *Exploring Law's Empire: The Jurisprudence of Ronald Dworkin,* Oxford U. P., pp. 183-205.
Popper, Karl 1954. "Self-Reference and Meaning," in *Mind: A Quarterly Review of Psychology and Philosophy,* Vol. 63, pp. 162ff.
Posner, Richard 2005. "The Evolution of Economic Thinking About Legislation and Its Interpretation by Courts," in Wingens (ed.) 2005, pp. 53-66.
Radbruch, Gustav 1946. "Gesetzliches Unrecht und Übergesetzliches Recht," in *Süddeutsche Juristen-Zeitung,* Jahrgang 1, Nr. 5, August 1946, S. 105-108.
Rawls, John 1971. *A Theory of Justice,* Harvard U. P.
――― 2001. *Justice as Fairness: A Restatement,* Harvard U. P.［田中成明・他訳『公正としての正義　再説』岩波書店，2004 年］
――― 1993. *Political Liberalism,* Columbia U. P.
――― 1999. *The Law of Peoples with "The Idea of Public Reason Revisited,"* Harvard U. P.［中山竜一訳『万民の法』岩波書店，2006 年］
Raz, Joseph 1979. *The Authority of Law: Essays on Law and Morality,* Oxford U. P.
――― 1986. *The Morality of Freedom,* Oxford U. P.
――― 1994. *Ethics in the Public Domain: Essays in the Morality of Law and Politics,* Oxford U. P.
――― 1998. "On the Authority and Interpretation of Constitutions: Some Preliminaries", in Alexander (ed.) 1998, pp. 152-193.
Ross, Alf 1958. *On Law and Justice,* University of California Press.
――― 1969. "On Self-Reference and a Puzzle in Constitutional Law," in *Mind: A Quarterly Review*

of Psychology and Philosophy, Vol. 78, pp. 1-24.

Ross, David 1930. *The Right and the Good,* Oxford U. P.

Rousseau, Jean Jacques 1964 [1762]. "Du contrat social," in *Oeuvres completes III,* Édition Gallimard (Édition oroiginale 1762). ［井上幸治訳「社会契約論」平岡昇編『ルソー』（世界の名著 36）中央公論社，1978 年］

Rubenfeld, Jed 1998. "Legitimacy and Interpretation", in Alexander (ed.) 1998, pp. 194-234.

Rundle, Kristen 2012. *Forms Liberate: Reclaiming the Jurisprudence of Lon L. Fuller,* Hart Publishing.

Schmitt, Carl 1993 [1928]. *Verfassungslehre,* 8. Aufl., Duncker & Humblot [erst in 1928 ershienen]. ［尾吹善人訳『憲法理論』創文社，1972 年］

Smith, Adam 1976 [1759]. *The Theory of Moral Sentiments,* 6th ed., edited by D. D. Raphael and A. l. Macfie, Oxford U. P. [first published in 1759] ［水田洋訳『道徳感情論』（岩波文庫版，上・下）岩波書店，2003 年］

Soper, Philip 2002. *The Ethics of Deference: Learning from Law's Morals,* Cambridge U. P.

Tully, James 1995, *Strange Multiplicity: Constitutionalism in an Age of Diversity,* Cambridge U. P.

Upham, Frank 1987. *Law and Social Change in Postwar Japan,* Harvard U. P.

Waldron, Jeremy 1999a. *Law and Disagreement,* Oxford U. P.

────── 1999b. *The Dignity of Legislation,* Cambridge U. P. ［長谷部恭男・他訳『立法の復権──議会主義の政治哲学』岩波書店，2003 年］

────── 2001. "Normative (or Ethical) Positivism," in Colemam (ed.) 2001, pp. 411-433.

────── 2006. "Princiαlcs of Legislation," in Bauman and Kahana (eds.) 2006, pp. 15-32.

────── 2007. "Legislation and the Rule of Law," in *Legisprudence: International Journal of the Study of Legislation,* Vol. 1, No. 1, pp. 91-123.

────── 2012. *The Rule of Law and the Measure of Property,* Cambridge U. P.

────── 2016. *Political Political Theory: Essays on Institutions,* Harvard U. P.

Weber, Max 1992 [1919]. *Politik als Beruf,* Reclam [erst in 1919 ershienen]. ［脇圭平訳『職業としての政治』岩波文庫，1980 年］

Williams, Glanville 1949 [1945]. "International Law and the Controversy Concerning the Word 'Law'." in *Archiv für Rechts- und Sozialphilosophie,* Vol. 38 (1949). pp. 54-73 [first published in *British Year Book of International Law,* Vol. 22 (1945)].

Wintgens, Luc (ed.) 2002. *Legisprudence: A New Theoretical Approach to Legislation,* Hart Publishing.

────── (ed.) 2005. *The Theory and Practice of Legislation: Essays in Legisprudence,* Ashgate Publishing Company.

────── (ed.) 2007. *Legislation in Context: Essays in Legisprudence,* Ashgate Publishing Company.

────── 2012. *Legisprudence: Practical Reason in Legislation,* Ashgate Publishing Company.

Wintgens, Luc and Jaap Hage 2007. "Editors' Preface," *Legisprudence: International Journal of the Study of Legislation,* Vol. 1, No. 1, pp. iii-iv.

Wintgens, Luc and Daniel Oliver-Lalana (eds.) 2013. *The Rationality and Justification of Legislation: Essays in Legisprudence,* Springer.

人名索引

A

Ackerman, Bruce　98-100, 141
愛敬浩二　255-277, 288, 292
安藤馨　49-50
青井未帆　221, 272
碧海純一　5, 23, 24, 29, 122, 128, 129
芦部信喜　214
芦田均　226, 227

B

Beccaria, Cesare Bonesana　316-321, 334
Bentham, Jeremy　49, 110, 316
Blackstone, William　111
Bracton, Henry de　80, 81, 91, 111

C

Campbell, Tom　60
Clausewitz, Carl Philipp Gottlieb von　223, 224
Coke, Edward　81, 91, 110, 111
Coleman, Jules　17, 18, 20
Connolly, William　98

D

団藤重光　322
Derrida, Jacques　11, 12
土井真一　107
Dworkin, Ronald　6-9, 13-16, 56, 57, 60, 156-161

E

Ely, John　95, 97

F

Foote, Daniel H.　120, 346, 372, 388
Fuller, Lon Lovius　52-56, 95

G

Gandhi, Mohandas Karamchand　202, 224, 228
Gardner, John　13-22, 32-34

後藤田正晴　324, 326, 327
Gutmann, Amy　63

H

原敬　378-380
Hare, Richard　172
Hart, H. L. A.　6-9, 24, 13-34, 49-59, 185
長谷部恭男　182, 214, 249-253, 272
長谷川貴陽史　390
鳩山邦夫　321
Hayek, Friedrich　37
樋口陽一　272, 365
Hobbes, Thomas　81-85, 90, 110, 111
Holmes, Stephen　89, 90

I

飯尾潤　43
今井一　266, 270
伊勢﨑賢治　202, 298
石破茂　307
石川健治　290
伊藤真　261, 287

J

Jellinek, Georg　204, 252, 253
Jhering, Rudolf von　371, 385

K

亀井静香　322, 331
Kant, Immanuel　231
柄谷行人　228, 256, 284
川島武宜　386, 387
Kelsen, Hans　49-51, 124, 125, 144, 189-191
菊田幸一　331
金正恩　280
木村草太　284-287, 295
King, Martin Luther, Jr.　202, 224, 228
小林直樹　41
小堀眞裕　67
児島惟謙　252

L

Lijphart, Arend　44, 69, 365, 366

M

MacArthur, Douglas　277, 278, 289
MacCormick, Neil　60
Malinowski, Bronisław Kasper　27, 28, 35, 36
丸山眞男　211, 212, 349
Maus, Ingeborg,　111, 112
三ヶ月章　322
三島由紀夫　199
三谷太一郎　378-380, 392
宮沢俊義　123-129, 140
Murphy, Liam　15

N

長尾龍一　202
Nagel, Thomas　15
中坊公平　339, 342
Nietzsche, Friedrich Wilhelm　12, 13
野坂参三　283
野崎綾子　120, 370
Nozick, Robert　8, 51

O

奥村宏　351, 352
尾高朝雄　122-129
大山礼子　44
小沢一郎　365

P

Perry, Stephen　161
Plato　8, 51, 93, 168

R

Radbruch, Gustav　37, 51-54
Rawls, John　85, 145-153
Raz, Joseph　57, 58
Reed, Steven R.　379
Ross, Alf　184-192
Ross, David　174
Rousseau, Jean-Jacques　115, 316, 317
Rubenfeld, Jed　142
Rundle, Kristen　55

S

阪口正二郎　141
佐藤幸治　107, 341
Savigny, Friedrich Carl von　108, 109
Schmitt, Carl　124, 125, 139, 140, 143
清水幾太郎　201
志位和夫　283
Smith, Adam　163
Socrates　3, 8, 51, 93, 168
Soper, Philip　9, 84, 174
Stone, Harlan F.　97, 153

T

高橋和之　43, 46
瀧川裕英　248
田中成明　372
田中耕太郎　252, 289
Thibaut, Anton Friedrich Justus　108
Tocqueville, Alexis de　320, 380, 395, 396, 398
冨澤暉　269
Trump, Donald John　281
Turow, Scott　336
鶴見俊輔　92

U

内田樹　258, 287, 288
Upham, Frank　388

W

Waldron, Jeremy　9, 60, 63, 85-87, 96-98, 152-156, 275
Weber, Max　212, 228, 331
Williams, Glanville　5, 7, 23
Wintgens, Luc　64

Y

山尾志桜里　307
柳澤協二　282
横濱竜也　170, 172, 173, 179
吉田茂　220, 226, 283
吉野作造　i-ii

事項索引

ア 行

アーミッシュの赦し　337, 338
悪法問題　8, 93-95
朝日新聞の伊達判決批判　289
芦田修正　226, 227
新しい解釈改憲／第二段階の解釈改憲　253, 279
新しい権利　388-392
危なくて使えない軍隊　281, 296-298
安倍改憲案　iv, v, 280, 281, 286, 306
安倍改憲案否決国民投票の意味　308
安倍政権　279-282
天下り　358
ある憲法　271, 272
ある程度の義務　→一応の義務
あるべき憲法　271, 272
安全神話崩壊　316, 317
安全保障政策　292
違憲事態固定化（論）　254, 255, 264-267
違憲状態凍結　283, 284
違憲審査制　99, 152-156, 179, 180, 367, 368
一応の義務　173, 174
位置反転可能性　163, 172
一階の公共性　86, 164, 165
一国平和主義　202, 207
逸失利益の性別格差　372
一般意思　115
一般予防　313
意に反する苦役　245-247
井上改正案 I（現行条文加筆修正方式）　300, 301
井上改正案 II（段階的アメンドメント方式）　304, 305
イラク戦争　291
イラク戦争自衛隊派遣　268
ウェストファリア体制　225
ウェストミンスター型民主政　44-47, 67-76, 364-366
右派の平和ボケ　282

英国貴族院　73, 74
英米法型「法の支配」　107, 108, 110-112, 114-116
応報感情　334, 338
応報刑論　313
おじさん的思考　258-261
押し付け憲法　133-135, 199, 200, 278, 279
押し付け農地改革　→第二次農地改革
お試し改憲　281
大人の政治的交渉力　279-282, 288
「大人の知恵」　266, 287, 288
お仲間トーク　259-261, 288
おまわりさん弁護士　346, 347

カ 行

海外派遣自衛隊の治外法権　297
外国基地設置住民投票規定　299, 303, 304
解釈改憲　220-222, 249, 251, 266, 267, 271, 288
開戦法規　295
概念法学　108-110
回避の戦略　146-148
開放的ミニマリズム　146-148
カクマンダー　72, 73, 370, 371
確立した法　158
仮象問題　24
韓国駆逐艦レーダー照射事件　296
ガンディー主義　202
官僚支配の神話　113
議員定数不均衡　369-371
擬似公共性の罠　118
記述的法実証主義　14-34, 57-67
基準線不確定論　168, 172, 173
規制緩和論的司法改革論　353
毅然たる法治国家　115-122, 358-362
起訴便宜主義　373, 399
北朝鮮の核武装化　280-282
既得権　162-165, 387, 388
機能改革としての司法改革　366-374
帰納法　28
規範衝突　8, 174

事項索引

規範的法実証主義　14-34, 57-67
義務以上の奉仕　229, 250
客観的意味におけるレヒト　385-387
キャリア・システム　376, 377
9条改正の代替的諸構想比較評価　305-308
九条削除論　198-216, 240-308
九条信仰　277-289
九条二項削除論　307
九条の罠　291, 292
九条変遷論　204
共感　163
行政的中央集権　114
行政の司法的統制　368, 369
競争条件の公正化　359
共同体アナキズム　166
クアラルンプール事件　327
偶発的事故の危険性　296
国立マンション訴訟　389-392
軍事司法制度　293-298
軍法に対する九条の壁　295
景観権　389-392
「形式化」プロジェクト　95, 96, 101
形式的自然法論　55
敬譲　84, 174
刑罰権力の実質的制約原理　317-319
刑罰根拠論の縛り　314-316
下克上　351
「決闘」としての戦争　224
ゲリマンダー　370
権威要求　58
原意理論　141
源泉テーゼ　32
幻想の保護膜　289
厳罰化　334-338
厳罰化傾向　312-314, 319
憲法9条改正の代替的諸構想比較評価
　→9条改正の代替的諸構想比較評価
憲法改正案個別化基準　304-306
憲法改正規定改正不能論　183-192
憲法改正限界論　124, 139, 140
憲法改正権力　139, 144
憲法改正手続　183-192
憲法創出権力　139, 140
憲法の私生児　260
憲法の公共的正統性　161-183

憲法の自殺　306, 308
憲法破壊者としての護憲派　287
憲法変遷論　252, 253
憲法律　124, 125, 139, 140
権利　162-165, 387, 388
原理主義的護憲派　238-290, 253-277, 283-289
原理主義的護憲派の「封印」　286, 287
権利のための闘争　385-387
権力交代による代替的政策体系の競争的淘汰　362
公共サーヴィス　169
公共財　169
公共的正統性　212, 213
公共的理性　145, 146, 163
公共的理由　162-165
攻撃的な戦争への正義／権利　223
公正な弱者保護　362
公正な政治的競争のルール　181-183, 241, 244, 248, 255, 257, 260-262
交戦法規　294, 295
構造改革　112-122
構造的少数者　97, 182, 213
交通事故損害賠償における逸失利益算定基準　388, 389
高等法学　327
公民権革命　99, 100
公民的共和主義　118
公民的徳性　118
公民的徳性の再定義　384, 385
公民的徳性の苗床　395-397
功利主義　316, 317
国民安保法制懇　272
国民感情　320
国民内閣制論　46
国民の「知る権利」　331
国民の負担限定論　395-397
国連憲章　286
護憲派伝説　290-292
護憲派と安倍政権の共犯関係　307, 308
護憲派の封印破り　287
護憲派の「倫理的ただ乗り」　23-206, 211, 212, 238, 239
五五年体制　75, 363
個別的自衛権　286
コモン・ロー　38, 110-112, 316

事項索引　427

コンヴェンショナリズム　19, 33
コンヴェンション　18, 19, 32
コンセンサス型民主政　44-47, 67-76, 362-364
根本規範　125, 144, 189-191

サ　行

罪刑法定主義　316-321, 334
最高裁事務総局による裁判官統制　375
裁判員制度　319-321, 378-402
裁判官の選挙　381
裁判官の定期的人事異動　376, 377
裁判公開原則　399, 400
裁判の公共的フォーラム化　371-374, 398-400
裁判のコミュニケーション的透明性　399, 400
暫定協定　151
自衛隊員の訓練死　269
自衛戦力承認論　306
ジェンダー・ステロタイプ　230
志願兵制　230-235, 245-247
死刑執行国民参加制度　332
死刑執行者の倫理的損傷　335
死刑執行の密行主義　330, 331
死刑執行命令に対する「法の支配」　325
「死刑自動化」論　322-324
死刑存廃問題　328-337
死刑に関する国会と国民の立法責任　329-333
死刑廃止論　324
死刑廃止を推進する議員連盟　322, 331
私権の公共性　385
事後規制　112-114
自己言及のパラドックス　185
自己言及不能論　184-187
自己変容の政治　396, 397
自己例外化要求　172
自殺選択可能な終身刑　333
事実の規範力　204, 252, 253
死者による支配　141
市場アナキズム　166
市場外の再分配措置　361
市場的競争の公正化　359
事情判決　369
事前規制　112-114
自然権思想　37, 38
自然状態　82-85
自然的平等　83

自然法論　47-56
実践的葛藤　8
「実体化」プロジェクト　95, 96, 101
実念論　4-6, 25
実力決定論　126
私的自治　109
視点反転可能性　163, 167, 172
指標語　187
ジブチ自衛隊常駐基地　269, 297, 298
司法改革　339-402
司法試験合格者数のギルド的総量規制　348-350
司法試験制度　343-350
司法試験の資格試験への純化　344-350
司法消極主義　367, 368
司法制度改革審議会　341
司法中心主義　39
司法的殺人　332-335
司法の専制　95
司法の独立　31, 318
司法の内部統制　375-377
司法の民主化　378-402
司法の「民主化」と「法の支配」　312
市民（的）奉仕　209, 233-239
社会契約　82-85
弱者の間の公正の確保　361
弱者保護的司法改革論　356
借家法による借家人保護　361
集合財　170
重合的合意　145-151
13条代用論　284-287
衆参ねじれ現象　42, 43
終身刑　333, 335
修正主義的護憲派　239, 240, 249-253, 271, 272, 283-289
修正主義的護憲派の「封印」　286, 287
集団的安全保障体制　236, 237
集団的自衛権　219-222, 236, 237
集団的自衛権の行使　286
主観的意味におけるレヒト　385-387
授権規範存続論　184, 187, 188
主権者命令説　5
「主権なき」属国状態　298
主体的答責性　46, 67-69
主題的答責性　46, 67-69

純一性　156-161
遵法義務　34, 157-161, 165-183, 242, 243
消極的正戦論　222-227
消極的な戦争への正義／権利　224
条件付け規範　246, 247
条件付け制約　273
勝者の正義　84, 89, 90
小選挙区制　71-73
承認のルール　30-32
女性の兵役免除　230
新九条論　306
心情倫理　212, 228, 331
人道的介入　225, 235
侵略加害抑止論　290, 291
水平化された無責任の体系　351
垂直的な無責任の体系　351
砂川事件最高裁判決　252, 289
正義概念　10-12, 89, 103, 161-183
正義概念基底化論　165-183
正義構想　10-12, 89, 103, 152, 161-183
正義審査への原権利　10, 89, 102-106
正義の情況　61, 85, 152
正義の政治的構想　145, 150
正義への企てとしての法　9-11, 101-103, 127-129
正義要求　10, 102-106
政高官低　113
政策形成訴訟　388
政治的自律の原理　235
政治の責務　157-161, 165-183, 242, 243
政治的中央集権　114
政治の幼稚性　259-261, 288
政治的リベラリズム　145-151
政治の情況　61, 85-87, 151-156
正当性　3-67, 93-95
正統性　4-67, 93-95, 176-183, 242-244, 328, 329
成文硬性憲法　181-192
性別分業観　230
責任倫理　212, 228, 331
積極的正戦論　222-227
絶対平和主義　202, 203, 222-230
説明責任　118, 352
尖閣列島　282
選挙区割り　72, 73

先行代位理由　58
専守防衛　219-222
戦争における正義　223-225
戦争の正義論　219-237
善に対する正義の優位　152
専門性神話　368, 369
戦力行使の国会承認　293
戦力統制規定ミニマム・リスト　303
戦力統制規範　209, 246, 287, 291-308
創憲政治　98-100
組織防衛的改革論　350
ソフト・パワー　203

タ　行

第一次準則　26-30, 50
体感治安　334, 335
対称的二院制　43, 69
大正デモクラシー　i-ii, 378-380
体制改革としての司法改革　350-378
代替役務　209, 233-239
大店法の出店規制　361
第二次準則　26-30, 50
第二次農地改革　199, 238, 279
対米従属　200, 201, 289
卓越主義　118, 250
闘う民主主義　233
脱構築　4-6, 11-12, 25
ダブル・スクール化　348, 349
ダブル・スタンダード　162-165
治安出動　294
地方の過剰代表　369
中間共同体の専制／中間集団の専制　114-117, 356-358
中間集団の内部的専制と外部的専制　365
徴兵制　209, 230-235, 244-247, 261
超法規的措置　327
通常政治　98-100
強い構造の解釈　103-106
諦観的平和主義　202, 207, 224
抵抗権思想　110-112
「敵」への公正さ　328
適理的多元主義の事実　148-150
手続的自然法論　→形式的自然法論
点からプロセスへ　344, 345
ドイツ型「法治国家」　107-112

同意論　168
同害報復法　315
闘技　98
闘技的民主主義　84, 85, 98
党高政低　→政高官低
答責性　69, 119, 120, 352, 353
闘争　81-85, 98
統治的フェアネス論／統治的フェア・プレイ論　167-179, 242, 244
統治便益　169-175
道徳的ただ乗り　171
道徳的ディレンマ　174
特異理由　163
特別裁判所の禁止　295
特別予防　315
奴隷的拘束　245
ドレッド・スコット判決　383

ナ　行

内閣法制局見解　220, 221, 227, 252, 271
内在制約説　125
内面指導　235
七割自治　358
二階の公共性　86, 164, 165
二元的民主政論／二元的民主主義　98-100, 141
日米安保体制の対等化　283, 298
日米地位協定　291, 298
日照権　389
日本人の法意識　386
日本型システム　112-114
日本型司法積極主義　120-122, 372, 387-392
日本共産党　211, 283
日本人の自己不信　289
日本人の政治的精神年齢　277-289
ニューディール　99, 100
ネガティヴ・リスト　294
ノモス主権論　124-127

ハ　行

犯罪者の更生・社会復帰　319
排除的法実証主義　7, 14-34, 57-67
排除的ミニマリズム　146-148
排除理由　58
陪審制　371

陪審法　376-378
パターナリズム　355
八月革命説　124-127, 140
「鳩山法相発言」問題　321-333
パルチザン的抵抗論　214
反映的民主主義　67, 177, 274
判検交流　368, 369
犯罪抑止効果　332
反転可能性　11, 103, 162-183
被害者参加制度　336, 337
被害者のケア　336-338
被害者の権利　327
非核三原則　210
東アジアの地域的安全保障体制　283
微罪処分　372
非対称的二院制　43, 69, 73, 74
人の支配　80
一人一票原則　370, 371
批判的民主主義　67, 176, 177, 179, 274, 364-366
非武装中立　219-222
非暴力抵抗　202, 203, 224, 227, 228, 230, 233, 234
秘密法の禁止　226, 227
平等な配慮　157-159
比例代表制　71-73
フェア・プレイ論　167-170
フェミニズム　230
普遍主義的公平性をもった社会保障システム　359
不可分性基準　302-304
福祉国家病の神話　114
復讐感情　332
不同意受益論　168, 172
普遍化要請　162-165
不偏的観察者　163
普遍論争　4-6, 25
ブラウン判決　382
フランス啓蒙思想　314, 315
フランス大革命　37
フリー・ライダー　162-165, 171, 232, 234
フリー・ライド　171, 172
プリコミットメント論　142
古い解釈改憲／第一段階の解釈改憲　251-253, 279

「プロセス化」プロジェクト　95, 96, 101
プロ・ボノ　343
分配帰結の公正化　361, 362
文民条項　291
文民統制／シビリアン・コントロール　209, 230, 293
文民統制規範　291
米軍基地沖縄集中における本土の欺瞞　298, 299
米国信仰　277-289
米国侵略戦争への日本の加担　291
ベトナム戦争　291
弁護士数の大幅な拡充と兼業規制の緩和　346
弁護士のギルド的独占権益　345
防衛出動　294-296
防衛予算の対 GNP 比　205
法階層説　188-191
法概念／法概念論　4-67
包含的法実証主義　6-9, 14-34, 57-67
法実証主義　6-9, 13-34, 47-67
法人資本主義　351, 352
法曹一元制度　376, 377
「法治国家」対「法の支配」の対比図式　107-122
法的統制なき武装集団　298
法内在道徳　52-55, 95
法の一般性　115
法の権威　58
法の支配　31, 79-129, 240-244
法の正当性　→正当性
法の正統性　→正統性
法への忠誠　52, 53, 56
暴力承認の二重基準　215, 216
ポジティヴ・リスト　294
保守的司法積極主義　100, 383
保守の悲しい知恵　279
保守本流　279
本質主義　25-34

マ 行

マグナ・カルタ　110
マターナリズム　357
マッカーサー草案　199
見捨てられ不安　280
南スーダン自衛隊派遣　269

身分制秩序／身分制社会　108-112
民主的司法参加の二重の両価性　392-395
無差別戦争観　222-227
無政府主義　165, 166
無責任の体系　351-353
目覚めたフィリップ　91
メタ倫理学　35
モラル・コスト　170-175

ヤ 行

薬事法の距離制限　360
山口県光市母子殺人事件　313, 334, 336, 338
唯名論　4-6, 25
唯名論的規約主義　5-9, 22-26
優先性基準　302-304
ヨーロッパ人権規約／ヨーロッパ人権条約　155
善き生の構想　152
抑圧の委譲　351
抑止効果　333
予備試験　348, 349
世論の恣意の制約　317-319
弱い違憲審査制　180, 181

ラ 行

ラートブルッフ公式　53-54
利益の均霑　363
立憲君主制　vi, vii
立憲主義の哲学的危機　135-144
立憲的改憲　307
立憲的精髄　145-151
立憲民主主義　240-244
立憲民主党　i
立法学　40
立法の尊厳　86, 96-98, 152, 153
立法理学　36-41, 47-67
「理念化」プロジェクト　101-106
リベラルな司法積極主義　382
リベラルな反卓越主義　250
量刑相場　321, 334
良心的裁判員拒否権　397
良心的兵役拒否　209, 227, 230-235
良心の政治的陥穽　211
倫理的安全地帯　332
倫理的ただ乗り　205, 238

類型化要請　162
冷戦期型の二項対立図式　354-356
歴史上最初の憲法　189
連帯的責務　157-161
ロウ判決　382, 383
ロー・スクール化　343-350
六十年安保　201, 283

　　ワ　　行

我ら人民　141-143

　　アルファベット

ADR　372, 373
LRA 基準　362
Nimby 的要求　299

著者略歴
1954 年　大阪に生まれる
1977 年　東京大学法学部卒業
現　在　東京大学大学院法学政治学研究科教授

主要著書
『共生の作法――会話としての正義』（創文社，1986 年，サントリー学芸賞受賞）
『他者への自由――公共性の哲学としてのリベラリズム』（創文社，1999 年）
『現代の貧困』（岩波書店，2001 年，岩波文庫版 2011 年）
『普遍の再生』（岩波書店，2003 年）
『法という企て』（東京大学出版会，2003 年，和辻哲郎文化賞受賞）
『世界正義論』（筑摩書房，2012 年）
『リベラルのことは嫌いでも，リベラリズムは嫌いにならないでください――井上達夫の法哲学入門』（毎日新聞出版，2015 年）
『憲法の涙』（毎日新聞出版，2016 年）
『自由の秩序――リベラリズムの法哲学講義』（岩波書店，2017 年，初版『自由論』2008 年の拡充改訂版）

立憲主義という企て

2019 年 5 月 31 日　初　版

［検印廃止］

著　者　井上　達夫（いのうえ　たつお）

発行所　一般財団法人　東京大学出版会
代表者　吉見俊哉
153-0041　東京都目黒区駒場 4-5-29
http://www.utp.or.jp/
電話 03-6407-1069　Fax 03-6407-1991
振替 00160-6-59964

印刷所　株式会社三陽社
製本所　牧製本印刷株式会社

Ⓒ 2019 INOUE Tatsuo
ISBN 978-4-13-031193-9　Printed in Japan

JCOPY〈出版者著作権管理機構　委託出版物〉
本書の無断複写は著作権法上での例外を除き禁じられています．複写される場合は，そのつど事前に，出版者著作権管理機構（電話 03-5244-5088，FAX 03-5244-5089, e-mail: info@jcopy.or.jp）の許諾を得てください．

著者	書名	判型	価格
井上達夫	法という企て	A5	4200 円
瀧川裕英	国家の哲学 ――政治的責務から地球共和国へ	A5	4500 円
長谷部恭男	比較不能な価値の迷路 増補新装版 ――リベラル・デモクラシーの憲法理論	A5	4000 円
長谷部恭男	憲法の理性 増補新装版	A5	3800 円
奥平康弘	なぜ「表現の自由」か 新装版	A5	7200 円
笹倉秀夫	法思想史講義 上 ――古典古代から宗教改革期まで	A5	3600 円
笹倉秀夫	法思想史講義 下 ――絶対王政期から現代まで	A5	3800 円
笹倉秀夫	法哲学講義	A5	4200 円
木庭 顕	デモクラシーの古典的基礎	A5	22000 円

ここに表示された価格は本体価格です.ご購入の際には消費税が加算されますのでご了承ください.